U0920622

SHANGHAI

郑 杨／主编

上海金融发展报告

FINANCIAL

2016

DEVELOPMENT REPORT

上海人民出版社

编委会

前　　言

2015年是“十二五”规划收官之年。“十二五”时期，在党中央、国务院的正确领导下，在国家金融管理部门的大力支持下，在社会各方面的共同努力下，上海在建设国际金融中心、推进自贸试验区金融开放创新、支持上海科创中心建设以及服务国家经济社会发展过程中取得了重要进展。目前，上海已基本确立以金融市场体系为核心的国内金融中心地位，初步形成全球性人民币产品创新、交易、定价和清算中心。

1. 金融市场体系进一步完善，金融市场规模能级显著提升。随着上海保险交易所、全国性信托登记平台获批筹建，上海国际能源交易中心、上海国际黄金交易中心等启动，上海已形成较为完备的全国性金融市场体系，初步具备一定的国际影响力。金融市场基础设施建设步伐加快，人民币跨境支付系统(CIPS)落户上海。金融市场运行机制不断健全，上海银行间同业拆放利率(Shibor)市场基准作用明显提升，贷款基础利率(LPR)正式运行，CFETS人民币汇率指数正式发布。2015年，上海金融市场交易总额达到1 463万亿元，比“十一五”末增长了2.5倍；2015年，上海证券市场股票交易额和股票筹资总额位居全球第二位，年末股票市值位居全球第四位。

2. 金融机构体系更加健全，金融业务创新日益活跃。金砖国家新开发银行落户上海，是首个总部设在上海的国际多边金融组织。中国保险投资基金、证通股份有限公司等重要金融机构落户上海。截至2015年末，在沪金融机构总数达1 478家，比“十一五”末增加429家。金融业务创新步伐加快，跨境人民币业务规模进一步扩大，以互联网金融为代表的新兴业态快速发展，航运保险产品注册制改革在全国率先实施。

3. 自贸试验区金融改革深入推进，服务贸易和投资便利化水平不断提升。金融制度创新框架体系基本形成，《进一步推进中国(上海)自由贸易试验区金融开放创新试点　加快上海国际金融中心建设方案》等支持试验区建设的政策措施和一系列实施细则相继发布，自由贸易账户本外币业务启动。面向国际的金融市场平台建设稳步推进。金融服务功能不断增强，开展涵盖扩大人民币跨境使用、投融资汇兑便利化、利率市场化、外汇管理改革、金融监管简政放权等方面的创新试点，有力地支持实体经济发展。金融监管和风险防范机制进一步完善。

4. 金融对外开放继续扩大，国际化程度稳步提高。金融对外开放领域进一步拓宽，银行间外汇市场推出人民币对多种货币直接交易，境外机构获准投资银行间债券和外汇市场；上海证券交易所、中国金融期货交易所与德意志交易所集团共同出资成立中欧国际交易所；上海航运保险协会代表中国保险业加入国际海上保险联盟。外资金融机构加速聚集，截至2015年末，在沪各类外资金融机构总数达429家，占上海金融机构总数的30%左右，上海已成为外资金融机构在华主要集聚地。金融机构“走出去”步伐加快，越来越多的金融机构通过在海外设立分支机构或进行并购，开展国际化运营。

5. 金融发展环境持续优化，风险防范能力不断增强。金融法治环境不断优化，率先在全国推出

《上海国际金融中心法治环境建设》白皮书，中国人民银行金融消费权益保护局在上海正式运作。上海国际金融人才高地建设初见成效，在全国率先发布金融人才发展规划和金融紧缺人才开发目录，金融人才数量显著增加。信用体系建设不断推进，落户上海的中国人民银行征信中心数据覆盖范围进一步扩大，上海市公共信用信息服务平台正式启动。金融集聚区布局建设不断加强，陆家嘴金融城、外滩金融集聚带等核心功能区集聚效应明显，各区县结合自身优势积极发展特色金融业。金融风险防范能力不断提升，有力地维护了金融稳定。

未来五年，对上海金融业发展和上海国际金融中心建设至关重要，只有顺应全球经济、金融格局变革的趋势，把握国家全面深化改革、扩大开放的格局，明确上海发展的战略定位，才能更好地推进下一步的工作。

一是主动适应人民币国际化进程。积极配合国家金融管理部门，坚持以人民币产品市场建设为核心，不断拓展人民币市场的广度和深度，扩大人民币跨境使用范围和规模，完善人民币跨境支付清算系统，推动上海成为全球人民币基准价格形成中心、资产定价中心和支付清算中心。

二是主动适应经济全球化趋势。自贸试验区是我国进一步融入经济全球化的重要载体，加强上海国际金融中心建设与自贸试验区建设的深度联动，认真落实“金改四十条”，推动人民币资本项目可兑换，扩大金融服务业对外开放，加快建设面向国际的金融市场平台。

三是主动适应新一轮科技革命和产业变革的趋势。科技与金融深度融合已成为发展大势，加快推进科技金融创新。着力引导金融资源更加广泛深入地融入创新链和产业链，不断满足科技企业特别是中小型科技企业的金融需求，助推“大众创业、万众创新”。

四是主动适应供给侧结构性改革新要求。不断提升金融服务实体经济、服务供给侧结构性改革的能力。鼓励多层次资本市场发展，提升直接融资规模和比重。支持新型和中小型金融机构健康发展，不断丰富符合企业需求的金融创新产品和业务，扩宽中小微企业融资渠道。规范金融服务收费，切实降低企业成本。

今年是“十三五”规划的开局之年，我们将继续以扎实严谨的态度，认真开展各项工作，为实现“到 2020 年基本建成与我国经济实力以及人民币国际地位相适应的国际金融中心”而努力奋斗。

郑杨

2016 年 7 月

Preface

2015 was the final year to complete the task of "Twelfth Five-Year Plan" in China. During the five years, under the correct leadership of the Party Central Committee and the State Council, and with the strong support of the state financial management departments as well as joint efforts from all sectors of society, Shanghai has made important progress in constructing Shanghai International Financial Center, promoting financial openness and innovation of Shanghai Pilot Free Trade Zone, supporting the construction of Shanghai Technology Innovation Center and servicing the national economic and social development. By now, Shanghai has established its domestic financial central position centering on the financial market system and initially formed a global center for innovating, trading, pricing and clearing of RMB products.

1. Financial market system further perfected, and financial market scale level significantly increased. As the preparation of constructing Shanghai Insurance Exchange and the national trust registration platform, along with the start of Shanghai International Energy Trading Center and Shanghai International Gold Trading Center, Shanghai has formed a relatively complete nationwide financial market system, initially obtaining a certain international influence. The construction of financial market infrastructure was speeded up and the RMB Cross-border Interbank Payment System(CIPS) was established in Shanghai. The financial market operation mechanism was constantly improved, market benchmark functions of Shanghai interbank offered rate(Shibor) was improved significantly, the Loan Prime Rate(LPR) was commercially operated, and the CFETS RMB exchange rate index was officially issued. In 2015, Shanghai's financial market transactions totaled 1463 trillion yuan, 2.5 times more than that of the end of "Eleventh Five-Year Plan". In 2015, Shanghai securities market shared the second highest total in both stock trading volume and stock financing in the world, with the fourth highest in the year-end stock value.

2. Financial institution system further improved, and financial business innovation became increasingly active. The BRICS countries established new banks in Shanghai, which became the first international multilateral financial organization with headquarters located in Shanghai. China Insurance Investment Funds, Zhengtong Co., Ltd. and other important financial institutions settled down in Shanghai. By the end of 2015, there were 1478 financial institutions in Shanghai, increased by 429 over the end of "Eleventh Five-Year Plan". The financial business innovation was accelerated, the scale of RMB cross-border business further expanded, the emerging financial business with internet finance as representative rapidly developed, and the reform of shipping insurance product registration system took the lead in implementation throughout the country.

3. Financial reform of Shanghai Pilot Free Trade Zone went deep in advancing, and the ability of trade service and investment facilitation constantly increased. The framework system of financial system innovation was basically formed, policy measures and a series of enforcement regulations to support the construction of Free Trade Zone including *A Plan on Further Advancing Financial Openness and Innovation Pilot Areas for China (Shanghai) Pilot Free Trade Zone and Speeding Up the Construction of Shanghai International Financial Center* were issued in succession. In addition, both local and foreign currency business of free trade accounts were started up. The construction of international-oriented financial market platform was steadily promoted. The financial service functions were unceasingly enhanced, the innovative pilots covering the expansion of the cross-border use of RMB, facilitation of investment and financing exchange, interest rate liberalization, foreign exchange management reform as well as the streamline administration and institute decentralization of financial supervision were carried out, thus strongly supporting the development of the substantial economy. Moreover, the financial supervision and risk prevention mechanism were further improved.

4. Finance opening to the outside world continuously expanded, and internationalization level steadily improved. The financial area opening to the outside world further expanded, the interbank foreign exchange market launched directly dealing for RMB to multiple currencies, the foreign institutions were allowed to invest in interbank bond and currency markets; The Shanghai Stock Exchange, China Financial Futures Exchange and Deutsche Börse AG jointly funded to establish the China-Europe International Exchange; Shanghai Shipping Insurance Association represented Chinese insurance industry to join the International Union of Marine Insurance. Foreign financial institutions accelerated to gather together, and by the end of 2015, the total of all kinds of foreign-funded financial institutions in Shanghai reached 429, about 30% of the total number of financial institutions in Shanghai, Shanghai has become the main gathering place for foreign financial institutions in China. With the quickening of "Going Global" steps, more and more financial institutions carried out the international operations by setting up branches overseas or making mergers and acquisitions.

5. Financial development environment continuously optimized, and ability of risk prevention constantly enhanced. The financial legal environment was continuously optimized, Shanghai took the lead in launching the white paper *The Legal Environment Construction for Shanghai International Financial Center*; the Financial Consumer Rights and Interests Protection Agency of the People's Bank of China was officially operated in Shanghai. The construction of Shanghai international financial talent highland achieved initial success, Shanghai became the first to release the plan of financial talent development and the development directory of financial talents in shortage, the financial talent quantity increased significantly. The credit system construction was unceasingly promoted, the Credit Information Center of the People's Bank of China settled in

Shanghai further expanded its data coverage range, and the Shanghai public credit information service platform was officially launched. The Layout construction of financial gathering areas was continuously strengthened, the core functional areas including the Lujiazui Financial Center and the Bund Financial Cluster had obvious agglomeration effect, all districts and counties combined their own advantages to actively develop characteristic financial industry. Financial risk prevention ability was constantly improved, effectively maintaining the financial stability.

In the next five years, the development of Shanghai financial industry and the construction of Shanghai International Financial Center will be important, only conforming to the trend of the global economic and financial structure change, grasping the pattern to comprehensively deepen reform and expand openness, and determining the strategic positioning of Shanghai development, can promote the next step work better.

First, actively adapt to the process of RMB internationalization. Positively cooperate with the state financial management departments, adhere to take the RMB product market construction as the core, continuously expand the breadth and depth of the RMB market, enlarge the scope and scale of cross-border use of RMB, improve the RMB cross-border payment and clearing system, promote Shanghai to become the global RMB benchmark pricing center, assets pricing center and payment and clearing center.

Second, actively adapt to the trend of economic globalization. The Pilot Free Trade Zone is an important carrier to bring our country further into the economic globalization, so it is emphasized to deepen the linkage between the construction of Shanghai International Financial Center and the construction of Shanghai Pilot Free Trade Zone, earnestly implement the "40 Items for Financial Reform", in order to promote the RMB capital account convertibility, expand the financial service industry opening to the outside world and speed up the construction of international-oriented financial market platform.

Third, actively adapt to the trend of a new round of technological revolution and industrial transformation. The deep integration between technology and finance has become a development trend, so the financial innovation of science and technology should be accelerated to promote. We will strive to guide the financial resources more widely deep into the innovation chain and industrial chain, continuously meet the financial needs of science and technology enterprises, especially small and medium-sized enterprises of science and technology, and help to advance the policy of "Mass Entrepreneurship and Innovation".

Fourth, actively adapt to the new demand for structural reform of supply side. Continuously improve the financial service for the substantial economy and the supply-side structural reform. Encourage the development of multi-level capital market, and promote the scale and proportion of direct financing. Support new or small and medium-sized financial institutions to develop healthily, constantly enrich the financial innovation products and business to meet the demands of enterprises, and broaden financing channels for micro, small and medium-sized enterprises. Standardize the financial service charges and practically reduce the enterprise cost.

This year is the start of the implementation of "Thirteenth Five-Year Plan". We will keep with the solid and rigorous attitude and earnestly carry out all kinds of work, striving for the realization of "basically building an International Financial Center that adapts to China's economic strength and the international status of RMB by 2020".

Zheng Yang(script)
July 2016

目　录

业　务　篇

环 境 篇

专栏

附 录

Contents

Business Article

Environment Article

Special Column

Appendix

综　合　篇

第一章　2015 年上海金融业发展概述

第一节　2015 年上海金融业发展情况

2015 年，上海金融业着力推动创新，着力改进服务，着力加强协同，着力转变作风，服务服从国家战略和实体经济稳增长，积极协调推进自贸试验区金融开放创新，加强与上海国际金融中心建设联动，顺利完成全年和“十二五”规划设定的目标任务。

1. 抢抓机遇，全力推进金融开放创新。一是深入推进自贸试验区金融改革。10 月，经国务院同意，中国人民银行等六部委和上海市政府联合印发《进一步推进中国(上海)自由贸易试验区金融开放创新试点　加快上海国际金融中心建设方案》(简称金改“40 条”)。政策出台后，召开自贸试验区金融工作协调推进小组会议，明确责任，落实分工。中国人民银行上海总部、上海银监局先后推出外汇管理改革等有关细则。同时，市金融办会同相关部门举办第四批和第五批自贸试验区金融创新案例发布会，共发布 23 个创新案例，让更多的金融机构和企业了解掌握和运用这些金融创新成果。此外，2 月以来，中国人民银行先后启动自由贸易账户境外融资和外币业务，推出跨境同业存单。截至 2015 年末，共有 42 家单位接入自由贸易账户监测管理信息系统，累计开立自由贸易账户 4.4 万个。二是创新科技金融服务支持上海科创中心建设。出台《关于促进金融服务创新　支持上海科技创新中心建设的实施意见》，包括 8 个方面、20 条政策措施。上海股权托管交易中心“科技创新板”于 12 月 28 日正式开盘。浦发硅谷银行等商业银行率先开展投贷联动创新。2016 年 6 月，上海中小微企业政策性融资担保基金设立，首期规模 50 亿元。三是支持上海金融市场加快开放创新步伐。2015 年，上海证券交易所推出上证 50ETF 期权，中国金融期货交易所推出上证 50、中证 500 股指期货以及 10 年期国债期货合约。中国外汇交易中心正式发布 CFETS 人民币汇率指数，推出人民币对瑞士法郎直接交易。首批境外央行类机构进入银行间外汇市场，韩国政府、加拿大不列颠哥伦比亚省、汇丰银行等外国政府、境外机构及企业先后获准或已成功在银行间债券市场发行人民币债券。此外，上海黄金交易所联合香港金银业贸易场开通黄金“沪港通”，航运保险产品注册制改革在沪率先启动。

2. 加强协调，持续集聚金融市场和金融机构。一是不断夯实上海金融市场基础。10 月，人民币国际化的重大基础设施——人民币跨境支付系统(CIPS)一期在沪正式上线运营。上海保险交易所、全国性信托登记平台在沪筹建获国务院同意，上海金融市场种类进一步丰富。二是加快集聚国际性、总部型、功能性金融机构和组织。金砖国家新开发银行秘书处在上海完成注册，正式开业。全球中央对手方协会(CCP12)决定落户上海。2015 年，证券版银联——证通公司正式成立，上海首家以民营资本为主发起人的保险公司——上海人寿,首家民营银行——华瑞银行正式开业。工行家族财富管理中心等机构也先后落沪。

3. 加强规范,努力促进新型金融业态健康发展。一是探索促进互联网金融行业规范发展的体制机制。8月,上海市互联网金融行业协会成立,将在行业自律管理、信息披露等方面加强探索。推动浦东、黄浦、长宁、嘉定等区县(园区)建设互联网金融产业基地,支持阿里、万达、交通银行等国内知名企业将其互联网金融业务板块落户上海。二是加强事中事后监管推进小贷、融资担保公司规范发展。完善小贷、融资担保公司全生命周期管理制度体系,加快监管信息系统建设。推动优化上海小贷、融资担保行业布局结构,支持有条件的区县设立专门为众创空间服务的小贷公司。截至2015年末,上海已有134家小贷公司获批筹建,其中128家小贷公司已获批开业,注册资本总额180亿元,贷款余额近214亿元;有54家融资担保机构持有效经营许可证,注册资本总额118亿元,融资担保余额近180亿元。三是不断加大私募领域创新试点力度。深入推进外商投资股权投资企业(QFLP)试点工作。稳步扩大合格境内有限合伙人(QDLP)试点范围,全年审核通过第二、第三批试点企业9家,共计审核通过15家试点企业,获批外汇额度12.3亿美元。

4. 加强对接,积极支持经济发展转型。一是推动企业利用多层次资本市场加快发展。建立金融市场联络员工作机制,支持金融市场创新,更好地服务实体经济。2015年末,上海334家企业在多层次资本市场上市挂牌。二是持续加大对小微企业、文化和"三农"金融服务力度。对2012、2013年度发生不良贷款净损失的5家试点银行发放信贷风险补偿资金;对2014年度小微信贷业务突出的19家商业银行发放奖励资金。推动上海银行、浦发银行设立3家文化金融特色支行,增强文化金融供给的针对性和有效性。在金山、青浦的部分乡镇开展农村土地经营权抵押贷款试点。三是加强市、区条块合作推动特色金融发展。市金融办先后与金山、黄浦、浦东、徐汇签署战略合作备忘录,加强市、区联动。引导区县金融业错位竞争、协同发展,部分区县初步形成一批特色金融集聚区。

5. 找补短板,不断优化金融发展环境。一是认真开展"十三五"上海国际金融中心建设规划编制。在前期研究基础上形成规划初稿,与国家有关部门进行汇报沟通,争取规划在国家层面发布。二是不断提升对金融机构的扶持服务水平。积极稳妥做好2015年度上海金融创新奖组织申报、评审和表彰工作。不断完善上海人才服务政策。三是积极开展国际国内金融合作与交流。围绕金融改革和开放两大主线,成功举办"2015陆家嘴论坛"、首届"新加坡-上海金融论坛"和第四届"上海-悉尼金融研讨会"。多层面深化沪港、沪台、沪澳金融合作,促进业务合作和人员交流。加强长三角金融合作,做好对口支援。四是切实加强风险防范处置和信访维稳。整合新华社金融信息中心专业优势,建立金融风险舆情监测系统,定期推出金融风险舆情快报。依托城市网格化管理平台发现非法集资活动线索,依托市工商局广告监测系统定期监测发布涉嫌非法集资广告资讯。印发《上海金融突发事件应急预案》,健全区县防范和打击非法集资工作体系。会同金融监管部门,专题协调化解复杂疑难信访矛盾,推进上海金融系统反恐防范工作机制建设。落实信访维稳措施,认真做好信访维稳工作,全力维护金融系统安全稳定。

2015年,上海金融业在支持经济社会发展的同时,自身也取得较快发展。2015年,上海金融业实现增加值4 052.2亿元,同比增长22.9%,占全市GDP的16.2%,增速快于全市GDP增速。2015年末,全市本外币各项存款余额10.4万亿元,同比增长14.4%;本外币各项贷款余额5.3万亿元,同比增长10.1%。2015年,上海金融市场交易总额1 463万亿元,同比增长86.1%,超额完成"十二五"规划

1 000万亿元的目标。金融市场直接融资总额9.2万亿元，同比增长50.8%。

第二节　2016年工作打算

2016年是实施“十三五”规划的开局之年，也是实现到2020年“基本建成与我国经济实力以及人民币国际地位相适应的国际金融中心”战略目标的关键一年。总体来看，2016年国内外经济金融形势依然错综复杂。从国际情况看，美国经济逐步复苏，启动了新一轮加息周期，欧盟、日本等国经济前景依然不确定，货币政策继续保持宽松。新兴经济体中，包括巴西、俄罗斯、南非等在内的一些国家经济增长明显乏力，货币出现不同幅度贬值，只有中国和印度仍保持中高速增长。从国内情况看，中国经济发展长期向好的基本面没有改变，利率市场化加快、汇率形成机制完善、人民币加入特别提款权（SDR）等都为金融业发展注入了新的动力。但受结构性、周期性因素叠加影响，经济运行仍面临较大下行压力。

2016年，上海金融业将继续围绕中心、服务大局，加强协调服务，聚焦开放创新，积极破解难题，扎实推进工作，确保“十三五”开好局、起好步，为实现2020年上海国际金融中心建设战略目标奠定坚实的基础。

1. 协调推动“十三五”规划发布，加强统筹引领。配合国家有关部门，推动《“十三五”时期上海国际金融中心建设规划》在国家层面发布。

2. 加快推进自贸试验区金融开放创新，不断扩大金融对外开放。协调推动国家金融管理部门制定和出台“金改40条”相关实施细则，支持金融机构和金融市场推出有关创新实例，支持各区县主动对接和复制推广自贸试验区金融创新试点经验。进一步完善功能，抓紧启动自由贸易账户本外币一体化各项业务。支持区内企业境外发行人民币债券，推动境外机构和区内注册企业及其境外母公司或子公司在境内发行人民币债券。做好人民币跨境支付清算系统（CIPS）二期建设工作。研究探索金融服务业负面清单。

3. 进一步健全金融市场体系，提升市场服务功能。加快推进上海保险交易所、全国性信托登记平台筹建工作，争取尽快正式运营。支持上海期货交易所推出原油期货等产品。在确保“科技创新板”平稳起步的基础上，推动上海股交中心科技创新母基金设立等后续创新举措的落地。积极争取全国性票据交易市场落户上海，做好相关服务工作。

4. 继续完善金融机构体系，增强金融创新活力。支持金砖国家新开发银行业务发展，做好服务配套。积极引进国际性金融机构（组织），尽快完成“全球中央对手方协会”（CCP12）的注册。支持各类大型金融机构整合在沪机构和职能，在沪设立总部型机构。支持在自贸试验区设立中外资再保险机构、自保公司和相互制保险公司等新型保险组织，以及专业性保险服务机构。进一步促进互联网金融行业健康发展，做好中国互联网金融协会落地服务工作，继续支持大型互联网企业、知名金融机构互联网金融业务板块落户上海。推动出台促进上海私募行业发展的相关政策意见，支持私募基金企业探索利用“金改40条”相关政策，实现境内资本和境外资源联动。

5. 促进科技金融服务创新，提升服务实体经济能力。落实好金融支持上海科创中心建设20条措施，支持商业银行开展多种形式的科技金融服务模式创新，为科技创新企业提供投贷联动等金融服务。推动政策性融资担保基金的设立和运作。推动民营资本在沪设立服务科技创新企业发展的民营银行。支持保险公司开发符合科技企业发展需求的保险产品，鼓励保险资产管理机构多渠道为科技企业提供资金融通。继续推进农村土地经营权抵押贷款试点、集体经营性建设用地使用权抵押贷款试点。推动金融与文化创意产业融合发展,鼓励有条件的区县争创国家级文化金融合作试验区。发挥保险服务实体经济功能,协调推进建设工程质量缺陷保险和巨灾保险试点。争取率先在上海开展个人税收递延型养老保险,研究长期护理保险体制机制创新。

6. 进一步优化金融发展环境,牢牢守住不发生系统性区域性金融风险底线。加强金融信用环境建设,研究完善上海金融信用环境的措施,促进公共信用信息、金融信用信息互通共用。鼓励信用服务机构创新发展,促进信用信息在金融领域内的推广运用。加强金融合作交流,加强与伦敦等重要国际金融中心城市交流,多种形式宣传推介上海国际金融中心建设。协助有关部门在沪办好"G20央行行长和财长会议"。制定实施《上海市防范和打击非法集资的实施意见》,明确非法集资日常监管、线索发现、案件处置、属地维稳等方面事项。推动城市网格化管理体系发现非法集资线索工作,完善金融风险舆情监测系统,加强涉嫌非法集资广告监测预警工作。坚持市场化、法治化、规范化方向,稳妥推进重大风险事件的处置工作。

专栏1

上海市发布《关于促进金融服务创新　支持上海科技创新中心建设的实施意见》

加快建设具有全球影响力的科技创新中心,是以习近平为总书记的党中央对上海工作的新要求,是国家作出的具有全局意义的重要战略决策。2015年5月25日,十届市委八次全会通过《中共上海市委　上海市人民政府关于加快建设具有全球影响力的科技创新中心的意见》,《意见》提出上海作为我国建设中的国际经济、金融、贸易和航运中心,要努力在推进科技创新、实施创新驱动发展战略方面走在全国前头、走到世界前列,加快建设具有全球影响力的科技创新中心。

上海科创中心建设与上海国际金融中心建设是紧密互动、相辅相成的,科技创新与金融创新的耦合,为经济社会发展提供新动能。科创中心建设是国际金融中心建设的一个鲜明特色和亮点,为国际金融中心建设赋予新内涵;国际金融中心建设也为科创中心建设提供重要支撑和有力保障。坚持金融和科创双轮驱动,良性互动,上海才能具有无限的发展潜力,才能更好地服务全国发展大局。

《意见》提出,推动科技与金融紧密结合,营造良好的创新创业环境,并制定包括完善金融支持体系在内的若干配套政策文件的工作任务。市政府相关部门和在沪金融管理部门深入研究分析上海科技创新中心建设对金融服务的新要求,学习借鉴国内外科技金融服务创新的先进经验,联系上海实际,从地方政府推进金融服务创新、营造良好科技金融服务环境的角度,研究制定《关于促进金融服务创新　支持上海科技创新中心建设的实施意见》,由市政府办公厅于2015年8月21日正式发布,成为上海政府部门出台的首个科创中心建设配套政策文件。

《实施意见》坚持三个导向:

一是坚持需求导向。《实施意见》着眼于科技创新企业不同发展阶段特别是初期阶段的需求,着眼于缓解融资瓶颈问题,多措并举支持科技型小微企业发展壮大。

二是坚持创新导向。《实施意见》力求深入把握科技创新企业金融服务需求的特征,通过金融创新支持科技创新,为不同发展阶段科技创新企业提供有针对性的金融产品与服务。

三是坚持操作导向。《实施意见》从地方政府角度,既积极争取科技金融创新先行先试,又力求发挥金融政策、产业政策、财政政策的协同作用,使各项创新举措可操作、可落地。

《实施意见》从提高科技创新企业融资的可获得性入手，在推进多元化信贷服务体系创新、发挥多层次资本市场的支持作用等八个方面提出 20 条政策措施，主要内容包括：

1. 推进多样化信贷服务创新。争取国家金融管理部门支持，鼓励条件成熟的银行业金融机构，在上海设立从事股权投资的全资子公司，开展投贷联动融资服务方式创新。推动民间资本进入银行业，支持实力雄厚且有长期投资意向的民营企业在沪发起设立股权分散的民营银行，建立适应科技创新企业发展需要的组织机构和管理制度。支持商业银行加强科技金融专业队伍建设，加大对科技创新企业的信贷支持力度。发挥货币政策、外汇政策支持作用，引导银行业金融机构加大对科技创新企业信贷投放。

2. 发挥多层次资本市场的支持作用。支持推进上海证券交易所进一步完善市场体系。推动上海股权托管交易中心设立科技创新板，设置和引入符合科技创新型中小微企业需求的制度安排，推动建立与其他多层次资本市场间的对接机制。支持科技创新企业通过资产证券化方式盘活存量资产，拓宽融资渠道。探索设立为科技创新企业提供全生命周期金融服务的科技创业证券公司，支持不同成长阶段的科技创新企业发展壮大。积极争取试点成立区域性小微证券公司，专门服务于区域性股权市场，并通过加强与众创空间、科技创新企业孵化器等创新创业平台的合作，为处于初创期的科技创新企业提供专业化服务。

3. 增强保险服务科技创新的功能。推进保险资金与上海创业投资引导基金和天使投资引导基金合作，鼓励保险资金通过投资创业投资基金、设立私募股权投资基金，或与国内外成熟的基金管理公司合作等方式，服务于成长阶段的科技创新企业，为科技创新企业提供资金融通。鼓励保险机构开发首台（套）重大技术装备、关键研发设备的财产保险、产品责任保险、产品质量保证保险、专利保险等产品，为科技创新企业、上海重点支持发展的重大战略项目提供保险保障服务。探索开发科技创新企业创业保险产品，运用保险机制支持初创期科技创新企业发展。

4. 推动股权投资创新试点。发挥政府引导基金的引导和放大作用，鼓励更多社会资本发起设立创业投资、股权投资和天使投资，缓解科技创新企业“最先一公里”的资金来源问题。加快私募股权投资基金份额报价转让系统建设，建立和完善股权投资基金有限合伙人基金份额报价转让信息发布平台，提升转让服务功能，丰富资本市场股权投资退出渠道。推动股权投资企业开展境内外双向投资，扩大上海外商投资股权投资企业试点（QFLP）范围，支持上海优质股权投资企业到境外设立基金开展投资，引进新技术、新业态，促进产融结合。

5. 加大政策性融资担保支持力度。优化整合财政支持资金投入方式，完善市级政策性担保机构体系，设立一家注册资本金 50 亿元的大型政策性融资担保基金，创新考核等运作机制，提升市场活力，通过融资担保、再担保和股权投资等形式，与上海现有政策性融资担保机构、商业性融资担保机构合作，为科技型中小企业提供信用增进服务，着力打造覆盖全市的中小微企业融资担保和再担保体系。

6. 强化互联网金融的创新支持功能。鼓励持牌金融机构依托互联网技术，实现传统金融业务与服务转型升级，积极开发基于互联网技术的新产品和新服务。允许符合规定的科技金融创新企业接入相关支付清算系统。引导、支持相关机构依法合规在沪开展股权众筹业务，推动符合条件的科技创新企业通过股权众筹融资平台募集资金。规范市场秩序，引导互联网金融健康发展，支持互联网金融企业组建行业协会等自律组织，推进互联网金融行业信息披露工作。

7. 鼓励创新创业服务平台与金融机构加强合作。发挥创新创业服务平台的桥梁作用，支持众创空间、创新工场等新型孵化器与天使投资、创业投资、互联网金融机构等开展合作，创新投融资服务。鼓励有条件的区县和科技园区利用熟悉区域内科技创新企业的优势，建立科技创新企业数据库，协助金融机构开展科技金融服务和产品创新。加强科技创新企业信用体系建设，着力解决科技创新企业和金融机构之间的信息不对称，促进金融机构与科技创新企业有效对接。

8. 建立科技金融服务工作协调机制。建立由市政府相关部门和驻沪金融管理部门组成的科技金融服务工作协调机制，定期召开联席会议，共同对科技金融服务工作措施的落实情况及成效进行评估，研究科技金融服务面临的新情况、新问题，及时监测金融运行风险，积极促进金融更好地为上海科技创新中心建设服务。

《实施意见》出台后，市金融办、市新闻办会同中国人民银行上海总部、上海银监局、上海证监局、上海保监局以及市政府有关部门召开新闻通气会，对《实施意见》的主要内容进行详细解读，并请部分专家学者、金融机构围绕科技金融服务创新与新闻媒体进行深入交流，引导新闻媒体准确解读《实施意见》内容，取得良好的效果。

2015 年 12 月，市金融办梳理和总结一批创新性强、示范性好的科技金融创新成果，对外发布首批科技金融创新案例，包括浦发硅谷银行“初创期科技企业投贷联动金融服务方案”，上海银行“远期共赢利息业务”，太平洋财产保险“科创 E 保”科技企业创业保障保险，工商银行上海市分行“海王星科创企业金融服务云方案”。同时，市金融办联合上海相关政府部门和在沪金融管理部门认真按照《实施意见》的任务分工，积极推动相关工作的落实。如投贷联动金融服务创新、科技型中小企业可变利率定价模式、上海股权托管交易中心设立服务于科技型中小微企业的科技创新板、首(台)套技术装备保险和科技企业创业保障保险、扩大上海外商投资股权投资企业试点(QFLP)范围、推动科技融资服务平台建设等工作相继落地，在促进科技与金融结合，营造良好的科技金融发展环境，助力上海科创中心建设方面取得良好的成效。

第二章　上海自贸试验区金融开放创新情况

第一节　上海自贸试验区金融开放创新试点主要进展

建设上海自贸试验区是党中央、国务院在新形势下推进改革开放的战略举措，对全面深化改革和扩大开放探索新途径、积累新经验具有重要意义。开展金融改革创新试点是上海自贸试验区建设的重要内容。在党中央、国务院的正确领导下，在国家各有关部门的大力支持和帮助下，上海紧紧围绕着国际金融中心建设目标，以自贸试验区金融开放创新试点为重点，深入推进金融创新，取得重要进展。有力地促进实体经济发展和投资贸易便利化，并形成一批可复制可推广的创新成果。

1. 基本形成以探索资本项目可兑换和金融服务业开放为主要内容的金融制度创新框架体系

自贸试验区挂牌后，在坚持宏观审慎、风险可控前提下，国家金融管理部门共发布51项金融支持自贸试验区建设的意见和措施以及一系列实施细则，内容涉及人民币跨境使用、资本项目可兑换、利率市场化、外汇管理改革、金融服务业对内对外开放、金融监管简政放权、金融风险防范等先行先试。上海自贸试验区扩区后，经国务院同意，中国人民银行等六部委和上海市政府联合发布《进一步推进中国(上海)自由贸易试验区金融开放创新试点加快上海国际金融中心建设方案》，共四十条内容(简称“金改40条”)。“金改40条”的出台，彰显中央坚定不移地推进改革开放的决心和勇气，也是下一步推进上海自贸试验区金融改革创新和国际金融中心建设的纲领性文件。

2. 有序开展自由贸易账户业务、跨境投融资汇兑便利、人民币跨境使用、利率市场化、外汇管理改革等一系列金融创新试点

自由贸易账户是本外币合一、可兑换的账户，通过搭建“电子围网”，为在自贸试验区率先推进金融开放营造风险可控的环境。截至2015年末，区内共有42家单位接入分账核算单元体系，累计开立自由贸易账户约44 186个，自贸试验区跨境人民币结算总额超过12 026.4亿元，占全市的42%。按照“分类别、有管理”的模式，简化自由贸易试验区经常项下和直接投资项下人民币跨境使用业务流程，稳步推进人民币境外借款、跨境双向人民币资金池等创新业务，放宽对外债权债务管理，并启动人民币跨境支付系统(CIPS)建设。截至2015年末，各类境外融资1 146亿元，其中企业境外人民币借款263亿元，利率为3.8%，明显低于境内；累计有246家区内企业发生跨境人民币双向资金池业务，资金池收支总额4 175.07亿元；区内共有80家企业完成跨国公司总部外汇资金集中运营试点备案；人民币跨境支付系统(CIPS)一期已上线运行，首批19家银行直接参与。

3. 稳步推进面向国际的金融交易平台建设

2015年，上海黄金交易所与香港金银业贸易场建立“黄金沪港通”。截至年末，“黄金国际板”累计成交6 564吨，交易金额达1.14

万亿元。“沪港通”为对接与打通沪港两市金融市场作了富有成效的探索,截至年末,“沪港通”累计成交金额约2万亿元。2015年11月,上海证券交易所、中国金融期货交易所与德意志交易所集团合作,在法兰克福设立中欧国际交易所,开展离岸人民币金融工具交易,这是我国资本市场“走出去”服务人民币国际化的重要探索。上海期货交易所已在自贸试验区内设立国际能源交易中心,原油期货品种已获批准,相关配套政策陆续发布。上海清算所推出自贸试验区铜溢价和乙二醇进口掉期中央对手清算业务,并与上海航运交易所合作推出人民币集装箱掉期和中国沿海煤炭远期运费协议中央对手清算业务。上海保险交易所获得国务院批准筹建;中国信托登记公司有限责任公司获得国务院批准设立。此外,中国外汇交易中心、上海证券交易所正在自贸试验区内筹建国际金融资产交易平台。

4. 不断完善自贸试验区金融监管和风险防范机制

为加强自贸试验区金融开放创新试点的统筹协调,上海成立自贸试验区金融工作协调推进小组,由国家金融管理部门在沪机构和市政府有关部门组成,加强信息沟通,定期研究工作,共同做好创新促进、监管协调、风险防范、环境营造工作。依托自贸试验区金融工作协调推进小组,建立监管协调机制和跨境资金流动监测机制。金融管理部门进一步简政放权,简化事前准入事项,加强事中事后监管,建立监管和市场良性互动机制。创建“自贸试验区银行业务创新监管互动机制”,为商业银行提供鼓励创新的先行先试绿色通道;开展航运保险产品注册制改革,支持上海航运保险协会加入全球最具影响力的航运保险组织——国际海上保险联盟(IUMI)。

5. 认真总结经验,本着“成熟一项、推动一项”的原则,配合国家有关部门做好金融改革创新举措的复制推广工作

经过两年多来的探索和实践,自贸试验区已经形成一批可复制可推广的创新成果。为做好金融创新成果的宣传推广,以便更多的金融机构和企业知晓和运用,截至2015年末,上海自贸试验区金融工作协调推进小组累计举办五批金融创新案例发布会,发布50个金融创新案例,得到金融机构和企业的积极响应和广泛认可。同时,根据国务院的总体部署,上海自贸试验区形成的一批金融创新成果已在广东、天津、福建自贸试验区乃至全国复制推广,有力地促进全国金融改革开放。目前,中国人民银行已将简化经常和直接投资项下人民币结算流程、个人跨境贸易人民币结算业务、跨境双向人民币资金池、经常项下人民币集中收付、跨境电子商务人民币结算业务、放开小额外币存款利率上限等措施已在其他三地自贸试验区或全国复制推广。银监会、证监会、保监会已将支持上海自贸试验区金融机构入区发展、支持民间资本进入金融业、鼓励开展跨境投融资业务、简化准入方式等创新发展措施在其他三地自贸试验区复制推广。外汇局已将取消境外融资租赁债权审批、取消对外担保行政审批、取消境外支付担保费行政审批、外商投资企业资本金意愿结汇、便利银行开展大宗商品衍生产品柜台交易、直接投资项下外汇登记及变更登记下放银行办理、跨国公司外汇资金集中营运管理等措施在其他三地自贸试验区或全国复制推广。

第二节　进一步推进上海自贸试验区金融开放创新试点的主要考虑

“十三五”是我国全面建成小康社会的决定性阶段,也是实现2020年上海国际金融中心建设战略目标的决定性阶段。自贸试验区金融开放创新试点工作的总体推进思路是,秉承创新、协调、绿色、开放、共享五大理念,主动

适应经济发展新常态，加强对供给侧结构性改革的金融支持，以推进自贸试验区金融开放创新为引领，进一步健全金融市场体系，扩大金融开放，努力提升金融服务实体经济和科创中心建设的能力，不断推动上海国际金融中心建设迈上新台阶，争取到2020年基本确立以人民币产品为主导、具有较强金融资源配置能力的全球性金融市场地位，基本形成公平法治、自由开放、创新高效、合作共享的金融服务体系，基本建成与我国经济实力以及人民币国际地位相适应的国际金融中心，争取迈入全球金融中心前列。下一步主要任务和措施有：

1. 深入推进自贸试验区金融改革创新先行先试，加强自贸试验区与国际金融中心建设联动

下一步推进自贸试验区金融改革创新试点的主要任务是全面贯彻落实"金改40条"，主要措施包括：率先探索人民币资本项目可兑换，在总结自由贸易账户经验的基础上，进一步充实完善自由贸易账户功能，抓紧启动自由贸易账户本外币一体化各项业务；适时启动限额内资本项目可兑换试点，适时启动合格境内个人投资者境外投资试点，适时启动自贸试验区内符合条件的机构和个人按照规定双向投资于境内外证券期货市场试点。进一步扩大人民币跨境使用，积极推动境外机构和企业在境内发行人民币债券，支持自贸试验区内企业境外发行人民币债券，创新面向国际的人民币金融产品，做好人民币跨境支付清算系统的建设。不断扩大金融服务业对具备条件的民营资本和外资金融机构开放，积极探索金融服务业准入前国民待遇加负面清单管理模式。加快面向国际的金融市场平台建设，进一步完善沪港通交易机制，推进国际金融资产交易平台建设，推动原油期货上市，加快筹建上海保险交易所，推动上海黄金交易所国际业务板块后续建设，支持上海清算所研究开发新的航运金融和大宗商品场外衍生产品的清算服务。推进自贸试验区金融监管创新，在国家金融管理部门的指导下，建立金融综合监管联席会议制度，探索功能监管；精简行政审批项目，简化事前准入事项，加强事中事后分析评估和事后备案管理等。

2. 增强金融市场功能，提升全球资源配置能力和影响力

积极推动金融市场协调发展，进一步拓展市场的广度和深度，着力推动金融产品创新，加强市场制度和基础设施建设，完善市场运行机制，促进资金在各市场之间有序流动，提高市场联动性和效率。主要措施包括：增强多层次金融市场服务功能，发展新兴金融市场和金融业态，丰富金融市场产品和工具，完善金融市场运行机制，加强金融市场基础设施建设等。

3. 健全金融机构体系，提升金融创新活力和综合服务能力

加强各类金融机构集聚，加快形成门类齐全、具有较强创新和服务功能的金融机构体系。主要措施包括：吸引具有国际影响力和市场竞争力的金融机构，促进各类新型金融机构规范发展，大力发展互联网金融，促进专业服务机构发展，推动金融机构改革创新等。

4. 聚焦国家战略，提升金融服务实体经济的能力

充分发挥金融在现代经济中的核心作用，推动金融与实体经济融合发展。针对实体经济的需求，不断改进金融服务方式，扩大金融服务领域，加快金融产品创新，促进经济转型发展和结构升级。主要措施包括：加强国际金融中心与国际经济、航运、贸易中心联动发展，加大对建设具有全球影响力的科技创新中心的金融支持，加强对长江经济带发展和长三角合作的金融服务，加大对产业结构优化升级重点领域的金融支持，加大对文化创意产业的金融支持，加大对中小微企业、"三农"发展的金融支持，加强对民生保障和社会管理的金融支持等。

5. 扩大金融开放合作，提升金融中心国际影响力

充分利用国际国内两个市场、两种资源，以更大的力度、在更大的范围推进金融对外开放，切实加强上海国际金融中心对外交流合作，加强上海国际金融中心建设的海外宣传，提升国际影响力。主要措施包括：提升金融中心服务“一带一路”战略的能力，扩大金融市场对外开放，扩大金融服务业对内对外开放，加强境内外金融交流合作等。

6. 深化金融人才发展，建设国际金融人才高地

充分认识金融人才发展对于上海国际金融中心建设的战略意义，坚持开放导向、市场导向、服务导向，系统推进“上海金才工程”，实行更加开放的金融人才政策，建立更为灵活的金融人才管理机制，不断优化金融人才的事业发展环境，激发金融人才创新创造活力。主要措施包括：大力引进海外高端金融人才，加强国内金融人才的集聚发展，创新金融人才培养和评价机制，完善金融人才激励保障政策等。

7. 优化金融发展环境，提升金融中心软实力

使上海金融发展环境水平继续保持全国领先、逐步实现国际接轨。主要措施有：强化金融法治保障，探索金融综合监管；健全社会信用体系，提升金融信息化水平；完善金融税收制度，发展行业自律组织，推进金融集聚区建设；维护金融安全稳定，维护金融消费者和投资者权益，守住系统性金融风险底线等。

专栏 2

上海自贸试验区“金改 40 条”出台

2013 年 9 月 29 日，中国(上海)自由贸易试验区建立以来，在党中央、国务院领导和有关部门支持下，上海自贸试验区金融开放创新试点取得阶段性进展，金融制度创新框架初步形成，金融对外开放稳步推进，金融服务功能不断增强，金融监管和风险防范机制不断完善。2015 年 4 月 8 日，《国务院关于印发〈进一步深化中国(上海)自由贸易试验区改革开放方案〉的通知》明确指出，“加大金融创新开放力度，加强与上海国际金融中心建设的联动。具体方案由人民银行会同有关部门和上海市人民政府另行报批”。

根据党中央、国务院统一部署，在市委常委、常务副市长屠光绍的牵头下，市金融办会同中国人民银行上海总部、上海银监局、上海证监局、上海保监局等部门起草了《进一步推进中国(上海)自由贸易试验区金融开放创新试点 加快上海国际金融中心建设方案(初稿)》，上报人民银行。人民银行会同国务院有关部门和上海市政府经过深入调研、反复论证，征求各方面的意见，形成“金改 40 条”送审稿报送国务院。2015 年 10 月，经国务院同意，人民银行等六部委和上海市政府联合发布《进一步推进中国(上海)自由贸易试验区金融开放创新试点 加快上海国际金融中心建设方案》，主要有 40 条内容，又称自贸试验区“金改 40 条”。

“金改 40 条”的出台，是当前继续深化金融改革、扩大金融开放、加快金融创新的重要标志和具体体现，也为进一步推进上海自贸试验区金融开放创新和上海国际金融中心建设明确行动纲领和具体任务。主要内容包括以下六个方面：

一是总体要求。“金改 40 条”提出，贯彻落实党中央、国务院关于金融改革开放和自贸试验区建设的总体部署，紧紧围绕服务全国、面向世界的战略要求和上海国际金融中心建设的战略任务，坚持以服务实体经济、促进贸易和投资便利化为出发点，根据积极稳妥、把握节奏、宏观审慎、

风险可控原则,加快推进资本项目可兑换、人民币跨境使用、金融服务业开放和建设面向国际的金融市场,不断完善金融监管,大力促进自贸试验区金融开放创新试点与上海国际金融中心建设的联动,探索新途径、积累新经验,及时总结评估、适时复制推广,更好地为全国深化金融改革和扩大金融开放服务。

二是率先实现人民币资本项目可兑换。按照统筹规划、服务实体、风险可控、分步推进原则,在自贸试验区内进行人民币资本项目可兑换的先行先试,逐步提高资本项下各项目可兑换程度。具体包括拓展自由贸易账户功能、研究启动合格境内个人投资者境外投资试点,允许或扩大符合条件的机构和个人在境内外证券期货市场投资,探索在自贸试验区内开展限额内可兑换试点等。

三是进一步扩大人民币跨境使用。推进贸易、实业投资与金融投资三者并重,推动资本和人民币"走出去"。具体包括支持自贸试验区内企业的境外母公司或子公司在境内发行人民币债券,拓宽境外人民币投资回流渠道等。

四是不断扩大金融服务业对内对外开放。探索市场准入负面清单制度,开展相关改革试点工作。对接国际高标准经贸规则,探索金融服务业对外资实行准入前国民待遇加负面清单管理模式。具体包括支持符合条件的民营资本依法设立民营银行、金融租赁公司、财务公司、汽车金融公司和消费金融公司等金融机构,支持证券期货经营机构在自贸试验区率先开展跨境经纪和跨境资产管理业务等。

五是加快建设面向国际的金融市场。依托自贸试验区金融制度创新和对外开放优势,推进面向国际的金融市场平台建设,拓宽境外投资者参与境内金融市场的渠道,提升金融市场配置境内外资源的功能。具体包括支持中国外汇交易中心、上海证券交易所建设国际金融资产交易平台,支持上海期货交易所加快国际能源交易中心建设,支持设立上海保险交易所等。

六是不断加强金融监管,切实防范风险。建立适应自贸试验区发展和上海国际金融中心建设联动的金融监管机制。具体包括完善金融监管体制,加强事中事后分析评估和事后备案管理,加强金融监管协调,探索功能监管,加强金融风险防范,完善金融发展环境等。

"金改40条"的出台,彰显中央坚定不移地推进改革开放的决心和勇气,作为上海自贸试验区金融创新试点的纲领性文件,为上海国际金融中心建设注入新的动力,具有重要意义:

一是有利于推动金融服务更好地适应高水平开放的实体经济发展需要。支持实体经济发展是金融改革发展的最主要目标。"金改40条"确立的金融改革开放和政府职能转变措施,都是为了更好地适应更高水平开放的实体经济发展需要,为实体经济发展利用国际、国内两个市场、两种资源提供更为便利快捷的金融服务,有利于降低企业融资成本,有利于跨境投融资活动,有利于企业在更高水平上参与国际竞争,促进提升经济活力和竞争力。

二是有利于进一步推动上海自贸试验区建设。自贸试验区是我国进一步融入经济全球化的重要载体,有助于推动实施"一带一路"战略和长江经济带建设,为我国构建开放型经济新体制积累新经验。"金改40条"的实施,将使自贸试验区企业在全球范围内的经济金融活动更加便利,促进区内金融服务业的发展,形成新的经济增长点和增长极;促进政府职能转变,提高监管和管理能力,为自贸试验区企业创造良好的发展环境。

三是有利于加快上海国际金融中心建设。2009年,《国务院关于推进上海加快发展现代服务业和先进制造业 建设国际金融中心和国际航运中心的意见》(国发〔2009〕19号)出台后,中国人民银行、各金融监管部门和上海市人民政府按照中央"到2020年基本建成与我国经济实力和人民币国际地位相适应的国际金融中心"这一目标要求,积极推动上海国际金融中心建设,取得重要成绩和突破。“金改40条”把上海国际金融中心建设与上海自贸试验区金融改革试点相结合，立足未来上海国际金融中心建设的需要，确立未来上海国际金融中心建设的框架和方向。这将有利于加快金融机构聚集，促进金融创新，有利于扩大金融开放，提高国际化程度，有利于推进金融监管改革，也将为上海国际金融中心建设创造良好的环境。这些措施的落地将为上海国际金融中心建设注入新的巨大动力。

四是有利于上海自贸试验区金融改革、上海国际金融中心和全球影响力的科技创新中心建设的联动。自贸试验区、国际金融中心和具有全球影响力的科创中心建设都是党中央、国务院赋予上海的战略任务。目前，上海自贸试验区已经包括陆家嘴金融贸易区、张江高科技园区等金融中心、科创中心核心区域，为三者联动奠定良好基础。“金改40条”对这三大任务通盘考虑，形成一个完整的金融改革开放链条。

五是有利于为建设开放经济下的金融安全网积累经验。开放经济对金融风险管理提出很高要求。上海在推进自贸试验区金融改革过程中，始终将金融风险管理作为金融改革的前置条件，把防控风险作为重要底线。“金改40条”要求创新金融监管方式和监管协调，建立和完善系统性风险预警、防范和化解体系，继续完善开放经济条件下的金融安全网建设，这将有利于为我国全面开放后的风险管理积累经验。

市 场 篇

第三章　信　贷　市　场

2015 年，上海市货币信贷运行平稳，各项存款增速放缓，新增存款活期化特征显著；各项贷款增加较多，实体经济有效信贷需求充分释放，信贷结构有所调整，个人贷款增量占比提升较快。

截至 2015 年末，上海市中外资金融机构本外币各项存款余额 103 761 亿元，同比增长 14.4%，增幅较年初下滑 2.7 个百分点。全年本外币各项存款增加 13 328.8 亿元，同比少增 199.1 亿元。本外币各项贷款余额 53 387 亿元，同比增长 10.1%，增幅较年初提高 1.3 个百分点。全年新增本外币各项贷款 4 880.6 亿元，同比多增 984.1 亿元。

第一节　货币政策执行情况

1. 贯彻落实稳健的货币政策

一是根据中国人民银行总行统一部署，积

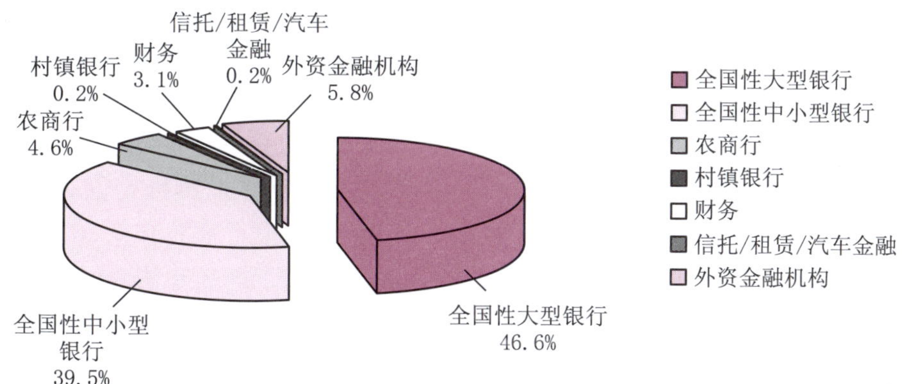

图 3-1　上海市中外资金融机构人民币存款余额占比

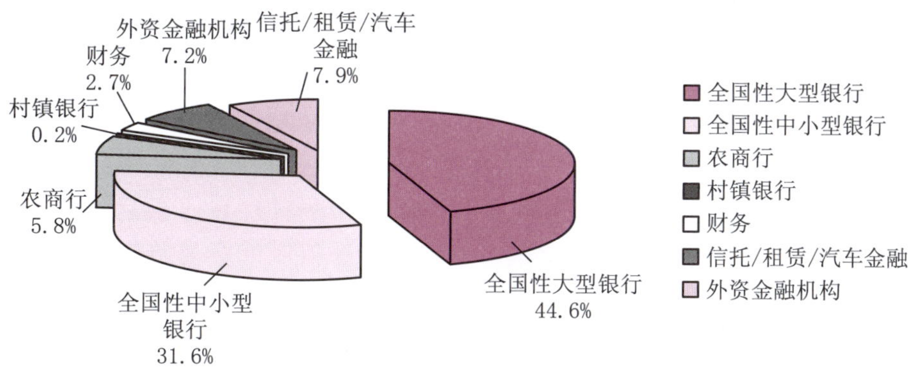

图 3-2　上海市中外资金融机构人民币贷款余额占比

极推进利率自律机制建设，加强利率监测，完善利率管理，认真落实利率市场化改革政策。组织召开利率市场化座谈会，听取社会各界对利率市场化的意见和建议。对上海市地方法人金融机构开展第二轮合格审慎评估，共有4家金融机构成为全国利率自律机制基础成员，2家金融机构成为观察成员。完善利率自律机制建设，对存款利率上限调整及时召开窗口指导会议，指导金融机构完善挂牌价公示和信息直报点制度。探索依托自由贸易账户面向区内和境外金融机构发行同业存单，2015年10月12日完成首批发行29亿元，发行利率从3.05%到3.30%不等，比同一机构境内发行同业存单低5—10个基点，金融机构的投资和发行意愿踊跃。

二是指导金融机构创新融资模式，支持上海科创中心建设。在对硅谷银行、上海农商行、徐汇区开展专题调研的基础上，会同金融市场部、金融服务二部，就金融支持上海科创中心建设议题，形成《中国人民银行上海总部关于创新货币信贷管理 加强金融基础设施建设支持上海科创中心建设的意见》，覆盖货币信贷管理、投贷联动、外汇管理、直接融资、支付清算、自由贸易账户服务、金融生态环境七大方面。对农商行授信24亿元支小再贷款，重点支持该行的科技型小微企业。指导银行业金融机构探索针对科技型企业的P+B融资模式，开展投贷直连融资方式创新。推进风险共担、利益共享的利率定价新机制，探索科创融资利率定价模式创新，上海银行首家试点金融机构完成多单业务；此项业务试点已推广至全市60余家金融机构，形成股权融资、定向增发、经营增长、产品热销等不同维度的触发条件。

三是落实总行各项定向支持的货币政策。2015年，人民银行五次累计下调不同类型金融机构人民币存款准备金率3到7个百分点不等，惠及上海91家金融机构，累计释放资金约733亿元。综合运用支小再贷款、支农再贷款等工具，定向引导银行加大对小微企业、涉农、战略性新兴产业等领域的信贷支持。对4家村镇银行发放支农再贷款2.2亿元，在支农再贷款的支持下，4家支农再贷款借款机构涉农贷款占比均超过90%。2015年1月、8月、11月向上海农商银行分别发放5亿元、8亿元、6亿元支小再贷款，该行使用支小再贷款发放小微企业贷款的加权平均利率比运用其他资金发放的同期同档次小微企业贷款加权平均利率低0.38个百分点，切实体现对小微企业的支持。

四是加强宏观审慎管理。召开上海市货币信贷工作会议，传达稳健货币政策精神，强调做好定向调控。归上海总部调控的地方法人金融机构有8类93家，人民币贷款规模约占上海市的22%。结合支小支农贷款投向、资本充足率高低、风险内控状况、机构新设、区域发展五大要素，调增有需求的金融机构合意贷款规模约300亿元，增强贷款投放进度中的弹性。全年上海市地方法人金融机构新增信贷1 404.4亿元，同比少增102.7亿元。

五是发挥信贷政策的结构调整作用。对全市129家金融机构开展货币信贷政策导向效果评估，并将评估结果与货币政策工具的使用结合起来。监测推广创新型信贷产品，通过产品指导目录及推介会等形式，重点推广19类创新型信贷产品，帮助企业化解“轻资产、担保难”等融资瓶颈。截至2015年末，上海市84家中外资银行的保理、应收账款质押贷款、股权质押贷款、电子票据贴现、投贷联动项目贷款余额分别达到675亿元、915亿元、282亿元、216亿元和298亿元，均已经实现规模化运作，提高小微企业贷款的可获得性。

六是创新工作机制，落实房地产信贷政策。在房地产金融联席会议的基础上，成立房地产市场秩序自律机制，上海市各主要银行都是自律机制的会员单位，并签署自律公约。房地产自律机制落实“分类指导、因地施策”的政策要求，执行差别化住房信贷政策，把国家的统一政策和商业银行的自主协商、自主决策结合起来。召开季度房地产金融联席会议，传达房地产政策精神。组织试编上海房地产金融发展指数，开展上海地区个人住房贷款抽调调查活动。

2. 推进上海自贸区金融改革

一是上海金改"40条"顺利出台和实施。配合人民银行总行研究起草《进一步推动中国(上海)自由贸易试验区金融开放创新试点 加快上海国际金融中心建设的方案》，经国务院批准后于10月正式发布。加快推进"40条"落地，研究制定各项实施细则，率先出台进一步推进外汇管理改革的实施细则。

二是自贸区金融开放创新取得新突破。率先建立宏观审慎的本外币一体化境外融资制度，通过设立宏观审慎参数、融资杠杆率、期限与风险转换因子，实现经济主体自主从境外融资，防范外债结构和总量过度膨胀的风险。至2015年末，企业通过自由贸易账户获得的本外币融资总额折合人民币3 197亿元，人民币平均利率为4.14%，降低了经济主体的融资成本。启动自由贸易账户外币服务功能，上线上海支付结算综合业务系统自贸区业务板块，简化黄金国际板会员的开户手续，扩大金融机构覆盖面和便利程度。稳步推进利率市场化，首批29亿元人民币跨境同业存单顺利发行。

三是各项本外币创新业务快速发展。持续推进黄金"国际板"建设，2015年"国际板"累计成交黄金4 800吨，金额达1.13万亿元，占上海黄金交易所黄金总成交量和成交金额的二成。上海自贸区成立以来至2015年末，累计246家企业开展跨境人民币双向资金池业务4 775亿元，跨境电子商务人民币结算24亿元；由银行直接办理的外商投资企业直接投资项下外汇登记业务365亿美元，境外直接投资项下外汇登记业务616亿美元，外汇资本金意愿结汇25亿美元。

四是现代跨境金融安全网率先建成。在制度设计上，建立日常的宏观审慎管理框架，建立异常时期的总量调控和应急管理工具储备，在境内实施本外币一体化的管理框架，对境外活动探索延伸监测，在全上海建立跨境资金监测分析与协调机制，实现对各类跨境金融风险监测的全覆盖。在系统建设上，建成以自由贸易账户为核心的强大的监测管理信息系统，加强"反洗钱、反恐怖融资、反逃税"监测。已有42家上海市金融机构提供自由贸易账户相关金融服务，开立4.4万个自由贸易账户，累计办理跨境结算折合人民币近4.4万亿元。

3. 支持上海科创中心建设

中国人民银行上海总部积极运用各项货币政策工具，支持上海科创中心建设和经济转型发展，服务上海经济社会的水平进一步提高。

一是探索支持上海科创中心建设的有效措施。制定支持科创中心的一揽子措施，利用国际、国内两个市场发展科技金融。整合再贷款、准备金政策等货币政策工具，定向支持科技企业和科技创新。探索符合科技企业特征的利率定价模式，推进风险共担、利益共享的利率定价新机制。

二是各项货币信贷政策的执行效果良好。贯彻执行人民银行关于利率、存款准备金率、房地产政策调整的各项措施。切实运用再贴现、支农、支小再贷款政策扶持实体经济发展。作为全国试点地区之一，发放首笔8亿元信贷资产质押再贷款。累计办理再贴现324亿元，再贴现票据全部为小微企业票据，引导扩大对小微企业特别是科技型小微企业的信贷投放。加大银行间债券市场融资对战略性新兴产业、中小微型企业、保障性安居工程的支持力度，85家非金融企业发行债务融资工具2 766亿元。

三是外汇管理体制改革持续深化。深入推进跨国公司外汇资金集中运营管理业务，截至2015年末，共有107家企业开展跨国公司外汇资金集中运营管理业务（自贸区内80家）。稳妥审慎地扩大支付机构跨境外汇支付试点。实施保险业务外汇管理改革，推广实施直接投资外汇管理改革，推进特许兑换业务创新。强化购付汇业务监管，启动贸易、个人、境外直接投资、内保外贷履约等专项检查，防范跨境资金流出风险，维护外汇市场秩序。

四是金融服务水平进一步提升。推广上线中央银行会计核算数据集中系统子系统，推动系统功能的完善与应用。完成二代支付系统推广任务。完成22家企业征信机构备案，在自贸区开通征信查询服务窗口。推广应收账款融资服务平台，通过应收账款质押融资500多亿元，位居全国前列。全面推动小贷和担保公司接入，试点证券公司等接入征信系统。开展移动金融应用试点。

第二节　信贷市场运行情况

1. 各项存款增长平稳，非银行业金融机构存款少增较多

2015年，上海市中资金融机构本外币存款增加14 172.9亿元，同比多增1 338.3亿元；外资金融机构本外币存款减少868.4亿元，同比多减1 605.4亿元。全市存款变化主要呈以下四个特点：

一是人民币存款增长趋缓，新增存款趋向活期化，外汇存款同比多增。全市新增人民币存款12 409.9亿元，同比少增944.9亿元，其中12月增加904.5亿元，同比少增513.2亿元。从期限分，全市非金融部门(单位和个人)新增人民币活期存款4 089.3亿元，同比多增3 083.3亿元，占非金融部门存款增量的八成，占比同比上升56.8个百分点。从存款增长进度看，下半年全市人民币存款减少1 118.1亿元，同比多减7 877.4亿元；其中第三、第四季度人民币存款分别减少3 042.4亿元和增加1 924.3亿元，同比分别多减2 764.2亿元和少增5 113.2亿元。全市新增外汇存款98.4亿美元，同比多增72.7亿美元。其中，第四季度全市外汇各项存款减少12.2亿美元，同比少减20.7亿美元，主要是境内非金融企业外汇定期类存款减少58亿美元，同比多减17.5亿美元。

二是非金融企业存款增长加快，企业大额存单吸引力较强。全市新增本外币非金融企业存款4 441.1亿元，同比多增3 292亿元；其中下半年新增2 523.6亿元，较上半年多增606亿元，同比多增2 850亿元。从存款种类分，全市非金融企业活期存款新增3 149.3亿元，同比多增2 715.6亿元；本外币非金融企业定期存款和结构性存款分别减少544.9亿元和增加45.1亿元，同比分别多减542.4亿元和少增410.3亿元；而企业大额存单增加566.5亿元。

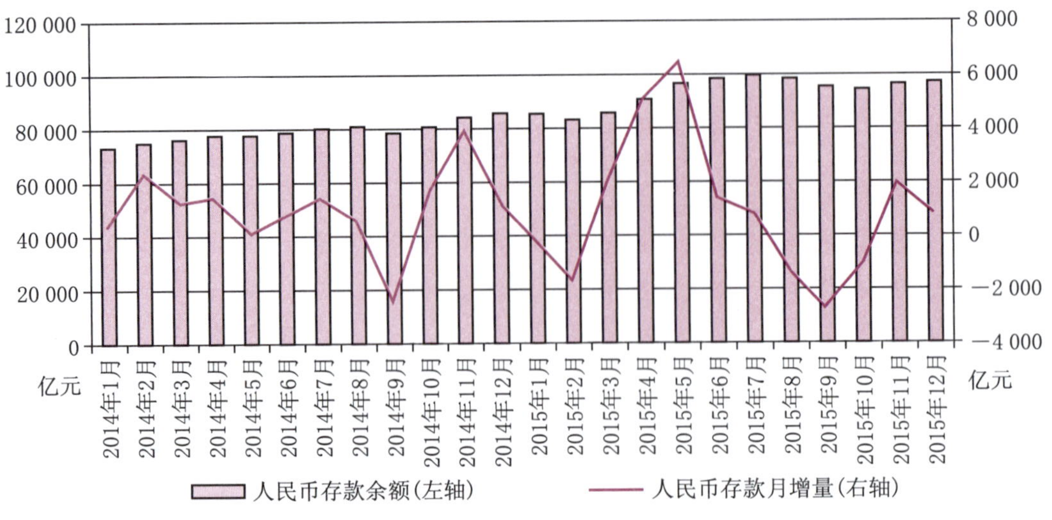

图3-3　上海市中外资金融机构人民币存款余额和月增量走势

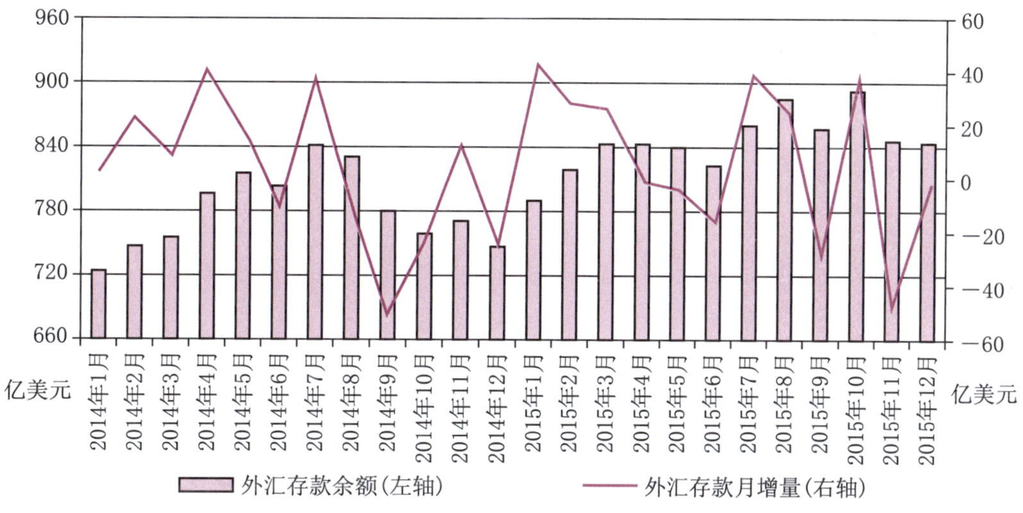

图 3-4　上海市中外资金融机构外汇存款余额和月增量走势

三是个人存款增量有所回落，定期类存款减少较多。全市新增本外币个人存款 626.1 亿元，同比少增 397.3 亿元。从存款结构分，本外币个人活期存款增加 1 329.9 亿元，同比多增 1 107.7 亿元；而个人定期存款和结构性存款分别减少 391 亿元和 598.7 亿元，同比分别多减 1 042.3 亿元和 728.5 亿元。全市新增个人大额存款 286.8 亿元。

四是境内非银行业金融机构存款由升转降，境外同业存放持续减少。全市本外币非银行业金融机构存款增加 7 242.8 亿元，同比少增 1 905.8 亿元。境内非银行金融机构存款增加 9 167.9 亿元，同比多增 1 704.7 亿元。其中下半年境内非银行金融机构存款减少 2 063.5 亿元，同比多减 8 056 亿元。本外币境外同业存款减少 1 925.1 亿元，同比多减 3 610.5 亿元。

2. 各项贷款增长平稳，信贷结构有所优化

2015 年，上海市中资金融机构本外币贷款增加 5 067.9 亿元，同比多增 1 743.5 亿元；外资金融机构本外币贷款减少 141.1 亿元，同比多减 1 043.7 亿元。全市贷款变化主要呈以下五个特点：

一是人民币贷款投放趋缓，外汇贷款增量逐月回落。全市新增人民币贷款 4 751.6 亿元，同比多增 1 347.9 亿元。其中第四季度新增人民币贷款 620.8 亿元，不足前三季度平均

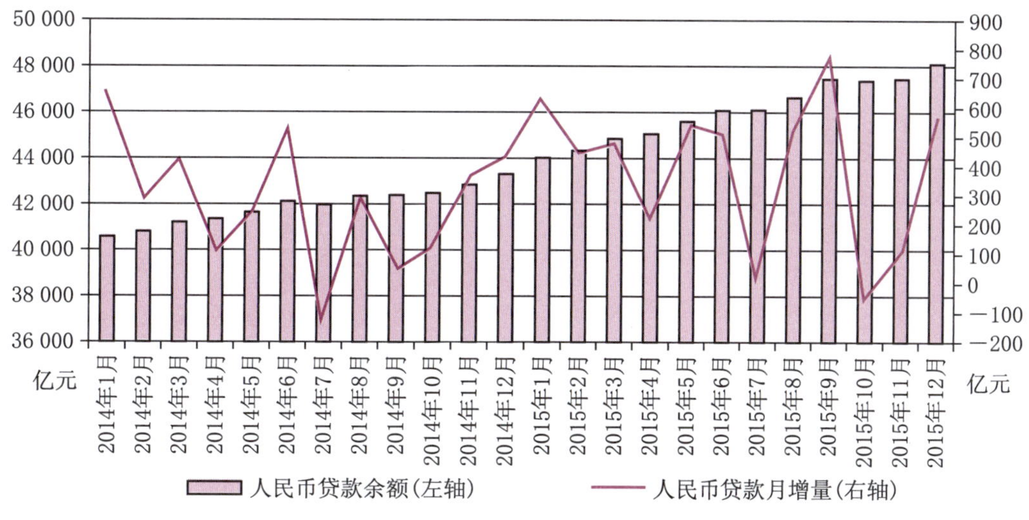

图 3-5　上海市中外资金融机构人民币贷款余额和月增量走势

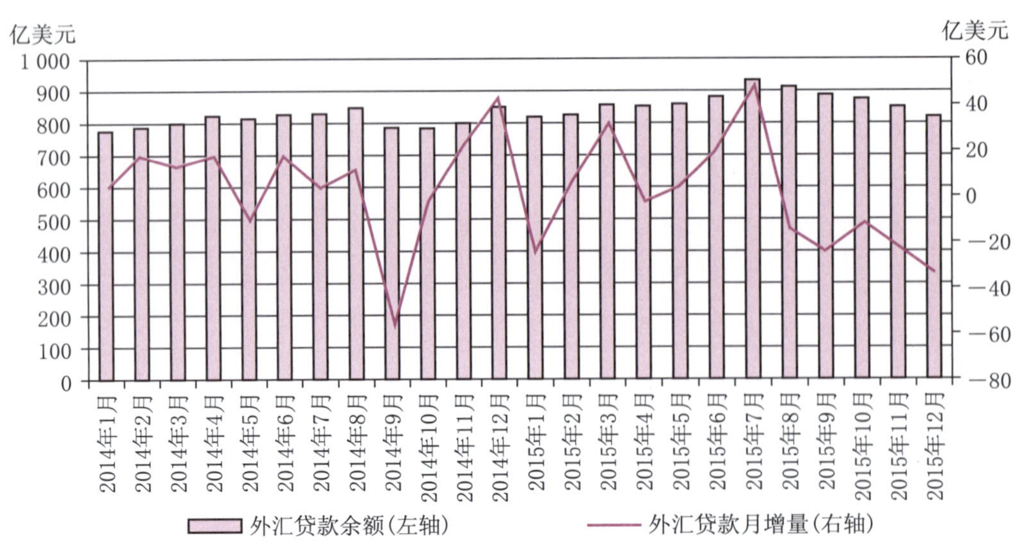

图 3-6　上海市中外资金融机构外汇贷款余额和月增量走势

增量的一半，同比少增 309.8 亿元。全市外汇贷款减少 28.9 亿美元，同比多减 106.6 亿美元，其中 12 月减少 35.1 亿美元，同比多减 76.9 亿美元。

二是非金融企业信贷结构有所调整，流动性贷款增加较多，固定资产贷款大幅减少。全市新增本外币非金融企业贷款 2 412.3 亿元，同比少增 112.8 亿元。从贷款种类分，本外币单位经营性贷款、票据融资和境外企业贷款分别增加 1 582.3 亿元、908 亿元和 441.2 亿元，同比分别多增 1 340.2 亿元、154.3 亿元和 389.8 亿元。本外币单位固定资产贷款减少 986.3 亿元，同比多减 2 032.5 亿元。本外币融资租赁和贸易融资贷款分别增加 351.1 亿元和减少 84.5 亿元，同比分别少增 103.7 亿元和少减 63 亿元。

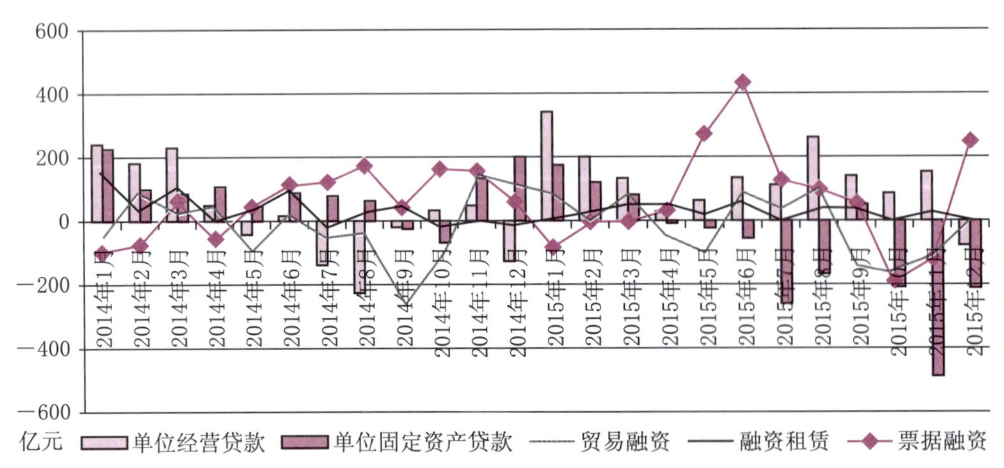

图 3-7　上海市中外资金融机构非金融企业本外币贷款主要结构月增量

三是信贷投放支持产业转型升级和结构调整，对中型企业贷款支持力度加大。全市金融机构新增本外币企业贷款(不含票据融资)重点支持第三产业和中型企业发展。从贷款行业看，主要投向租赁商务业、批发零售业和房地产业，三行业分别新增贷款 1 113.3 亿元、559.8 亿元和 204 亿元，同比分别多增 544 亿元、848.9 亿元和少增 743 亿元；而投向制造业、水利环境公共设施管理业、交运仓储邮政业贷款分别减少 464 亿元、331.1 亿元和 146.8

亿元，同比分别多减 332.5 亿元、169 亿元和 327 亿元。从贷款投向企业规模看，中外资银行新增本外币贷款（不含票据融资）中投向中型企业贷款增加 1 146.5 亿元，同比多增 587.9 亿元，投向小、微型企业贷款分别增加 186.9 亿元和 46 亿元，同比分别少增 335.2 亿元和 171.5 亿元；而投向大型企业贷款减少 35.2 亿元，同比少减 453.1 亿元。

四是房地产开发贷款增速回落，商用房开发贷款增加较多。全市本外币地产开发贷款减少 304.4 亿元，同比多减 515.5 亿元。年末全市本外币房产开发贷款余额同比增长 5.6%，增幅同比回落 11.2 个百分点。全市新增本外币房产开发贷款 227.2 亿元，同比少增 395.9 亿元。其中住房开发贷款和商用房开发贷款分别减少 67.4 亿元和增加 296.1 亿元，同比分别多减 392.8 亿元和多增 20.7 亿元。全市本外币保障房开发贷款当年增加 15.4 亿元，同比少增 138.3 亿元。

五是个人消费贷款高速增长，对内需拉动作用凸显。全市新增本外币个人消费贷款 2 029.7 亿元，同比多增 1 088.8 亿元，占全市各项贷款增量的 41.6%，比重同比提升 17.5 个百分点。从贷款种类看，全市新增本外币个人住房贷款 1 539.7 亿元，同比多增 942.1 亿元，其中下半年新增 1 077.3 亿元，同比多增 857.3 亿元；12 月新增本外币个人住房贷款 206.4 亿元，同比多增 136.2 亿元。全市本外币个人汽车消费贷款增加 345.5 亿元，同比多增 99.6 亿元；本外币个人其他消费贷款增加 144.8 亿元，同比多增 46 亿元。

第三节 需要关注的几个问题

1. 上海市社会融资规模

2015 年，上海市社会融资规模占全国比重进一步上升，为 2011 年以来最高。人民币贷款投放大幅增加，外汇贷款明显减少，委托贷款增速略高于上年，信托贷款大幅萎缩，未贴现银行承兑汇票增加较多，非金融企业债券发行和股票融资持续快速增长。据初步统计，2015 年上海市社会融资规模为 8 507 亿元，同比多增 738 亿元。其中，人民币贷款增加 4 252 亿元，同比多增 931 亿元。外汇贷款（折人民币）减少 511 亿元，同比多减 521 亿元。委托贷款增加 1 539 亿元，同比多增 91 亿元。信托贷款增加 726 亿元，同比少增 1 378 亿元。未贴现的银行承兑汇票增加 273 亿元，同比多增 590 亿元。非金融企业债券净融资 1 476 亿元，同比多增 781 亿元。非金融企业境内股票融资 491 亿元，同比多增 214 亿元。

一是 2015 年社会融资规模占全国比重进一步上升。2015 年上海市社会融资规模为8 507 亿元，占全国社会融资规模的 5.6%，较上年上升 0.8 个百分点，2011 年以来占比首次突破 5%。2015 年第一至第四季度社会融资规模分别增加 2 455 亿元、1 933 亿元、2 219 亿元和 1 900 亿元，同比分别多增 53 亿元、少增 50 亿元、多增 1 315 亿元和少增 580 亿元。从全国占比看，第一至第四季度占比除第二季度为 4.7%以外，其他三个季度占比均在 5%以上，第一、三、四季度分别为 5.3%、7%和 5.6%。

二是人民币贷款投放大幅增加，全年增量呈逐季放缓态势，外汇贷款明显减少。2015 年，上海市金融机构表内贷款增加 3 741 亿元，同比多增 410 亿元；占全市社会融资规模的 44%，同比上升 1.1 个百分点。其中，2015 年上海市人民币贷款投放大幅增加，全年新增人民币贷款 4 252 亿元，为 2011 年以来最高水平，同比多增 931 亿元，占全年社会融资规模的 50%，同比上升 7 个百分点。2015 年第一至第四季度，上海市人民币贷款增量呈逐季放缓态势，4 个季度的人民币贷款增加额分别为 1 483 亿元、1 364 亿元、1 141 亿元和 264 亿元，同比分别多增 143 亿元、673 亿元、732 亿元和少增 617 亿元。2015 年外汇贷款折合人民币减少 511 亿元,比 2014 年多减 521 亿元,占全市社会融资规模增量的−6%,同比下降 6.1 个百分点。

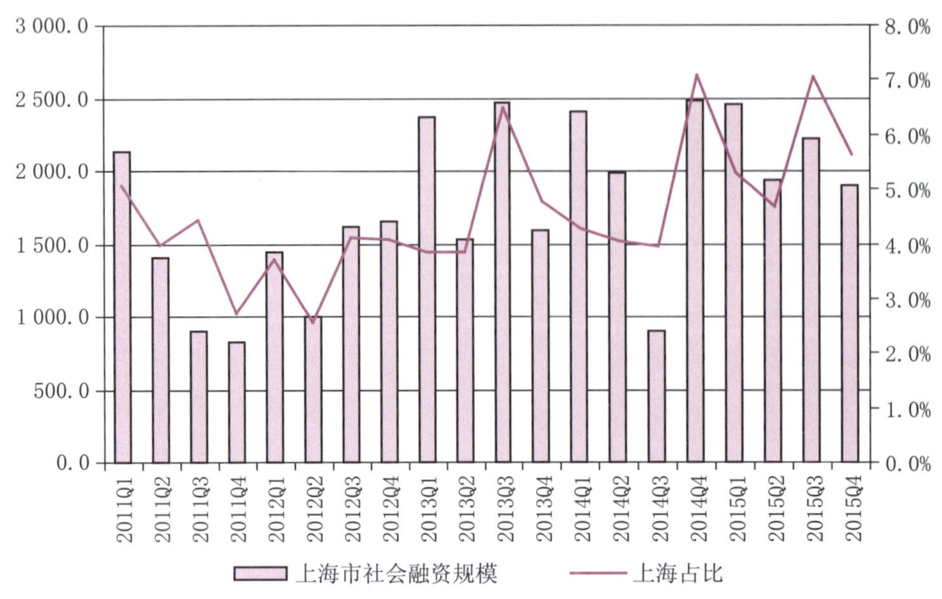

图 3-8 2011 年以来上海市季度社会融资规模及全国占比

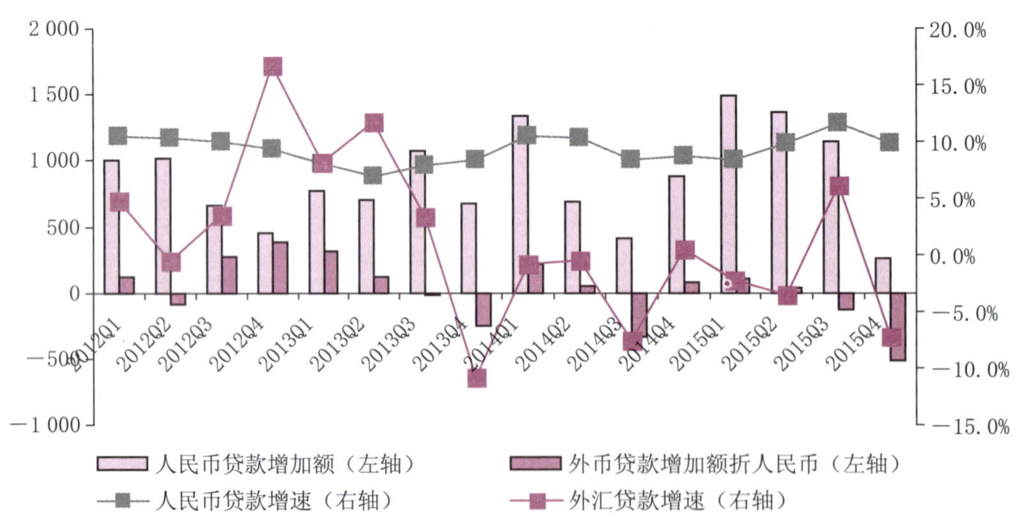

图 3-9 2012 年以来上海市表内贷款情况

三是委托贷款增速略高于上年,信托贷款大幅萎缩,未贴现银行承兑汇票增加较多。2015 年,受央行连续降准降息及监管加强等因素的影响,实体经济对资金成本相对较高的表外融资需求减少。全年表外融资增加 2 538 亿元,同比少增 697 亿元;占全市社会融资规模的 29.8%,同比下降 11.8 个百分点。其中,委托贷款增速略高于 2014 年,2015 年上海市委托贷款余额 9 434 亿元,同比增长 19.5%,增速同比上升 0.4 个百分点,全年新增委托贷款 1 540 亿元,同比多增 91 亿元,占全市社会融资规模的 18.1%,同比下降 0.5 个百分点。2015 年末上海市信托贷款余额 6 460 亿元,同比增长 13.3%,增速同比下降 45 个百分点,全年新增信托贷款 726 亿元,同比少增 1 378 亿元,占全市社会融资规模的 8.5%,同比下降

18.6个百分点。2015年末贴现的银行承兑汇票增加273亿元,同比多增590亿元,主要与2015年第二季度以来票据融资规模逐季下降有关。

四是非金融企业债券发行和股票融资活跃,直接融资占比明显上升。2015年,上海市非金融企业直接融资为1 967亿元,同比多增995亿元,占全市社会融资规模的23%,同比提高10.6个百分点。其中,企业债券融资净额为1 476亿元,同比增加781亿元,占同期社会融资规模的17.4%,同比提高8.4个百分点。从债券发行规模看,2015年上海市企业债券发行3 520亿元,同比增加1 212亿元;债券兑付2 043亿元,同比增加431亿元。分券种看,短期融资债券和公司债为主要融资工具,分别发行2 107亿元和515亿元,合计占总发行额的74.5%;分别兑付1 452亿元、31亿元,合计占总兑付额73%。由于资本市场交易活跃,全年上海市非金融企业境内股票融资491亿元,同比增加214亿元,占同期社会融资规模的5.8%,同比提高2.2个百分点。

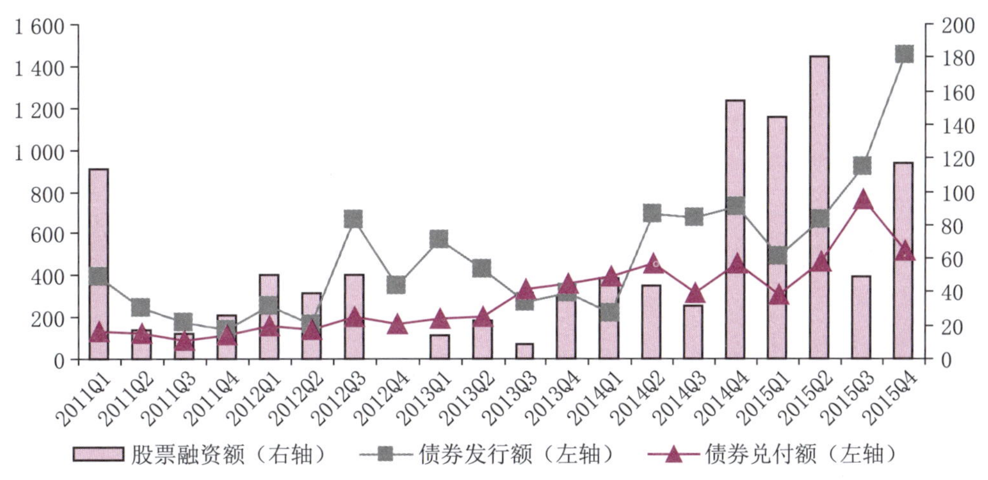

图3-10 上海市非金融企业债券融资、股票融资变动情况

2. 上海市理财与资金信托

2015年,全国银行业金融机构在沪累计发行理财产品5.4万支,募集资金16.4万亿元,较上年多募集7.1万亿元,兑付资金15.4万亿元,较上年多兑付6.5万亿元。12月末上海市存续理财产品共计1.8万支,本外币理财资金余额2.3万亿元,同比增长46.9%,占全国理财资金余额的10.0%。全国68家信托公司在沪累计发行资金信托产品1 536支,募集资金2.9万亿元,较上年多募集5 106亿元,兑付资金2.4万亿元,较上年多兑付6 143亿元。12月末上海市存续资金信托计划共计3 266支,本外币资金信托余额2.1万亿元,同比增长24.3%,占全国资金信托余额的14.2%。

一是理财产品募集规模扩张,带动理财资金余额较快增长。2015年上半年,受股市向好、央行降准降息等因素影响,上海市理财资金募集和兑付规模明显增加,下半年募集和兑付规模有所回落,但理财资金余额仍保持较快增长。2015年末,上海市本外币理财资金余额2.3万亿元,较年初增加7 197亿元,同比多增3 898亿元,占全市本外币各项存款的14.4%。分季度看,各季度理财资金余额分别增加977亿元、1 099亿元、3 970亿元和1 151亿元,同比分别多增－169亿元、721亿元、2 327亿元和1 019亿元。

从客户类型看,2015年上海市单位客户理财资金增长较快。12月末,单位理财资金余额1.05万亿元,同比增长86.8%,增速同比提高54.9个百分点;个人理财资金余额1.2万亿元,同比增长23.9%，增速同比下降1.3个百分点。2015年，上海市本外币单位理财资金新增4 869亿元，个人理财资金新增2 328亿元。

从风险承担角度看，2015年上海市表外理财资金增长较快。12月末，表外理财资金余额1.68万亿元，同比增长63.9%，增速同比提高22个百分点；表内理财资金余额5 749亿元，同比增长12.7%，增速同比提高6.4个百分点。2015年，上海市本外币表外理财资金新增6 551亿元，表内理财资金新增646亿元。

从产品类型看，2015年末，上海市开放式理财产品资金余额1.02万亿元，同比增长89.8%，增速同比下降25.4个百分点；封闭式理财产品资金余额1.23万亿元，同比增长23.8%，增速同比提高18.7个百分点。2015年，上海市本外币开放式理财资金新增4 824亿元，封闭式理财资金新增2 372亿元。

二是表外理财资金投向较稳定，主要投向非股票证券。2015年末，上海市本地法人银行表外理财资金主要投向非股票证券(66.9%)、资金信托和应收账款(14.9%)，占比同比分别上升3.6个、下降3.4个百分点。投向股票及其他股权的资金占比为11%，同比上升1.5个百分点。

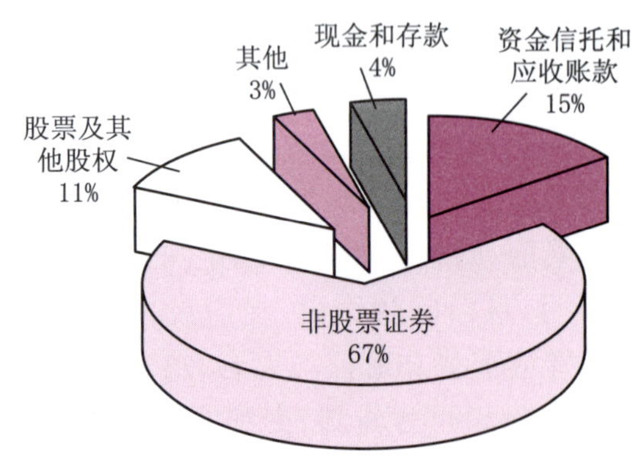

图3-11 2015年末上海本地银行表外理财资金投向

三是资金信托增速放缓，主要投向信托贷款和非股票证券。2015年，上海市资金信托募集和兑付规模波动较大。上半年受资金借助伞形信托流入股市等因素影响，资金信托募集规模增长较快。下半年受股市回落等因素影响，募集规模有所下降，下半年信托集中到期兑付进一步放缓了资金信托余额增速。2015年末，上海市本外币资金信托余额2.1万亿元，较年初增加4 012亿元，同比少增2 169亿元。分季度看，各季度资金信托余额分别增加473亿元、2 049亿元、1 408亿元和83亿元，同比分别多增－289亿元、164亿元、110亿元和－2 153亿元，第四季度增加较少与年末信托资金集中兑付有关。

从资金信托产品结构看，集合管理产品、开放式产品和单位客户产品的平均增速明显高于信托资金平均增速。2015年末，集合管理产品余额8 367亿元，同比增长58.5%；开放式产品余额1.2万亿元，同比增长28.1%；单位客户产品余额1.9万亿元，同比增长27.4%。

2015年末，上海市本地法人信托机构的信托资金主要投向信托贷款(36.2%)和非股票证券(21.7%)，占比同比分别下降6.4个百分点、提高1.6个百分点。投向股票及其他股权的资金占比为19.2%，占比同比上升5.7个百分点。

3. 上海市房地产市场和房地产金融

2015年上海市房地产市场呈现明显回暖态势，从第二季度开始房地产成交面积同比大幅增加，市场整体呈量价齐升走势。房地产贷款随市场成交量上升保持较快增长，高于同期各项贷款增速。商业银行房地产贷款资产质量总体较好。

一是房地产开发投资占固定资产投资比重维持高位。2015年全市完成房地产开发投资3 469亿元，同比增长8.2%，房地产开发投资占全社会固定资产投资比例为55%，同比增加2个百分点。其中住宅投资共完成1 813亿元，同比增长5%，住宅投资占房地产开发投资的比重为52%，同比降低2个百分点。

二是商品房和存量房成交面积同比大幅增加。2015年全市商品房销售面积2 431.36万平方米，增长16.6%，其中住宅销售面积2 009.17万平方米，增长12.8%。存量房买卖登记面积2 647.83万平方米，增长66.9%。全年商品房销售额 5 093.55 亿元，增长 45.5%，其中住宅销售额 4 319.93 亿元，增长 47.8%。

三是住房价格指数整体呈现前低后高态势。国家统计局数据显示，1—4 月上海住房价格指数环比基本持平，同比指数下跌，5 月开始环比和同比指数均上涨，且整体呈现涨幅逐月扩大趋势。12 月新建商品住房和二手存量住房价格指数同比分别上涨 18.2% 和 11.7%，涨幅均创 2015 年内新高。

四是房地产开发企业来自购房者资金同比显著增长。2015 年房地产开发企业资金来源共计 5 532 亿元，同比增长 5%，其中：国内贷款 1 517 亿元，同比减少 7.5%；自筹投资 1 520 亿元，同比减少 2.6%；其他资金来源 2 461 亿元，同比增长 23%，意味着定金及预付款、个人按揭贷款等来自购房者的资金呈现明显上升趋势。

五是房地产贷款保持较快增长。2015 年末上海市中外资商业银行房地产信贷余额接近 1.5 万亿元，同比增长 12%，高于同期各项贷款增速 3 个百分点。房地产贷款净增 1 555 亿元，同比多增 150 亿元。年末，中外资银行房地产贷款余额占各项贷款余额的比重约为 30%，房地产贷款新增量占全部贷款新增量的 42%。

六是房地产开发贷款同比减少。2015 年房地产开发贷款减少 77 亿元，其中：住房开发贷款减少 67 亿元，同比多减 387 亿元；商业用房开发贷增加 296 亿元，同比多增 21 亿元。保障性住房开发贷款余额占住房开发贷款余额比例维持在 40%左右，保持基本稳定。

七是个人住房贷款随住房成交上升同比多增明显。随住房成交上升，个人住房贷款增长较快，年末余额 8 134 亿元，同比增长 23%，增速比上年同期提高 13 个百分点；个贷比年初新增 1 540 亿元，同比多增 946 亿元，个人住房贷款增量占房地产贷款增量的 99%，占比翻番；个贷余额占全部房地产贷款余额的 55%，占比相对 2014 年末提高 5 个百分点。考虑到 2015 年全年人民银行 5 次下调贷款利率，购房者的实际利息支出大幅度下降。

八是房地产贷款不良率总体较低，资产质量良好。截至 2015 年末，上海市房地产贷款不良率 0.46%，比年初上升 0.08 个百分点，其中：房地产开发贷款不良率为 0.42%，比年初上升 0.24 个百分点；个人住房贷款不良率为 0.48%，比年初下降 0.01 个百分点。

第四节 市场展望

2016 年是“十三五”规划的开局之年，也是推进结构性改革的攻坚之年。树立和贯彻落实创新、协调、绿色、开放、共享的发展理念，适应经济发展新常态，继续贯彻实施稳健的货币政策，优化增量，保持灵活适度，推动金融改革开放，提升金融服务和管理水平，促进实体经济发展。

继续实施稳健的货币政策，按照新的宏观审慎评估体系要求，实现货币信贷和社会融资规模合理增长。改进对供给侧的金融服务，盘活存量、优化增量，支持经济结构调整和转型升级。继续做好市场基准利率培育工作，稳步推进利率市场化改革，对接“一带一路”战略实施，大力推进自贸区金融改革创新。创新金融服务，支持上海打造具有全球影响力的科创中心。建立金融风险监测预警系统，切实维护金融体系稳定。

加快推进自贸区内各项创新举措转向具体落实，争取形成更多可复制、可推广的改革经验。深化跨国公司外汇资金集中运营试点，扩大跨国公司外债比例自律试点覆盖面。推进支付机构跨境电子商务和货物贸易电子化单证试点，丰富外汇市场衍生产品等避险工具，大力支持保险外汇创新、外汇经纪业务创新、特许兑换业务创新，完善跨境投融资外汇管理。指导银行按照“展业三原则”要求办理外汇业务，严格履行真实性、合法性审核责任，强化事中事后监管,维护正常外汇市场秩序。严厉打击地下钱庄等各种非法外汇交易,切实防范跨境资本流动冲击。深入开展各类专项检查,应用非现场检查系统排查异常违规线索,实现对外汇违法犯罪活动的精准打击。

从 2016 年第一季度看,上海市货币信贷运行平稳,各项存款有所减少,非银行业金融机构存款下降较快,证券公司存款少增明显;各项贷款较快增长,实体经济有效信贷需求进一步释放,信贷结构有所调整,服务业贷款与小微企业贷款多增显著。3 月末,上海市本外币各项存款余额 103 568 亿元,同比增长 13.4%,增幅较年初下滑 1 个百分点。第一季度本外币各项存款减少 192.8 亿元,同比多减 1 105.6 亿元,其中 3 月新增存款 924.2 亿元,同比少增 1 338.8 亿元;本外币各项贷款余额 55 871 亿元,同比增长 11.4%,增幅较年初提高 1.3 个百分点。第一季度新增本外币各项贷款 2 484.2 亿元,同比多增 849.2 亿元,其中 3 月增加 636.5 亿元,同比少增 31.6 亿元。

专栏 3

人民币跨境支付系统(一期)上线

近年来,随着跨境人民币业务各项政策相继出台,跨境人民币业务规模不断扩大,人民币已成为中国第二大跨境支付货币和全球第四大支付货币。人民币跨境支付结算需求迅速增长,对金融基础设施的要求越来越高。为满足人民币跨境使用的需求,进一步整合现有人民币跨境支付结算渠道和资源,提高人民币跨境支付结算效率,2012 年初,中国人民银行决定组织建设人民币跨境支付系统(一期)(Cross-Border Interbank Payment System, CIPS),满足全球各主要时区人民币业务发展的需要。

现有跨境人民币清算模式主要包括清算行模式和代理行模式。清算行模式下,港澳清算行直接接入大额支付系统,其他清算行通过其总行或者母行接入大额支付系统,所有清算行以大额支付系统为依托完成跨境及离岸人民币清算服务。代理行模式下,境内代理行直接接入大额支付系统,境外参加行可在境内代理行开立人民币同业往来账户进行人民币跨境和离岸资金清算。

CIPS(一期)建设着眼于建立安全、统一、高效的人民币跨境清算体系,提升人民币跨境清算效率,进一步促进人民币跨境使用。CIPS(一期)采用实时全额结算方式,覆盖全球主要时区,以国际化、市场化的标准为境内外参与者提供跨境货物贸易和服务贸易结算、跨境资本贸易结算、跨境金融机构与个人汇款支付结算等服务。

2015 年 10 月 8 日,CIPS(一期)成功投产运行,首批直接参与者有 19 家,间接参与者有 176 家,覆盖全球 6 大洲、50 个国家和地区。

1. 创新性

CIPS(一期)是我国唯一专门为跨境人民币业务提供清算、结算服务而建设的金融基础设施,在系统设计上,主要创新点在于:一是采用高效率全额实时结算方式处理客户汇款和金融机构汇款;二是采用国际通用报文标准,相比现有的清算行模式和代理行模式,减少了报文转换时的人工处理环节,实现参与者跨境业务自动转换和直通处理,提高了人民币跨境清算、结算效率;三是与国际接轨,采用全球唯一标识码作为参与机构的行号标识,清算路径清晰简洁,可扩展性强,有利于 CIPS 全球推广;四是运行时间覆盖欧洲、亚洲、非洲、大洋洲等人民币业务主要时区;五是兼顾国家关于自主可控的要求,符合国家安全战略的总体目标;六是通过自主研发的报文传输子系统(PMTS)为跨境支付业务搭建安全、高效、专用的报文传输平台;七是为参与机构提供更加安全、可控的专线接入方式。

运营管理上，考虑到隔离相关法律风险和推动跨境支付服务市场化运作的需要，人民银行决定设立 CIPS 运营机构。CIPS 运营机构全称为"跨境银行间支付清算（上海）有限责任公司"，于 2015 年 7 月 31 日在上海市正式注册成立，是专门为境内外参与者提供跨境人民币清算结算服务的公司制企业法人，接受人民银行的监督和指导。运营机构全面负责 CIPS（一期）的系统运营维护、参与者服务、业务拓展等工作。

2. 系统风险防范

CIPS（一期）的开发和运营秉承创新理念，站在人民币国际化和国家经济建设的高度，以适度的前瞻性开展各项工作。

在系统设防安排方面。针对不同的系统环境风险，分别制定了系统设备级安全方案、网络级安全方案、计算环境安全方案、数据级安全方案等一系列成熟而又完备的措施。

在系统安全把控方面。通过软硬件层面的高可用方案，确保业务连续、可靠运行；通过搭建防火墙、入侵检测系统、身份认证和运维审计系统，实现网络接入安全；通过统一认证、双因素认证、角色权限控制、双签审核以及用户操作审计日志等机制，保证应用的用户操作安全；采用国密算法实现加核签处理，保证数据传输安全。

在系统运行监督方面。CIPS（一期）坚持服务与管理并重，强化责任意识、风险意识，营造"安全和高效"并重的跨境支付体系监督环境。对操作运行环节、日常监控环节、内部监督审核环节、业务处理流程规划环节、内控机制建设环节逐一梳理，进一步完善监督制约机制。

3. 系统应用性

在运营过程中，CIPS（一期）与参与者建立定期、长效沟通机制，及时发现并解决系统运行中存在的问题，不断优化系统功能，提升服务水平。同时在现有清算行模式和代理行模式的基础上，CIPS（一期）站在人民币跨境结算的制高点，向全球铺设网络，为参与者提供公平、公正、公开的加入机会，打造更为高效、方便、快捷的人民币跨境支付清算平台，并为培育健康活跃，良性发展的跨境金融市场提供丰富的土壤。

CIPS（一期）为人民币"走出去"提供了一个高效、便捷的通道，有助于提升其他国家持有人民币、以人民币结算的意愿。结合"一带一路"、亚投行、金砖银行等国家战略，人民币跨境支付系统（一期）（CIPS）为中国企业"走出去"、用人民币直接到境外投资提供便利和有效的基础支撑。

CIPS（一期）的建设为银行业国际化发展提供新的机遇。对银行的业务发展和服务提升带来契机，促进银行业在与境外银行合作进行业务协同和联合创新的过程中推进国际化发展。跨境人民币业务的开展，也会促进我国金融市场体系不断完善，在人民币双向跨境流动渐成常态的条件下，多层次金融市场体系亦能为境外人民币回流提供必要的渠道。而通过吸引更多的境外市场参与者，我国金融市场的国际化程度也会不断提高。

CIPS（一期）的建成运行是我国金融市场基础设施建设的又一里程碑事件，标志着人民币国内支付和国际支付统筹兼顾的现代化支付体系建设取得重要进展，对促进人民币国际化进程将起到重要支撑作用。

专栏 4

自由贸易账户境外融资和外币业务

为深入贯彻党中央、国务院关于加快自由贸易试验区建设的战略部署，促进试验区投融资便利化,进一步降低企业融资成本,提升金融服务自贸试验区实体经济跨境发展的能力,并加快推进上海国际金融中心建设,在人民银行总行、国家外汇管理局的积极推动和大力支持下,经人民银行总行批准,2015 年 2 月 12 日,人民银行上海总部发布《中国(上海)自由贸易试验区分账核算业务境外融资与跨境资金流动宏观审慎管理实施细则》。

《实施细则》是加快推进自贸试验区资本项目可兑换改革、探索投融资汇兑便利的重要举措,出台的意义十分重大,标志着自贸试验区新一轮金融改革的开始。《实施细则》是在前期建立自由贸易账户分账核算管理框架下,对区内企业和金融机构开展境外融资作出的符合宏观审慎管理政策框架的制度安排,是对自贸试验区分账核算业务的进一步充实和深化。优化境外融资管理政策,进一步完善自由贸易账户功能,为试验区内企业通过自由贸易账户从境外融资提供更多便利,给予企业更多自主选择权,有效降低企业融资成本和管理成本。

《实施细则》明确自贸区企业和金融机构在境外融入资金的规模、用途以及相应的风险管理办法。其核心是企业和金融机构可以自主开展境外融资活动,自主计算境外融资的规模,自主权衡境外融资的结构,扩大经济主体从境外融资的规模与渠道。依托自由贸易账户管理系统,建立以资本约束机制为基础的本外币一体化、统一的境外融资规则,高度便利企业和金融机构正常的金融活动。同时,通过风险转换因子等宏观审慎管理手段,实现简政放权和风险管理的有机结合。

2015 年 4 月 22 日,人民银行上海总部发布《关于启动自由贸易账户外币服务功能的通知》,正式宣布上海市开展自贸试验区分账核算业务的金融机构可按相关要求向区内及境外主体提供本外币一体化的自由贸易账户金融服务,标志着自由贸易账户外币服务功能的正式启动。金融机构可按《通知》要求,提供经常项下和直接投资项下的外币服务。这是人民银行积极推进资本项目可兑换、推动上海自贸试验区新一轮金融改革的重要举措,也是 4 月 20 日国务院发布《进一步深化中国(上海)自由贸易试验区改革开放方案》后人民银行上海总部推出的第一项金融举措。

2014 年 6 月,经人民银行总行批准,人民银行上海总部推出自由贸易账户相关政策,受到自贸试验区各界的广泛欢迎。自由贸易账户业务启动后,人民银行总行和国家外汇管理局对自由贸易账户业务积极指导,并对运行情况组织评估。评估认为,自由贸易账户的可兑换安排获得社会各界和境内外的普遍认同,其基于分账核算管理的风险防控机制在前期运行中体现了“防火墙”作用。自由贸易账户监测管理信息系统较好地实现对自由贸易账户各项业务和资金流动的动态监测,本外币一体化协调工作机制也已建立。从综合服务功能定位和风险防控机制两方面看,自由贸易账户具备启动外币服务功能的条件。

自由贸易账户外币服务功能的启动,将大大提升自贸试验区的金融服务水平,是一项具有重要意义的制度安排。一是有利于更好地服务实体经济,便利企业和金融机构的金融活动。自由贸易账户外币服务功能的启动,将为企业提供账户内本外币资金兑换便利,降低融资成本和汇兑成本,更好地管理汇率风险。金融机构对企业参与国际竞争中的金融服务需求也可以更好地响应和跟进,提供具有国际水准的金融服务,为境内金融服务的改进提供示范效应。

二是实现本外币一体化管理,为企业更好地统筹利用境内外两个市场、本外币两种资源创造条件,有利于加快建立本外币一体化的跨境资金流动监管体系。

三是有利于推动上海国际金融中心建设。未来一段时间,人民银行将依托自由贸易账户体系,围绕上海国际金融中心建设的各个要素,推动金融市场实现双向对外开放,打开自贸区企业境外融资的通道,推动自贸区建设与上海国际金融中心建设的高效联动。

第四章　银行间货币和债券市场

第一节　市场运行概况

2015年，银行间货币市场共成交522.0万亿元，同比增长99.2%，其中信用拆借、质押式回购和买断式回购分别成交64.2万亿元、432.4万亿元和25.4万亿元；债券市场成交87.9万亿元，同比增长115.6%，其中现券成交86.8万亿元，债券借贷成交11 188.9亿元。（见表4-1）

2015年，货币市场流动性充裕，利率全线下行；债券市场规模大幅扩张，交易量持续增长。

表4-1　2015年全国银行间货币和债券市场交易情况

品　种	加权利率(%)	同比(%)	笔　数	同比(%)	成交量(亿元)	同比(%)	占比(%)
信用拆借	2.04	−31.2	98 154	35.9	642 135.9	70.5	10.5
质押式回购	2.02	−32.3	986 838	49.5	4 324 111.3	103.6	70.9
买断式回购	2.45	−28.9	255 858	104.8	253 528.4	111.2	4.2
现　券	—	—	832 421	86.7	867 724.4	115.0	14.2
债券借贷	—	—	5 076	101.6	11 188.9	178.3	0.2
合　计	—	—	2 178 347	66.8	6 098 689	101.4	100

注：现券成交量为全价金额。
数据来源：中国外汇交易中心。

1. 市场流动性充裕，货币市场利率全线下行

市场流动性总体充裕。2015年，银行间市场流动性总体充裕。一是经济增长幅度回落，实体部门融资需求下降，金融体系资金相对充裕。二是央行货币政策较为宽松：全年中国人民银行共5次降息和5次降准/定向降准，累计降息125个基点，普降存款准备金率225个基点，并伴有不同程度的定向降准。此外，人民银行还通过短期流动性调节工具、常备借贷便利、中期借贷便利、抵押补充贷款等工具及时注入流动性，通过逆回购利率引导市场利率下行。三是监管制度调整，如准备金考核制度由时点法改为平均法、取消法定存贷比限制等，有助于平滑货币市场流动性波动。

货币市场利率全线下行。2015年，货币市场利率全线下行。1月，市场利率自上年年底的高位回落。2—3月，受春节假期、新股发行等因素影响，利率一度走高。4—5月，随着资金面大幅改善，利率加速下行，隔夜信用拆借利率从3.08%最低降至1.07%，7天质押式回购利率从3.78%最低降至1.94%。6月，随着半年末临近以及外汇占款下降、人民币贬值等因素影响，利率小幅反弹。7—9月，隔夜利率小幅上行，其余期限资金利率不同程度下降。10月以后直至年底，资金面保持较为宽

松态势,利率低位窄幅震荡。年末,隔夜信用拆借加权平均利率收于2.09%,较年初下降154个基点,7天质押式回购加权平均利率收于2.39%,较年初下降245个基点。

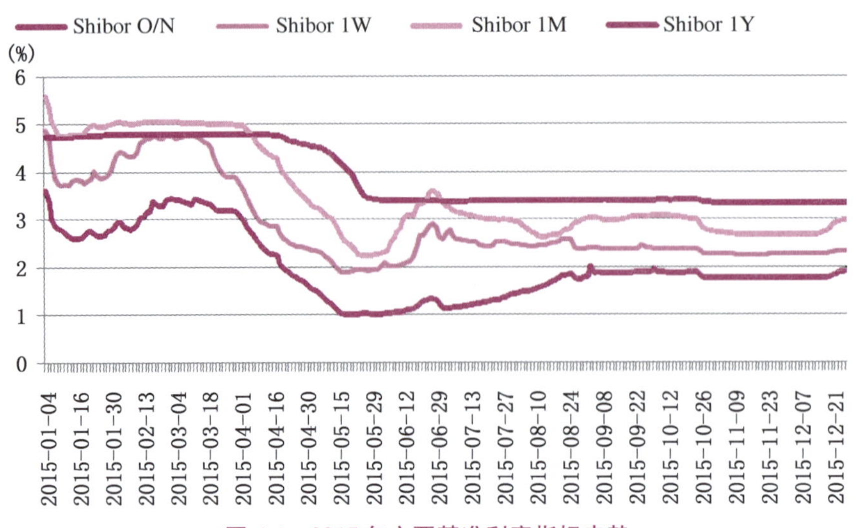

图4-1 2015年主要基准利率指标走势

数据来源:中国外汇交易中心。

货币市场交易量迈上新台阶。2015年,在流动性宽松和资金利率下行背景下,货币市场交易持续活跃、交易短期化特征明显。货币市场共成交522.0万亿元,同比增长99.2%。其中信用拆借成交64.2万亿元,同比增长70.5%;质押式回购成交432.4万亿元,同比增长103.6%;买断式回购成交25.4万亿元,同比增长111.2%。

2. 信用拆借市场量升价跌

2015年,信用拆借市场共达成交易98 154笔,累计成交64.2万亿元,同比增长70.5%。信用拆借利率在春节期间走高,随后迅速下降,至6月小幅反弹,下半年维持平稳走势。利率中枢较上年明显下降,隔夜信用拆借年加权平均利率为1.84%,较上年下降87个基点。信用拆借加权利率年初报于4.08%,年末收于2.30%,较年初大幅下降178个基点(见图4-2)。

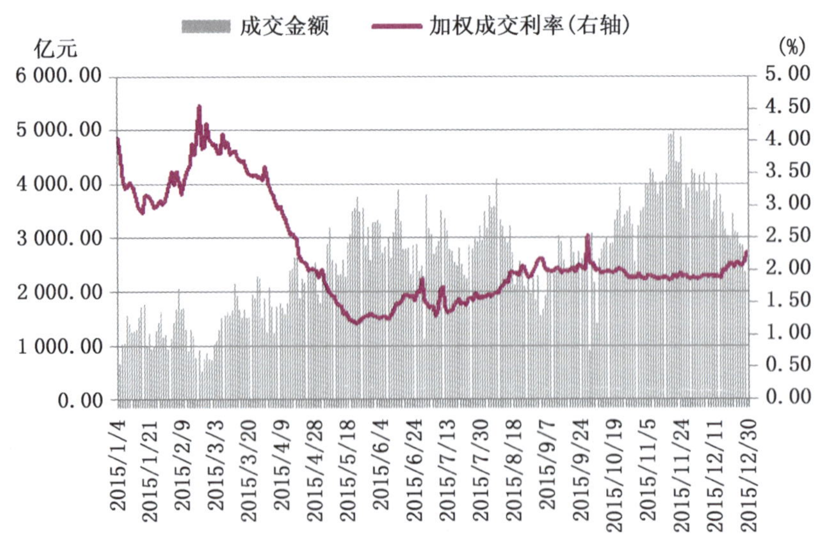

图4-2 2015年银行间同业拆借市场价量走势

数据来源:中国外汇交易中心。

从期限结构看，交易集中在7天以下品种，其中隔夜拆借是成交主力，全年共成交54.0万亿元，占全部拆借交易的84.1%，该占比较2014年提高5.8个百分点。（见表4-2）

表4-2　2015年信用拆借期限品种交易情况

	加权利率(%)	同比(%)	笔　数	同比(%)	成交金额(亿元)	同比(%)	占比(%)
IBO001	1.84	−32.3	75 059	41.6	539 953.3	83.0	84.1
IBO007	3.01	−19.3	16 776	19.8	76 974.9	26.1	12.0
IBO014	3.28	−19.0	3 129	34.8	15 305.2	30.1	2.4
IBO021	3.61	−24.0	369	14.2	1 372.4	52.7	0.2
IBO1M	3.47	−21.2	1 387	6.4	4 242.8	−9.0	0.7
IBO2M	4.06	−12.4	475	25.3	1 005.6	−18.7	0.2
IBO3M	4.00	−22.3	681	3.8	2 445.2	46.4	0.4
IBO4M	4.01	−23.0	92	70.4	120.0	99.3	0.0
IBO6M	4.01	−21.5	108	38.5	146.0	45.7	0.0
IBO9M	4.12	−22.4	15	36.4	17.2	−21.5	0.0
IBO1Y	3.73	−27.2	63	−18.2	553.4	239.3	0.1
合　计	2.04	−31.2	98 154	35.9	642 135.9	70.5	100.0

数据来源：中国外汇交易中心。

3. 质押式回购量升价跌

2015年，质押式回购共达成交易986 838笔，累计成交432.4万亿元，同比增长103.6%。质押式回购利率与信用拆借利率走势基本一致，年初报于3.80%，年末收于2.29%，较年初下降151个基点。（见图4-3）

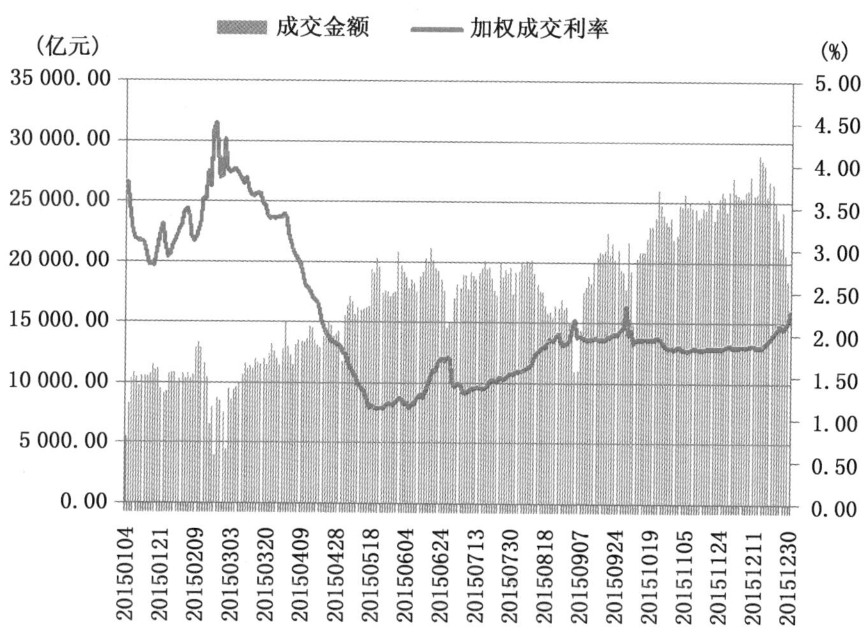

图4-3　2015年银行间质押式回购市场价量走势

数据来源：中国外汇交易中心。

从期限结构看,质押式回购交易集中于隔夜品种,占质押式回购市场总交易量的85.6%,占比较2014年提高7个百分点。各期限品种的加权成交利率较2014年均有不同程度的下降,其中隔夜品种降幅最大,下降32.6%,1年期品种降幅最小,下降7.3%。(见表4-3)

表4-3 2015年债券质押式回购期限品种交易情况

	加权利率(%)	同比(%)	笔 数	同比(%)	成交金额(亿元)	同比(%)	占比(%)
R001	1.84	−32.6	743 234	57.8	3 700 894.6	121.7	85.6
R007	2.89	−20.2	173 831	40.4	461 542.8	53.6	10.7
R014	3.61	−14.3	47 792	23.1	114 361.4	19.1	2.6
R021	4.13	−15.3	7 893	−15.4	11 336.6	−29.4	0.3
R1M	3.68	−24.1	8 079	−20.5	18 660.9	−18.5	0.4
R2M	4.08	−19.3	3 218	−6.0	5 372.1	−20.1	0.1
R3M	3.48	−28.4	2 125	−7.1	10 192.5	3.4	0.2
R4M	4.31	−11.2	324	−29.6	768.4	−36.7	0.0
R6M	4.33	−14.1	280	−53.8	848.8	−42.0	0.0
R9M	4.70	−9.3	38	−32.1	60.3	−50.9	0.0
R1Y	4.62	−7.3	24	−72.4	72.8	−76.6	0.0
合 计	2.02	−32.3	986 838	49.5	4 324 111.3	103.6	100.0

数据来源:中国外汇交易中心。

4. 买断式回购量升价跌

2015年,买断式回购市场共达成交易255 858笔,累计成交25.4万亿元,同比大幅增长104.8%。买断式回购加权成交利率年初报于4.34%,年末收于2.55%,较年初下降179个基点。(见图4-4)

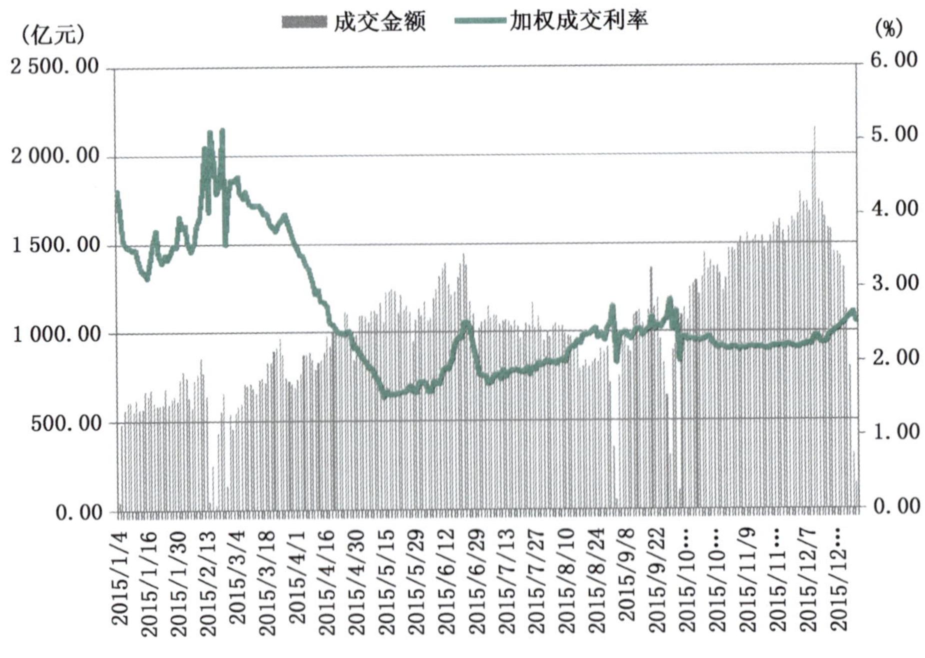

图4-4 2015年银行间买断式回购市场价量走势

数据来源:中国外汇交易中心。

从期限结构看，买断式回购交易也集中在7天以下品种，其中隔夜品种占绝大部分，占买断式回购总成交量的77.2%，较2014年提高7个百分点。（见表4-4）

表4-4 2015年债券买断式回购期限品种交易情况

	加权利率(%)	同比(%)	笔　数	同比(%)	成交金额(亿元)	同比(%)	占比(%)
OR001	2.16	－29.0	179 237	139.1	195 776.5	134.3	77.2
OR007	3.15	－19.1	51 432	78.2	38 724.4	82.6	15.3
OR014	3.88	－16.4	14 293	35.8	10 308.2	32.8	4.1
OR021	4.11	－21.9	3 988	4.5	3 196.5	23.1	1.3
OR1M	3.81	－28.6	4 366	3.5	3 906.1	15.3	1.5
OR2M	4.61	－19.1	2 207	12.7	1 215.8	9.2	0.5
OR3M	4.25	－24.7	335	－43.2	400.9	－3.1	0.2
合　计	2.45	－28.9	255 858	104.8	253 528.4	111.2	100.0

数据来源：中国外汇交易中心。

5. 债券市场规模大幅扩张，交易量持续增长

债券市场规模大幅扩张。2015年，债券市场规模大幅扩容，全年累计发行各类债券22.9万亿元，较上年增长108.3%，其中地方债、同业存单发行量分别较上年增长858.8%和546.9%。在此背景下，2015年银行间债券市场共成交87.9万亿元，同比增长115.6%。

债券收益率整体走低。2015年，债券市场基本延续2014年的行情，收益率整体走低，短端降幅尤甚。上半年债券收益率波动下行，仅在3月因资金面超预期趋紧、股市加速上涨和地方债置换计划引发供给增加担忧等因素导致震荡回调。下半年，短期和长期债券收益率走势分化，短期债券收益率随着资金利率走稳以震荡上行为主，长端收益率则受经济基本面影响持续走低，仅在11月出现一波较为明显的调整。

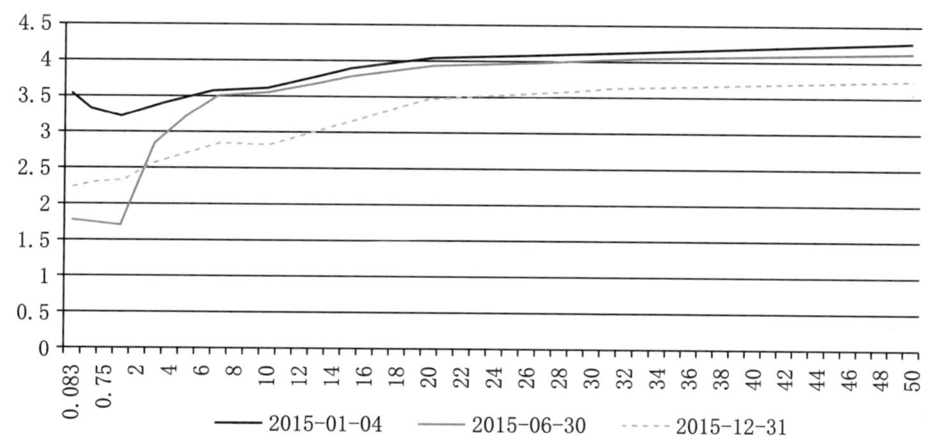

图4-5 2015年银行间国债收益率曲线走势

数据来源：中国外汇交易中心。

表 4-5　2015 年银行间现券交易情况

期　　限	笔　数	同比(%)	成交量(亿元)	同比(%)	占比(%)
1 年以下(包括 1 年)	281 270	104.0	298 360.5	132.9	34.4
1~3 年(包括 3 年)	158 095	69.6	233 647.3	107.6	26.9
3~5 年(包括 5 年)	127 606	66.5	130 821.2	96.9	15.1
5~7 年(包括 7 年)	108 537	20.8	100 506.7	53.8	11.6
7~10 年(包括 10 年)	146 147	214.5	95 131.2	219.7	11.0
10~15 年(包括 15 年)	9 685	1 186.2	8 309.2	1 668.2	1.0
15~20 年(包括 20 年)	448	−28.5	348.4	−39.9	0.0
20~30 年(包括 30 年)	384	86.4	371.4	92.3	0.0
30 年以上	249	22.7	228.5	63.5	0.0
合　　计	832 421	86.7	867 724.4	115.0	100.0

数据来源:中国外汇交易中心。

从成交券种来看,政策性金融债、国债和中期票据在现券市场的成交占比位列前三,分别达到 46.6%、11.1%和 10.3%;其中,政策性金融债累计成交 40.5 万亿元,同比增长 143.2%;国债累计成交 9.7 万亿元,同比增长 67.3%;中期票据累计成交 8.9 万亿元,同比下降 10.3%。

表 4-6　2015 年银行间债券交易情况

种　　类	笔　数	同比(%)	成交量(亿元)	同比(%)	占比(%)
政策性金融债	324 032	116.2	404 511.2	143.2	46.6
国　　债	79 787	67.5	96 572.6	67.3	11.1
中期票据	108 981	64.0	89 429.7	74.6	10.3
企业债	104 287	39.3	67 643.4	47.6	7.8
短期融资券	71 934	23.9	46 717.4	48.7	5.4
超短期融资券	82 550	261.4	71 847.6	214.8	8.3
证券公司短期融资券	7 433	−6.6	5 100.7	−33.9	0.6
政府支持机构债券	9 990	105.8	13 241.8	106.1	1.5
同业存单	20 142	1 029.0	42 312.3	1 805.1	4.9
央行票据	1 864	243.9	6 411.1	400.3	0.7
地方政府债	1 698	113.6	2 723.3	154.1	0.3
次级债	282	−65.0	284.1	−50.2	0.0
商业银行普通金融债	1 874	207.7	4 136.5	637.1	0.5
二级资本工具	1 464	792.7	1 419.9	567.9	0.2
定向工具	14 574	84.9	13 371.4	80.8	1.5
其　　他	1 529	117.8	2 001.5	170.0	0.2
合　　计	832 421	86.7	867 724.4	115.0	100.0

数据来源:中国外汇交易中心。

从债券投资者结构看，基金仍然是债券市场最大的净买入方，城市商业银行仍为债券市场最大的净卖出方。2015 年，基金累计净买入债券 19 665.4 亿元；城市商业银行累计净卖出债券 17 192.4 亿元。

6. 债券借贷继续大幅增长

2015 年，受债券牛市行情延续的推动，债券借贷市场规模继续大幅增长，全年成交 11 188.9 亿元，同比增长 178.3%。大型商业银行依然是最主要的债券融出方，融出量占融出债券总量的 71.4%，其次是城市商业银行和股份制商业银行，分别占 13.7% 和 13.6%；证券公司是最主要的债券融入方，其证券融入量占总融入量的 75.9%，其次是股份制商业银行和外资银行，分别占 12.9% 和4.6%。

国债是最主要的标的债券。2015 年，国债成交量占到债券借贷成交总额的 77.8%，较上年降低 3 个百分点；其次是政策性金融债，成交量占债券借贷总成交量的 22.0%，较上年提高 5 个百分点；此外还有少量的短期融资券、超短期融资券以及地方政府债等。

7. 利率衍生产品交易活跃，互换利率震荡下行

2015 年，银行间人民币利率衍生产品市场交投活跃，累计成交 8.8 万亿元，同比增长 117.2%；其中普通利率互换成交 8.3 万亿元，标准利率互换成交 5 014 亿元，标准债券远期成交 19.6 亿元。普通利率互换是最主要的利率衍生品，占市场成交总量的 94.3%。普通利率互换期限品种以短期为主，1 年期及以下交易名义本金额占总成交量的 88.0%；浮动端参考利率主要为七天回购定盘利率(FR007)，占 89.5%。2015 年末，普通利率互换市场未平仓合约名义本金总计 6.4 万亿元(单边计算)，较上年末增加 2.6 万亿元。

2015 年互换利率呈震荡下行趋势。上半年在经济基本面持续疲弱、央行降准降息、短期资金利率下降的推动下，互换利率震荡下行，尤其是 4—5 月，互换利率出现一波明显跌幅，1 年期 FR007 互换利率最低跌至 2.43%，5 年期 FR007 互换利率最低跌至 2.91%。6 月以后，市场对货币政策宽松的预期有所减弱，互换利率呈现震荡整理态势，1 年期 FR007 互换利率在 2.30%—2.50%区间波动。

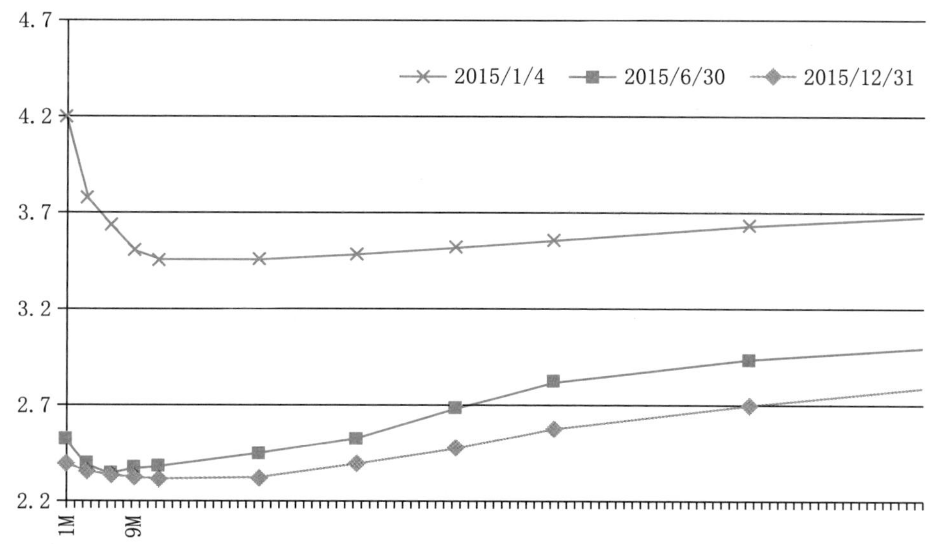

图 4-6　2015 年 FR007 利率互换收盘曲线走势

数据来源：中国外汇交易中心。

第二节　市场运行特点

1. 利率中枢下行明显

2015年,在宏观经济较为低迷、货币政策相对宽松的背景下,银行间市场利率中枢继续下行。货币市场利率先升后降,整体下行明显。隔夜信用拆借加权平均利率年末收于2.09%,较年初下行154个基点;全年均值为2.05%,较2014年下降70个基点。7天质押式回购加权平均利率年末收于2.39%,较年初下行245个基点;全年均值为2.92%,较2014年下降60个基点。

债券收益率曲线整体显著下移。1年、10年期国债收盘到期收益率从年初的3.22%和3.62%一路下行至年末的2.32%和2.82%,分别下行90个和80个基点;3年期和5年期AAA级中期票据收盘到期收益率从年初的4.74%和4.86%下行至年末的3.10%和3.39%,分别下行164个和147个基点。

2. 货币市场利率下半年波动性显著降低

货币市场利率以年中为界,波动性表现出截然不同的特征:上半年先升后降,波动较大;下半年特别是8月以来,隔夜利率围绕1.9%、7天利率围绕2.5%一线小幅波动,走势平稳。下半年,隔夜信用拆借加权平均利率和7天质押式回购利率的方差分别为0.05%和0.01%,显著低于上半年水平(0.81%和1.06%),表明下半年短期利率波动性大幅降低。

上述现象的原因,与央行灵活开展公开市场操作、适时开展常备借贷便利和中期借贷便利操作、有效保证银行间市场流动性合理充裕密切相关,此外,人民银行自2015年9月改革存款准备金考核制度、实施平均法考核存款准备金,10月起扩大抵押补充贷款对象,以及探索以SLF利率作为利率走廊上限等措施,也对平滑银行间市场流动性、降低波动起到重要作用。

3. 信用债违约事件增加,中高等级信用利差收缩

2015年,债券违约事件较2014年明显增加,公募债共计发生7起违约事件,涉及债券类型包括中期票据、企业债、短期融资券和定向工具等多种类型;此外,还发生未及时兑付或担保人代偿等信用事件13起。

违约事件频发促使低等级信用债利差扩大,但由于2015年延续之前的债券牛市,中高等级信用债的信用利差继续收缩,受违约事件影响不大。1年、3年和5年AAA级中票信用利差分别下行79个、79个和62个基点;5年中票中,AAA、AA+和AA信用利差分别下行62个、67个和61个基点。

第三节　市场基础设施建设

1. 标准债券远期推出

2015年4月,全国银行间同业拆借中心推出标准债券远期交易。标准债券远期是指在银行间市场交易的,标的债券、交割日等产品要素标准化的债券远期合约。标准债券远期通过交易中心的X-Swap系统交易,由上海清算所提供集中清算。2015年标准债券远期共成交19.6亿元。

2. 大额存单业务起航

2015年6月2日,人民银行发布《大额存单管理暂行办法》,利率市场化深入推进。交易中心为大额存单业务提供第三方发行、交易和信息披露平台,并制定《大额存单管理实施细则》,持续组织业务培训和利率监测。6月15日,9家市场利率定价自律机制核心成员发行首批大额存单并向交易中心发行备案。7月30日,大额存单发行主体范围扩大至市场利率定价自律机制基础成员中的全国性金融

机构和具有同业存单发行经验的地方法人金融机构及外资银行，发行主体数量由 9 家扩大至 102 家，在培育商业银行自主定价能力、深化利率市场化改革、促进降低企业融资成本等方面均发挥了重要作用。此外，同业存单发行和交易工作深入推进。2015 年 10 月 12 日，首批 8 只上海自贸区同业存单成功发行，交易中心为自贸区和境外机构同业存单发行提供服务。

3. X-Repo 功能上线

2015 年 8 月，银行间货币市场推出 X-Repo 系统和质押式回购匿名点击业务。质押式回购匿名点击业务指市场参与者发送正回购及逆回购的限价报价，系统根据机构间双边授信条件进行匹配成交的交易方式，匹配成交后正回购方按照统一规则提交质押券。与传统的询价交易相比，匿名点击业务改变机构与机构间必须逐笔一对一协商交易要素的方式，大大提高机构开展回购交易的效率，增加市场透明度，优化回购利率形成机制，是利率市场化进程中回购市场的又一进步。截至 2015 年末，X-repo 共成交 15.7 万亿元。

4. 人民币市场进一步开放，参与主体更加丰富

2015 年 6 月 3 日，人民银行发布《关于境外人民币业务清算行、境外参加银行开展银行间债券市场债券回购业务的通知》，已获准进入银行间债券市场的境外人民币业务清算行及参加行可开展债券回购交易——包括债券质押式回购交易和买断式回购交易。7 月 29 日，人民银行发布《关于境外央行、国际金融组织、主权财富基金运用人民币投资银行间市场有关事宜的通知》，简化境外机构进入银行间市场的程序，并取消了对上述机构的额度限制，将其投资范围从现券扩展至债券回购、债券借贷、债券远期、利率互换、远期利率协议等交易。截至年末，已有 106 家人民币业务清算行、境外参加银行可参与银行间债券回购业务，有 50 家境外央行或货币当局、主权财富基金等机构投资者进入银行间市场。

此外，2015 年，银行间债券市场对符合条件的私募基金开放，银行间债券市场投资者群体进一步丰富，多层次债券市场体系进一步完善。截至年末，已有 5 家私募基金进入银行间债券市场。

第四节　市场发展展望

2015 年，在经济持续疲弱和宏观政策结构性调控的背景下，债券市场延续上年的牛市行情，连续两年的债券牛市在历史上较为罕见。同时，自 2014 年发生债券实质性违约事件以来，2015 年信用违约事件明显增多、涉及债券类型更广、信用风险显著上升。在此背景下，为进一步继续推动我国银行间人民币市场整体协调可持续发展，充分发挥市场的资源配置功能，促进价格发现，提升市场流动性，有效防范系统性金融风险，未来应做好以下几方面的工作：

1. 进一步加强市场基础设施建设

银行间货币和债券市场在交易机制方面的创新，如利率互换市场匿名点击系统（X-Swap）等，有效提升市场流动性，提高市场成员的交易效率。未来，一是在交易平台方面，继续优化现有的债券和衍生品交易机制，推进交易系统建设以支持业务创新；二是在风险控制层面，重点完善市场化的违约预警及处置机制，强化信息披露制度建设，健全评级制度，加强信用债违约救济机制；三是在制度建设层面，进一步完善对外开放中债券市场基础设施的整体布局，做好境内外市场体系和制度的对接。

2. 进一步完善产品和服务种类

银行间市场已经基本形成基础类场外金融现货和衍生产品产品序列，为市场参与主体

提供多样化的风险管理工具。银行间人民币市场可交易的利率衍生产品覆盖债券远期、利率互换、远期利率协议、标准利率衍生产品和标准债券远期等多个类型,信用衍生产品有信用风险缓释工具。未来将继续推进产品和业务创新。一是利率衍生产品序列仍有完善空间,信用衍生产品方面可尝试推出信用违约互换等产品;二是交易后处理服务方面,交易确认和冲销服务仅覆盖利率互换市场,未来可以向更多市场延伸。

3. 进一步丰富投资者群体

2015 年,银行间债券市场对外开放进一步加深,债券市场投资主体更加多元化,市场活跃度进一步增强。未来,债券市场将更加开放,一是推动更多符合条件的境内外机构投资者进入市场,丰富投资者类型,不断提高银行间债券市场投资管理效率;二是提升市场对外开放水平,推动更多符合条件的境外发行人在银行间市场发行人民币债券,进一步扩大境外机构投资者范围。

专栏 5

银行间货币市场推出新交易机制 X-repo

2015 年 8 月,银行间货币市场推出 X-Repo 系统和质押式回购匿名点击业务。质押式回购匿名点击业务指市场参与者发送正回购及逆回购的限价报价,系统根据机构间双边授信条件进行匹配成交的交易方式,匹配成交后正回购方按照统一规则提交质押券。与传统的询价交易相比,匿名点击业务改变了机构与机构间必须逐笔一对一协商交易要素的方式,大大提高机构开展回购交易的效率,增加市场透明度,优化回购利率形成机制,是利率市场化进程中回购市场的又一进步。

1. 业务背景

银行间货币市场成立于 1997 年,是金融机构间进行资金融通交易的场所。经过 18 年来不断的发展,银行间货币市场质押式回购日均成交超过 2 万亿,市场成员近万家,已成为我国金融机构最重要的流动性管理场所,也孕育了我国货币市场重要的基准利率指标。

银行间回购交易对交易效率提出了更高要求,交易成员数量的上升和交易活跃度的增加使市场交易机制单一的问题逐渐显现。此前,银行间回购交易均采用双边询价的方式,由交易双方逐笔确定交易信息,包括交易量、利率、质押券类型、折算比例等。随着市场深度及广度的扩大,上述询价机制也逐渐显现出部分弊端,一是一对一询价限制了机构的交易半径,市场参与者寻找对手方效率较低;二是每笔交易的质押券折算率均由双方协商,正回购方管理质押券的成本较高;三是定价机制不透明,个别机构的个体因素可能对当天价格走势造成较大影响。

在此背景下,全国银行间同业拆借中心(以下简称交易中心)对质押式回购交易机制进行创新,设计了匿名点击交易机制。该机制下,正逆回购方可向系统提交包含价量的限价订单,由系统根据双方的授信约束,按照价格优先、时间优先原则进行匹配成交,成交后正回购方按照交易中心公布的统一折算率规则提交质押券,形成完整的成交合同。

2. 业务特征

与传统的询价机制相比,匿名点击交易机制主要有以下特点:

一是提高交易效率,扩大交易对手范围。参与机构提交正逆回购订单后,系统自动进行订单匹配,而无需机构逐家寻找对手方、逐笔协商交易要素,大大降低机构交易成本;此外,基于双边授信约束，可帮助机构在内部风控要求范围内扩大交易对手范围，提高市场的整体流动性。

二是全流程电子化，市场透明度提高。匿名点击业务中，交易双方从发送订单、撮合成交，到质押券提交、授信管理等，均通过集中的电子系统进行；机构交易意愿及成交情况实时通过系统行情信息体现，市场需求更加迅速和准确地通过系统展示，交易透明度提高。

三是价格形成机制更加市场化，回购利率基准性提升。通过“价格优先、时间优先”的价格形成机制，使回购市场利率以更加市场化的方式形成，避免机构个体因素对市场价格的影响，在利率市场化背景下进一步加强回购市场短期利率的基准性。

四是采用统一的质押券折算率，提高质押品管理效率。匿名点击业务可接受质押券为利率债，并由交易中心每日公布各只债券在各个回购品种所适用的标准折算率，这是银行间市场首次采用全市场统一的质押券折算率，与询价交易中逐笔商定质押券要素相比，极大地提高质押品管理的效率。

3. 业务运行情况

2015 年 8 月 3 日，银行间质押式回购匿名点击业务即 X-Repo 系统上线。截至年底，X-Repo 参与机构总计 437 家，机构类型包括政策性银行、大型商业银行、股份制银行、城市商业银行、农村商业银行、证券、保险、基金等，机构报价积极性和成交活跃度日渐提高。

X-repo 功能上线以来交易较为活跃。日均成交 130 笔，最高为 397 笔，日均成交量在 1 500 亿元左右，最高为 5 612 亿元，约占同期银行间质押式回购市场日均总成交量的 7%。成交期限方面，以隔夜交易为主，成交占比超过 94%。

参与机构方面，融入方机构类型较为分散，以股份制银行、国有大型银行、城商行及农联社等类型机构为主，融出方则主要为政策性银行及国有大型银行。对正回购方而言，匿名点击业务提供了稳定的融资渠道，提高了其头寸管理的效率；而对于逆回购方而言，减少了每笔交易的质押券核对环节，融出资金更加便利。

成交时段分布方面，早盘成交较为活跃，首个小时(9:00—10:00)成交占比约 40%—50%，也一定程度对当日市场利率水平的形成起到正面作用。成交利率方面，质押式回购匿名点击业务的加权利率较询价加权利率平均低约 7 bp，除机构信用及质押券质量相对较高等因素外，也部分体现交易机制改进对市场利率形成的良好促进作用。

第五章　外 汇 市 场

2015年，人民币汇率总体基本稳定、市场决定性作用增强。外汇市场成交活跃，交易主体结构进一步丰富和完善，市场运行和管理机制改革适时推进，汇率形成机制改革朝着市场化方向不断深入。

第一节　外汇市场运行的基本情况

1. 人民币汇率情况

(1) 人民币汇率基准价

人民币对各货币汇率基准价涨跌不一。全年人民币对7个货币汇率中间价升值、对2个货币参考价升值、对5个货币汇率中间价贬值。其中，2015年人民币对美元汇率贬值、中间价波幅较大。年初美元兑人民币汇率中间价为1美元兑6.124 8元人民币，年末报收在1美元兑6.493 6元人民币。全年美元对人民币汇率中间价波幅为3 857个基点，比上年扩大3 077个基点。全年人民币对美元汇率中间价贬值5.8%，是2005年汇改以来汇率中间价首个显著贬值年度，也是迄今最大年度贬幅。

人民币对非美货币汇率基准价升贬不一。2015年，人民币对欧元、澳元、新西兰元、新加坡元、加元汇率中间价分别升值5.1%、6.1%、8.1%、1.1%、12.7%，人民币对英镑、日元、港

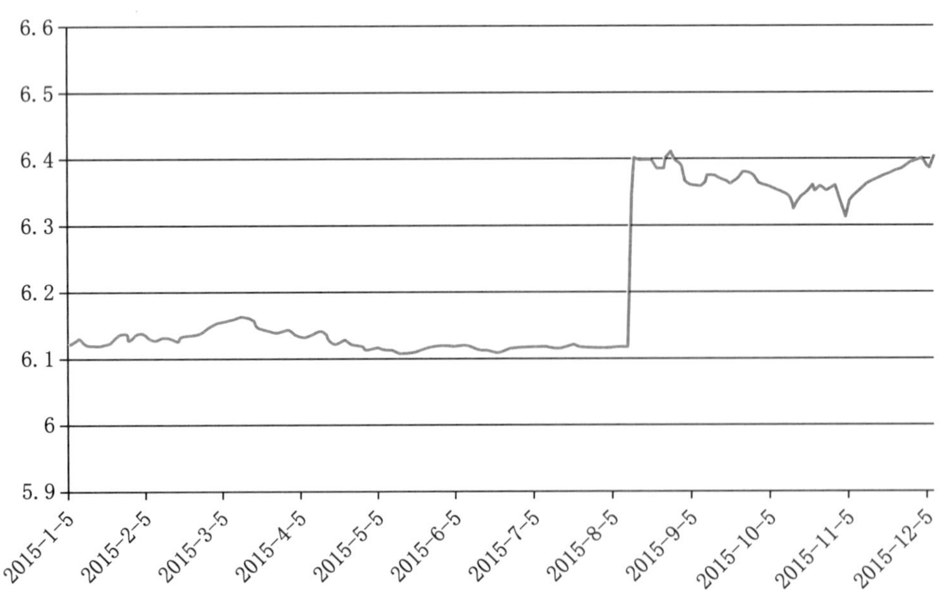

图5-1　人民币对美元汇率中间价

数据来源：中国外汇交易中心。

元、瑞士法郎汇率中间价分别贬值 0.8%、4.6%、5.8%、0.9%。人民币对新兴市场货币明显升值，人民币对俄罗斯卢布、马来西亚林吉特汇率中间价分别升值 24.9%、16.4%，人民币对哈萨克斯坦坚戈、泰国泰铢汇率参考价分别升值 75.9%、4.0%。

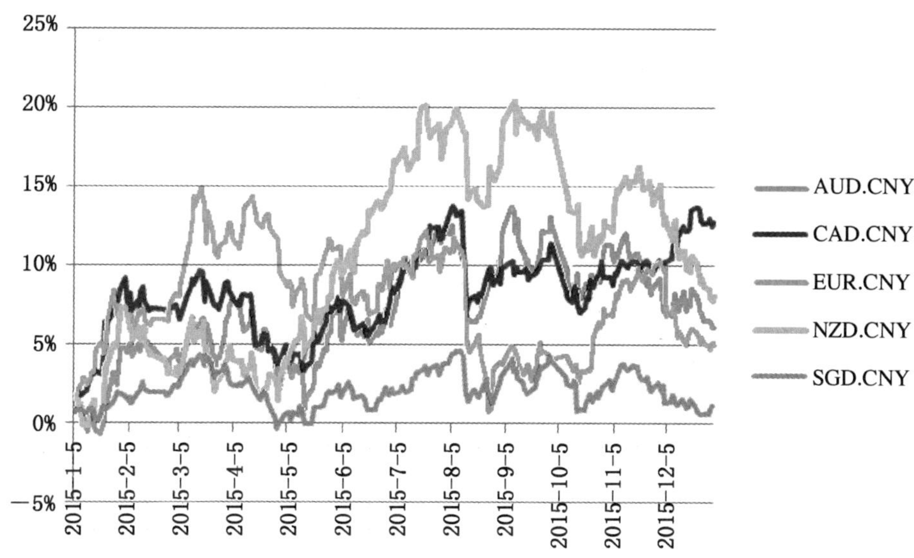

图 5-2 人民币对欧元、澳元、新西兰元、新加坡元、加元汇率中间价年内升贬

数据来源：中国外汇交易中心。

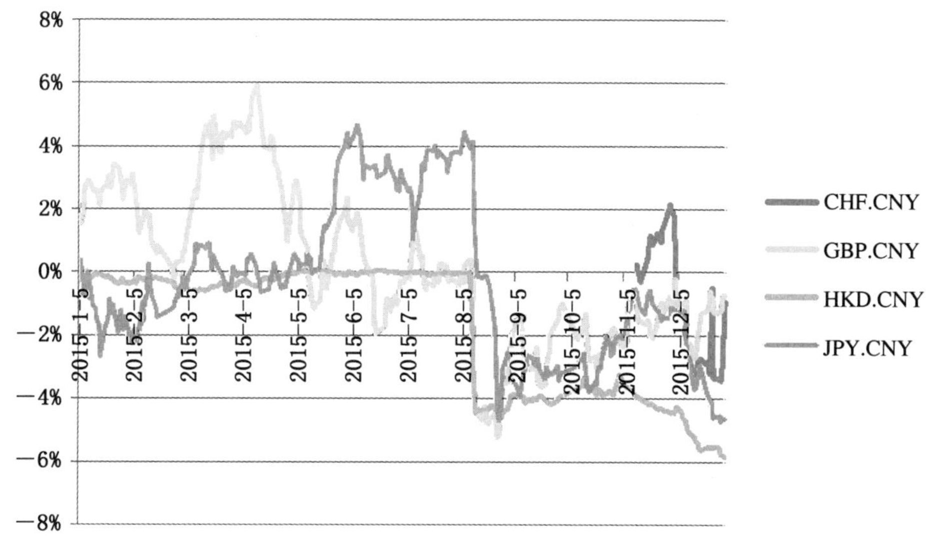

图 5-3 人民币对英镑、日元、港元、瑞士法郎汇率中间价年内升贬

数据来源：中国外汇交易中心。

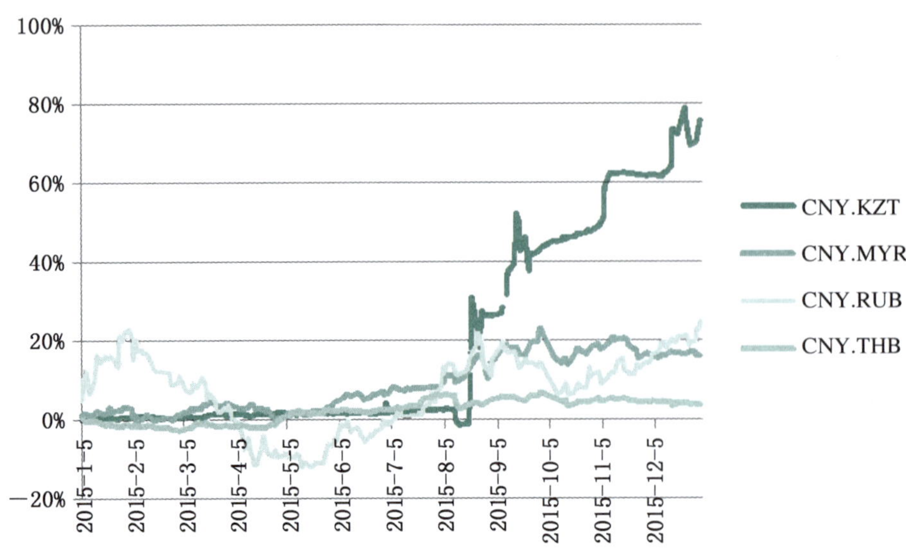

图 5-4 人民币对卢布、林吉特、坚戈、泰铢汇率中间价(参考价)年内升贬

数据来源:中国外汇交易中心。

(2) CFETS 人民币汇率指数

2015 年,人民币汇率总体保持基本稳定。CFETS 人民币汇率指数年末收于 100.94,较上年末升值 0.94%。从全年走势看,前 8 个月受美元走强的影响,人民币有效汇率总体呈现小幅升值态势,CFETS 人民币汇率指数最高达到 105.65。8 月 11 日,人民银行进一步完善人民币对美元汇率中间价形成机制,中间价的形成更加参考外汇市场供求关系。此后,人民币对美元双边汇率有所贬值,美元对其他主要货币汇率也有所贬值,CFETS 人民币汇率指数回落至 101 附近徘徊。11 月以来人民币对美元双边汇率的持续小幅走贬进一步释放人民币汇率贬值压力。2015 年末 CFETS 人民币汇率指数大致回到 2014 年末的水平,显示人民币对一篮子货币总体保持基本稳定。

2. 人民币外汇市场交易情况

(1) 人民币外汇即期市场交情况

2015 年,银行间外汇市场即期累计成交 30.6 万亿元人民币,同比增长 20.6%,增速较上

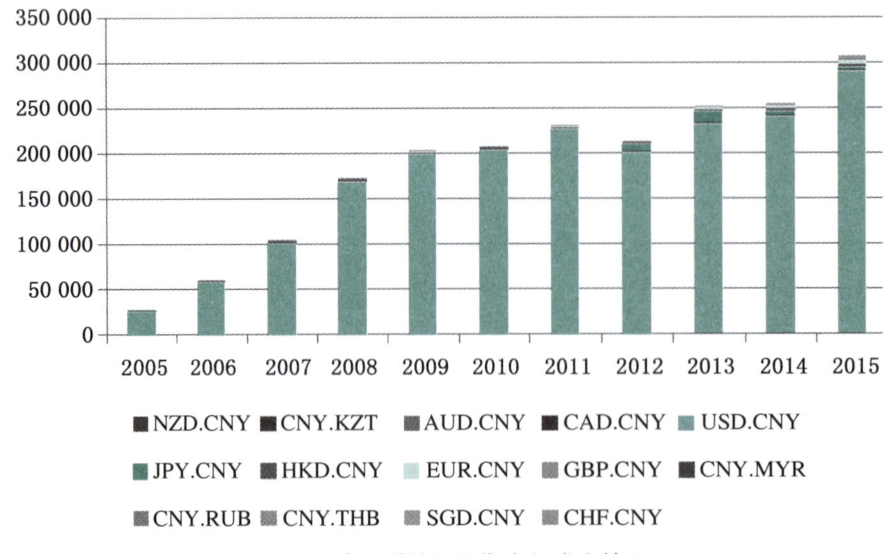

图 5-5 人民币外汇即期市场成交情况

数据来源:中国外汇交易中心。

年扩大19个百分点。其中，人民币对美元即期成交29.1万亿元人民币，同比增长21.1%，人民币对欧元、新加坡元即期分别成交4 257.1亿、3 801.1亿元人民币，同比分别增长34.9%、353.6%，其他非美货币交易则出现下降：人民币对日元、英镑、澳元、新西兰元、港元即期分别成交3 370.2亿、779.6亿、1 005.4亿、168.6亿、1 750.2亿元人民币，同比分别下降26.0%、43.4%、32.3%、39.9%、13.8%；人民币对俄罗斯卢布、林吉特即期分别成交224.6亿、14.9亿元人民币，同比分别下降11.9%和增长25.4%；新挂牌的人民币对瑞士法郎成交148.6亿元人民币。

（2）人民币外汇市场参与者情况

银行间人民币外汇市场会员进一步壮大。2015年，人民币外汇市场会员518家，首次突破500家，年内增长53家。外币对市场会员143家，年内增长20家。

从会员机构类型上看，人民币外汇市场上有大型商业银行22家，外资银行126家，农村商业银行和合作银行148家，基金证券类机构2家，境外央行类机构7家。基金证券类机构和境外央行类机构为2015年首次进入银行间外汇市场。从会员机构功能上看，有人民币外汇即期市场做市商30家，人民币对欧元、日元、英镑、澳元、新西兰元、新加坡元、瑞士法郎等直接交易做市商分别10—15家不等，人民币对林吉特、卢布交易做市商各4家。

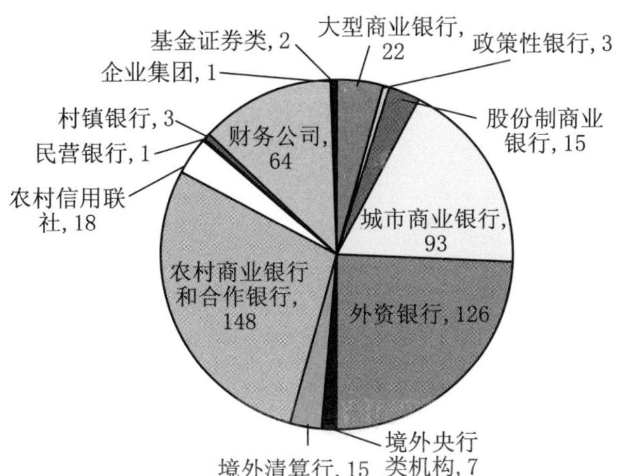

图5-6　银行间人民币外汇市场参与者构成

数据来源：中国外汇交易中心。

3. 外币对市场交易情况

2015年，银行间外币对即期市场交易大幅增长，成交715.7亿美元，同比增长59.4%，为近4年来交易量新高。交易增长主要来自EUR.USD和USD.HKD，两类货币对的即期成交同比分别增长102.6%和57.3%，交易成交占全部9个货币对交易总量的74.8%，外币对交易结构保持稳定。

第二节　外汇市场运行特点

1. 汇率的市场决定性作用增强

2015年8月，人民币对美元汇率中间价报价机制完善，交易汇率与中间价系统性偏差消失，市场的基础性作用逐步地向市场的决定性作用过渡。从日内价格来看，前7个月人民币对美元即期加权交易汇率相对于中间价的偏离基本维持在1.5%的宽度，部分时期一度超过1.9%。完善报价机制以后，中间价的形成在机制上向市场汇率靠拢，交易汇率相对于中间价的偏离大幅收窄，交易汇率与中间价系统性偏差消失，交易汇率基本围绕中间价上下小幅波动。9月以后，两者的偏离在0.03%左右，交易汇率与中间价之间长期以来的日内偏差消失。从日间价格来看，前7个月，中间价与前日收盘汇率之间的价差在400—1 300个点之间，日均超过900个基点，隔夜价差较大。报价机制完善以后，中间价与交易汇率之间的价差得到一次性校正，中间价与上一日交易汇率收盘价的价差基本收缩为30个点左右，无持续性的明显偏差，汇率隔夜风险大幅降低。

2. 人民币汇率总体保持强势

2015年人民币对一篮子货币汇率弹性增强，有升有贬，总体保持强势。我国经常项目长期保持顺差，全年进出口贸易顺差3.7万亿元人民币，再创历史新高；经常项目顺差占GDP的比重属于国际公认的合理范围。外商

图 5-7 人民币对美元交易汇率较基准价偏离

数据来源:中国外汇交易中心。

直接投资(FDI)和中国对外直接投资(ODI)都持续增长,外汇储备充裕,经济基本面保持中高速增长。这些因素决定了人民币不具备持续贬值基础,支持人民币在长期内走强。与多数国际储备货币和新兴市场货币相比,人民币仍是强势货币。CFETS 人民币汇率指数显示,2015 年人民币汇率总体呈现一定程度的升值。BIS 名义和实际汇率指数也表明,人民币汇率表现强于多数发达和新兴经济体货币。

表 5-1 主要货币汇率指数升贬率

		中 国	美 国	英 国	印 度	韩 国	日 本
名义汇率	2014 年以来	10.2%	20.0%	9.3%	6.2%	3.0%	−4.3%
	2015 年以来	3.7%	10.8%	5.3%	1.2%	0.8%	5.2%
实际汇率	2014 年以来	10.3%	17.2%	8.0%	13.6%	2.0%	−4.5%
	2015 年以来	3.9%	9.6%	4.4%	5.4%	0.7%	4.1%
		欧元区	澳大利亚	巴 西	马来西亚	俄罗斯	南 非
名义汇率	2014 年以来	−6.8%	−8.7%	−27.2%	−14.5%	−44.1%	−20.0%
	2015 年以来	−4.4%	−6.0%	−25.1%	−13.5%	−12.4%	−17.3%
实际汇率	2014 年以来	−9.9%	−7.9%	−19.8%	−12.1%	−31.1%	−13.8%
	2015 年以来	−5.8%	−5.5%	−19.5%	−12.1%	−2.1%	−14.3%

数据来源:国际清算银行 BIS。

3. 对外开放步伐加快

2015 年,在银行间外汇市场陆续向离岸人民币清算行开放基础上,合格境外主体进一步扩大。9 月末,中国人民银行发布通知,向境外央行类机构多途径、多方式开放中国银行间外汇市场。11 月,首批 7 家境外央行类机构在中国外汇交易中心完成备案,正式进入银行间外汇市场,涵盖境外央行(货币当局)和其他官方储备管理机构、国际金融组织、主权财富基金三种机构类别,以直接成为中国银行间外汇市场境外会员、由中国银行间外汇市场会员代理和由中国人民银行代理中的一种或多种方式开展交易。12 月,外汇市场进一步引入合格境外主体,符合一定条件的人民币购售业务境外参加行获准进入银行间外汇市场,通过交易系统参与全部挂牌的交易品种,进一步推动市场对外开放,加快外汇市场发展。

多个时点参考汇率发布,便利境内外定价参考。自 2015 年 8 月 24 日起,每个交易日中国货币网公布 10:00、11:00、14:00、15:00 和 16:00 人民币对美元参考汇率。计算方法为上述各自对应时点前 30 秒内市场成交价格的加权平均。5 个时点的参考汇率均依据境内银行间外汇市场成交价格计算得出,综合反映当日外汇市场供求状况,为包括国际金融组织在内的境内外市场主体提供更多的市场汇率参考。2015 年 11 月 30 日,IMF 批准人民币加入 SDR,参考汇率将为其定价提供重要作用。

延长交易时间,覆盖欧洲时段。2015 年 12 月 23 日,中国人民银行和国家外汇管理局发布公告,延长外汇交易时间,自下年起银行间外汇市场交易系统每日运行时间延长至北京时间 23:30,覆盖欧洲交易时段,境内外市场主体参与人民币外汇交易的便利性提升,市场包容性进一步增强。

4. 市场运行环境错综复杂

国际方面,主要国际储备货币汇率走势分化,部分新兴市场货币汇率剧烈震荡。美元指数全年大涨 9.3%,欧元、英镑、日元汇率分别贬值 10.2%、5.4%和 0.5%;新兴市场中巴西雷亚尔和俄罗斯卢布汇率全年深幅下挫 32.9%和 20.4%,韩元和印度卢比汇率也分别贬值 7.0%和 4.8%。国内方面,人民币成功纳入 SDR 货币篮子,人民币在国际支付中的全球排名稳定在前五,国际收支和对外经济基本面保持稳健。与此同时,全年各个月度贸易进口和出口都呈现负增长,衰退型顺差扩大。市场主体顺周期的外币资产负债配置持续调整。2015 年 9 月起,外币贷款转为连续负增长,外币存款增速连续快于外币贷款,市场主体对外币资产的需求持续上升,外币负债从相对减少转为绝对减少。银行代客结售汇多数时期呈现为逆差,第三季度银行代客售汇规模创出历史新高,市场主体的结汇动机下降、购汇势头持续上升。这些结构性因素从不同层面体现市场参与者对汇率的判断和预期,也是构成市场运行风格转换的基础因素。

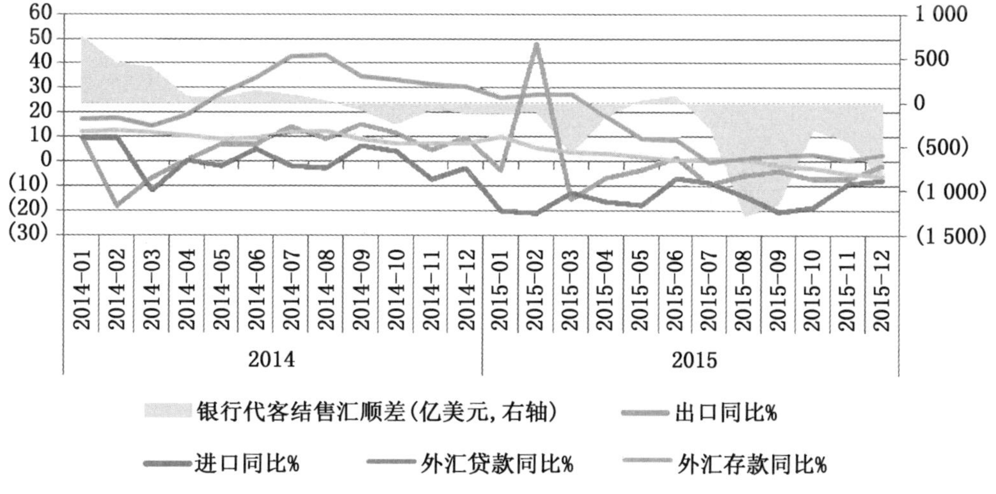

图 5-8 进出口、外币存贷款、代客结售汇基本情况

数据来源:中国外汇交易中心。

第三节 外汇市场机制建设

1. 汇率中间价报价机制完善

2014 年下半年以来，我国货物贸易顺差持续处于高位，美元对其他国际主要货币升值，两方面因素对人民币汇率的影响不同，做市商预期出现分化，人民币汇率中间价与市场汇率出现偏离。为增强人民币兑美元汇率中间价的市场化程度和基准性，中国人民银行决定完善人民币兑美元汇率中间价报价，自 2015 年 8 月 11 日起，做市商在每日银行间外汇市场开盘前，参考上日银行间外汇市场收盘汇率，综合考虑外汇供求情况以及国际主要货币汇率变化向中国外汇交易中心提供中间价报价。

中间价报价调整有利于减少扭曲，有助于推动人民币对美元汇率中间价向市场均衡汇率趋近。在有管理的浮动汇率制度下，市场汇率应当围绕作为基准汇率的人民币汇率中间价波动，市场汇率与中间价的偏离可以通过市场自身的修复功能来校正。此次调整做市商报价，使中间价形成更加参考外汇市场总体供求关系，从机制上防止中间价与市场汇率持续大幅偏离，提高中间价报价的合理性，提高中间价形成的市场化程度，扩大市场汇率的实际运行空间，更好地发挥汇率对外汇供求的调节作用。

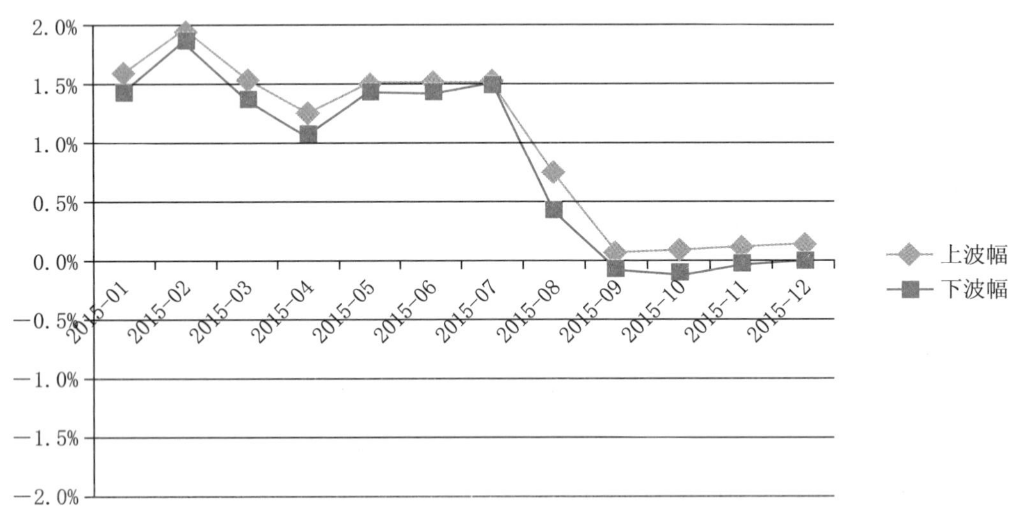

图 5-9 人民币对美元交易汇率波幅

数据来源：中国外汇交易中心。

2. CFETS 人民币汇率指数发布

2015 年 12 月 11 日，中国外汇交易中心在中国货币网正式发布 CFETS 人民币汇率指数，以及参考 BIS 货币篮子、SDR 货币篮子计算的人民币汇率指数这一系列人民币汇率指数的发布，对推动社会观察人民币汇率视角的转变具有重要意义。

中国外汇交易中心根据国际通行做法定期公布人民币汇率指数，有助于引导市场改变过去主要关注人民币对美元双边汇率的习惯，逐渐把参考一篮子货币计算的有效汇率作为人民币汇率水平的主要参照系，为市场转变观察人民币汇率的视角提供了量化指标，以更加全面和准确地反映市场变化情况。2015 年以来，CFETS 人民币汇率指数总体走势相对平稳，12 月末 CFETS 人民币汇率指数为 100.94，较 2014 年底升值 0.94%。人民币对一篮子货币汇率基本保持稳定。

3. 人民币直接交易再扩容

2015 年 11 月 10 日起银行间外汇市场开展人民币对瑞士法郎直接交易，人民币对瑞士法郎交易实行直接交易做市商制度，交易品种涵盖即期(包括竞价和询价)、远期和掉期交易，所有人民币外汇市场会员皆可参与。这是人民币直接交易币种的又一次扩容，有利于促进中国与瑞士之间的双边贸易和投资，便利人民币和瑞士法郎在贸易投资结算中的使用，满足经济主体降低汇兑成本的需要。

随着人民币在国际上的使用范围日益广泛，市场对人民币与新兴市场货币兑换交易的需求上升。在此背景下，银行间外汇市场积极探索人民币对新兴市场货币直接交易，陆续推出了人民币对日元、欧元、英镑、澳元、新西兰元、新加坡元和瑞士法郎直接交易。人民币直接交易一方面提高了价格透明度，形成人民币对该货币的双边汇率，降低汇率信息的搜寻成本和摩擦成本，降低企业和个人的汇兑成本。另一方面推动了人民币国际化，在俄罗斯、韩国多地近年来已形成相当规模的当地货币对人民币直接交易。随着我国与世界各国经贸往来的发展，人民币与包括新兴市场在内的外币直接交易需求将进一步上升。

4. 市场管理制度进一步完善

2015 年多项外汇市场管理改革新政生效，简政放权深入，便利银行外汇业务，便利金融机构进入银行间外汇市场。国家外汇管理局取消对金融机构进入银行间外汇市场的事前准入许可；明确金融机构在银行间外汇市场的基本交易规则；清理整合法规，废止多部涉及金融机构进入银行间外汇市场的管理文件，出台结售汇业务管理办法实施细则，提高外汇管理政策透明度。2015 年 1 月起，银行结售汇综合头寸按日考核调整为按周考核，并取消结售汇综合头寸与外汇贷存比挂钩的政策，外汇头寸管理放宽。这一管理政策改革提高了外汇市场的运行效率，赋予市场主体更多自主交易空间，有利于培育多元化交易需求，适应外汇市场发展新常态。

5. 外币拆借电子化交易服务出台

2015 年 4 月 13 日外汇交易系统正式推出电子化外币拆借交易服务。该业务提供双边询价、双边清算交易模式，交易币种涵盖美元、欧元和港元，拆借期限包括 10 个标准期限和非标准期限，外汇交易系统生成成交单，是交易双方达成外币拆借交易的有效书面凭证。截至年底，外币拆借会员已达 286 家，全年共成交 3 188 笔、903.2 亿美元。

第四节 外汇市场的发展趋势

人民币汇率形成机制改革将继续朝着市场化方向迈进。根据外汇市场发育状况和经济金融形势，市场供求将更大程度地发挥在汇率形成机制中的决定性作用，完善以市场供求为基础、有管理的浮动汇率制度，促进国际收支平衡，增强人民币汇率双向浮动弹性，提高国内国外两种资源的配置效率，保持人民币汇率在合理均衡水平上的基本稳定。

加快外汇市场发展，丰富外汇产品，积极探索具有充分流动性的标准化属性的市场工具，拓展外汇市场的广度和深度，更好地满足企业和居民的需求。进一步推动外汇市场对外开放，扩大引入合格境外主体，研究进一步延长外汇交易时间，覆盖更多时区，促进形成境内外一致的人民币汇率，形成完善的全球范围内人民币市场基础设施。

加强市场风险防范、预警和管理，在当前跨境资本流动的复杂国际形势下，运用包括价格手段在内的多种调节方式和宏观审慎管理，切实防范跨境资金异常流动风险，保证资本流动合规有序。

专栏 6

CFETS 人民币汇率指数发布

2015 年 12 月 11 日,中国外汇交易中心在中国货币网正式发布 CFETS 人民币汇率指数。汇率指数综合计算一国货币对一篮子外国货币加权平均汇率的变动,能够更加全面地反映一国货币的价值变化。从国际经验看,汇率指数有的由货币当局发布,如美联储、欧央行、英格兰银行等都发布本国货币的汇率指数;也有的由中介机构发布,如洲际交易所(ICE)发布的美元指数已经成为国际市场的重要参考指标。中国外汇交易中心发布人民币汇率指数符合国际通行做法。为便于市场从不同角度观察人民币有效汇率的变化情况,中国外汇交易中心也同时列出参考 BIS 货币篮子、SDR 货币篮子计算的人民币汇率指数。

长期以来,市场观察人民币汇率的视角主要是看人民币对美元的双边汇率,由于汇率浮动旨在调节多个贸易伙伴的贸易和投资,因此仅观察人民币对美元双边汇率并不能全面反映贸易品的国际比价。也就是说,人民币汇率不应仅以美元为参考,也要参考一篮子货币。参考一篮子货币与参考单一货币相比,更能反映一国商品和服务的综合竞争力,也更能发挥汇率调节进出口、投资及国际收支的作用。CFETS 人民币汇率指数的公布,为市场转变观察人民币汇率的视角提供了量化指标,以更加全面和准确地反映市场变化情况。

2015 年以来,CFETS 人民币汇率指数总体走势相对平稳,在国际主要货币中人民币仍属强势货币。2015 年 12 月 31 日,CFETS 人民币汇率指数为 100.94,较 2014 年末升值 0.94%;参考 BIS 货币篮子和 SDR 货币篮子的人民币汇率指数分别为 101.71 和 98.84,分别较 2014 年末升值 1.71%和贬值 1.16%。三个人民币汇率指数一贬两升,显示 2015 年人民币对一篮子货币总体保持基本稳定。从全年走势看,前 8 个月受美元走强的影响,人民币有效汇率总体呈现小幅升值态势,CFETS 人民币汇率指数最高达到 105.65,人民币汇率中间价与市场汇率之间存在一定的偏离。8 月 11 日,人民银行完善人民币对美元汇率中间价形成机制,中间价的形成更加参考外汇市场供求关系。此后,人民币对美元双边汇率有所贬值,美元对其他主要货币汇率也有所贬值,人民币对美元汇率中间价与市场汇率之间的偏差得到校正,CFETS 人民币汇率指数回落至 101 附近徘徊。11 月以来人民币对美元双边汇率的持续小幅走贬又进一步释放人民币汇率贬值压力。2015 年末 CFETS 人民币汇率指数和参考 BIS 货币篮子的人民币汇率指数都大致回到 2014 年末的水平。

人民币汇率对一篮子货币有条件继续保持基本稳定。展望 2016 年,人民币汇率形成机制将继续呈现以市场供求为基础、参考一篮子货币、双向波动、有弹性的特征,人民币汇率政策也将更多承担起发挥自动调节国际收支的作用。

第六章　黄 金 市 场

第一节　上海黄金交易所市场运行情况

2015 年，上海黄金交易所继续稳步实施市场化、国际化发展战略，在全球金价低迷、市场规模萎缩的环境下仍保持了快速增长的良好势头，各项业务成效显著，市场服务功能进一步增强，产品结构日趋均衡，对外开放度不断提升，进一步夯实了场内黄金交易在全球的领先地位。

2015 年，金交所各品种总交易额 10.78 万亿元，同比增长 68.81%，其中：黄金成交量 3.41 万吨，同比增长 89.58%，成交额 8.01 万亿元，同比增长 79.42%；金交所国际业务板块（简称“国际板”）累计成交量 6 564.43 吨、成交金额 11 422.48 亿元。其中，黄金累计成交量 4 795.02 吨、成交金额 11 362.61 亿元。

1. 市场总体交易情况

2015 年，黄金竞价市场交易量 23 830.91 吨，同比增长 57.09%，其中：现货实盘交易量 9 254.12 吨，同比增长 74.94%；延期交易量 14 576.79 吨，同比增长 47.54%；交收量 3 629.36 吨，同比增长 27.24%。

黄金询价市场交易量 10 236.47 吨，同比增长 265.67%，成交金额 24 106.41 亿元，同比增长 246.41%。其中，即期、远期、掉期分别成交 3 519.23 吨、850.92 吨、5 866.32 吨，分别占询价市场成交量的 34.38%、8.31%、57.31%。

2. 我国黄金市场增速令人瞩目

贵金属价格震荡下行继续影响全球黄金市场交易规模，从全球场内市场来看，黄金期货交易量普遍同比微增，以伦敦为主的场外市场交易规模也趋于萎缩。相比之下，我国黄金市场交易量大幅增长，市场规模增速显著，全球排名稳居第三位。

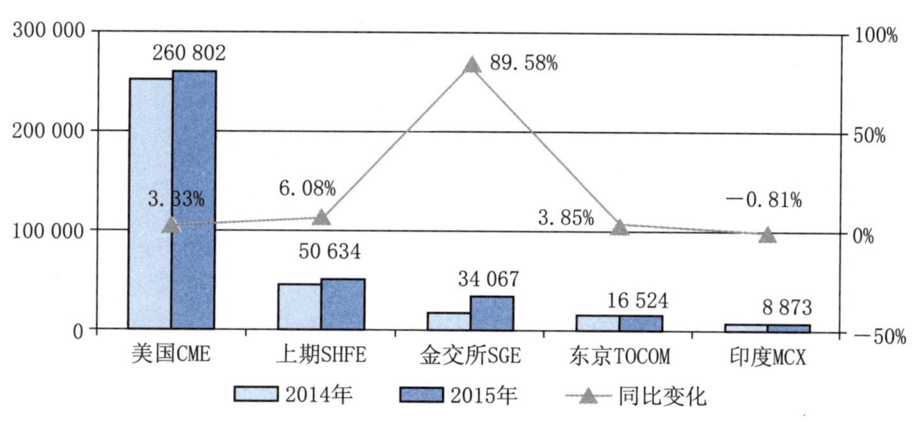

图 6-1　全球主要交易所黄金成交量排名（双边，吨）

美国 COMEX 黄金期货规模有所增长。美国 CME 集团下的 COMEX 黄金期货一直以来引领全球黄金期货交易，是全球黄金场内市场的代表。全年，包括“100 盎司、50 盎司、10 盎司、1 千克”4 个合约的黄金期货交易量① 13.04 万吨，同比增长 3.33%，规模上仍在主要交易所中排名第一。

东京 TOCOM 在全球期货市场的地位不断弱化。TOCOM 延续 2014 年的萎缩态势，交易规模进一步下降。在推出创新黄金期货 Daily Future 之后，黄金期货交易量 8 262.07 吨，同比微增 3.85%，排名仍保持第四位。

印度 MCX 黄金期货规模与 2014 年基本持平。印度黄金期货交易量同时受制于价格低迷和进口限制影响，交易规模同比微降。黄金期货交易量 4 436.63 吨，同比微降 0.81%，排名仍保持第五位。

伦敦场外黄金市场交易规模萎缩。伦敦场外黄金市场仍是全球最大的黄金市场，交易规模也有所萎缩，实物清算量和资金清算量均大幅下降。最新数据显示，2015 年，黄金实物清算量② 26.65 万吨，同比下降 2.46%，资金清算量 9.92 万亿美元，同比下降 10.76%。

3. 黄金价格变化情况

2015 年，全球宏观经济形势和政策预期复杂多变，黄金价格在美元加息预期的影响下跌至 6 年来新低。年末，伦敦现货金定盘价收于 1 062.25 美元/盎司，比 2014 年末下跌 137 美元，下跌 11.42%。上海黄金交易所 Au9999 合约年初开盘价 240.6 元/克，最高价 280 元/克，最低价 210.79 元/克，收于 222.86 元/克，下跌 7.37%，加权平均价 235.17 元/克，下跌5.75%。(见图 6-2)

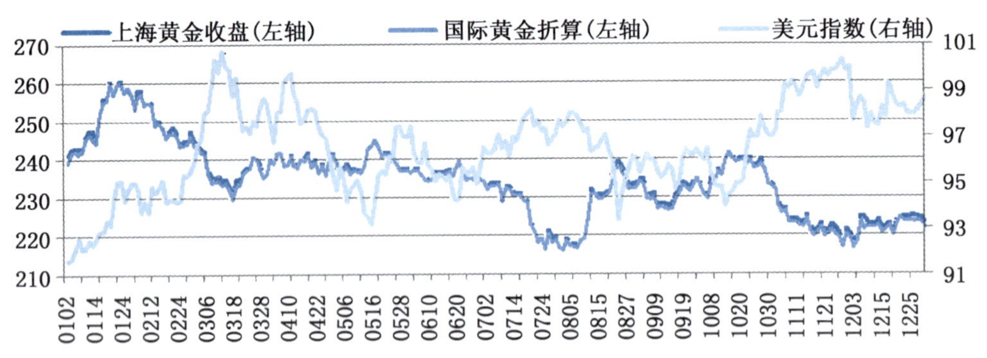

图 6-2　2015 年金价、美指走势情况(元/克)

2015 年黄金价格轮动周期和影响因素：一是避险情绪助推 1 月小幅反弹行情。首先，部分欧美国家央行出现降息潮，尤其是瑞士央行意外取消欧元兑瑞郎汇率下限，令市场出现短暂恐慌。其次，原油价格暴跌引发的低油价时期全球经济紧缩预期，是影响美联储加息时间的重要因素。因此，黄金在 2015 年 1 月中上旬出现与美元升值同向快速反弹的行情。二是美国经济稳定复苏，美元愈加强势，压制金价从 1 月末震荡下行直至 7 月底，期间出现两次大跌。1 月下旬开始美国经济数据逐月好转，美元指数飙升突破 100 大关，金价则从高点开始下跌了 2 个月探至上半年最低点，随后 3—6 月横盘运行。7 月在美联储主席耶伦加息言论和欧央行坚定 QE 的指引下，市场做多美元情绪高涨，加之美国经济数据良好，金

① 美国 COMEX、东京 TOCOM、印度 MCX，交易量统计口径为单边；国内两个交易所，上海期货交易所和上海黄金交易所统计口径为双边。

② LBMA 官网公布数据为月度的日均交易量，为便于比较，折合成年度双边交易量和资金清算量。

价开始第二轮大跌。三是美元指数调整，金价从8月反弹至10月中旬。8月美联储议息会议显示美元加息预期减弱，美元指数大幅下挫及全球股市大跌再次引发避险情绪，提振黄金价格；同时人民币贬值，在一定程度上刺激资金需求，国内金价涨幅明显高于国际。四是随着美联储加息时间日益临近，美元指数再次飙升破百，10月下旬至12月金价出现年内第三次大跌。12月17日美联储上调利率至0.25%—0.5%目标区间，美元加息靴子最终落地。在市场预期的影响下金价从10月下旬即开始接连走低。

4. 市场运行特点

(1) 国际金价普遍高于国内金价，国内外价差小幅增长

2015年国内外价差小幅增加。全年244个交易日，240个交易日溢价，同比增加50个，均值0.78元/克，同比下降7.14%，最高溢价为12月8日的3.35元/克。4个交易日折价，均值−0.28元/克，最大折价为1月30日的−0.41元/克。全年平均价差幅度0.77元/克，同比增长4.34%。(见图6-3)

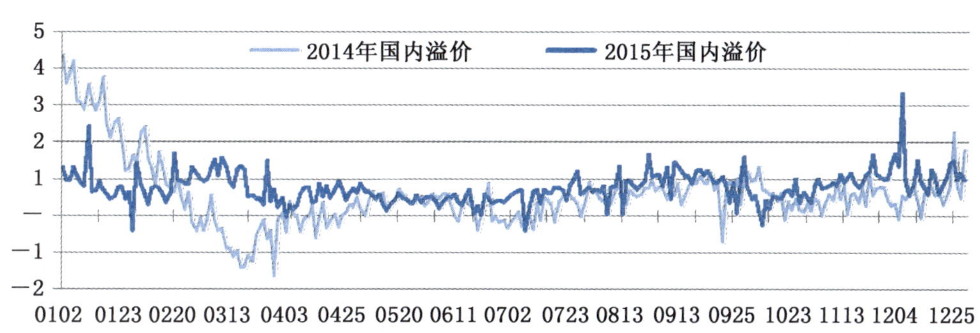

图6-3 2014—2015年黄金国内外价差波动情况(元/克)

(2) 竞价与询价互为补充快速发展，产品结构日趋均衡

竞价作为上海黄金交易所的传统业务在2015年仍保持较好增长势头，短线交易占比提升，市场成熟度明显增强。同时，询价业务迅猛发展，在黄金品种上形成延期产品、现货实盘产品、询价产品三分市场的态势，产品结构日趋均衡。

表6-1 2015年SGE黄金合约交易明细

合　约	成交量(吨)	同比增长	占　比
100克金条	14.32	12.47%	0.04%
Au9995	982.64	7.25%	2.88%
Au9999	6 929.14	64.80%	20.34%
iAu100g	0.03	−27.32%	0.00%
iAu9999	1 328.00	751.13%	3.90%
现货实盘合计	9 254.12	74.94%	27.16%
Mini黄金延期	1 061.50	95.37%	3.12%
黄金延期	11 296.83	30.37%	33.16%
黄金单月延期	1 205.75	224.66%	3.54%
黄金双月延期	1 012.71	237.05%	2.97%
延期合计	14 576.79	47.54%	42.79%
询价Au9995	194.06	307.48%	0.57%
询价Au9999	7 067.83	156.85%	20.75%
询价iAu9999	2 974.58	—	8.73%
询价合计	10 236.47	265.67%	30.05%
黄　金	34 067.38	89.58%	100.00%

(3) 短线交易活跃，夜市占比提升，金融属性进一步增强

为加强竞价市场流动性，金交所在2014年5月实施平今仓免手续费，12月审慎开展

程序化交易试点。这些措施在2015年取得显著成效。2015年,金交所短线交易逐步活跃,延期产品主力合约中,短线交易量为5 507.08吨,同比增长62.04%,占延期交易量的37.78%,比2014年提升7个百分点。同时,2014年9月夜市交易时间延长一小时的举措加强了国内与国际黄金市场的衔接,夜市交易量显著增长,2015年黄金夜市交易量5 978.21吨,同比增长82.94%,占竞价交易的25.09%,比2014年提升4个百分点。

短线交易活跃、流动性增强对市场的健康持续发展影响是多方面的:一是与国际市场进一步融合,在各种跨市套利、跨品种套利交易的参与下国内外价差波动更加平稳。二是充分的流动性将吸引更多市场参与者入市交易,尤其是潜在的对市场功能要求较高的机构客户,是市场未来能够持续发展的重要因素。三是更高的流动性带动非短线交易,便利更多金融工具的使用,对深化黄金市场的金融功能,促进市场成熟发展起到积极作用。

(4) 租借业务健康发展,服务实体经济的功能进一步发挥

2015年,金交所持续优化租借质押业务系统,加强租借业务风险排查,建立违约通报制度,引导会员合理有序开展黄金租借业务。全年,共有工商银行等31家商业银行在金交所平台开展黄金租借,借出黄金量共计3 136.32吨,同比上升61.97%。

(5) 市场参与者机构化特征明显

2015年,机构投资者在竞价市场及询价市场均保持快速增长势头,市场作用日益突出。全年机构投资者黄金交易量3.02万吨,同比增长95.88%,占88.68%,市场份额增加近3个百分点。此外,凭借在金融市场的专业地位及在黄金市场的先发优势,商业银行多元化业务迅速发展,在黄金市场中仍然占据主导地位。全年,商业银行自营和代理的黄金总成交2.53万吨,同比增长110.36%。与此同时,证券公司、信托公司也相继进入市场,已有13家证券公司和2家信托公司成为金交所特别会员,业务规模均呈现较快增长态势。

5. 询价市场运行情况

(1) 活跃度显著提高

2015年,询价市场交易量10 236.47吨,同比增长265.67%,成交金额24 106.41亿元,同比增长246.41%。其中,银行间市场成交4 329.47吨,同比增长271.98%;金交所询价主板市场成交2 856.53吨,同比增长74.66%;年内推出的国际板询价市场交易活跃,累计成交3 050.47吨。

(2) 结构更趋均衡

2015年,询价市场成交量占金交所黄金成交总量的比例由2014年的15.58%增长至30.05%,询价交易已成为银行等机构投资者的重要交易方式。询价市场各期限品种中,即期、远期、掉期分别成交3 519.23吨、850.92吨、5 866.32吨,分别占询价市场成交量的34.38%、8.31%、57.31%,远掉期等中远期限品种的市场占比稳步提升。

(3) 市场参与主体进一步扩容优化

2015年,银行间黄金询价市场参与机构50家,同比增长16.28%,其中中小银行、外资银行和证券机构合计36家,占72%,参与机构更趋多元;询价市场参与法人客户595家,同比增长26.87%;同时,询价市场正式引入经纪机构,为增加市场流动性、提高交易效率发挥了积极作用。

(4) 业务品种不断丰富,基础设施持续完善

2015年,推出OAu99.99等黄金询价期权合约,标志我国首个交易所挂牌黄金期权产品上线;推出iPAu99.99等询价即期、远期及掉期合约和iLAu99.99等询价拆借合约,标志询价国际板业务上线;银行间市场尝试做市业务平稳运行,正式向第三方信息供应商开放各标准期限的市场行情,提升了银行间市场远期价格市场影响力。

6. 清算交割情况

2015年,交易规模的大幅提升推动金交

所的资金清算和实物交割实现较快增长。全年资金清算量 27 326 亿元,同比增长 53.91%,其中:会员自营 16 816 亿元,增长 63.95%;代理 10 510 亿元,增长 40.19%;日均清算 1 285 笔。

2015 年,金交所黄金实物出入库量平稳快速增长。黄金出库量 2 581.82 吨,同比增长 23.66%,入库量 2 665.79 吨,同比增长 23.28%。

金交所设立 77 个指定仓库办理交割业务,2015 年在用 61 个,涉及地区 35 个,指定仓库使用率 79.22%。

第二节 上海黄金交易所产品创新与市场建设

1. 业务创新稳步推进

2015 年,在全球黄金较为低迷的总体环境下,金交所及时统一思想,着眼于市场化和国际化的战略转型,结合国家"一带一路"战略和人民币国际化战略框架,充分抓住上海自由贸易试验区政策创新契机,进一步创新丰富产品,努力满足投资者多元化的市场投资需求。一年来,在业务创新方面取得明显成效:

(1) 交易品种日益丰富

一是推出黄金询价现货期权,进一步满足投资者交易和风险管理需求,2015 年黄金期权交易量达 14.46 吨。二是有序扩大国际会员参与产品的范围,允许国际客户在黄金交易基础上进一步参与白银合约交易,并开放询价业务权限,截至 2015 年末,国际会员参与白银成交金额 59.87 亿元,国际会员参与询价成交金额 430.32 亿元。

(2) 交易模式不断创新

一是推出有价资产充抵保证金业务,允许客户使用金交所库存等冲抵保证金进行交易,有效提升客户资金使用效率、降低投资者成本。截至 2015 年末累计发生 1.40 吨黄金充抵业务、充抵额度 2.80 亿元人民币。二是审慎开展程序化交易试点,探索流动性提升新渠道。三是上线金交所自有交易终端产品——易金通 APP,为客户通过手机等多种终端参与交易提供便利。

(3) 基础设施逐渐完善

一是完善远期价格曲线报价,逐步建立人民币黄金远期基准价格体系。二是在银行间市场引进黄金询价经纪商制度,不断提升市场交易效率。截至 2015 年末,经纪公司共撮合成交 2 019.9 吨,占银行间询价市场交易 46.61%。三是建立银行间市场做市商制度,实施做市商机构遴选,遴选了 10 家做市商和 6 家尝试做市商,以有效提升市场流动性。

(4) 自主知识产权交易系统建设加快

2015 年金交所持续加强系统运维制度建设,坚持不懈做好机房、生产服务器维护和系统日常巡检管理工作,确保全生产系统继续保持无中断运行。在此基础上,加快推进新一代自主开发系统建设进程。一是 GEMS 一期于 2015 年 2 月上线新一代清算平台,6 月上线交易撮合平台,基本实现交易核心的自主开发。二是做好 GEMS 二期业务需求统筹和需求分析工作。三是有序开展国际板交易系统升级和询价业务平台、上海金集中定价系统、易金通 APP 等重点项目开发,完善了风险监控系统。

2. 市场化服务水平大幅提升

作为市场化转型的重要内容,一年来金交所不断拓展渠道、加强市场推广培育,在提升市场化服务方面取得较大成效,各项业务快速发展,产品结构日趋均衡,市场服务功能逐步增强,为推动中国黄金市场更好发挥资源配置作用、服务实体经济打好基础。

(1) 清算功能日益高效

一是成功上线清算服务平台,为金交所业务创新创造基础条件。同时以 PFMI《支付系统、证券结算系统和中央对手设计摘要》为准绳,继续完善开发新一代清算系统。二是继续加强资金监管体系建设,在综合类会员中推进保证金封闭运行业务,截至2015年末,已有34家会员上线保证金封闭运行系统。三是改进结算银行管理,制定管理办法,引进市场竞争与退出机制,推动清算服务水平提升。四是进一步加强清算资金的合理分配,优化存量资金使用。五是组织开展以中央清算对手方为目标的金融基础设施评估工作。

(2) 交割功能逐渐完善

一是进一步完善实物交割管理和物流系统,优化仓储网络,加强调拨管理,引入杰富仕等新的国际货运公司参与运输,有效提升交割运输效率。二是继续加强黄金实物和进出口质量管理,严格执行首次进口强制检验,确保2015年度所有金交所认证企业产品质量符合标准,全年交割实物质量稳定。三是优化国际板进境流程,已实现航班到港4小时内提货,进境效率达到国际主要黄金集散地水平。四是积极推进金交所与国际通行的LBMA金锭标准互认工作,已在1公斤和12.5公斤标准金锭上实现与LBMA标准的统一和互认。五是开展"冲突金"管理,基于国际标准及行业发展趋势,研究制定适合中国国情的负责任黄金供应链相关标准和认证体系。

(3) 不断优化会员服务,多渠道开展市场推广

一是积极推进多元化主体参与黄金市场,持续优化市场结构,2015年新发展7家证券公司和2家信托公司入市。二是加强与地方政府、会员单位的战略合作,分别与陕西省人民政府、广西壮族自治区政府等两家省级政府及农业银行、建设银行等会员签订战略合作协议,共同研究拓展黄金市场服务国家发展战略、推进黄金产业升级功能。三是探索建立与一流交易所匹配的品牌体系和传播策略,设计并对金交所16个品牌标识进行注册申请。四是开展投资者教育工作,加大从业人员和合格市场主体培育力度,全年组织黄金交易员培训考试92场,累计人数近7 000人;组织"黄金大讲堂"宣讲活动20余场,累计参与人数近万人;与人民银行分支机构举行北京地区商业银行和券商客户经理等片区金融从业人员的黄金知识培训。五是不断完善市场服务,建立会员服务专员机制,改进会员扶持办法实施机制,规范引导会员单位进行市场拓展,搭建信息交流平台,创办"年度投资者教育及市场推广工作交流会"、市场服务期刊《黄金视界》,为会员拓展市场提供服务支持。

第三节 上海黄金交易所2016年第一季度市场运行情况

1. 市场交易情况

2016年第一季度,依托竞价、询价两大业务模式,金交所实现黄金交易规模的快速增长,竞价市场的延期产品和询价的远期及掉期产品比重提升。

第一季度,黄金总成交量1.13万吨,同比增长47.67%,交易金额2.83万亿元,同比增长50.63%;其中,黄金竞价交易量7 615.86吨,同比增长30.08%,交易金额1.9万亿元,同比增长32.55%;黄金询价成交量3 702.31吨,同比增长104.55%,比2015年第四季度增长71.74%,占交易所黄金总交易量的32.71%,比重进一步提升。

2. 黄金价格变化情况

2016年开年以来,金价快速上行,接连突破1 100美元、1 200美元两大重要关口,于3月最高达到1 284美元/盎司后横盘整理。季末伦敦现货金价收于1 237美元/盎司,比上年末上涨16.45%,创2012年黄金大跌以来的最大季度涨幅。

(1) 国内金价保持较好上涨势头,国内外

价差同比大幅度缩小。

第一季度，交易所 Au99.99 合约开盘价 222.86 元/克，最高价 268 元/克，最低价 181.2 元/克，收于 255.7 元/克，较上年末上涨 32.84 元/克，上涨 14.74%。国内外价差平均 0.48 元/克，同比缩小 0.42 元/克，大幅下降46.67%，其中最大价差幅度为 3 月 25 日的 1.26 元/克，最小的价差幅度为 2 月 19 日的－0.02 元/克（见图 6-4、6-5）。国内外价差幅度同比大幅下降主要由于 2015 年的元旦、春节期间国内实物供给充足，实物需求同比下降 27.72%，市场实物供给总体上供大于求特征明显。

图 6-4　黄金价格与美元指数

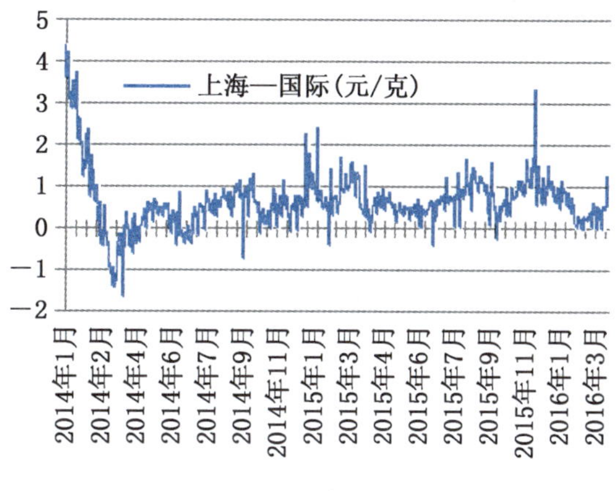

图 6-5　国内外价差

（2）影响黄金价格变化的主要因素

尽管朝鲜等局部地缘政治问题依然存在，甚至可能进一步激化，但政治事件及恐怖袭击对金价的影响大多是短效的，主导金价走势的主要因素仍来自经济、金融等基本面变化。表现为：

短期来看：金融事件集中爆发推动黄金避险需求。春节期间，德意志银行发布业绩报告 2015 年亏损 68 亿欧元，法国兴业银行等欧洲银行业利润大幅不及预期，市场恐慌下一个雷曼时刻到来，欧洲银行股暴跌。市场避险模式开启，欧美股票、欧洲高收益债券市场与能源市场等风险资产大幅下跌，一天内道指跌幅一度达 3.4%，德国 DAX 跌 5.7%，日经 225 大跌 9.4%，香港市场大跌创多年以来新低。此时，黄金大幅反弹到 1 240 美元/盎司附近。

长期来看：美联储加息次数减少及加息预期延后为金价打开上升空间。2008 年以来美中欧日均实行宽松货币政策，缺少结构性改革，长期的低利率和货币宽松环境，推升资产价格，鼓励了过度投机和资产价格泡沫，但这最终要回归到经济基本面，全球经济金融面临严峻的结构性矛盾。因此，经济前景黯淡、货币宽松效果的边际效应下降、结构性改革迟缓、去杠杆压力增加，成为各国经济的普遍现象。与此同时，美联储开启加息周期叠加中国经济转型，进一步加大经济下行压力。

全球宽松货币政策成为金价大幅反弹的主要宏观政策因素。年初以来，低迷的经济态势使得美联储鸽派言论多次占上风，2016 年的四次加息预期被打对折仅剩两次，是支撑金价的直接因素。3 月中旬各国央行宽松措施不改，部分央行再掀降息潮，英国央行宣布维持 0.5%记录低位利率水平不变，维持资产购买规模 3 750 亿英镑不变；日本央行维持现有负利率及 QQE 政策不变，若有必要将加大宽松；挪威央行下调基准利率 0.25 个百分点至 0.5%，2016 年或将进一步下调利率；印度尼西亚央行下调基准利率 25 个基点至 6.75 个百分点；土耳其央行下调隔夜贷款利率等。

3. 市场运行特点

（1）黄金延期大幅增加，黄金现货规模有

所下降。

2016 年第一季度,黄金延期交易量 5 860.5 吨,同比增长 71.05%;黄金现货交易量 1 755.37 吨,同比下降 27.72%。这表明以延期为代表的投资性交易进一步活跃;而年初以来市场对实物需求继续呈现下降态势。

(2) 询价市场银行间询价交易增长迅速,交易所询价同比减少。

2016 年 1 月正式启动银行间黄金询价市场做市业务,有效地激励做市商做市积极性,市场流动性显著提高,价格发现机制进一步完善。第一季度银行间询价交易平台共成交 2 526.05 吨,同比增长 611.78%,环比增长 102.53%。受行情影响,交易所询价交易平台同比有所下滑,成交 1 176.26 吨,同比下降 19.16%;

(3) 黄金 ETF 二级市场交易活跃,基金份额猛增

在 2016 年第一季度全球股市、大宗商品等风险资产普遍呈现震荡下行的背景环境下,黄金的避险、保值特点被广大投资者所认可,国内证券市场对黄金 ETF 的关注度显著增强,黄金 ETF 的交易量、持仓量增长迅猛。4 家黄金 ETF 基金在二级市场交易 71.88 吨,同比增长 279.47%,交易金额 183.37 亿元,同比增长 300.14%。第一季度末 4 家基金总份额23.99 亿份,同比增长 759.86%。

(4) 个人黄金业务翻倍增长,黄金出入库规模有所减少

2016 年第一季度,个人黄金业务交易量 2 212.41 吨,同比增长 187.11%,增幅主要来自黄金延期和迷你合约,两者同比分别增长 199.82%和 120.46%。

2016 年第一季度,黄金出库量 515.93 吨,同比下降 21.17%,入库量 521.94 吨,同比下降 18.26%。

专栏 7

上海黄金交易所国际化进程加速推进

自 2014 年 9 月 18 日业务正式推出以来,国际板依托自贸区自由贸易账户(简称“FT 账户”)体系引入境外投资者直接参与金交所交易,不仅丰富中国黄金市场的多层次体系,率先实现中国首个要素市场的开放,并为其他金融市场的对外开放提供有益借鉴。国际板启动一年多来,国际会员积极参与主板、国际板各类合约交易,各项业务发展势头良好,交易规模稳步攀升,市场功能初步显现,对国际黄金市场的影响力正逐步增强。2015 年,国际板累计成交 6 564.43 吨、成交金额 11 422.48 亿元。其中,黄金累计成交 4 795.02 吨、成交金额 11 362.61 亿元。

1. 国际会员入会积极,国际板市场步入正轨

截至 2015 年末,经金交所批准的国际会员共计 63 家,其中包括国际知名的金炼商和贵金属交易领域具有特长的大型商业银行。国际会员网络已覆盖国际重要黄金市场、“一带一路”沿线国家和中国港澳台地区。国际会员广泛参与金交所主板、国际板各类合约品种交易,国际会员代理国际客户的代客业务也逐渐起步,推动国际板交易日趋活跃,已初步成为具有一定规模的市场。

2015 年 7 月,国际板启动“黄金沪港通”项目,探索并创新与境外同业机构合作的新模式。“黄金沪港通”启动后,香港金银业贸易场以特别会员的身份进入国际板,可代理旗下行员参与境内黄金市场交易,这为香港金银业贸易场行员以及其他境外投资者投资国际板提供了更丰富便利的渠道。截至 2015 年末,金银业贸易场旗下共有 20 家行员开立国际交易账户,交易量 5.10 吨

黄金，成交金额人民币11.78亿元；另有4家行员向贸易场申请开展代理业务。“黄金沪港通”项目是金交所与境外同业机构合作的首个成功案例，成功实现香港上海两地黄金市场互联互通，为香港地区投资者参与国际板交易提供便利。

2. 实物交割与国际标准接轨，黄金进口和储运功能初显

2015年，金交所与LBMA实现金锭标准的统一和互认，进一步提升国际板影响力，增加国际板黄金库存，积极引导商业银行通过国际板进口黄金。金交所不断丰富和完善国际板交易库和保管库服务，优化进口流程，实物交割效率已基本与国际主要黄金集散地接轨，实现了国际板黄金实物转口进口便利通关及顺利交割。金交所积极推进国内精炼厂通过加工贸易出口至国际板仓库的业务开展，第一笔来料加工黄金于9月顺利存入国际板仓库。

3. FT账户资金划转畅通，资金跨区调拨风险可控

依托于主板、国际板交易品种双向放开的设计机制，国际板在国内率先引入境外投资者直接参与境内要素市场的交易。国际板资金清算路径顺畅，严格按照现有资金划转的相关规定进行日常资金管理，资金跨区调拨规模可测、渗透风险可控。截至2015年末，国际板共在中国银行等7家境内结算行开立7个FT结算专用账户；已招募的国际会员中，36家国际会员共开设108个FT账户，其中FTE账户54个，FTN账户54个。

4. 国际交易系统功能持续改进

国际板启动以来，国际交易系统功能不断得到优化，系统稳定性、安全性不断提高。一是推出包括境外结算行服务、Ag(T+D)、库存互换以及有价资产充抵保证金等创新业务系统模块；二是为进一步适应国际投资者的交易习惯，对原有系统功能进行优化，如新增FOK/FAK交易指令、T+N/T+D合约改造、自营会员多交易员登陆；三是着手建设首个境外中继站合作项目，进一步简化国际会员接入方式，降低会员专线的使用和维护成本，提高交易效率。

5. 市场推广成效显著

为提高中国黄金市场知名度和影响力，不断扩大国际板的参与主体，金交所利用各种平台加强国际市场推广，提升客户认知度。一是搭建高层次交流平台，与伦敦金银市场协会(LBMA)联合在上海举办“2015 LBMA市场论坛”，面向全球重要贵金属市场成员开展有效推介，反响良好。二是积极开展区域、双边交流与合作，与广西壮族自治区政府共同举办第七届中国—东盟金融合作与发展领袖论坛，以此平台与缅甸央行、柬埔寨央行等多国央行就黄金合作进行富有成效的会晤。三是积极参与各项重大国际会议和宣传平台推广，包括第十六届LBMA全球贵金属年会、迪拜贵金属大会等全球重要贵金属市场活动及“中俄金融合作分委会第十六次会议”等国际会议，向全球贵金属行业链的主要机构宣传、推介金交所业务。

第七章　票 据 市 场

2015 年，上海地区经济在下行压力中继续保持稳中求进的发展态势，企业票据融资需求较为旺盛。中国人民银行继续执行稳健的货币政策，注重货币政策松紧适度，维持流动性合理宽裕，为金融机构票据融资业务发展提供较为有利的货币金融环境。2015 年，上海地区票据市场继续保持稳健运行，银行业金融机构注重发展票据融资业务，适度为企业办理银行承兑汇票业务和积极开展票据贴现业务，票据融资规模及其在贷款中的占比明显增加，银行间票据转贴现市场交易持续活跃。票据转贴现利率波段式震荡下跌，年中反弹后回落，下半年跌幅放缓。票据交易电子化程度明显提升，各类型电子票据交易量同比大幅增长，银行加快推动互联网＋票据业务创新，票据交易电子化平台建设取得新进展。

第一节　市场运行概况

2015 年，上海宏观经济继续保持稳中求进的发展态势，经济结构加快调整，各类型企业票据融资平稳发展，上海地区金融机构紧跟企业融资需求，主动利用票据工具拓展信贷市场，为企业签发商业汇票提供承兑和贴现资金，银行承兑汇票业务量和贴现业务量均保持小幅增长；2015 年，人民银行继续执行稳健的货币政策，并注重政策松紧适度，维持流动性合理宽裕，促进货币信贷适度增长，为上海地区票据市场发展提供相对稳定的货币金融条件；同时，上海国际金融中心建设推进进一步提升上海资金市场的活跃度，上海地区金融机构加大票据资金运作力度。全年上海市金融机构累计签发商业汇票 10 193 亿元，同比增加 576 亿元，增长 5.98%；年末未到期汇票承兑余额 4 846 亿元，同比增加 1 316 亿元，增长 37.3%；累计贴现 11.74 万亿元，同比增加 2.97 万亿元，增长 33.86%(见图 7-1)。

2015 年，上海经济发展保持稳中求进的良好态势，经济结构加快调整，中小企业票据融资需求较为旺盛，上海地区企业票据贴现融资需求小幅增长，上海金融机构累计办理企业贴现 93 686 638.5 亿元，同比增加 2 730 亿元，

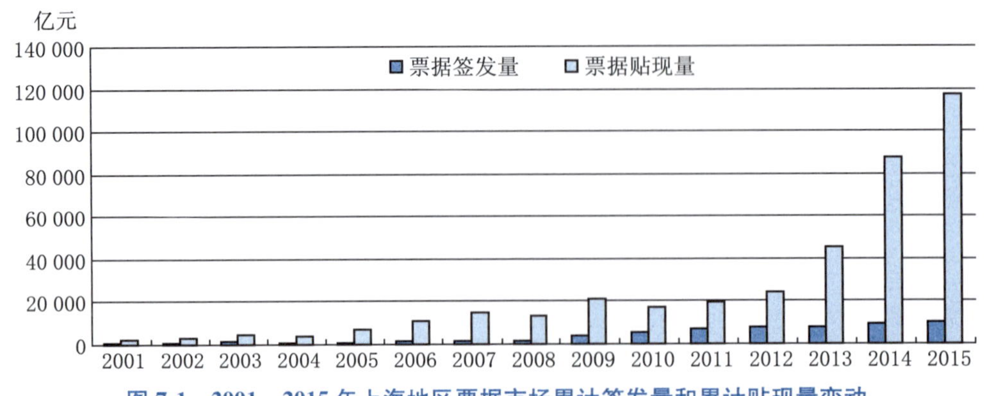

图 7-1　2001—2015 年上海地区票据市场累计签发量和累计贴现量变动

资料来源：中国人民银行。

增长41.1%;在稳健的货币政策条件下,受金融机构盈利需求和转贴现量明显上升的推动,上海金融机构适度增强票据回购业务经营的积极性,票据回购业务小幅增长。2015年,上海金融机构票据买入返售业务金额3.78万亿元,同比增加0.27万亿元,增长7.69%;年末买入返售票据余额5 050亿元,同比增加574亿元,增长12.8%。

2015年,票据贴现利率持续走低。在经历上半年的大幅下降、年中小幅反弹后,第三季度票据贴现利率总体在低位窄幅波动,第四季度重回下降走势。分阶段来看,2015年第一至第四季度银票贴现加权平均利率分别为5.24%、4.10%、3.73%和3.32%,商票贴现的加权利率分别为6.47%、5.46%、5.25%和4.74%,呈现明显的下降趋势,但降幅有所趋缓。2015年,银票和商票的贴现加权平均利率分别为4.10%和5.48%,同比分别下降1.48和1.20个百分点。同期,转贴现利率阶梯式下跌。在经历2月的短暂反弹后,转贴现利率随后大幅下降,6—9月转贴现利率持续在低位窄幅徘徊,10月以后重回下降走势。分阶段来看,第一至第四季度买断式转贴现加权利率分别为5.61%、4.07%、3.54%和3.39%,回购式转贴现加权利率分别为5.39%、3.72%、3.40%和3.05%,下降趋势明显。2015年,买断式与回购式加权平均利率分别为4.15%和3.89%,同比分别下降1.20和1.19个百分点。

2015年,上海地区金融监管力度持续增强,继续促进金融机构加强票据业务合规经营,各家金融机构积极配合监管部门的监管检查,共同保障上海地区票据市场稳健发展。年末,银监会发布《关于票据业务风险提示的通知》(银监办[2015]203号文),结合近年来票据业务监管检查中发现的问题,对当前票据业务中存在的诸多不合规行为进行风险提示,为下一阶段上海地区票据业务发展带来较大影响。

第二节 市场运行特点

总体而言,2015年上海票据市场的运行主要呈现如下特点:

1. 票据融资小幅增长增速放缓,在贷款中占比增加

在经历2014年持续上涨后,受年初一般性贷款需求旺盛的影响,2015年第一季度上海地区金融机构票据融资规模出现回落,截至3月末,上海地区金融机构票据融资余额2 485亿元,比上年末减少74亿元,比上年末下降2.89%,其中1月上海地区金融机构主动压降票据融资规模,当月减少79亿元,比上年末下降3.1%,2月和3月票据融资业务重新恢复增长,环比分别仅增加2.1亿元和3.1亿元。第二季度,随着一般性信贷需求的减弱,上海金融机构票据融资业务增速加快,6月末上海金融机构票据融资余额升至3 222亿元,比3月末增加737亿元,增长29.65%,其中4月和5月分别环比增加273亿元和433亿元,环比增速分别为10.85%和15.53%。第三季度,上海金融机构票据融资业务增速放缓,环比增速逐月回落,7月—9月,上海金融机构票据融资分别环比增加135亿元、100亿元和60亿元,环比增速分别为4.2%、3%和1.8%;9月末,票据融资余额3 517亿元,在各项贷款中占比升至7.41%,为年内最高占比。第四季度,上海金融机构有意识调整信贷和票据融资结构,票据融资业务环比减少50.4亿元,其中10月和11月分别环比减少116亿元和252亿元,分别下降5.3%和3.5%,12月票据融资环比增加252亿元,增长7.84%。截至12月末,上海地区金融机构票据贴现余额3 467亿元,同比增加909亿元或35.53%,在各项贷款中的占7.21%,分别比上年末和9月末提高1.29个和下降0.2个百分点。(见图7-2)

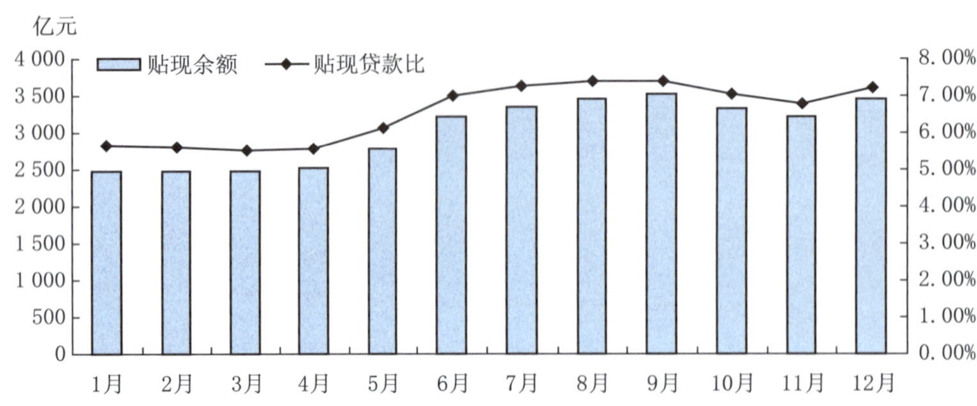

图 7-2 2015 年上海金融机构票据融资规模变动

资料来源:中国人民银行。

2. 票据转贴现交易活跃,期限错配交易受到青睐

在利率不断下行、优质资产稀缺时代,票据市场的竞争日趋激烈。大行由于资金成本相对较低,可以靠成本优势和资金实力压低票据价格,大量买入并持有优质票据。但对于数量众多的中小银行来说,由于资金成本高、实力有限,要想在竞争激烈的市场中生存,不得不采取期限错配交易,即通过货币市场融入短期资金来滚动购买票据资产,赚取不同期限资金之间的差价,或者利用他行资金短期代持或短期正回购获利。期限错配交易大大增加了票据转贴现业务的活跃度,2015 年上海地区票据买断交易额达到 24.6 万亿元,较上年增长 34.3%,是 2010 年的 6.5 倍;票据回购交易额达到 5.5 万亿元,较上年增长 9.4%,是 2010 年的 2 倍。票据市场的过度竞争导致不同期限的资金价差大幅下降,盈利空间非常狭窄。特别是随着临近年末,大行为了布局下年度行情大量购入银票,进一步拉低票据价格,这给那些通过错配交易获利的中小金融机构带来较大风险。

3. 转贴利率波动下跌,年中反弹后回落低位运行

2015 年以来,中国人民银行多次下调存贷款基准利率和普遍降准,公开市场逆回购操作利率先后稳步下行,引导市场利率平稳适度下行,票据市场转贴现利率整体保持震荡下跌走势,上半年跌幅较为明显。票据转贴现买入加权平均利率和转贴现卖出加权平均利率分别由上年 12 月的 5.9% 和 5.5%左右下跌至1 月的 5.4% 和 5.05% 左右,分别下跌约 50 Bp 和 45 Bp; 2 月和 3 月,金融市场政策面相对稳定,票据转贴现利率震荡整理,于第二季度人民银行降准和降息后再次步入下行通道,转贴现利率再下台阶,4 月“中国票据网”转贴现买入报价加权平均利率为 4.84%,环比下降 64 个 BP。5 月,票据转贴现利率持续震荡下跌,转贴现利率跌至 3.7%附近。6 月和 7 月上旬,受半年末时点效应、大盘股 IPO 以及证券市场波动加大等因素的叠加影响,监管部门加大金融市场维稳力度,票据转贴现利率有限回升,6 月中下旬票据转贴现利率短期内反弹至3.8%—3.9%区间。下半年,市场资金面仍维持宽裕稳定的局面,转贴现利率回升无力后回落,延续震荡下跌,在 10 月末央行再次实施双降政策后,转贴现利率小幅下跌并向下突破 3%,在年末机构交易相对谨慎和资金面更趋均衡的背景下,票据转贴现利率围绕 3%作震荡整理运行。(见图 7-3)

图 7-3 2015 年中国票据网报价利率走势

数据来源：中国票据网。

4. 电子票据市场快速发展，业务占比继续上升

2015 年以来，在票据融资规模较快增长和转贴现交易活跃的市场环境下，银行间票据转贴现业务竞争更趋激烈，在票据贴现收益率持续震荡下跌的环境下，主要经营机构加大收益率相对更高的电子票据交易业务，电子票据各类型业务同比均快速增长。2015 年末，电子商业汇票系统参与者共计 396 家，较上年末增加 23 家。上海本地金融机构电子商业汇票承兑与贴现业务增长较快，其中电子银票承兑的市场占比接近三成，电票贴现的市场占比达到 4 成。同时，电票买断业务增长迅速，市场占比大幅提升，而电票回购业务增长缓慢，市场占比仍然较小。与上年相比，各类占比都有不同程度上升，表明电票业务的市场接受度有较大幅度的提高。

表 7-1 2015 年上海本地金融机构电子商业汇票业务及占比

项　目	累计金额(亿元)	市场占比
银票承兑	2 574.7	28.0%
票据直贴	3 499.3	40.9%
买断式转贴现	23 736.3	15.2%
回购式转贴现	278.5	1.23%

数据来源：人民银行上海总部金融市场管理部。

5. 互联网票据创新加快，多项业务创新获得市场认同

在票据交易频率加快、电子票据业务提速发展中，各家经营机构更加注重票据电子化交易业务和互联网＋票据的业务创新，主要商业银行加大借助互联网金融模式拓展票据电子化交易业务的创新尝试和努力，向市场推出的电子商业汇票系统代理接入、电子票据资产管理计划、纸质票据电子化托管等新型业务获得市场的较好认同。2015 年 11 月，工商银行正式推出依托于“融 e 购”互联网金融架构的票据电子化交易平台，在票据资产托管服务的基础上，为客户提供集自由报价、交易匹配、票据交易、资金清算、风险控制、统计分析、信息资讯等功能于一体的票据综合服务。

第三节　银监会发文提示票据业务风险影响深远

2015 年末，银监会下发的《关于票据业务风险提示的通知》(银监办〔2015〕203 号文)指出，对 2015 年上半年票据业务进行的现场检查

中发现，有关银行业金融机构在办理票据业务中均不同程度存在不审慎行为。同时，要求银行业金融机构将“低风险”业务全口径纳入统一授信范围，防止资金空转，并加大监管力度。

在新常态下，银行面临着企业信贷需求不足、信贷规模资金宽松和资金收益率较低的业务经营环境。今后一段时期，银行依托票据业务拓展企业信贷客户和提升资金收益水平的经营模式还会延续，票据市场将面临较大风险及改革和发展压力。

在新常态下，票据市场将承担更大的融资重任，也面临前所未有的风险。一是信用风险。由于近7成的出票主体是中小企业，在当前严峻的经济环境下，越来越多的中小企业的生产经营难以为继，其票据到期违约的风险不断增加。二是市场风险。利率市场化程度的提高和互联网金融的发展大幅压缩了银行业的利差空间，票据业务已经进入微利时代；特别是大量中小金融机构以期限错配的方式开展票据业务，抵御风险的能力更低，面对证券市场、外汇市场大幅波动和政策的频繁调整，票据业务的市场风险极大。三是流动性风险。由于票据市场的交易主体单一、机构行为趋同，面对难得一见的“资产荒”，金融机构对票据资产的争夺加剧，导致票据利率大幅下降，不同期限的价差缩窄，有时甚至出现利率倒挂现象，金融机构很难以合意的价格交易票据，特别是在政策调整期、季末资产腾挪期等时点上，票据市场面临较大的流动性压力。四是外部风险。由于缺乏统一的交易系统，市场上许多票据业务是通过票据中介、农信社、城商行等开展的，交易链条长、中间环节多，这些中间商通常靠挪用、错配获取利息收入，一旦其中某一环节出现问题，将给整个链条上的参与者带来外部风险。五是操作风险。票据市场进入卖方市场后，一些公司持假票、克隆票、变造票或通过一票多卖等形式骗取银行资金，风险事件频发；一些空壳公司勾结中介与中小金融机构，通过商票套取银行资金，将大大提高票据市场的风险水平，迫切需要加强票据市场基础设施建设、提高市场透明度。

第四节　市场发展展望

2016年，经济新常态和金融改革深入发展，票据市场发展也将呈现如下特点：

1. 企业票据融资需求增长放缓

新常态下，随着GDP同比增速的回落，商业汇票累计签发量同比增速有所放缓。今后一段时期，在经济结构加快调整中，经济运行仍将呈现稳中放缓和稳中求进的特点，GDP增速探底回升尚需一个过程，企业一般性票据融资需求不足，商业汇票签发量同比增速或将继续放缓。同期，中国制造2025和消费对经济增长的贡献进一步上升，“一带一路”以及新型城镇化建设将促进区域经济协调发展，经济发展中最具活力的中小制造业企业将涌现出大量票据融资需求，“十三五”规划中提出金融改革将重点支持中小企业和加大县域金融资源投入，有望推动区域票据市场协同发展，为金融机构票据融业务发展积累有利条件。

2. 商业银行票据融资的波动性加大

货币政策调控更加适应新常态，提升业务经营的稳定性获得新优势。“十三五”规划提出金融调控要更加适应新常态。人民银行将主动加大稳健货币政策的预调微调，更加注重市场化货币政策调控手段，强化货币政策利率传导机制。在经济运行稳中求进和货币政策调控的适应性增强的前提下，票据融资支持信贷投放的作用仍将提升，市场流动性宽裕提升票据交易活跃度，有利于银行票据融资和交易业务发展。同期，国家重大发展战略实施对中长期信贷投放需求上升，外汇占款异常波动、IPO注册制改革、资金在利率和汇率等资金价格市场化条件下跨市场交易套利等，均将对流动性带来短期波动，使得票据融资和交易的波动性加大。

3. 票据贴现利率仍将维持低位运行

2015年，票据转贴现买入利率由年初的6.3%以上下降到11月的约3%左右，商业银行买入利差由年初的约 202 BP 大幅收窄至 11 月的 60—70 BP。2016 年，在 GDP 同比增速放缓和物价水平在低位运行的市场环境下，人民银行仍将会主动加大货币政策预调微调，降息和降低存款准备金率仍有空间，票据贴现利率整体上仍将在低位震荡运行，难以出现明显上升走势；转贴现交易双方价格博弈将更趋激烈，也将进一步压缩收益空间，从而对银行业票据融资业务经营收益带来压力。

4. 电子票据市场继续较快发展

未来一段时期，伴随着金融改革深入发展，票据市场发展仍将显现出市场参与主体增多和交易频率加快的特点，电子票据相比于纸质票据将显现出安全性、交易快捷等诸多优势，随着银行同业票据业务监管更趋严格，透明度更高的电子票据将受到政策鼓励和加大力度推广应用。下一阶段，更多类型的中小金融机构将更有意愿接入人民银行电子商业汇票系统（ECDS）或通过商业银行代理接入 ECDS 系统，从而推动电子票据市场持续快速发展。同时，主要商业银行为了提升票据资金交易效率和市场竞争力，将深入互联网票据业务运作模式，进一步完善票据交易电子化平台功能，从而有效提高纸质票据托管、交易和托收业务的效率，大幅提升票据交易电子化程度。

5. 票据业务风险防控难度加大

近年来，部分中小银行业机构加大票据资金错配和票据资产管理等创新业务运作的力度，金融市场影响因素增多使得资金利率波动频繁和走势预测难度加大，票据资金错配业务的利率风险明显上升；在互联网＋热潮方兴未艾和民间金融创新意识上升的背景下，互联网票据理财产品仍维持一定的市场销售热潮，部分银行也加快互联网票据业务模式的创新发展。随着业务创新监管的深入，加大票据资产管理业务、互联网票据的合规经营风险的压力。同时，在利率市场化和信息传播速度加快的背景下，金融机构票据融资业务的信用风险、市场风险、操作风险乃至声誉风险之间的转换频率加快，票据业务风险通过业务链条更容易在经营机构间传播，金融业务经营的风险防控难度加大。

专栏 8

新世纪中国电子商业汇票的应用与发展

电子商业汇票是指出票人以数据电文形式制作的、委托付款人或承诺自己在见票时或指定日期无条件支付确定的金额给收款人或者持票人的票据。与纸质票据相比，电子票据具有以数据电文代替纸质凭证、以计算机设备录入代替手工书写、以电子签名代替实体签章、以网络传输代替人工传递四个突出特点。电子票据的发展，能够有效提高商业汇票业务的透明度和时效性，极大地克服纸票操作风险大的缺点，节省各方交易成本，促进统一票据市场的形成。中国电子票据发展进程先后经历票据交易电子化探索和电子商业汇票系统（ECDS）建设应用两个阶段，电子票据业务发展经历初期缓慢发展阶段后，于 2013 年步入快速发展阶段。

1. 商业银行票据交易电子化探索

票据电子化是票据在产生、流通、结算过程中的某一阶段以电子形式存在，其间夹杂着电子数据信息与实物票据之间的相互转换，其实质是实物票据处理方式的电子化。在人民银行 ECDS 投产运行之前，少数商业银行就开始票据电子化的创新及尝试，相继推出基于行内系统网上银行业务的电子票据产品（电子票据）。2005 年，招商银行创新推出“票据通”——网上票据业务，并在 2005 年底与 TCL 合作开立国内第一张电子银行承兑汇票。民生银行和中信银行也分别于 2006 年和 2007 年推出基于各自行内网上银行系统的电子票据业务，并均取得初步的发展。

工商银行参照传统银行承兑汇票业务流程,利用电子化手段,基于网上银行系统,设计/开发“易保付”电子化信用票据。上述银行票据电子化尝试均取得一定成效并初步获得市场认同。但是,几家银行的行内电子票据创新存在一个跨行流通根本性制约问题。各行的电子票据只能在各自的行内客户间流转,无法背书转让给它行客户,因而极大地限制其使用范围。

2. 人民银行电子商业汇票系统建设应用

为进一步推动国内票据业务和票据市场发展,便利企业支付和融资,支持商业银行票据业务创新,推进统一的电子票据市场的建设发展,2008 年 1 月,人民银行作出建立 ECDS、推广电子商业汇票业务的决策。在充分调研论证的基础上,人民银行于 6 月正式立项,召集招商银行、民生银行、中信银行、工商银行等商业银行多次讨论系统需求和业务需求,集中力量,加紧立项开发。2009 年 10 月 28 日,ECDS 顺利建成并上线运行。为规范和促进电子商业汇票业务健康发展以及 ECDS 的推广应用,人民银行采取“积极稳妥、分步实施”的原则,组织金融机构分批实施。

2009 年 10 月 28 日,ECDS 投产当日,20 家金融机构成为首批用户,其中包括 11 家中国性银行、2 家地方性商业银行、3 家农村金融机构和 4 家财务公司,ECDS 正式投产并进入试运行阶段。

2010 年 6 月 28 日,人民银行集中组织 296 家机构第二批上线,两批接入 ECDS 的机构共计 316 家,网点合计达到 64 681 个,316 家机构全部开通纸质商业汇票登记查询业务,其中 232 家开通电子商业汇票业务,占 73%。ECDS 在中国范围内推广应用。

ECDS 的投产和中国推广,标志着中国商业票据业务进入电子化时代,对降低票据业务风险和成本、促进中国统一的票据市场的形成,丰富支付结算工具、便利中小企业融资、完善利率生成机制,促进经济发展具有重要意义。

3. 电子票据业务呈现快速增长的发展势头

在 ECDS 推广应用的前三年,ECDS 系统运行稳定,业务正常开展,主要类型电子票据业务办理金额呈波浪式增长态势。进入 2013 年后,电子票据开始加速发展,连续保持快速增长趋势。截至 2015 年末,电子商业汇票系统参与者共计 396 家。2013 年、2014 年和 2015 年,ECDS 系统出票金额分别为 15 864 亿元、31 299 亿元和 56 000 亿元,同比分别增长 62.20%、97.29%和 78.92%;承兑金额分别为 16 258 亿元、30 720 亿元和 57 873 亿元,同比分别增长 68.87%和 88.95%和 64.15%;贴现金额分别为 6 404.73 亿元、15 004.89 亿元和 37 337 亿元,同比分别增长 64.91%、134.28%和 148.3%;转贴现金额分别为 19 509.65 亿元、48 068.99 亿元和 221 286 亿元,同比分别增长 99.27%、146.39%和 360.35%。

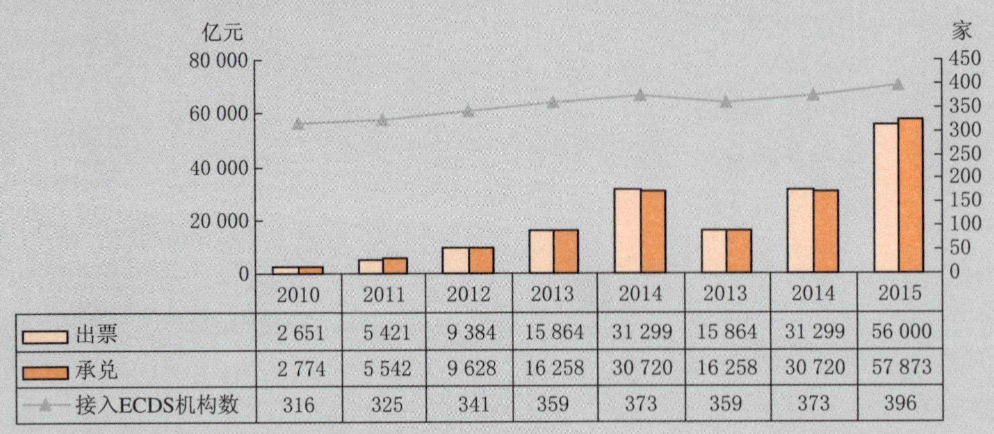

	2010	2011	2012	2013	2014	2013	2014	2015
出票	2 651	5 421	9 384	15 864	31 299	15 864	31 299	56 000
承兑	2 774	5 542	9 628	16 258	30 720	16 258	30 720	57 873
接入ECDS机构数	316	325	341	359	373	359	373	396

新世纪中国电子票据发展趋势

数据来源:中国人民银行。

第八章 证券市场

2015 年，上海证券交易所(简称“上交所”)积极做好维护市场稳定、恢复市场信心、完善市场机制的各项工作。按照推进蓝筹股市场、债券市场、衍生产品市场、国际化四大战略布局，以及综合型、开放型、主体型、责任型、服务型五个转型方向要求，努力推进市场改革开放和创新发展，在股票期权、深度国际合作、债券发行制度改革等方面取得重要进展。

截至 2015 年末，沪市上市公司数突破 1 000 家，达 1 081 家；沪市股票市场总市值 29.5 万亿元，股票现货全年累计成交 132.6 万亿元，日均成交 5 433 亿元，股市筹资 8 713 亿元。债券挂牌数 4 489 只，托管量 3.4 万亿元，累计成交 122.8 万亿元，公司债券融资 1.7 万亿元。股票期权累计挂牌交易合约数为 510 个，日均合约成交 10.6 万张，日均权利金交易 1.1 亿元。基金挂牌总数 135 只，总市值 4 543 亿元，累计成交 10.4 万亿元。WFE 排名中，上交所股票市场交易额排名第 2，筹资总额排名第 2，总市值排名第 4。

第一节 股票市场发展

1. 市场概貌

在上交所上市的证券包括股票、债券、基金、衍生产品四大类。股票分为 A 股和 B 股，A 股供境内投资者和 QFII 认购和交易，B 股供境内外投资者认购和交易。1990 年首批 8 只 A 股挂牌，1992 年首只 B 股挂牌。随着大批大型优质骨干企业的上市，上海证券市场已逐步体现国民经济晴雨表的功能。

截至 2015 年 12 月 31 日，上市证券共 5 914 个。2015 年上海证券交易所各类证券成交总额 2 663 690 亿元，同比增长 107%。其中，沪市股票市场总市值 29.5 万亿元，股票现货全年累计成交 132.6 万亿元，日均成交 5 433 亿元，股市筹资 8 713 亿元。债券挂牌数 4 489 只，托管量 3.4 万亿元，累计成交 122.8 万亿元，公司债券融资 1.7 万亿元。股票期权累计挂牌交易合约数为 510 个，日均合约成交 10.6 万张，日均权利金交易 1.1 亿元。基金挂牌总数 135 只，总市值 4 543 亿元，累计成交 10.4 万亿元。

2015 年，上证 50 指数开盘 2 612.85 点，最高 3 494.82 点，最低 1 874.22 点，年末收于 2 420.80 点，下跌 6.23%。上证 180 指数开盘 8 122.19 点，最高 11 815.51 点，最低 6 360.08 点，年末收于 7 995.77 点，下跌0.61%。上证综指开盘 3 258.63 点，最高5 178.19 点，最低 2 850.71 点，年末收于3 539.18 点，上涨 9.41%。

2015 年，沪股通标的股票 569 只，成交 14 710 亿元，持有市值 1 248 亿元，当年使用额度 1 197 亿元，当年额度使用率 40%；港股通股票标的 296 只，成交 6 203 亿元，持有市值 975 亿元，当年使用额度 1 082 亿元，当年额度使用率 41%。

表 8-1　上海证券市场概况

市　场　概　况	2015 年	2014 年	2013 年
上市证券(年末)			
上市公司数	1 081	995	953
上市证券数	5 914	3 758	2 786
上市股票数	1 125	1 039	997
新上市公司数	90	43	1
发行股本(亿股)	30 235.54	27 085.17	25 751.69
流通股数(亿股)	27 418.41	24 914.59	23 731.13
市价总值(亿元)	295 194.20	243 974.02	151 165.27
流通市值(亿元)	254 127.84	220 495.87	136 526.38
筹资总额			
股　票	8 712.96	3 962.59	2 515.72
优先股	1 959	1 030	0
交易概况			
交易天数	244	245	238
全年成交金额(亿元)	2 663 690.84	1 281 497.98	865 098.34
股　票	1 330 992.10	377 162.12	230 266.03
基　金	103 814.16	37 479.25	8 989.48
债　券	1 228 533.71	866 848.59	625 839.41
优先股	48.24	4.27	0
期　权	236.66	0	0
其　他	65.97	3.75	3.42
日均成交金额(亿元)	10 916.77	5 230.60	3 634.87
日均股票成交金额(亿元)	5 454.89	1 539.44	967.50
全年股票成交数量(亿股)	102 485.63	42 938.82	26 718.85
日均股票成交数量(亿股)	420.02	175.26	112.26
全年股票成交笔数(万笔)	513 407.95	159 087.95	115 321.33
日均股票成交股数(万笔)	2 104.13	649.34	484.54
股价指数			
上证 180 指数年度最高	11 815.51	8 067.97	6 147.77
上证 180 指数年度最低	6 360.08	4 526.83	4 398.96
上证 180 指数年末收盘	7 995.77	8 044.51	5 040.27
上证综合指数年度最高	5 178.19	3 239.36	2 444.80
上证综合指数年度最低	2 850.71	1 974.38	1 849.65
上证综合指数年末收盘	3 539.18	3 234.68	2 115.98

（续表）

市 场 概 况	2015年	2014年	2013年
市场比率			
平均市盈率(倍)	17.63	15.99	10.99
换手率1(市值)%	354.63	159.94	105.56
换手率2(流通市值)%	388.47	173.76	123.60
沪港通(年末)			
一、成交情况			
板 块	家 数	持有市值(亿元)	成交金额(亿元)
沪股通	569	1 248.17	14 710.64
港股通	296	975.61	6 203.61
二、额度情况			
板 块	当年使用额度(亿元)	当年额度使用率%	年末剩余额度(亿元)
沪股通	1 197.15	39.91	1 802.85
港股通	1 082.49	43.3	1 417.51

2. 证券发行与上市

2015年末，上海证券交易所共有上市公司1 081家，2015年新上市90家。上市股票数1 125只。股票市价总值295 194亿元，上涨21%；流通市值254 127亿元，上涨15%。上市公司总股本30 235亿股，流通股27 418亿股，流通股本占总股本的90.7%。

2015年上海证券交易所的股票交易额、筹资总额、市价总值在全球主要交易所中分别排名第2、2、4位。

3. 市场参与者

2015年末，上交所共有会员112家。会员营业部8 248家，较2014年新增加1 017家。会员及非会员共持有席位5 363个，共开通交易单元14 373个，较2014年新增2 974个。

非会员机构主要包括基金管理公司、保险公司、保险资产管理公司、上市商业银行等参与上交所业务的机构。截至2015年末，参与上交所业务的基金管理公司共101家，保险公司共31家，保险资产管理公司共17家，上市商业银行共16家，银行系资产管理公司共4家，开展质押业务的银行共14家，社保（全国社保基金理事会）1家，期货公司共19家，财务公司共14家，信托投资公司共2家。

2015年末，上海证券交易所投资者开户数13 699万户。

表8-2 2015年上海证券交易所会员及营业部地区分布

地 区	公司数	营业部数	营业部交易金额（百万元）	比例（%）
安 徽	2	232	5 937 876.61	1.12
北 京	19	390	67 199 808.96	12.71
福 建	3	350	20 559 416.18	3.89
甘 肃	1	89	1 500 639.91	0.28
广 东	22	1 063	111 786 891.35	21.15
广 西	1	158	3 729 623.76	0.71
贵 州	1	79	1 163 733.57	0.22
海 南	2	52	1 608 210.45	0.30
河 北	1	216	5 737 919.93	1.09
河 南	1	268	6 944 265.02	1.31
黑龙江	1	154	6 572 707.62	1.24
湖 北	2	288	12 857 410.74	2.43
湖 南	3	299	8 950 093.87	1.69
吉 林	2	129	3 167 035.68	0.60
江 苏	6	681	36 920 424.59	6.99

(续表)

地　区	公司数	营业部数	营业部交易金额(百万元)	比例(%)
江　西	2	260	9 092 084.18	1.72
辽　宁	3	312	9 689 793.15	1.83
内　蒙	2	91	2 342 695.64	0.44
宁　夏	0	37	522 596.01	0.10
青　海	1	23	282 434.59	0.05
山　东	2	453	16 946 535.67	3.21
山　西	2	157	3 337 214.87	0.63
陕　西	3	196	5 041 548.62	0.95
上　海	16	640	118 534 499.71	22.43
四　川	4	329	12 999 815.55	2.46
天　津	1	148	5 576 515.44	1.06
西　藏	1	15	257 091.94	0.05
新　疆	2	73	2 152 284.05	0.41
云　南	2	136	3 401 451.73	0.64
浙　江	3	676	38 568 422.95	7.30
重　庆	1	176	5 137 317.64	0.97

表 8-3　上海证券市场投资者历年开户数

年　份	累计开户数(万)	年　份	累计开户数(万)
1997	1 713	2007	7 131
1998	1 999	2008	7 973
1999	2 281	2009	8 965
2000	2 967	2010	9 851
2001	3 430	2011	10 539
2002	3 567	2012	10 970
2003	3 644	2013	11 444
2004	3 787	2014	12 317
2005	3 856	2015	17 883
2006	4 101		

4. 全力应对股市异常波动

2015 年,上交所全力应对股市异常波动。释放杠杆风险,加强市场异动的监管和干预,规范上市公司行为,加强创新业务风险监控,降低市场成本,加大市场沟通力度。

认真反思交易所自身工作中的不足和缺陷,积极投入市场修复和市场完善工作。完善股票交易机制,制定程序化交易监管细则。加强上市公司行为监管。评估现行停复牌制度。加强对信息披露与二级市场股价联动的监管。恢复市场融资功能。

5. 持续推进蓝筹股市场发展

2015 年,上交所稳步开展股票发行注册制改革相关工作。推动战略新兴板建设。

上交所持续做好市场服务和企业上市工作。推出“上交所企业上市服务”微信订阅号。做好企业发行上市“安全运行”工作。围绕重点创新业务做好企业培训工作。

上交所支持上市公司通过资本市场实现转型升级。包括南车北车合并、百视通吸并东方明珠等一批有影响的案例,起到良好的示范效应;推进并购重组市场化改革。创新式解决历史遗留问题。引导和督促上市公司现金分红。严格执行上市公司退市制度。

6. 加快推进债券市场发展

顺利承接公司债预审核工作。建立健全规则体系,健全内部工作流程,实现预审核标准化管理,实现电子化申报和审核,加强中介机构监管。

(1) 积极推进债券产品创新。推动境外机构发行人民币债券试点,完成首只交易所熊猫债——中国燃气项目审核工作。正式推出债券质押式协议回购业务和债券借贷业务。完成与中国债券登记结算公司系统的对接,债券市场互联互通取得进展。持续扩大国债预发行试点,深化研究可转换债,稳步推进可交换债。

(2) 持之以恒加强债券市场风险管理。累计对 20 只中小企业私募债违约事件进行处置。加强回购市场风险监测研究,强化经纪客户回购风险。严格落实债券盘中临时停牌制度,加强市场流动性监测管理。严格落实合格投资者制度,对高风险债券落实暂停上市措施。持续关注宏观经济变量风险对债券市场的影响。稳妥推进债券市场运行机制调整。

7. 推动衍生产品市场取得突破

2015年2月9日，上证50ETF期权顺利上线，成为我国资本市场首只场内期权产品。上交所成功推出股票期权产品，标志着上交所发展衍生产品市场战略取得重大突破，使上交所向综合型交易所迈出实质性一步。股票期权上市以来，全年运行平稳顺畅。活跃度符合预期，运行理性健康，投资者结构基本合理，期权保险功能逐步发挥，风控机制有效。

基金市场取得较快发展。成功推出普通LOF及分级基金产品，沪港通恒指ETF成功上市，创新封闭式基金顺利挂牌，成功推动跨境基金产品T+0交易。基金市场规模大幅增长，创历史新高。

8. 大力推进国际化进程

10月30日，由上交所与中金所、德交所三方出资成立的中欧国际交易平台，在中德两国领导人见证下正式成立。11月18日，中欧所顺利开业，首批上线产品包括2只ETF和1只人民币债券。

沪港通实现平稳运行。积极推进上海国际金融资产交易平台筹建。积极研究沪伦通。成功举办首届中国——中亚资本市场论坛，推动中国与哈萨克斯坦资本市场双向合作和互利发展。

9. 认真履行一线监管职能

持续推进上市公司监管转型。全面推行信息披露分行业监管。持续完善信息披露直通车运行机制。提高信息披露针对性和有效性。持续推动监管标准统一和监管过程公开。持续开展上市公司董秘、独董、财务总监的资格和后续培训。

努力提升市场监察水平。加大市场异动监测。加大自律监管力度。深挖新型违规线索。提升市场监察基础能力。

加强会员监管和服务工作。监测证券公司质押回购、约定购回业务开展情况，做好风险控制。完善会员监管措施实施规范，明确相关监管措施的适用情形、实施程序等，做到监管工作公开透明、公平公正。探索支持会员发展的新模式，研究推进证券公司互联网客户参与场内基金交易方式的创新。

10. 努力增强基础工作水平

持续推进交易所法治建设。积极参与《证券法》修订。加强股票期权、债券市场等重大业务的制度建设。全面加强信息分析工作。构建快速反应报告机制，提升市场分析质量。协调相关机构共同开展股市剧烈异常波动的复盘工作。高度重视数据安全。

做好投资者教育和权益保护工作。建立投资者教育联络工作机制，覆盖6 018家证券营业部。通过“我是股东”活动共走访33家上市公司，成功举办30期“走进上交所”活动。通过制作投教产品、打造投教形象、运营微信公众号、改版投教网站等工作，创新投教宣传模式。全面推行股东大会网络投票。

加强新闻宣传。建立规范化的新闻发布制度。改版“上交所发布”微信。用好上交所官方网站的权威发布功能。维护好“上交所发布”微博平台。

配合中央巡视、证监会“两个加强、两个遏制”专项检查等工作要求，上交所加强内部管理和基础建设，提升内部治理规范化水平。

第二节 债券市场发展

2015年，上交所以公司债发行制度改革为契机，大力提升债券市场服务实体经济的能力，债券市场的规模和质量均有大幅提升。

在上交所托管的债券现券包括国债、地方政府债、政策性金融债、企业债、公司债、资产支持证券、可分离公司债、可转换公司债等。截至2015年末，上交所一级市场债券发行量达1.87万亿元，比上年大幅增长4.6倍。其中，公司债券融资1.78万亿元，包括大公募公司债、小公募公司债、私募公司债、证金公司债等；资产支持证券融资935亿元。截至2015年末，上交所债券挂牌4 489只，较2014年末增加1 886只，增长72%。债券托管量34 401亿元，较2014年末增加11 524亿元，增长50%。其中，国债186只，托管量5 242亿元；

地方债707只,托管量363亿元;政策性金融债3只,托管量95亿元;企业债1 758只,托管量8 236亿元;公司债1 375只,托管量18 979亿元;资产支持证券438只,托管量798亿元;可转债3只,托管量94亿元;分离交易可转债1只,托管量68亿元;其他证券(保险公司债)18只,托管量526亿元。2015年二级市场债券交易量达123万亿元,比2014年度增长42%,其中现券成交超过3万亿元,回购成交为120万亿元左右。

2015年,上交所以“公司债新政改革”为契机,围绕“落实市场化改革”、“发展与风控并举”两条主线,切实落实债券市场重点工作:一是落实公司债市场化改革,切实做好预审核工作。截至2015年末,上交所共受理公司债券上市或挂牌预审核申请1 092家,受理的融资总金额将近3万亿元;审核通过805家,审核总金额达2.4万亿元。二是加强产品创新与市场服务,提升债市吸引力。推动落实境外机构在上交所发行人民币债券,促进债券市场国际化;进一步推进资产证券化业务、国债预发行、可交换债券业务创新发展;成功推出债券协议回购、债券借贷等业务;全面推广债券市场,优化市场服务机制。三是强化债券市场风险管理,完善风险防控体系建设。进一步夯实信用风险管理基础,深化回购市场风险监控及管理,继续加强价格风险及流动性风险管理,继续落实交易机制风险管控举措,持续关注宏观经济变量风险因素。

下一步,上交所债券市场将继续坚持“发展与风控并重”的理念,按照中央经济工作会议提出的“去产能、去库存、去杠杆、降成本、补短板”的重点任务,坚持为债券发行人、市场机构及广大投资者服务,将在充分调查研究、广泛征询市场各方意见的基础上,全面完善上交所债券市场的组织制度、业务规则和技术体系,不断加强债券市场风险防范,持续强化服务功能,提升市场吸引力。

表8-4　2015年上海证券交易所债券成交概况

2015年	期末挂牌数	本年新上市	成交金额(亿元)	较上年同期增减(亿元)	成交数量(亿)
债　券	4 538	2 210	1 228 533.71	361 685.12	1 225.77
政府债	893	671	4 330.72	3 083.24	4.30
公司债	3 596	1 528	26 350.38	2 151.43	23.62
债券回购	49	9	1 197 852.61	356 289.55	1 197.85

表8-5　2015年底债券分品种托管量

债券品种	数量(只)	托管量(亿元)
国　债	186	5 242
地方债	707	363
金融债	3	95
企业债	1 758	8 236
公司债	1 375	18 979
资产支持证券	438	798
可转债	3	94
分离债	1	68
其　他	18	526
合　计	4 489	34 401

表8-6　2015年债券分品种交易量

债　券　品　种		交易量(亿元)
现券	国　债	4 118
	地方债	213
	金融债	468
	企业债	10 223
	公司债	7 826
	资产支持证券	286
	可转债	7 427
	分离债	120
回　购		1 197 853
合　计		1 228 534

第三节　基金市场发展

上交所基金产品包括交易所交易基金ETF、上市型开放基金LOF、封闭式基金、实时申赎货币基金。

2015年，上交所继续按照"一所连百业，一市跨全球"的战略目标，适时转变工作思路和定位，"由主导创新向服务创新转变、由关注产品向拓展市场转变、由精耕场内向全面服务转变"，积极稳妥地推动基金市场的发展与创新。

1. 市场创新稳步推进

(1) LOF和分级基金产品创新取得突破。4月下旬，上交所首只普通LOF及分级基金产品先后上市，截至年末共有2只LOF及15只分级基金产品在上交所上市，总市值达50亿元。

(2) 顺利推动跨境ETF实施T+0交易。研究推动跨境ETF开展T+0交易获得证监会批准，使市场上6只跨境ETF受益，交易活跃度得到大幅提升，实施当中注重风险控制确保市场稳定。

(3) 积极筹备后续的产品创新。与中国结算公司、基金公司等市场机构合作，形成较为成熟的商品ETF、杠杆ETF的业务方案，并研究推动创新型债券基金、外汇ETF，以及REITs等产品的开发，将根据证监会指导积极稳妥地加以推进。

(4) 研究推动基金流动性服务商机制的优化。初步完成基金流动性服务考评、激励机制的优化，新机制实施后有望对规模小、活跃度差的基金产品的发展给予有力支持。

2. 市场规模再创新高

业务创新和市场推广使上交所基金市场焕发新的活力，市场规模和交易量均创出历史新高。截至2015年末，上交所新增挂牌基金37只，基金挂牌总数达141只，基金总市值4 542亿元，分别较2014年增长88%和142%。年内累计交易量达103 799亿元，也较2014年增长177%。

表8-7　上交所基金市场概况

上交所基金产品一览表		数量		市值(亿元)		交易量(亿元)	
		2015年	2014年	2015年	2014年	2015年	2014年
ETF	单市场ETF	36	35	591	565	15 868	3 970
	跨市场ETF	26	17	716	789	10 254	4 550
	跨境ETF	6	4	60	14	945	17
	债券ETF	3	3	73	68	1 684	1 533
	黄金ETF	2	2	8	2	140	70
	货币ETF	11	4	2 812	344	72 858	27 141
	小　计	84	65	4 260	1 782	101 748	37 281
LOF		47	0	50	0	1 367	0
封闭式基金		4	3	233	192	684	193
实时申赎货币基金		6	7	478	209	—	—
合　计		141	75	5 020	2 183	103 799	37 474

注：数据截至2015年末。

其中,ETF上市数量为84只,市值规模为4 260亿元,全年交易额达到101 748亿元,较2014年分别增长29%、139%和173%。

表8-8 部分重点ETF的相关指标

类型	产品	市值规模(亿元)	日均交易额(亿元)	年化净值跟踪误差	T+0交易	两融标的	进质押库
单市场股票ETF	上证50ETF(510050)	301	36.2	0.1%		是	
	上证180ETF(510180)	192	12.3	0.1%		是	
	上证180金融ETF(510230)	36	5.1	0.1%		是	
跨市场股票ETF	沪深300ETF(510300)	218	34.1	0.1%		是	
	华夏300ETF(510330)	179	2.2	0.1%		是	
	南方中证500ETF(510500)	204	3.1	0.2%		是	
货币ETF	银华日利(511880)	492	50.4	—	是		
	华宝添益(511990)	1 260	211.1	—	是		
债券ETF	国债ETF(511010)	11	7.1	0.1%	是		是
	城投债ETF(511220)	61	0.1	0.2%	是		
黄金ETF	黄金ETF(518880)	7	0.5	0.9%	是	是	
跨境ETF	德国30ETF(513030)	2	0.2	1.5%	是		
	美国标普500(513500)	2	0.6	1.0%	是		
	香港H股ETF(510900)	50	2.2	0.7%	是	是	
	华夏恒生通(513660)	3	0.1	1.3%	是		

注:数据截至2015年末。

3. 基金运营得到优化

围绕服务创新和防控风险,基金运营机制得到持续优化。一是修订《基金上市规则》。为配合新基金法、落实证监会进一步清理审核备案类事项,对2007年发布的《基金上市规则》进行修订。二是启动新基金业务管理系统开发工作。初步完成业务需求说明书的撰写,将择机启动技术开发工作。三是优化基金运营流程。建立、修订相关基金运营流程十多个，加强了基金运营操作中的风险控制。四是积极化解分级基金风险。针对下半年市场波动对分级基金的影响，主动研究应对分级基金下折风险，积极向市场提示风险并通过宣传对投资者加以引导。

4. 市场推广深入开展

围绕服务市场和活跃市场，市场推广工作得到深入开展。一是继续扩充“上交所基金理财规划师”队伍。先后在 8 个省会城市或直辖市开办“上交所基金理财规划师”培训，培育 1 300 余名上交所基金理财规划师。二是强化多媒体的宣传推广渠道。继续开办“上交所 ETF 讲堂”，全年于《上海证券报》、《新闻晨报》上发稿 50 篇，系统地介绍 ETF 投资知识。继续开办“ETF 理财规划圈”微信公众号，每周推送软文 2 篇，持续地宣传基金业务知识。此外，还设立专用答疑邮箱“ETF_consultant@sse.com.cn”与市场一线从业者和投资者互动。

表 8-9 2015 年上市基金一览

基金代码	基金简称	发行数量（万份）	最高（元）	最低（元）	开盘（元）	收盘（元）	涨跌（%）	成交数量（万份）	成交金额（万元）
500038	基金通乾	200 000.00	1.850	1.109	1.499	1.590	6.14	786 712.29	1 184 263.21
500056	基金科瑞	300 000.00	1.877	0.891	1.071	1.540	42.59	1 003 217.85	1 384 400.32
500058	基金银丰	300 000.00	1.680	0.923	0.996	1.540	53.39	1 299 885.31	1 732 764.29
501000	国金鑫新	1 306.22	1.278	0.970	1.000	0.999	−0.10	4 891.48	4 923.84
501001	财通精选	80 632.39	1.155	0.833	0.879	1.116	17.47	67 915.00	71 078.34
502000	500 等权	391.87	1.350	0.573	1.100	1.160	16.00	57 256.03	50 594.48
502001	500 等权 A	214.24	1.137	0.790	1.000	1.001	0.00	48 058.62	44 107.21
502002	500 等权 B	214.24	1.630	0.386	1.099	1.313	31.43	64 400.06	49 732.11
502003	军工分级	5 974.24	1.242	0.645	0.991	0.848	−15.20	710 602.15	608 308.25
502004	军工 A	44 537.14	0.975	0.815	0.901	0.958	−4.30	691 150.30	636 789.54
502005	军工 B	44 537.14	1.447	0.365	1.099	0.736	−26.33	1 030 534.38	817 184.04
502006	国企改革	20 745.69	1.219	0.555	1.000	1.106	9.83	1 916 702.11	1 608 349.54
502007	国企改 A	12 618.15	0.965	0.741	0.901	0.957	−4.40	1 894 071.63	1 680 897.22
502008	国企改 B	12 618.15	1.481	0.378	1.114	1.253	23.69	1 868 359.00	1 472 945.09
502010	证券分级	8 875.44	1.126	0.636	1.099	0.863	−13.70	555 182.75	487 039.45
502011	证券 A	68 954.73	1.100	0.811	0.901	0.954	−4.70	471 562.01	440 072.49
502012	证券 B	68 954.73	1.250	0.355	1.099	0.774	−22.52	862 281.07	675 646.93
502013	一带一路	16 612.98	1.270	0.526	1.008	0.975	−4.69	170 374.95	169 110.15
502014	一带一 A	7 255.13	0.987	0.800	0.902	0.981	−2.10	236 296.31	202 857.37
502015	一带一 B	7 255.13	1.689	0.430	1.148	0.963	−7.76	159 661.95	160 189.58
502016	带路分级	22.53	0.000	0.000	0.000	1.000	0.00	0.00	0.00
502017	带路 A	291.52	1.059	0.903	0.911	0.987	−1.40	3 701.98	3 472.22
502018	带路 B	291.52	1.287	0.878	1.099	1.082	8.31	5 182.32	5 605.24
502020	国金 50	1 316.89	1.336	0.571	1.090	1.239	23.78	29 941.60	27 950.26

(续表)

基金代码	基金简称	发行数量(万份)	最高(元)	最低(元)	开盘(元)	收盘(元)	涨跌(%)	成交数量(万份)	成交金额(万元)
502021	国金 50A	212.48	1.001	0.765	1.001	0.978	−2.30	35 179.20	30 848.39
502022	国金 50B	212.48	1.722	0.385	1.101	1.599	59.74	32 384.16	27 578.84
502023	钢铁分级	295.78	1.169	0.952	0.980	1.030	3.00	2 325.99	2 379.97
502024	钢铁 A	294.37	1.072	0.883	0.903	0.970	−3.10	3 808.62	3 557.62
502025	钢铁 B	294.37	1.343	0.924	1.099	1.063	6.41	3 090.41	3 419.07
502026	新丝路	457.80	1.210	0.980	0.980	1.173	17.30	8 903.41	9 138.93
502027	新丝路 A	47.45	1.055	0.903	0.903	1.004	0.30	4 470.42	4 163.34
502028	新丝路 B	47.45	1.417	1.021	1.099	1.417	41.84	3 872.71	4 316.58
502030	高铁分级	65.19	0.000	0.000	0.000	1.000	0.00	0.00	0.00
502031	高铁 A	2 867.33	1.028	0.889	0.956	1.014	1.30	16 780.08	16 026.56
502032	高铁 B	2 867.33	1.183	0.546	1.098	0.713	−28.63	39 737.26	33 133.91
502036	互联金融	1 955.67	1.108	0.635	0.860	0.910	−3.81	50 626.09	46 000.28
502037	网金 A	6 502.96	1.142	0.855	0.901	1.079	7.79	52 845.95	52 915.36
502038	网金 B	6 502.96	1.287	0.360	0.820	0.752	−15.60	130 725.22	101 748.58
502040	上 50 分级	956.45	1.360	0.970	1.000	1.117	11.70	2 761.32	2 944.10
502041	上 50A	827.17	1.128	0.909	0.945	1.000	−0.10	2 396.16	2 304.64
502042	上 50B	827.17	1.650	0.966	1.000	1.247	24.82	3 096.10	3 702.55
502048	50 分级	26 731.96	1.345	0.604	1.099	1.184	18.52	1 025 121.45	951 375.47
502049	上证 50A	15 556.64	0.969	0.741	0.901	0.949	−5.19	1 312 312.10	1 092 539.22
502050	上证 50B	15 556.64	1.777	0.424	1.097	1.419	42.33	1 766 269.91	1 812 307.08
502053	券商分级	324.94	1.450	0.929	0.990	1.260	26.00	19 732.96	24 194.78
502054	券商 A	2 752.12	1.028	0.901	0.932	1.023	2.20	16 487.43	15 877.26
502055	券商 B	2 752.12	1.942	0.915	1.020	1.501	50.25	38 270.29	58 200.16
502056	医疗分级	1 568.96	1.130	0.700	1.002	0.920	−8.00	47 641.01	46 446.19
502057	医疗 A	7 338.77	1.070	0.911	1.001	1.050	4.90	37 511.72	37 950.14
502058	医疗 B	7 338.77	1.203	0.421	1.099	0.795	−20.42	81 933.94	73 683.59
505888	嘉实元和	1 000 000.00	1.143	0.887	1.140	1.092	9.20	2 489 962.70	2 538 956.87
510010	治理 ETF	65 152.44	1.560	0.826	1.078	1.037	−3.36	2 328 081.25	2 786 329.06
510020	超大 ETF	11 294.80	3.330	1.911	2.311	2.300	−0.86	177 353.12	446 275.26
510030	价值 ETF	4 402.87	5.480	3.100	4.000	4.044	1.84	341 804.66	1 470 792.17
510050	50ETF	1 246 476.68	3.465	1.869	2.580	2.416	−5.33	32 408 671.38	88 646 776.51
510060	央企 ETF	17 495.92	2.740	1.436	1.840	1.708	−6.36	950 164.01	1 991 281.83
510070	民企 ETF	5 462.41	2.820	1.359	1.473	1.828	24.27	78 160.15	165 807.26
510090	责任 ETF	8 908.11	2.117	1.018	1.320	1.366	3.17	6 897.75	10 636.14

（续表）

基金代码	基金简称	发行数量（万份）	最高（元）	最低（元）	开盘（元）	收盘（元）	涨跌（%）	成交数量（万份）	成交金额（万元）
510110	周期 ETF	1 741.68	4.773	2.211	3.589	3.132	−11.77	77 555.11	292 346.55
510120	非周 ETF	1 379.24	5.099	2.351	2.450	2.946	22.44	52 491.35	192 834.41
510130	中盘 ETF	8 428.51	6.280	3.200	3.590	4.020	11.51	292 301.94	1 497 795.04
510150	消费 ETF	4 273.16	6.000	3.161	3.256	4.212	31.50	41 591.99	185 364.30
510160	小康 ETF	155 205.74	0.864	0.456	0.521	0.537	3.07	734 329.23	490 471.83
510170	商品 ETF	8 672.87	3.130	1.561	1.810	1.863	1.20	923 005.94	2 149 134.57
510180	180ETF	600 255.77	4.728	2.575	3.239	3.200	−0.40	7 866 891.06	28 720 453.02
510190	龙头 ETF	4 065.08	5.360	2.761	2.955	3.573	20.67	82 245.75	351 539.46
510210	综指 ETF	4 463.85	5.720	3.050	3.549	3.798	8.05	53 016.88	244 742.89
510220	中小 ETF	722.92	7.208	3.541	3.734	4.633	23.38	15 661.89	82 973.12
510230	金融 ETF	65 976.16	7.399	3.875	6.042	5.456	−9.01	2 031 584.23	12 198 711.76
510260	新兴 ETF	8 148.27	2.190	1.018	1.026	1.319	27.93	1 753 366.00	3 216 343.09
510270	国企 ETF	2 683.21	1.700	0.842	1.119	1.067	−4.22	47 315.05	59 200.20
510280	成长 ETF	5 375.44	2.020	1.080	1.409	1.446	2.63	99 623.70	152 252.51
510290	380ETF	16 644.89	2.827	1.210	1.320	1.836	38.05	745 555.11	1 523 622.20
510300	300ETF	577 490.72	5.350	2.974	3.604	3.778	5.71	20 477 031.58	83 897 687.68
510310	HS300ETF	272 830.74	2.179	1.198	1.438	1.520	5.70	471 253.17	758 104.09
510330	华夏 300	465 054.98	5.430	2.980	3.569	3.859	8.89	1 083 881.49	4 514 143.78
510360	广发 300	2 638.12	1.133	0.845	0.984	1.090	9.99	32 334.87	32 524.42
510410	资源 ETF	11 725.84	1.235	0.600	0.770	0.718	−7.24	829 801.97	787 996.65
510420	180EWETF	14 245.55	2.550	1.354	1.458	1.666	14.19	812 890.27	1 630 179.74
510430	50 等权	7 592.45	2.236	1.073	1.449	1.461	0.76	162 098.08	263 385.06
510440	500 沪市	2 405.83	3.500	1.585	1.665	2.348	39.85	39 223.26	111 863.88
510450	180 高 ETF	492.07	2.760	1.385	1.703	1.865	9.51	21 207.29	41 512.43
510500	500ETF	260 106.72	11.990	1.464	1.505	7.838	426.39	1 229 194.82	7 633 352.32
510510	广发 500	80 103.83	3.268	1.450	1.491	2.069	38.77	688 800.93	1 627 802.02
510520	诺安 500	10 109.10	2.720	1.279	1.292	1.950	48.29	8 011.09	14 378.63
510560	国寿 500	34 231.87	1.763	1.023	1.500	1.545	−1.84	12 974.33	19 253.60
510580	ZZ500ETF	169.65	8.000	5.367	6.400	7.700	18.37	7 501.53	51 595.89
510610	能源行业	4 358.69	1.463	0.786	0.984	0.871	−11.30	687 368.81	789 219.30
510620	材料行业	3 246.67	1.980	1.000	1.157	1.181	1.99	441 848.30	649 546.92
510630	消费行业	19 309.04	2.210	1.178	1.242	1.579	27.24	418 556.40	710 745.56
510650	金融行业	8 295.25	2.051	1.111	1.690	1.549	−7.85	1 773 277.01	3 030 366.56
510660	医药行业	11 487.97	2.160	1.137	1.147	1.702	48.26	656 806.02	1 042 233.02

（续表）

基金代码	基金简称	发行数量（万份）	最高（元）	最低（元）	开盘（元）	收盘（元）	涨跌（%）	成交数量（万份）	成交金额（万元）
510680	万家 50	372.47	2.870	1.247	1.313	1.674	23.18	6 569.15	11 549.56
510700	百强 ETF	421.37	4.000	2.152	2.630	2.426	−7.76	4 745.17	14 650.54
510710	上 50ETF	8 541.89	3.250	1.770	3.233	2.380	−26.34	39 664.07	106 616.91
510880	红利 ETF	22 717.57	4.208	2.300	2.628	2.853	8.69	810 256.04	2 612 747.95
510900	H 股 ETF	514 702.19	1.629	0.928	1.199	0.995	−15.61	4 647 433.00	5 388 038.21
511010	国债 ETF	1 010.63	118.000	103.163	103.396	109.845	6.24	155 826.46	16 671 396.27
511210	企债 ETF	82.90	117.400	95.996	105.021	112.445	5.58	196.27	21 367.49
511220	城投 ETF	6 135.81	100.500	93.000	93.500	99.284	5.63	1 530.74	148 148.20
511800	易货币	54 122.96	105.099	99.108	99.996	100.086	0.05	265 342.16	26 534 835.58
511810	理财金 H	12 255.39	100.440	99.110	99.811	100.012	0.01	401 482.83	40 149 687.14
511830	华泰货币	3 363.46	100.680	99.931	99.940	100.016	0.02	31 393.17	3 139 283.90
511860	博时货币	7 777.00	101.008	90.200	99.989	100.040	0.03	51 498.49	5 149 869.27
511880	XD 银华日	49 875.10	103.433	100.087	100.215	100.130	−0.16	1 191 781.45	122 054 948.10
511890	景顺货币	5 308.52	100.119	95.118	95.128	100.084	0.08	27 467.35	2 746 703.81
511900	富国货币	6 678.90	100.009	99.983	100.000	100.007	0.01	22 600.12	2 259 909.98
511930	中融日盈	1 360.04	100.029	99.950	99.950	100.007	0.01	1 009.05	100 899.52
511960	嘉实快线	1 000.00	0.000	0.000	0.000	100.000	0.00	0.00	0.00
511980	现金添富	11 875.79	100.013	99.918	99.997	100.010	0.01	98 439.14	9 843 516.73
511990	华宝添益	127 433.74	100.250	97.990	99.999	100.015	−0.03	5 165 794.02	516 600 048.42
512010	医药 ETF	2 817.37	1.640	0.984	0.984	1.329	34.38	32 885.45	40 478.03
512070	非银 ETF	62 215.99	2.905	1.288	2.390	1.888	−20.74	758 989.90	1 729 030.20
512110	中证地产	164.32	2.602	1.455	1.698	1.993	21.16	4 790.92	9 318.87
512120	中证医药	5 124.73	2.000	1.010	1.065	1.488	40.51	23 413.91	33 230.69
512210	景顺食品	8 280.94	1.839	1.067	1.105	1.330	20.69	24 626.92	32 852.89
512220	景顺 TMT	41 996.76	2.800	1.069	1.095	1.795	62.74	18 394.40	31 969.19
512230	景顺医药	5 036.82	2.048	1.065	1.079	1.479	37.07	38 895.10	54 894.49
512300	500 医药	7 111.71	2.197	0.913	0.920	1.435	55.14	129 807.19	165 254.64
512310	500 工业	16 888.90	1.363	0.609	0.926	0.807	−12.76	148 034.98	154 956.86
512330	500 信息	3 718.80	1.127	0.690	1.020	1.043	−0.95	38 191.67	38 901.72
512340	500 原料	12 073.40	1.325	0.600	1.025	0.870	−15.62	128 155.56	136 417.88
512500	中证 500	31 600.88	5.600	2.684	4.783	3.617	−24.77	109 866.74	457 152.00
512510	ETF500	31 442.98	2.294	1.114	2.180	1.521	−32.85	84 359.80	145 911.44
512600	主要消费	1 045.12	2.130	1.097	1.199	1.476	23.00	12 554.96	20 405.19
512610	医药卫生	3 514.06	2.168	1.130	1.145	1.609	40.77	58 607.49	93 240.91

（续表）

基金代码	基金简称	发行数量（万份）	最高（元）	最低（元）	开盘（元）	收盘（元）	涨跌（%）	成交数量（万份）	成交金额（万元）
512640	金融地产	4 024.09	2.376	1.266	1.867	1.800	−3.23	24 711.21	46 339.63
512990	MSCIA股	48 851.54	1.580	0.851	1.100	1.081	−3.22	665 916.08	797 042.15
513 030	德国30	22 627.90	1.078	0.811	0.940	0.915	−3.68	546 454.52	547 971.86
513 100	纳指ETF	4 062.21	1.659	1.300	1.385	1.617	16.16	1 110 502.92	1 610 343.92
513 500	标普500	16 781.93	1.265	1.036	1.140	1.234	7.49	1 169 644.08	1 356 502.69
513 600	恒指ETF	5 282.95	2.670	1.600	1.930	1.867	−3.56	102 543.98	216 884.88
513 660	恒生通	16 900.01	2.390	1.680	1.960	1.852	−5.27	161 262.22	329 275.90
518 800	国泰黄金	1 751.99	2.607	2.065	2.370	2.215	−6.54	78 193.95	183 951.73
518 880	黄金ETF	32 044.08	2.623	2.161	2.413	2.232	−7.46	514 449.87	1 216 711.63

第四节　衍生品市场发展

2015年2月9日，我国首个场内期权产品——上证50ETF期权正式在上海证券交易所上市交易。上市以来，市场运行平稳有序，定价较为合理，流动性不断提升，投资者参与理性，保险、套利、方向性交易和增强收益四类交易行为分布较为均衡，未出现爆炒、过度投机等风险事件。特别是在年中股票市场出现异常波动的情况下，股票期权市场运行平稳，经受住市场的考验。

1. 市场概况

2015年，上证50ETF期权累计成交5 910亿元，累计权利金成交237亿元，累计总成交2 327万张；日均合约成交26.99亿元，日均权利金成交1.08亿元，日均成交10.63万张，日均持仓（未平仓合约数量）27.17万张。同期，上证综指累计成交122.91万亿元、日均成交5 612.18亿元；上证50指数成分股累计成交30.57万亿元、日均成交1 395.86亿元。

期权上市以来，市场规模稳步扩大。上市首月日均成交面值、日均成交量、权利金总成交额分别为5.45亿元、2.33万张和2.48亿元，12月分别增加到47.69亿元、19.81万张和35.98亿元。

在交易日趋活跃、市场规模逐步扩大的同时，期权市场运行平稳有序，市场质量稳步提升，反映市场运行质量的市场流动性指标、定价效率指标和投机指标均有大幅改善。与上市初期相比，相对买卖价差下降30.56%，价格冲击成本下降49.48%，投机交易行为平均占24%，成交持仓比平均为0.42，期现成交比为0.03，各项投机指标均远低于境外市场水平，市场不存在过度投机现象。

表8-10　2015年上证50ETF期权合约各月交易情况

月　份	成交量（万张）			持仓量（万张）			成交合约面值（亿元）	成交权利金额（亿元）
	合　计	认　购	认　沽	合　计	认　购	认　沽		
02	23.25	12.37	10.88	4.07	2.19	1.88	54.48	2.50
03	55.07	30.40	24.67	5.64	3.19	2.45	135.07	4.93
04	69.01	38.99	30.02	10.89	6.02	4.87	201.30	10.14

(续表)

月 份	成交量(万张)			持仓量(万张)			成交合约面值(亿元)	成交权利金额(亿元)
	合 计	认 购	认 沽	合 计	认 购	认 沽		
05	113.68	67.66	46.01	17.04	10.40	6.64	352.80	13.82
06	188.69	104.06	84.62	23.07	17.32	5.76	586.42	28.18
07	285.82	174.63	111.19	27.19	17.86	9.33	799.84	37.25
08	304.64	172.66	131.99	37.38	25.14	12.23	742.42	38.88
09	214.44	116.42	98.02	29.12	17.43	11.69	473.27	21.26
10	195.72	106.45	89.27	34.17	20.29	13.88	442.68	13.30
11	421.01	235.50	185.51	54.35	33.03	21.32	1 024.79	30.41
12	455.71	261.81	193.90	42.78	23.31	19.47	1 096.89	35.99

注:持仓量为月末值。

表 8-11 2015 年上证 50ETF 期权合约各月行权量

月 份	行权量(张)		
	合 计	认 购	认 沽
03	9 760	8 602	1 158
04	18 258	17 744	514
05	9 230	7 333	1 897
06	21 483	10 626	10 857
07	21 570	6 551	15 019
08	22 351	430	21 921
09	21 428	8 652	12 776
10	9 587	7 596	1 991
11	13 346	8 761	4 585
12	23 960	13 475	10 485

2. 市场参与人

截至 12 月 31 日,期权市场账户总数为 81 557 户,其中个人投资者 80 134 户,机构投资者 1 423 户。全年参与期权交易账户为 25 577 户,占总开户数的 31.36%,日均参与交易户为 2 359 户。81 家证券公司和 15 家期货公司取得上交所股票期权经纪业务资格,56 家证券公司取得自营业务资格。8 家主做市商及 4 家一般做市商参与期权做市交易。

市场参与人主要表现出以下特征:

(1) 投资者数量稳步增长。市场规模逐渐扩大,投资者开户数从上次首日 2 626 户增长至 81 557 户。投资者参与理性,保险、套利、方向性交易和增强收益四类交易行为分布较为均衡,保险目的的交易量约占整个市场交易量的 20%,套利和增强收益交易占比近 60%,投机性交易仅占四分之一左右,市场投机程度较低。

(2) 期权经纪业务高度集中。期权经营机构开户数分布较为集中,79 家证券公司累计开立经纪业务账户数 80 648 户,占总开户数的 98.89%,开户数排名前十的证券公司开立数占全部经纪业务客户数的 60.31%,成交量排名前十的证券公司累计成交量占全部经纪业务交易量的 65.39%。期货公司开户数和成交量市场占比小但也比较集中。

(3) 做市商发挥了重要作用。主做市商总成交 1 659.42 万张(双向),占全市场的 35.66%,总成交 4 200.10 亿元。一般做市商总成交 43.30 万张(双向),占全市场的0.93%,总成交 108.07 亿元。做市商日均持仓 18.13 万张,占全市场的 33%。做市商总交易量占全市场的 36.59%,成交量占比已从上市初期的 85%逐步下降回归到正常水平,与国际成熟市场水平接近。做市商在稳定期权市场、提高市场流动性和定价效率方面都发挥了重要作用。

3. 组织与监管

考虑到期权产品的复杂性和中国市场现阶段的特点，上交所提出“高标准、稳起步、严监管、控风险”十二字总的指导思想和“规则、系统、账户、资金、风控、运行”六个独立的产品设计原则，从加强市场监管、运行管理和技术系统建设、优化交易机制及开展市场推广四个方面确保市场的平稳运行。

(1) 加强市场监管，强化风控机制。一是期权上市初期实施了非常严格的风控机制，制定了严格的投资者适当性管理制度，对投资者准入和分级管理提出明确要求。同时，设置包括限仓、限购、限交易在内的限额管理，采用循序渐进的持仓限额管理机制，监管程序化交易，监控做市商行为。二是上市后进一步明确严控过度投机、严防风险溢出、严守风险底线的“三严”风险监管基本原则，全面梳理期权市场潜在风险点，建立涵盖市场风险、交易行为及市场质量三大类22个子类近500余项指标的风险监控体系。三是通过总结上线以来的运行经验，对市场极端场景进行沙盘推演和压力测试，不断强化期权市场极端风险事件的预防与处置措施。

(2) 加强运行管理和技术系统建设，确保安全运行。一是上交所遵循期现独立的原则，将期权和股票交易运行实施分离管理。2015年期权市场交易运行总体平稳有序，上市首日挂牌合约为40个，截至12月31日挂牌合约数为100个；全年累计挂牌合约510个，其中，波动加挂370个，到期加挂100个；到期摘牌410个，未出现运行操作事故。二是上交所高度重视技术在期权市场交易与风险管理中的运用，自主开发一套安全、可靠、高效、可扩展性强的交易系统，期权交易系统独立于股票交易系统，以确保期权交易技术风险不会影响股票交易。

(3) 持续优化产品和交易机制。上交所持续推动期权产品和交易机制创新和功能完善，研究相关配套机制的可行性。一是完成组合保证金和证券充抵保证金方案设计，组合保证金业务已在期权模拟交易系统上线试运行。二是完成大宗撮合交易业务方案，探索建立股票期权平行交易市场。三是在全球首次推出期权市场质量指数，从流动性、定价效率和投机风险三个方面反映期权市场运行质量，为期权市场监管提供重要参考。四是积极探索相关配套产品和交易机制，完成证券借贷合约方案设计和标的证券日内单次“T+0”交易机制可行性方案。

(4) 大力开展市场推广工作。上交所十分重视期权市场推广和培育工作，产品上市前后持续开展一系列市场推广活动。一是举办面向期权经营机构投资顾问、交易员和个人投资者的专场培训活动，累计为市场培训千名讲师、2 404名投资顾问、110名交易员、41 058名个人投资者。二是开展超过15万投资者直接参与的“ETF期权策略推广月”、“交易策略大赛”、“交易策略应用大赛”、“百日巡讲”等系列活动。三是制作投放大量的投教产品。四是针对市场对期权认识存在的“混淆期权与期货”、“认为期权像期货一样对现货价格走势有先导作用”、“认为期权主要用于投机”、“认为高频交易是期权交易的主要模式”四个主要误区进行重点澄清。

第五节 上海股权托管交易市场发展

2015年，我国资本市场运行环境继续向好，从国家层面到上海市层面接连出台多项支持多层次资本市场建设、促进实体经济发展的重要政策举措。

上海股权托管交易中心(简称“上海股交中心”)深入贯彻落实国家关于实施创新驱动发展战略和推进资本市场改革发展的有关要求，围绕建设具有全球影响力的科技创新中心,结合上海国际金融中心、自贸试验区、张江国家自主创新示范区建设,稳步推进业务创新,严格规范市场发展,提升市场参与主体的行为规范,丰富服务内容,提升服务能力,充分发挥市场功能。

1. 市场运行概况

截至2015年12月31日,上海股交中心共有挂牌企业8 217家,其中科技创新企业股份转让系统(科技创新板)挂牌企业27家,托管股数5.43亿股,股份转让系统(E板)挂牌企业506家,托管股数116.54亿股,股权报价系统(Q板)挂牌企业7 684家。挂牌企业交易金额23.14亿元(未含Q板交易金额),促进挂牌企业实现融资126.30亿元(含私募债9.27亿元),共有推荐机构会员773家,专业服务机构会员288家,经纪业务会员164家,投资者开户数31 391户。托管登记企业168家,托管股数218.27亿股。

表8-12 2015年上海股交中心市场运行情况

主要业务	指　　标	2015年	2014年
科技创新企业股份转让系统(科技创新板)	挂牌企业数量(家)	27	—
	托管股份(亿股)	5.43	—
	挂牌前融资金额(万元)	2 180.00	—
	挂牌后融资金额(万元)	2 983.50	—
	交易金额(万元)	770.98	—
股份转让系统(E板)	挂牌企业数量(家)	184	163
	托管股份(亿股)	38.36	39.42
	挂牌前融资金额(亿元)	0.67	0.86
	挂牌后融资金额(亿元)	36.60	13.52
	交易金额(亿元)	14.40	4.74
	推荐机构会员(家,累计)	230	195
	专业服务机构会员(家,累计)	288	305
股权报价系统(Q板)	挂牌企业数量(家)	4 901	2 418
投资者	开户数量(户)	16 873	9 239
股权托管登记	托管企业数量(家,累计)	168	162
	托管股份(亿股,累计)	218.27	201.44
私募债	发行金额(万元)	52 173	39 500

(1) 科技创新企业股份转让系统(科技创新板)挂牌情况

2015年12月28日,定位为服务科技型、创新型中小微实体企业的科技创新企业股份转让系统(科技创新板)正式开盘,成为上海金融支持科创中心建设的新名片。截至2015年12月31日,科技创新企业股份转让系统(科技创新板)挂牌企业27家,其中科技型企业21家,创新型企业6家。16家科技型企业已获得高新技术企业、“专精特新”、“小巨人”等相关称号。

在园区分布上,27家挂牌企业中17家位于张江高新区的企业,其中9家位于张江核心区;从区县分布上,主要分布在浦东新区、嘉定区、宝山区、虹口区和闸北区等7个辖区。

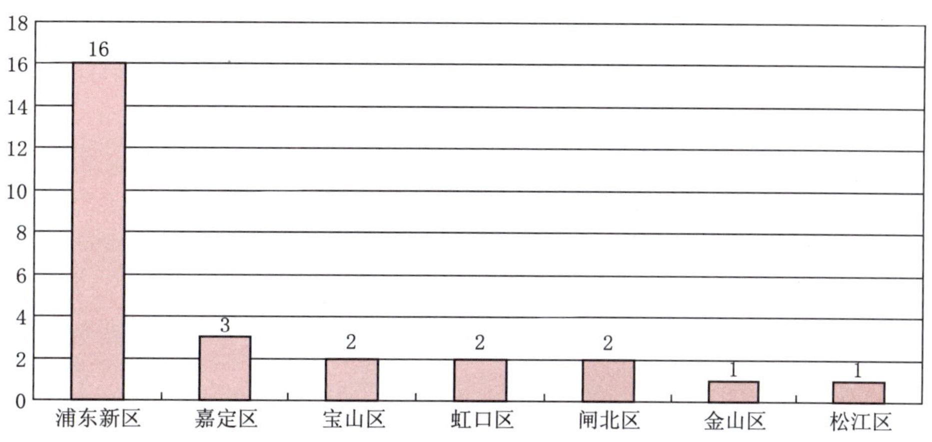

图 8-1 2015 年 N 板挂牌企业区县分布情况

在行业分布上，27 家挂牌企业分布于互联网、生物医药、再生资源和 3D 打印等 13 个新兴行业。

(2) 股份转让系统(E 板)挂牌情况

截至 2015 年 12 月 31 日，股份转让系统(E 板)挂牌企业 506 家，其中 2015 年度新增挂牌企业 184 家。

从地域看，506 家挂牌企业主要分布在上海、江苏、安徽、浙江、甘肃和山东等 26 个省市，其中上海企业 318 家，占 62.85%。

从行业看，506 家挂牌企业主要分布在农林牧渔、机械设备、化工和计算机等 27 个行业。

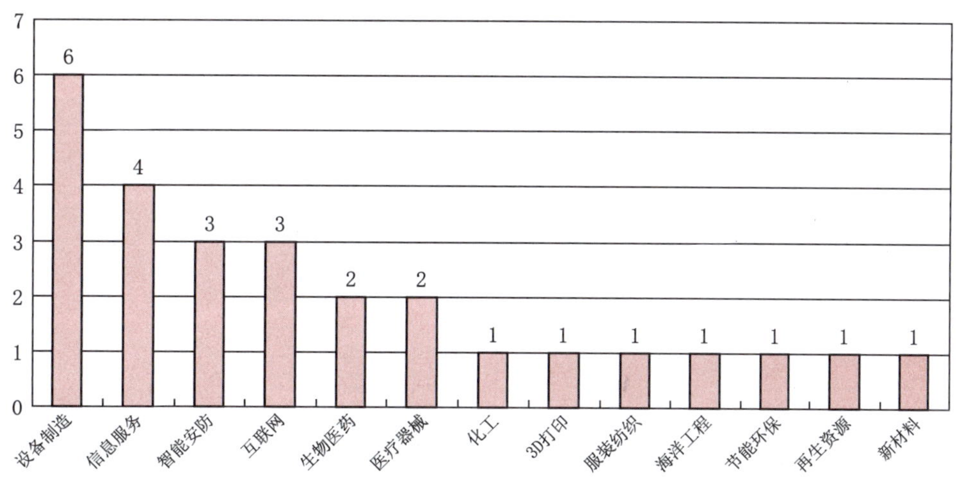

图 8-2 2015 年 N 板挂牌企业行业分布情况

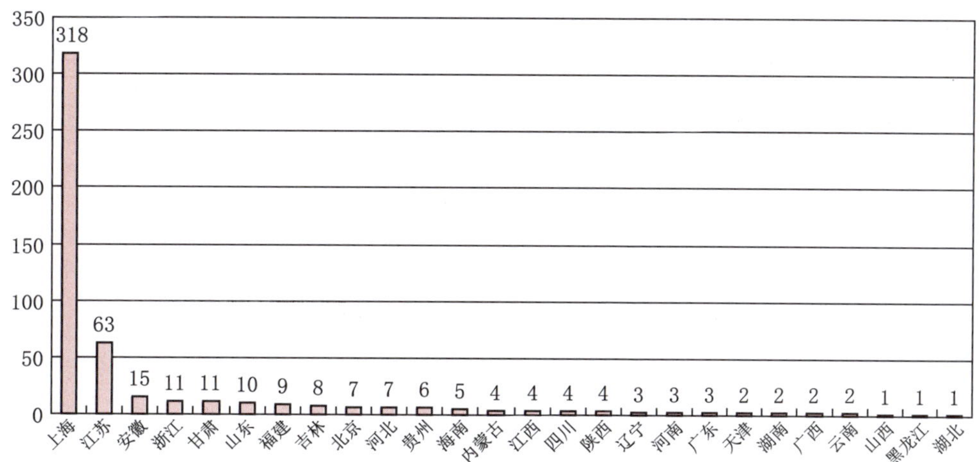

图 8-3 2015 年 E 板挂牌企业地区分布情况

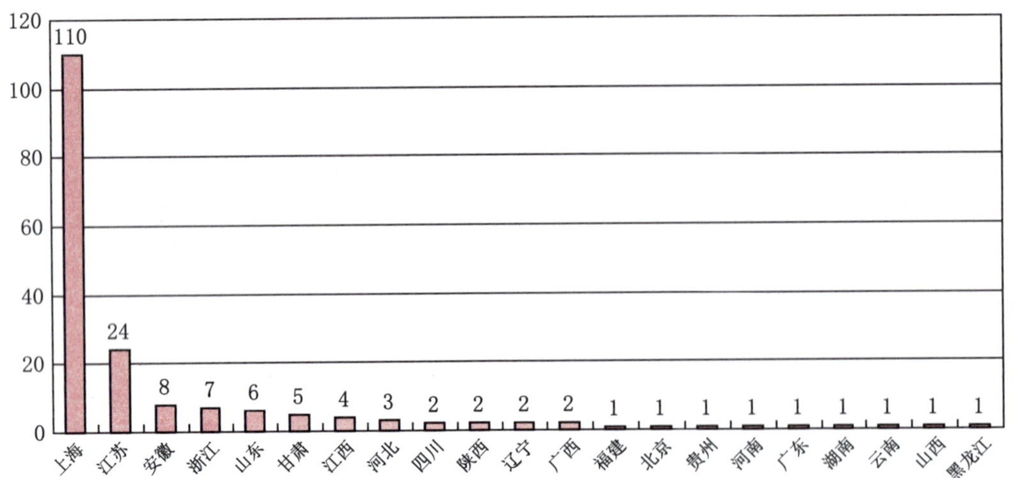

图 8-4　2015 年 E 板新增挂牌企业地区分布情况

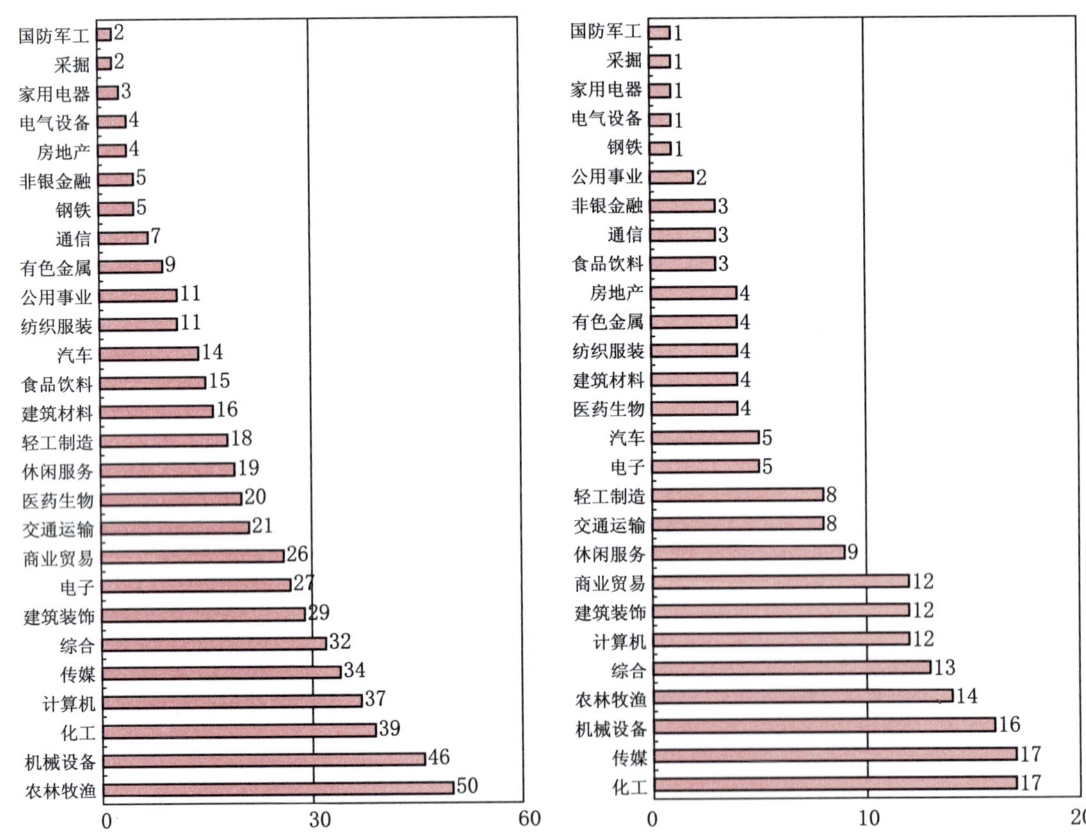

图 8-5　2015 年 E 板挂牌企业行业分布情况

图 8-6　2015 年 E 板新增挂牌企业行业分布情况

(3) 股权报价系统(Q 板)挂牌情况

截至 2015 年 12 月 31 日,股权报价系统(Q 板)挂牌企业 7 684 家,42 家企业成功转至股份转让系统(E 板)挂牌。

从地域看,7 684 家挂牌企业主要分布在江苏、上海、河南、广东、四川等 31 个省市,其中上海企业 1 048 家,占 13.64%。

从行业看,7 684 家挂牌企业主要分布在综合、农林牧渔、商业贸易、机械设备和传媒等 28 个行业。

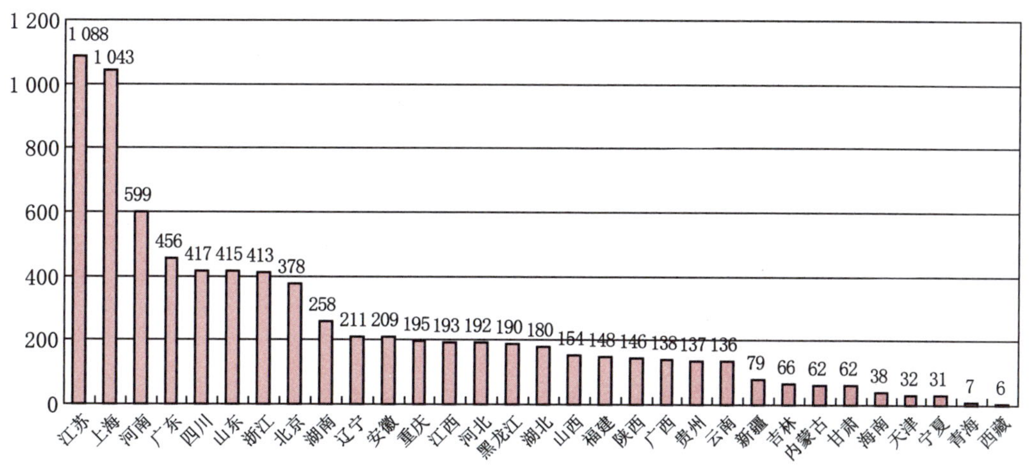

图 8-7 2015 年 Q 板挂牌企业地区分布情况

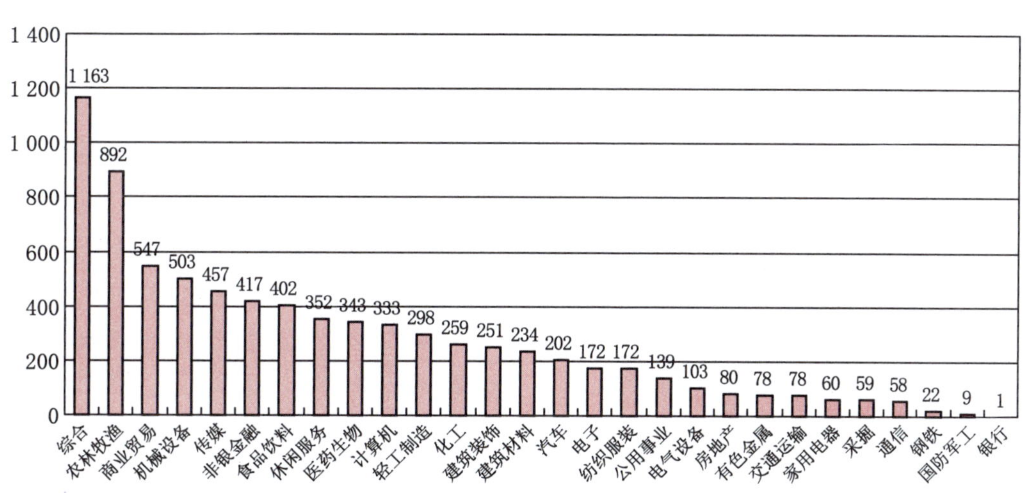

图 8-8 2015 年 Q 板挂牌企业行业分布情况

(4) 融资情况

截至 2015 年 12 月 31 日，科技创新企业股份转让系统(科技创新板)累计促进挂牌企业实现融资 5 163.50 万元，其中企业挂牌前私募 2 983.50 万元，挂牌后定向增资 2 180.00 万元。股份转让系统(E 板)累计促进挂牌企业实现融资 85.39 亿元，其中企业挂牌前私募 14.54 亿元，挂牌后定向增资 54.98 亿元，银行信用贷款 8.50 亿元，股权质押贷款 4.32 亿元，发行私募债 3.05 亿元。2015 年，新增企业挂牌前私募 0.67 亿元，挂牌后定向增资 36.60 亿元，股权质押贷款 2.61 亿元，发行私募债 4 500 万元。股权报价系统(Q 板)挂牌企业累计实现股权融资 29.63 亿元，债权融资 4.55 亿元。

(5) 交易情况

截至 2015 年 12 月 31 日，科技创新企业股份转让系统(科技创新板)挂牌企业总股本 5.43 亿股，其中 15 家挂牌企业股份可交易，可流通股数 1.98 亿股，可流通市值 6.36 亿元，累计成交 333.83 万股，占可交易股数的 1.69%，累计成交金额 770.98 万元，占可流通股票市值的 1.21%。股份转让系统(E 板)挂牌企业总股本 116.54 亿股，其中 219 家挂牌企业股份可交易，可流通股数 17.90 亿股，可流通市值 81.91 亿元，累计成交 7.51 亿股(不含非交易成交股数)，占可交易股数的 41.96%，累计成交金额 20.72 亿元(不含非交易成交金额)，占可流通股票市值的25.30%。2015年,E板挂牌企业全年成交13.55亿元(不含非交易成交金额)。

(6) 会员情况

截至2015年12月31日,股份转让系统(E板)共有会员单位518家,其中推荐机构会员230家(投资机构类213家,证券公司5家,商业银行12家),专业服务机构会员288家(会计师事务所95家,律师事务所149家,资产评估机构44家)。股权报价系统(Q板)推荐机构会员543家。经纪业务会员164家。

(7) 投资者情况

截至2015年12月31日,上海股权托管交易中心投资者开户数31 391户,其中机构投资者2 112户,自然人投资者29 279户。2015年,新增投资者开户数16 873户,其中机构投资者1 051户,自然人投资者15 822户。

(8) 股权托管登记情况

截至2015年12月31日,股权托管登记企业168家,托管股数218.27亿股。2015年,新增股权托管登记企业10家,减少4家。

2. 市场运行特点

(1) 稳步推进业务创新,推动市场发展迈上新台阶

为适应新形势新任务的要求,有效完善市场功能发挥,上海股交中心紧密围绕市场需求,探索和推行新的业务品种。

首先,大力推广科技创新板,推动场外市场服务创新。为贯彻落实科创中心建设,为进一步完善上海多层次资本市场体系、推进上海自贸试验区和国际金融中心建设,上海股交中心自年初3月成立科技创新板块研究项目小组以来,稳扎稳打推进各项基础工作。科技创新板推出科技创新板"1+5"建设方案,"1+7+3"业务规则。为了汇聚各类金融机构在上海股交中心提供服务,上海股交中心以科技创新企业需求为导向,协同整合各方资源,建立"投贷联动"、"投保联动"等服务机制,为企业提供融资、交易、增信、规范引导、规模提升等多元服务,形成助力科创企业成长的综合金融服务平台。12月28日,科技创新板正式开盘,首批27家企业挂牌,与22家金融机构、类金融机构达成战略合作,推动银行授信224亿元,推动股权投资机构确定发起3只科技创新基金合计7亿元。科技创新板在社会上引起较大反响,也获得国家政策文件的大力支持,中国人民银行、商务部、银监会、证监会、保监会、外汇局、上海市人民政府共同研究印发《进一步推进中国(上海)自由贸易试验区金融开放创新试点加快上海国际金融中心建设方案》,明确提出"支持股权托管交易机构依法为自贸试验区内的科技型中小企业等提供综合金融服务",上海市委、市政府先后出台《关于加快建设具有全球影响力的科技创新中心的意见》、《关于促进金融服务创新支持上海科技创新中心建设的实施意见》等,都对"科技创新板"建设提出明确要求,证监会《关于支持上海市加快建设具有全球影响力的科技创新中心的实施意见》,明确支持上海开设服务中小微科技创新企业专板。不仅如此,科技创新板制度体系摘得"2015年上海金融创新成果奖"。

其次,加快金融创新产品研发,完善服务体系。为了丰富上海股交中心金融产品和服务品种,开辟中小企业新的融资渠道,有效解决其融资困境,盘活企业资产,促进社会存量资金周转速度,提高资金使用效率,上海股交中心加快夹层融资产品等金融创新产品的研究和推出。

第三,细化终止挂牌规则并探索转板机制,打通企业进出通道。2015年6月,上海股交中心出台E板挂牌公司终止挂牌指引,使企业摘牌有章可循。上海股交中心还主动探索与其他层次市场的对接,积极联系"科技创新板"与上交所"战略新兴板"、上海股交中心各板块与包括新三板在内的其他多层次资本市场之间的对接机制。2015年已有3家挂牌公司转至新三板挂牌。

第四,延伸服务内涵,完善服务功能。上

海股交中心定期召集交易促进联席会议，形成跨部门的协同机制，激发会员单位开展业务的热情，截至2015年12月31日，经由经纪业务会员开户的投资者合计产生交易金额5.46亿元，同比增长约4倍。上海股交中心成功推动私募股权投资基金份额报价系统逐步从私募基金二级转让市场向一级市场延伸，为投资人提供多元化投资渠道。在兼顾市场有效监管和保障投资者利益的前提下，上海股交中心以“降低收购成本、鼓励收购、提高效率、强调信息披露”为原则，稳步推进收购业务。已有4家挂牌企业通过被上市公司并购实现间接上市。除此之外，有9家挂牌企业因挂牌后企业快速发展，成功收购其他企业。还有7家企业及收购方正在接洽收购具体事宜。

(2) 严格规范市场发展，采取多种举措控制风险

随着挂牌企业数量的逐步增加，上海股交中心始终坚持“风控是前提”的理念，进一步加强上海股权交易市场运营管理。

首先，公示不同板块定位，厘清挂牌和上市区别。中心在官方网站投资者教育栏目及综合金融服务平台中小企业股权报价系统子网站发布风险揭示公告，对E板和Q板进行明确风险揭示，厘清企业挂牌和上市的区别，提示私募债投资、原始股投资风险，切实降低投资者识别挂牌企业特别是Q板企业的风险，降低投资者的投资风险。

其次，对不同业务板块制度进行梳理修订。由办公室牵头各部门参与，对E板、Q板、私募债、私募股权投资基金份额转让等业务制度进行梳理，结合国家金融管理部门、市金融办的监管要求以及近年实践中发现的问题，对制度规则进行修订，为市场下一步健康发展提供制度保证。经过多次修改，已形成修订制度的征求意见稿，将在进一步听取内外部意见后尽快推出。

第三，有效开展风险控制和摸底排查。上海以外地区企业挂牌需取得当地县级人民政府的批准文件，在前期推动与外省市各级政府战略合作，明确监管分工的基础上，进一步落实中心异地展业的规范性要求。同时，大幅提高挂牌审核要求，对Q板企业挂牌数量进行控制，使每周新增挂牌企业数量不超过84家，2015年12月起，每周新增挂牌企业数量控制在60家以内。不仅如此，上海股交中心还对已获中心备案的私募债项目定期进行梳理，对已经完成发行、尚在私募债存续期内的项目进行核查。对个别已出现违约或延迟兑付本息的私募债，及时充分向投资人揭示风险。此外，密切保持跟踪有较多个人投资者参与认购、发行人自身盈利能力有限、增信措施较弱的项目。经过一系列风控举措，上海股交中心挂牌企业的规范程度大幅提升，对维护市场秩序发挥重要作用。

(3) 服务与管理并重，提升市场参与主体的行为规范

为了促进市场进入更加良性的运行状态，上海股交中心针对市场参与主体倡导提升服务与加强监管同推进、同落实。

首先，调整上海股交中心内部部门职能设置。单设挂牌审核部、市场监管部、创新业务部。市场监管部，针对会员和挂牌企业进行监管和服务，开展信息披露、督导检查、会员管理、组织培训等。挂牌审核部，专注开展挂牌、定向增资和私募债等各类项目的申请受理、审核，严控进入市场的挂牌企业质量及融资项目质量。创新业务部主要职责是开展创新业务的研究与组织、实施，开发优质企业和高端客户，协助提供有关融资、交易服务。

其次，实施会员奖励性会费返还。本着“取之于民用之于民”的精神，设定年度优秀转让系统推荐机构、最具成长潜力转让系统推荐机构、最具开拓力推荐机构、最佳经纪业务机构等不同奖项，分不同情况给予奖励，提升市场参与主体的积极性。

第三，在挂牌企业的监管和服务上，为拓宽挂牌企业融资渠道，同时帮助投资者发掘具

有成长潜力和投资价值的挂牌企业,促进投融资双方实现有效对接,举办"资本大咖"、"掘金上海股交中心"、"企业财税培训"等系列品牌活动,为企业获取更多社会关注和投资、提升治理水平等提供助力;通过加强挂牌企业尤其是E板挂牌企业日常信息披露管理,不断提高挂牌企业公司治理水平及信息披露的真实性、准确性、完整性、及时性。

积极组织推荐机构会员对所有E、Q板共计约7 000家挂牌企业进行核查,重点检查企业的经营状况,以及企业重大事项信息披露等情况,在积极采取自律监管措施同时,重点加强Q板挂牌企业信息披露的监管,督促企业及时披露重大事项。2015年度全年对73家违规挂牌企业作出处理。

第四,针对中介机构会员的监管和服务方面,随着业务部门职责职能的转型,上海股交中心转变服务会员的方式,由陪同机构在外冲锋陷阵转变为在背后提供更多、更富实效的服务,开展不定期走访会员单位,了解其需求和困难,及时帮助沟通解决问题,树立他们开展业务的信心。同时,不定期开展业务规则、业务流程、战略规划等培训活动,提供更加细致入微的业务指导。

在会员管理方面,展开集中梳理并加强自律管理,对现有会员机构资质和展业合规情况进行集中梳理,对不再符合会员资质要求、违反中心规则的139家会员予以清理,对13家违规会员进行处罚。实行会员评分制度,在科技创新板制度中,中心明确设立独立、公正、透明的会员遴选机制,对中介机构业务资格开展评议;对E板会员单位进行评分评级,进而对会员机构实施分层分类管理;对Q板会员作出分类管理的相应安排。

经过一系列举措,上海股交中心的实力大幅提升,服务水平取得实质提高,上海股交中心的服务触角进一步拓宽,融资、交易、市场规模等各方面发展都进入良性轨道,有效地推动挂牌企业和会员的快速成长。根据挂牌企业2015年年报,挂牌企业平均资产近5 300万元,平均营业收入近3 600万元,挂牌企业融得所需资金后实现飞速发展,资产平均增长135%,收入平均增长300%,净利润平均增长680%。

3. 市场展望

"十三五规划建议"闪亮登场,宏观政策的推出,将为中国经济带来结构性驱动,令人充满期待;我国金融改革的节奏加快,为上海场外市场建设提供广阔空间;上海自贸区把推动要素市场集聚和发展确定为2016年重点工作;2016年3月,国务院常务会议部署推进上海加快建设科技创新中心,探索在股权托管交易市场等方面开展先行先试。2016年4月,国务院印发上海系统推进全面创新改革实验加快建设具有全球影响力的科技创新中心方案,指出上海市系统推进全面创新改革实验,以推动科技创新为核心,破除体制机制障碍,支持上海股权托管交易中心科技创新板块探索相关制度创新。

展望未来,上海股交中心将凭借有利的政策环境,根据科技型、创新型中小微企业发展的需要,积极推进科技型、创新型中小微企业与股权投资机构有效对接,探索建立多层次资本市场对接机制,推动多层次资本市场创新规范发展,进一步提升服务科技创新的能力。

(1) 深耕科技创新板,全力支持上海科创中心建设

大力推动科技创新板是公司的一项重点工作,上海股交中心将进一步深耕细作,打造科技创新板的精品板形象,提升市场影响力。中介机构的水平直接影响挂牌企业的质量,公司计划通过遴委会仔细筛选高品质中介机构。在此基础上,面向全市1区22园开展科技创新板宣介,持续扩大科技创新板挂牌资源储备。此外,逐步落实市金融办与上交所签署的合作备忘录内容,推动企业资源对接、信息发布等事项的对接。与市科委、经信委对接并设计科技创新板风险补偿机制。探讨设立研究

顾问委员会机制。

(2) 设立“科技创新母基金”,汇聚社会资本支持科技创新

母基金通过汇集政府资金和社会资本,通过多级放大投向“科技创新板”,有效解决科技型、创新型中小企业融资难问题。已成立“母基金课题小组”,由金融办牵头,金融办、上海股交中心、上海股交中心股东国际集团和张江高科、市场及行业相关人士参与,计划5月底前完成课题多轮次、多方面论证工作,形成最终方案,6月底前完成母基金相关机构组建,完善内部制度建设,7月开始母基金第一期资金募集工作。

(3) 借力自贸区加快国际化进程,推动金融创新前行

国务院2015年10月发布的自贸区“金改四十条”中第三十四条提出:支持股权托管交易机构依法为自贸试验区内的科技型中小企业等提供综合金融服务,吸引境外投资者参与。上海股交中心计划在国际业务方面取得新进展。

一是探索跨境融资,便利国际资本流动。随着人民币国际化进程的推进和资本项下可自由兑换的逐步实现,在依法依规的前提下,积极探索股权、债权等跨境融资模式,提高国际资本流动性,助力金融资本的全球化配置。2016年公司要以案例带动政策的突破,将首先筛选有条件的企业积极开展境外融资,通过监管部门的沟通协调,成功建立场外市场挂牌企业境外融资的程序性规制。

二是搭建金融资产交易平台,积极开展金融产品创新与开发。借助自贸区政策优势,践行金融创新理念,尝试突破股权、债权等传统融资方式,依托金融资产交易平台,探索发行以票据、应收账款、理财产品等各类收益权为标的的资产证券化产品,盘活中小企业有效资产,推动融资方式与金融工具多元化,进一步丰富服务模式,拓宽融资渠道。

(4) 紧密结合互联网金融,探索场外市场新业态

积极争取股权众筹融资服务试点,建设上海市政府主导的股权众筹平台。充分利用互联网整合各项资源,逐步推出股权众筹、债权众筹、回报众筹、慈善众筹等多种业务,打造独具特色的综合性互联网众筹服务平台,建立多主体互利共赢的众筹生态圈,进而促进市场的持续发展。

(5) 及时应对国家监管政策变化,积极做好战略调整

根据证监会的口径,区域股权市场管理办法将不期报国务院批准,如果获得通过,公司将积极做好业务战略转型,收缩上海以外企业挂牌,做好E板、Q板相应规则的调整,寻找新的业务发展突破口,做精服务品质,稳定市场信心和吸引力。

专栏9

我国首个场内期权产品上市

经过一年多的精心筹备,2015年2月9日,上证50ETF期权正式在上海证券交易所上市交易,成为我国资本市场首只场内期权产品。股票期权的推出,对于丰富风险管理工具、提升资本市场定价效率具有重要意义。也标志着上交所发展衍生品市场战略取得重大突破,使上交所向综合型交易所迈出实质性一步。

股票期权上市以来,按照“高标准、稳起步、严监管、控风险”的指导思想,全年运行平稳顺畅。一是活跃度符合预期。2015年,期权累计挂牌交易合约数为510个,日均合约成交10.6万张,单日最高合约成交达35.8万张,日均权利金交易1.1亿元,日均成交合约27亿元。二是运行理性

健康。监测数据表明期权市场流动性较高，定价效率保持较好水平，未发生过度投机，市场运行质量指数处在合理范围内。三是投资者结构基本合理。套期保值、套利、增强收益和方向性交易等四类投资者的交易占比分别为18%、26%、32%、23%。共有96家证券或期货公司取得股票期权经纪业务资格，56家证券公司取得股票期权自营业务资格。四是期权保险功能逐步发挥。以套期保值为交易目的的期权交易量占整个期权交易的四分之一，显示期权保险功能有效发挥。五是风控机制有效。股票期权上线以来，尤其是现货市场剧烈异常波动时，期权市场运行平稳，未发生市场炒作、市场操纵、流动性危机等风险事件。

上证50ETF期权对标的证券市场影响中性偏正面。具体表现在：

1. 对标的证券市场影响积极正面。一是期权上市对标的证券具有积极影响。统计数据显示，从期权上市前后4个月比较看，期权推出后，50ETF的各项流动性指标都显著提高，订单买卖价差降低22.2%，10万元价格冲击指数降低23.1%，流动性指数提升64.3%。50ETF市场规模显著扩大，一跃成为国内规模最大的ETF。上证50ETF日超额波动率显著下降，标的定价效率明显提高。二是期权上市对现货市场未产生做空压力。从期权上市前后4个月比较看，期权推出后没有分流现货市场资金，反而吸引更多增量资金。为卖出认沽期权进行的对冲交易，对现货市场影响极小。即使在异常波动行情中，期权交易也未对现货产生助跌效应或不良影响。

2. 为投资者提供新的投资与风险转移工具。一是为投资者提供保险工具。50ETF期权上市以来，保险功能逐步发挥。投资者在年中市场暴跌时，懂得运用期权构建保险策略，规避市场出现不利变化时带来的损失，有效防范市场下行风险。二是为投资者创造增强收益的机会。期权产品推出为投资者创造增强收益的机会，投资者在波动较小、趋势不明显的行情下，通过卖出期权获得权利金，增加其投资组合整体收益。三是为投资者提供观察市场的新角度。期权的价格和成交量蕴含大量重要信息，投资者可以从中获得市场对相关标的证券未来波动或走势的预期信息。例如，通过认沽/认购期权比率可以判断当前市场多空力量情况，并据此制定相应的标的证券买卖策略。再如，芝加哥期权交易所推出的波动率指数因为能够反映市场对于后市波动程度的看法，也常被用来判断市场多空的逆势指标。上交所根据50ETF期权交易数据编制中国波指(iVIX)，用于衡量上证50ETF未来30日的预期波动，一定程度上反映市场投资者情绪，成为一项新的参考指标。

3. 推动了行业创新发展。上证50ETF期权的上市有力地推动证券期货行业的创新发展，一是拓展经纪业务范围，股票期权业务有望成为证券、期货行业新的利润增长点，为证券和期货公司提供"弯道超车"的机会。二是为证券行业做市、自营、资产管理等多条业务线提供发展机会，丰富其产品线，促进财富管理创新，截至2015年末，已有二十余个基金公司专户产品进行期权投资。新业务推出有利于促进行业人才队伍建设，有助于提升行业的国际竞争力、更好地应对未来资本市场开放的挑战。

专栏10

上海股权托管交易中心科技创新板

上海股权托管交易中心(简称"上海股交中心")科技创新企业股份转让系统(简称"科技创新板")于2015年12月28日开盘。科技创新板的建设贯彻落实国家关于实施创新驱动发展战略和推进资本市场改革发展的有关要求，围绕建设具有全球影响力的科技创新中心，结合上海国际金融中心、自贸试验区、张江国家自主创新示范区建设，根据科技型、创新型中小企业的特点和需要，充分吸收区域性股权交易市场建设实践经验，积极探索科学合理的制度安排，试点先行，逐步优化，循序渐进地将这一板块建设成为我国多层次资本市场体系的有机组成部分。

上海股交中心成立于2012年2月，集非上市公司挂牌、股份转让、登记结算、代理买卖等多种金融服务业务为一体。经过四年多的发展，上海股交中心已形成“一市三板”的格局，即“非上市股份公司股份转让系统”(俗称E板)、“中小企业股权报价系统”(俗称Q板)和“科技创新企业股份转让系统”(俗称N板)。截至2015年末，挂牌企业达8 217家，其中E板506家、N板27家、Q板7 684家；中介机构会员1 225家；协助企业实现融资52.04亿元，实现交易20.80亿元，有效投资者开户数量31 391户。

1. 科技创新板建设情况

(1) 科技创新板设立背景

2014年5月习近平在上海考察期间，明确要求上海在推进科技创新、实施创新驱动发展战略方面走在全国前列、走到世界前列，加快向具有全球影响力的科技创新中心进军。近年来，上海资本市场改革发展取得显著进展，特别是《国务院关于进一步促进资本市场健康发展的若干意见》(国发〔2014〕17号，简称“新国九条”)颁布和上海自贸试验区建设启动以来，“沪港通”等一系列重要改革措施的实施，有力促进上海资本市场的创新发展。同时，在证监会及有关方面的支持下，作为我国多层次资本市场的组成部分，上海股权交易市场积极探索服务创新，努力保持规范健康，在服务中小企业发展中发挥积极作用。为进一步有针对性地加强多层次资本市场对科技型、创新型中小企业的服务，上海股交中心于2015年末推出科技创新板。

(2) 科技创新板特点

科技创新板定位为专门服务科技型、创新型中小企业的专业化市场板块，重点面向尚未进入成熟期但具有较好的成长潜力，且满足有关规范性及具有较为显著的“四新”(新技术、新产业、新业态、新模式)经济特征的科技型、创新型中小微企业。

一是突出服务科技型、创新型中小微企业。科技创新板根据科技型、创新型企业的特点进行制度安排，设置科学合理的挂牌条件、挂牌程序。科技创新板针对不同发展阶段的企业设置可选择、个性化的财务指标；在审核制度上率先引入注册制审核制度，对挂牌后非公开发行股份引入一次注册、分期发行和简易程序；在交易制度上，放宽涨跌幅限制、延长交易时间和延长买卖申报意向有效期，以促进交易活跃。

二是吸引天使投资、风险投资等机构参与。科技创新板重点从“募、投、管、退”四个方面，拟设立“上海股交中心科技创新股权投资基金”作为母基金(“募”)，建立科技创新企业信息库(“投”)，提高企业信息披露规范化、透明化程度(“管”)，开辟挂牌审核简易注册程序、与多层次资本市场对接、完善现有PE/LP份额报价系统功能(“退”)等多种方式，构建与股权投资机构良性互动机制。

三是与相关多层次资本市场对接。科技创新板与上海证券交易所等多层次资本市场形成对接机制，促进“科技创新板”挂牌企业直接或通过并购重组等方式转至更高层次的资本市场。

四是搭建综合金融服务平台。科技创新板更加注重利用互联网综合金融服务平台为挂牌企业提供融资等多元化金融服务，促进间接融资与直接融资以“投贷联动”方式加强对科技型、创新型中小企业的服务。

(3) 科技创新板建设工作推进情况

科技创新板根据科技型、创新型中小企业特点，经过多轮论证，制定《上海股权托管交易中心科技创新企业股份转让系统管理办法(试行)》及其配套的8个业务规则和4个业务指引，建立“1+7+4”的制度体系，并在风险可控的前提下试行一系列的制度创新。自2015年12月28日开盘以来，上海股交中心积极开展市场宣传以及相关培训活动，进一步扩大科技创新板的市场影响力，并与上海证券交易所建立多层面的、立体化的对接机制，与股权投资机构形成良性的互动。

(4) 科技创新板建设成果

科技创新板前期主要面向上海市尤其是张江国家自主创新示范区(1区22园)的科技型、创新型中小企业。截至2015年末，科技创新板挂牌企业27家，科技型企业21家，创新型企业6家，分布于互联网、生物医药、再生资源、3D打印等13个新兴行业，已挂牌的企业中初创期的企业19家，步入成长期的企业8家，有20家企业位于张江国家自主创新示范区。

科技创新板通过为企业搭建银行、私募、保理等金融业态参与的综合金融服务平台，促进企业与机构投资者的对接，增进企业的资信水平，从而有效缓解挂牌企业的融资难问题。截至2015年末，已有6家企业实现股权融资额5 163.50万元。在二级市场交易方面，科技创新板累计产生24笔交易，交易总金额7 709 760元、交易总股数3 338 326股，涉及7家挂牌企业、15户投资者。

2. 下一步工作计划

科技创新板开盘后，市场反响良好，下一步，上海股交中心将按照国家和上海市有关文件精神，进一步改革完善科技创新板市场制度，完善综合金融服务平台功能，稳步推进科技创新母基金、自贸区跨境融资、互联网众筹服务平台等多重创新举措，把科技创新板建设成为我国多层次资本市场体系中的重要组成部分，助力科技型、创新型中小企业的快速发展，促进上海科技创新中心建设。

第九章　期货市场

2015年中国期货市场成交金额达到554.23万亿元，成交量达35.78亿手，同比分别增长89.81%和42.78%，成交量与成交金额双双创出历史新高。其中菜籽粕、豆粕、白糖、螺纹钢、铁矿石、白银等多个品种的成交量位列同类品种全球前三名，多家期货交易所的商品期货成交量都名列全球前十位。2015年，国内期货品种持续丰富，2015年，镍、锡、10年期国债期货、上证50股指期货和中证500股指期货相继上市交易，目前我国期货市场交易品种已达51个。2015年我国首个场内期权产品——上证50ETF期权正式上市；期货市场连续交易继续扩容，三家商品期货交易所共计28个品种参与连续交易；原油期货上市交易的各项准备工作有序进行，中国期货市场对外开放稳步推进。

第一节　市场概况

2015年，上海期货交易所累计成交量为10.50亿手，占全国期货市场成交量的29.36%，同比增长24.72%；全年累计成交金额为63.56万亿元，同比增长0.51%。上期所2015年月度成交量和成交金额见图9-1。

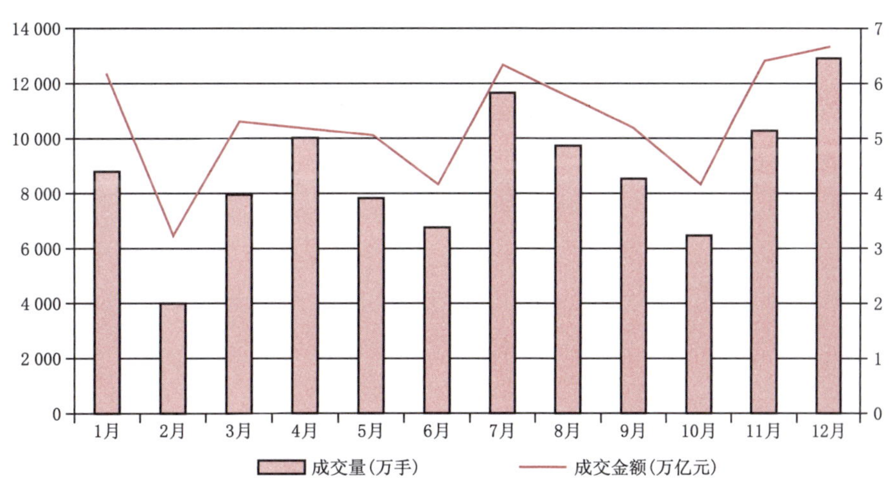

图9-1　2015年上海期货交易所成交量和成交金额

根据美国期货业协会(FIA)统计的2015年成交量数据，上海期货交易所的成交量世界排名为第10，比上一年下降1位；若仅统计商品期货和期权在2015的成交量，上海期货交易所列第3位，其中螺纹钢在金属类中排名第1，成交量为54 104万手；白银在金属类中排名第3，成交量为14 479万手。

第二节　金属类期货品种运行状况

1. 铜期货运行报告

2015 年,SHFE 铜价继续下行,1 月受中国经济新常态、转型期增速放缓的预期以及周期性消费淡季,库存增加等因素影响,铜价走低。2—5 月在铜精矿供应减少等信息刺激下铜价出现阶段性反弹,在 5 月创下年内高点后,由于消费旺季逐渐结束,需求呈现疲态,中国股灾引发市场对系统性风险的恐慌,铜价持续回落,8—10 月随着恐慌性情绪消退,铜价再度反弹。此后受嘉能可事件及行业基本面不利的影响,铜价再次下探。年末,铜行业联合减产等消息令铜价震荡企稳。2015 年在美元加息的预期下,美元指数持续上涨,人民币贬值使得铜价下跌的过程中沪铜相对抗跌,两市比值走高。

(1) 交易情况

2015 年,SHFE 铜期货成交量 8 831.86 万手,同比增加 25.26%;单边成交金额 17.591 万亿元,同比增长 4.26%;年末单边持仓 38.67 万手,同比增长 13.82%。其中,月度成交量最高为 11 月的 1 173.36 万手,最低为 6 月的 436.03 万手;月末持仓最大为 1 月的 47.6 万手,最小为 6 月的 26.43 万手。2015 年铜期货月度、年度交易情况见表 9-1、表 9-2。

表 9-1　2015 年铜期货月度交易情况

月　度	成交量(万手)	同比变化(%)	成交金额(万亿元)	同比变化(%)	月末持仓量(万手)	同比变化(%)
1月	940.51	139.39	1.94	91.79	47.60	96.37
2月	548.00	86.58	1.13	53.46	38.73	19.50
3月	821.65	−29.15	1.76	−33.48	41.40	10.89
4月	558.80	−16.98	1.21	−22.92	37.78	−4.56
5月	440.10	−17.13	1.00	−22.12	29.79	−19.63
6月	436.03	−11.70	0.93	−22.14	26.43	−16.67
7月	836.41	36.16	1.66	7.03	37.17	28.88
8月	775.82	69.40	1.50	31.37	29.82	2.97
9月	730.07	14.78	1.45	−5.89	29.90	3.51
10月	589.56	9.92	1.16	−8.76	30.29	−5.96
11月	1 173.36	121.73	2.09	68.00	38.96	−3.92
12月	981.55	33.94	1.74	4.52	38.67	13.82
总　计	8 831.86	25.26	17.591	4.26	—	—

数据来源:上海期货交易所网站。

表 9-2　2014—2015 年铜期货年度交易情况

年　度	成交量(万手)	同比变化(%)	成交金额(万亿元)	同比变化(%)	年末持仓量(万手)	同比变化(%)
2014 年	7 051.03	9.67	16.873	0.84	33.97	30.99
2015 年	8 831.86	25.26	17.591	4.26	38.67	13.82

数据来源:上海期货交易所网站。

表 9-3 2014—2015 年铜期货内外盘交易情况比较

年度	成交量(万手)		年末持仓量(万手)	
	SHFE(内盘)	LME(外盘)	SHFE(内盘)	LME(外盘)
2014 年	7 051.03	3 881.16	33.97	30.28
2015 年	8 831.86	3 855.78	38.67	28.85

数据来源:上海期货交易所网站、LME、Reuters。

(2) 价格走势

2015 年,SHFE 铜主力连续合约年初开盘价 45 500 元/吨(1 月 5 日),最高价 46 390 元/吨(5 月 13 日),最低价 33 220 元/吨(11 月 24 日),最大价差 13 170 元/吨,年末收盘价 36 560 元/吨(12 月 31 日)。全年下跌 8 940 元/吨,跌幅 19.65%。

2015 年,上海 1 号电解铜现货价格年初报价 46 110 元/吨(1 月 5 日),最高价 46 150 元/吨(5 月 13 日),最低价 33 625 元/吨(11 月 24 日),最大价差 12 525 元/吨,年末报价 36 640 元/吨(12 月 31 日)。全年下跌 9 470 元/吨,跌幅 20.54%。

2015 年,伦敦金属交易所(LME)铜连续合约年初开盘价 6 255 美元/吨(1 月 2 日),最高价 6 480 美元/吨(5 月 5 日),最低价 4 443.5 美元/吨(11 月 23 日),最大价差 2036.5 美元/吨,年末收盘价 4 705 美元/吨(12 月 31 日)。全年下跌 1 550 美元/吨,跌幅 24.78%。

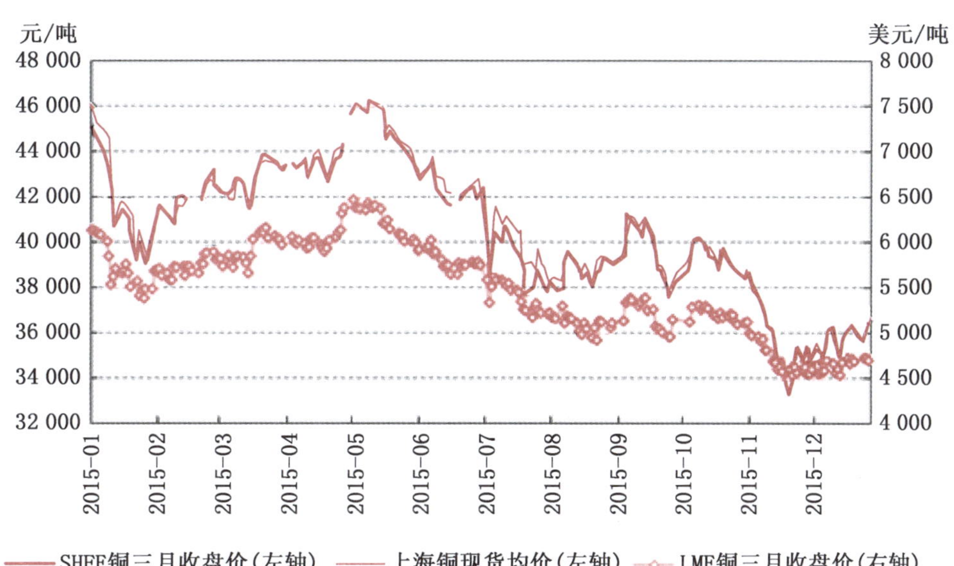

图 9-2 2015 年铜期货内外盘和现货市场价格比较

数据来源:上海期货交易所网站、Reuters、SMM。

2015 年铜期货内外盘和现货市场价格主要显性指标见表 9-4,2015 年铜期货内外盘和现货市场价格相关性见表 9-5。

表 9-4 2015 年铜期货内外盘和现货市场价格主要显性指标

市场分类	绝对指标(元/吨、美元/吨)					相对指标(%)	
	最高价	最低价	平均价	标准差	极 差	离散率	波幅率
SHFE 连续价格	46 390	34 080	40 543	3 010.57	12 310	7.43	30.36
LME 连续价格	6 480	4 443.5	5 493	507	2 036.5	9.23	37.07
铜现货市场价格	46 150	33 625	40 768	3 045.64	12 525	7.47	30.72

数据来源:上海期货交易所网站、Reuters、SMM、安泰科。

表 9-5 2014 年铜期现内外盘和现货市场价格相关性

价 格 选 择	相关系数
SHFE 连续价格与 LME 连续价格	0.977 7
SHFE 连续价格与现货市场价格	0.992 6
LME 连续价格与现货市场价格	0.977 5

数据来源:上海期货交易所网站、SMM、Reuters。

2. 锌期货运行报告

2015 年,SHFE 锌期货价格呈先扬后抑的态势,价格重心较 2014 年明显下降。上半年,在中国持续放宽货币政策以及市场预期锌精矿供应趋紧的推动下,锌价强势上扬。然而,下半年由于中国经济增速显著放缓,且美联储加息预期不断升温,锌价大幅下跌,一度刷新 6 年来的低位。10 月,全球最大的锌生产商嘉能可宣布关闭 50 万吨产能,刺激锌价大幅反弹。但是,受需求疲软的拖累,锌价短暂冲高后重回弱势。

(1) 交易情况

2015 年全年,SHFE 锌期货成交量 4 523.74 万手,同比增长 11.89%;成交金额 3.22 万亿元,同比下降 3.33%;年末持仓 20.56 万手,同比增长 59.73%。其中,成交量最高为 11 月的 1 180.39 万手,最低为 2 月的 128.43 万手;月末持仓最大为 11 月的 22.19 万手,最小为 3 月的 12.43 万手。2015 年锌期货月度、年度交易情况见表 9-6、表 9-7。

表 9-6 2015 年锌期货月度交易情况

月度	成交量(万手)	同比变化(%)	成交金额(亿元)	同比变化(%)	月末持仓量(万手)	同比变化(%)
1	353.13	328.26	2 857.08	357.45	14.25	39.25
2	128.43	141.77	1 042.61	159.18	13.41	20.61
3	203.95	92.79	1 615.32	104.64	12.43	58.50
4	202.51	402.75	1 672.31	453.03	15.49	88.15
5	218.57	449.04	1 850.03	512.01	13.64	68.72
6	173.42	19.64	1 394.77	23.53	13.81	−11.72
7	249.36	−68.43	1 896.64	−71.28	14.29	−42.58
8	248.30	−66.59	1 815.45	−70.83	15.05	−35.52
9	281.01	−65.03	1 972.12	−70.24	16.82	5.38
10	414.88	−12.84	2 955.20	−24.99	16.64	0.59
11	1 180.39	182.88	7 541.10	116.02	22.19	70.09
12	869.78	150.97	5 566.23	95.35	20.56	59.73
总计	4 523.74	11.89	32 178.85	−3.33	—	—

数据来源:上海期货交易所网站。

表 9-7 2014—2015 年锌期货年度交易情况

年 度	成交量(万手)	同比变化(%)	成交金额(亿元)	同比变化(%)	年末持仓量(万手)	同比变化(%)
2014	4 042.93	234.59	33 285.68	268.17	12.87	12.09
2015	4 523.74	11.89	32 178.85	−3.33	20.56	59.73

数据来源:上海期货交易所网站。

表 9-8 2014—2015 年锌期货内外盘交易情况比较

年度	成交量(万手)		年末持仓量(万手)	
	SHFE(内盘)	LME(外盘)	SHFE(内盘)	LME(外盘)
2014	4 042.93	3 032.39	12.87	29.86
2015	4 523.74	2 875.12	20.56	28.82

数据来源:上海期货交易所网站、LME、Reuters。

(2) 价格走势

2015 年,SHFE 锌主力连续合约年初开盘价 16 710 元/吨(1 月 5 日),最高价 17 470 元/吨(5 月 6 日),最低价 11 815 元/吨(11 月 20 日),最大价差 5 655 元/吨,年末收盘价 13 440 元/吨(12 月 31 日)。全年下跌 3 270 元/吨,跌幅 19.57%。

2015 年,上海 0 号锌现货价格年初报价 17 010 元/吨(1 月 5 日),最高价 17 210 元/吨(5 月 6 日),最低价 12 500 元/吨(11 月 20 日),最大价差 4 710 元/吨,年末报价 13 300 元/吨(12 月 31 日)。全年下跌 3 710 元/吨,跌幅 21.81%。

2015 年,伦敦金属交易所(LME)锌连续合约年初开盘价 2 204 美元/吨(1 月 2 日),最高价 2 400 美元/吨(5 月 5 日),最低价 1 483 美元/吨(12 月 17 日),最大价差 917 美元/吨,年末收盘价 1 609 美元/吨(12 月 31 日)。全年下跌 595 美元/吨,跌幅 27.00%。

2015 年锌期货内外盘和现货市场价格比较见图 9-3。

图 9-3 2015 年锌期货内外盘和现货市场价格比较

数据来源:上海期货交易所网站、Reuters、SMM。

2015 年锌期货内外盘和现货市场价格主要显性指标见表 9-9,2015 年锌期货内外盘和现货市场价格相关性见表 9-10。

表 9-9 2015 年锌期货内外盘和现货市场价格主要显性指标

市场分类	绝对指标(元/吨、美元/吨)					相对指标(%)	
	最高价	最低价	平均价	标准差	极 差	离散率	波幅率
SHFE 连续价格	17 470	11 815	15 115	1 364	5 655	9.02	37.41
LME 连续价格	2 400	1 483	1 938	238	917	12.28	47.32
锌现货市场价格	17 210	12 500	15 194	1 283	4 710	8.44	31.00

数据来源:上海期货交易所网站、Reuters、SMM。

表 9-10　2015 年锌期现内外盘和现货市场价格相关性

价　格　选　择	相关系数
SHFE 连续价格与 LME 连续价格	0.981 6
SHFE 连续价格与现货市场价格	0.992 4
LME 连续价格与现货市场价格	0.971 5

数据来源：上海期货交易所网站。

3. 铝期货运行报告

2015 年初，国内铝市供需矛盾加剧，SHFE 铝价快速下跌并刷新近年新低至 12 445 元/吨。随着春节过后消费逐渐回暖，加之部分铝企业减产以及国内铝库存锁定比例上升，铝价也从年内低位逐步抬升，达到年度最高价 13 620 元/吨。2015 下半年，面对不断攀升的供应压力，国内刚性需求以及铝材出口指标均表现较差，国内外市场宏观风险升温也对铝价构成不利影响，沪铝主力合约持续创下新低，并于 11 月跌至 9 550 元/吨，为 1991 年以来第二低位，全行业处于基本亏损状态。12 月部分企业的减产为国内铝价企稳回升奠定基础。

(1) 交易情况

2015 年，SHFE 铝期货市场运行稳定，成交活跃，全年共成交 2 290 万手，与上年相比增长 64.44%；全年成交金额 12 741.35 亿元，与上年相比增长 32.33%。全年整体看，年初和年末成交最为活跃，月度成交量最高为 12 月的 710.98 万手，最低为 2 月的 57.12 万手。

2015 年，SHFE 铝期货月末持仓整体比 2014 年增加，其中 10 月、11 月和 12 月的月末持仓量分别为 61.35 万手、77.63 万手和 69.73 万手，与本年度其他月份的月末持仓量约 30 万至 40 万手相比大幅增加，与上年同期相比分别增长 62.77%、126.78%和 103.48%。

2015 年铝期货月度、年度交易情况见表 9-11、表 9-12。

表 9-11　2015 年铝期货月度交易情况

月度	成交量（万手）	同比变化（%）	成交金额（亿元）	同比变化（%）	月末持仓量（万手）	同比变化（%）
1	98.23	243.38	629.56	220.01	38.97	62.70
2	57.12	67.46	374.52	63.81	32.90	3.52
3	88.53	43.92	582.36	45.32	33.18	−5.02
4	83.56	8.08	553.01	7.42	34.61	2.57
5	74.92	−17.51	500.65	−17.18	31.73	−6.96
6	70.98	−51.91	456.28	−54.37	34.54	−2.29
7	91.80	−54.65	568.50	−59.65	37.95	−12.63
8	82.19	−50.47	493.52	−58.09	39.07	−13.39
9	72.73	−71.28	431.79	−76.48	35.65	−0.98
10	232.89	102.48	1 251.79	57.52	61.35	62.77
11	626.14	484.05	3 165.90	326.88	77.63	126.78
12	710.98	553.34	3 733.48	415.62	69.73	103.48
总计	2 290.07	64.44	12 741.35	32.33	—	—

数据来源：上海期货交易所网站。

表 9-12　2014—2015 年铝期货年度交易情况

年　度	成交量（万手）	同比变化（%）	成交金额（亿元）	同比变化（%）	年末持仓量（万手）	同比变化（%）
2014	1 392.63	321.3	0.96	0.84	34.27	58.64
2015	2 290.07	64.44	1.27	32.33	69.73	103.48

数据来源：上海期货交易所网站。

表 9-13 是上海期货交易所与伦敦金属交易所(LME)铝期货年度成交数据比较。2015 年 LME 铝期货共成交 5 988.06 万手,与上年同期相比下降了 8.5%。SHFE 铝期货成交量为 2 290 万手;按照 SHFE 铝期货合约 5 吨/手和 LME 铝期货合约 25 吨/手折算成实际吨数进行比较,SHFE 铝期货成交量约为 LME 的 7.65%,两者比值与 2014 年 1%相比大幅增加,表明 2015 年 SHFE 铝期货成交比较活跃。

表 9-13　2015 年铝期货内外盘交易情况比较

年度	成交量(万手)		年末持仓量(万手)	
	SHFE(内盘)	LME(外盘)	SHFE(内盘)	LME(外盘)
2014	1 392.63	6 543.97	17.13	79.09
2015	2 290	5 988.06	69.73	79.56

数据来源:上海期货交易所网站、路透(Reuters)。

(2) 价格走势

2015 年,SHFE 铝期货主力连续合约年初开盘价 12 970 元/吨,最高价 13 620 元/吨(5 月 6 日),最低价 9 550 元/吨(11 月 24 日),年度最高价与最低价价格差为 4 070 元,年末收盘价 10 820 元/吨。全年下跌 2 150 元/吨,跌幅 16.58%。

2015 年,伦敦金属交易所铝主力合约年初开盘价 1 850 美元/吨,最高价 1 977 美元/吨(5 月 6 日),最低价 1 432.5 美元/吨(11 月 23 日),最大价差为 544.5 美元/吨,年末收盘价 1 501 美元/吨。全年下跌 349 美元/吨,跌幅 18.87%。2015 年第一季度传统淡季影响下,伦铝快速跌破 1 800 美元/吨关口,随后宏观消息面回暖以及国际现货铝升水大幅回探,伦铝于 5 月初涨至年内最高价,然而面对宏观风险以及供应压力不断攀升,伦铝再次陷入第二轮下跌行情。2015 年第三季度以来,无论是原油下挫、美元走强、美联储加息预期升温,还是欧元区经济下行风险加剧等因素,都对大宗商品价格构成打压,国际铝价陷入长达近 6 个月的阴跌走势,一度逼近 2008 年金融危机后低点,年末铝价在供需关系向好预期带动下止跌企稳。

2015 年,上海电解铝现货价格年初报价 12 840 元/吨,年度最高价 13 300 元/吨(3 月 19 日),最低价 9 700 元/吨(11 月 24 日),年末报价 11 000 元/吨。全年下跌 1 840 元/吨,全年价格跌幅 14.33%。

2015 年铝期货内外盘和现货市场价格比较见图 9-4。

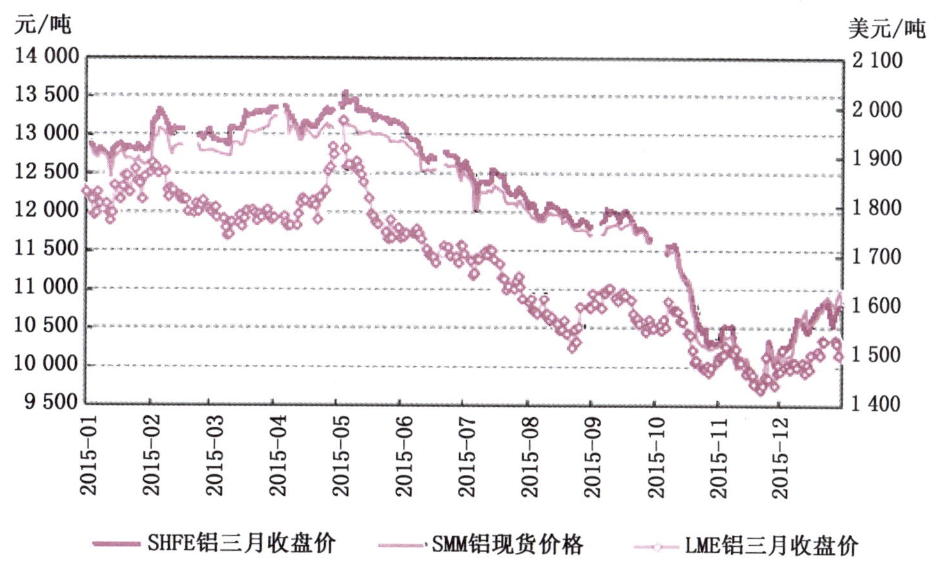

图 9-4　2015 年铝期货内外盘和现货市场价格比较

数据来源:上海期货交易所网站、上海有色网、路透。

2015年铝期货内外盘和现货市场价格主要显性指标见表9-14,2015年铝期货内外盘和现货市场价格相关性见表9-15。

表9-14 2015年铝期货内外盘和现货市场价格主要显性指标

市场分类	绝对指标(美元/吨、元/吨)					相对指标(%)	
	最高价	最低价	平均价	标准差	极 差	离散率	波幅率
SHFE主力合约价格	13 620	9 550	12 185	1 084	4 070	8.90	33.40
LME主力合约价格	1 977	1 432.5	1 681	135	544.5	8.03	32.39
SMM现货市场价格	13 300	9 700	12 063	1 025	3 600	8.50	29.84

数据来源:上海期货交易所网站、上海金属网、路透(Reuters)。

表9-15 2015年铝期货内外盘和现货市场价格相关性

价 格 选 择	相关系数
SHFE主力合约结算价与LME主力合约结算价	0.930
SHFE主力合约结算价与现货市场价格	0.997
LME主力合约结算价与现货市场价格	0.925

数据来源:上海期货交易所网站、上海金属网、路透(Reuters)。

4. 螺纹钢期货运行报告

2015年,SHFE螺纹钢期货价格呈现震荡下行走势,主力合约年初开盘价2 550元/吨,年末收盘价1 784元/吨,全年下跌766元/吨,跌幅30.04%。按单边统计,螺纹钢期货全年成交量5.41亿手,成交金额11.49万亿元。2015年上半年,受房产、机械、汽车等钢材下游需求不振,原材料价格整体承压等因素影响,螺纹钢期货价格进入下行通道。进入下半年,"金九银十"旺季不旺,下游用钢需求疲弱,钢价继续下行。至2015年第四季度,美联储加息靴子落地,人民币连续贬值,且经济数据跌势有所收窄,全国钢厂高炉开工率连创历史新低,钢材社会库存也降至年内低点,钢材价格出现反弹。2015年,螺纹钢期货市场交易活跃,交割有序,市场风险可控。钢材期货市场功能发挥良好,期现价格联动紧密,套期保值功能显著发挥,基本满足产业客户风险管理与投资者投资的需求。

(1) 交易情况

2015年,SHFE螺纹钢期货成交量54 103.59万手,同比增长32.58%;成交金额114 949.4亿元,同比减少1.08%;年末持仓189.56万手,同比增长50.14%。其中,成交量最高为7月的7 367.40万手,最低为2月的1 492.04万手;月末持仓最大为11月的201.96万手,最小为2月的132.28万手。

2015年螺纹钢期货月度、年度交易情况见表9-16、表9-17。

表9-16 2015年螺纹钢期货月度交易情况

月度	成交量(万手)	同比变化(%)	成交金额(亿元)	同比变化(%)	月末持仓量(万手)	同比变化(%)
1	4 256.99	204.52	10 730.54	120.49	141.06	64.28
2	1 492.04	28.46	3 744.53	−5.41	132.28	16.86
3	4 110.05	47.79	10 215.38	12.29	146.75	34.59

（续表）

月度	成交量（万手）	同比变化（%）	成交金额（亿元）	同比变化（%）	月末持仓量（万手）	同比变化（%）
4	6 767.23	205.55	15 818.25	115.61	166.45	46.52
5	4 253.16	84.98	10 137.60	40.67	147.58	15.06
6	3 820.20	72.29	8 698.35	28.43	173.31	41.56
7	7 367.40	161.40	15 109.89	73.44	163.47	27.30
8	5 173.04	100.33	10 527.54	34.32	156.26	−0.44
9	3 966.12	−28.19	7 631.78	−49.15	169.06	−5.57
10	2 666.29	−51.65	4 852.28	−66.09	191.74	−4.13
11	3 734.11	−40.44	6 412.96	−59.30	201.96	12.16
12	6 496.95	7.78	11 070.30	−27.84	189.56	50.14
总计	54 103.59	32.58	114 949.40	−1.08	—	—

数据来源：上海期货交易所网站。

表 9-17　2014—2015 年螺纹钢期货年度交易情况

年度	成交量（万手）	同比变化（%）	成交金额（亿元）	同比变化（%）	年末持仓量（万手）	同比变化（%）
2014	40 807.81	38.93	116 204.03	6.21	126.25	24.98
2015	54 103.59	32.58	114 949.40	−1.08	189.56	50.14

数据来源：上海期货交易所网站。

目前国际市场中与上海期货交易所推出的螺纹钢期货关联度较高的期货品种为 CME 集团和钢铁资讯机构“我的钢铁”合作推出的 CME 中国螺纹钢掉期期货(Chinese Steel Rebar HRB400(Mysteel) Futures Contract)，该品种于 2012 年 10 月 15 日在 NYMEX 交易所挂牌上市，暂无成交信息。伦敦交易所(LME)钢坯期货的交易标的是螺纹钢的上游原料，合约成交量较低、流动性不强。

(2) 价格走势

2015 年，SHFE 螺纹钢主力连续合约年初开盘价 2 550 元/吨(1 月 5 日)，最高价 2 647 元/吨(1 月 6 日)，最低价 1 618 元/吨(12 月 1 日)，最大价差 1 029 元/吨，年末收盘价 1 784 元/吨(12 月 31 日)。全年下跌 766 元/吨，跌幅 30.04%。

2015 年，上海螺纹钢现货价格年初开盘价 2 670 元/吨(1 月 4 日)，最高价 2 763 元/吨(1 月 6 日)，最低价 1 742 元/吨(12 月 14 日)，最大价差 1 021 元/吨，年末收盘价 1 890 元/吨(12 月 31 日)。全年下跌 780 元/吨，跌幅 29.21%。

2015 年螺纹钢期货内外盘和现货市场价格主要显性指标见表 9-18，2015 年螺纹钢期货内外盘和现货市场价格相关性见表 9-19。

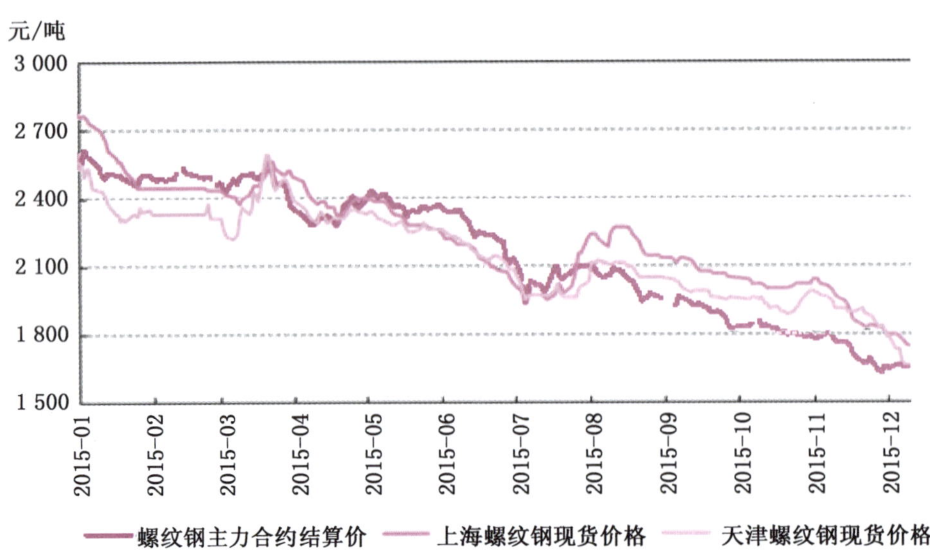

图 9-5　2015 年螺纹钢期货和现货市场价格比较

数据来源:上海期货交易所网站,Mysteel。

表 9-18　2015 年螺纹钢期货和现货市场价格主要显性指标

市场分类	绝对指标(元/吨)					相对指标(%)	
	最高价	最低价	平均价	标准差	极　差	离散率	波幅率
SHFE 连续价格	2 647	1 618	2 136	296	1 029	13.86	48.17
上海现货价格	2 763	1 742	2 201	244	1 021	11.09	46.39
天津现货价格	2 588	1 660	2 127	219	928	10.30	43.63

数据来源:上海期货交易所网站,Mysteel。

表 9-19　2015 年螺纹钢期货和现货市场价格相关性

价　格　选　择	相关系数
螺纹钢主力合约结算价与上海地区现货市场价格	0.93
螺纹钢主力合约结算价与天津地区现货市场价格	0.95

数据来源:上海期货交易所网站,Mysteel。

5. 黄金期货运行报告

2015 年,SHFE 黄金期货价格整体呈先上扬后震荡下行走势。1 月份,瑞士央行突然宣布弃守自 2011 年起设下的瑞士法郎对欧元汇率 1.2 比 1 的上限、欧洲央行宣布推出量化宽松计划以及希腊政局动荡退欧风险加大导致市场避险情绪升温令金价走高。随后因为汇率市场开始稳定,市场恐慌情绪得以降温以及美元持续走强,导致金价开始出现回调下降趋势。3 月 18 日,美联储主席耶伦公开表示通胀回升至 2%目标时加息才合适,而美国通胀已长期处于 2%之下,令市场对美联储 6 月加息预期降温,金价展开反弹走势。其后,美国的 3 月 ADP 就业人数创下 2014 年 1 月以来最低水平,4 月 PPI 环比下降 0.4%,疲软的经济数据进一步拖累美联储加息步伐,金价震荡上行。自 5 月末开始,美国公布的经济数据表现理想,如耐用品订单、营建许可总数、新屋销售等数据符合预期,美元指数稳步上扬,金价承压下跌。7 月,欧元区领导人就希腊债务问题达成协议、伊核协议得以达成令市场避险情绪急剧降温，加上美联储主席耶伦公开讲话令加息预期升温，金价继续下行。8月，汇率市场剧烈波动，大量避险资金涌入金市，国际金价重回1 120美元/盎司水平。其后，美国公布季调后CPI月率表现差强人意，美联储发表的7月会议纪要令升息预期降温，国际金价上冲至1 160美元/盎司附近。此后，美国公布的宏观经济数据喜忧参半，市场对美联储加息的预期不断修正，金价展开震荡走势，并于10月中旬达到1 190美元/盎司附近。随后，美国公布的宏观数据持续好转，如美国失业率降至5%，创七年多新低，美国10月住建商信心指数上修至65点，为10年来最高水平。此外，11月末OPEC宣布维持原油产量不变，12月16日美联储将联邦基金利率提高25个基点，联邦基金目标利率将维持在0.25%—0.50%之间，美国自2006年6月来正式开启加息周期。金价在上述因素影响下持续下行。

(1) 交易情况

2015年，SHFE黄金期货成交量2 531.72万手，同比增长6.08%；成交金额59 919.53亿元，同比增长0.01%；年末持仓12.95万手，同比增长32.98%。其中，成交量最高为8月的361.08万手，最低为6月的116.49万手；月末持仓最大为11月的14.06万手，最小为6月的8.87万手。

2015年黄金期货月度、年度交易情况见表9-20、表9-21。

表9-20 2015年黄金期货月度交易情况

月度	成交量（万手）	同比变化（%）	成交金额（亿元）	同比变化（%）	月末持仓量（万手）	同比变化（%）
1	252.95	37.37	6 422.55	41.66	11.41	47.09
2	142.71	−13.98	3 607.82	−15.85	11.94	17.33
3	226.41	−18.64	5 447.50	−26.03	10.98	3.59
4	197.64	−1.57	4 760.77	−8.64	10.15	0.31
5	149.57	−5.66	3 627.95	−11.85	8.97	−23.22
6	116.49	−22.04	2 789.82	−27.74	8.87	−11.24
7	238.74	50.09	5 418.01	29.51	12.06	20.97
8	361.08	156.50	8 400.65	130.92	12.21	20.37
9	179.29	15.98	4 176.78	9.81	11.24	14.61
10	176.70	15.11	4 228.79	13.34	11.47	−11.52
11	222.44	−32.07	5 004.82	−34.25	14.06	13.02
12	267.70	−14.76	6 034.07	−20.31	12.95	32.98
总计	2 531.72	6.08	59 919.53	0.01	—	—

数据来源：上海期货交易所网站。

表9-21 2014—2015年黄金期货年度交易情况

年度	成交量（万手）	同比变化（%）	成交金额（亿元）	同比变化（%）	年末持仓量（万手）	同比变化（%）
2014	2 386.54	18.81	59 913.14	11.89	9.74	13.93
2015	2 531.72	6.08	59 919.54	0.01	12.95	32.98

数据来源：上海期货交易所网站。

表 9-22　2014—2015 年黄金期货内外盘交易情况比较

年度	成交量(万手)		年末持仓量(万手)	
	SHFE(内盘)	COMEX(外盘)	SHFE(内盘)	COMEX(外盘)
2014	2 386.54	4 051.88	9.74	37.16
2015	2 531.72	4 184.73	12.96	41.52

数据来源:路透、上海期货交易所网站、纽约商业交易所网站、COMEX 黄金选取 100 盎司单位期货合约。

(2) 价格走势

2015 年,SHFE 黄金主力合约年初开盘价 240 元/克(1 月 5 日),最高价 263.20 元/克(1 月 22 日),最低价 216.8 元/克(7 月 24 日),最大价差 46.4 元/克,年末收盘价 226.05 元/克(12 月 31 日)。全年下跌 13.95 元/克,跌幅 5.81%。

2015 年,上海黄金交易所黄金 T+D 年初开盘价 238.5 元/克(1 月 5 日),最高价 261.59 元/克(1 月 21 日),最低价 215.59 元/克(7 月 24 日),最大价差 46 元/克,年末收盘价 222.99 元/克(12 月 31 日)。全年下跌 15.51 元/克,跌幅 6.50%。

2015 年,芝加哥商业交易所(CME)黄金期货主力合约年初开盘价 1 184 美元/盎司(1 月 2 日),最高价 1 307.8 美元/盎司(1 月 22 日),最低价 1 045.4 美元/盎司(12 月 3 日),最大价差 262.4 美元/盎司,年末收盘价 1 060.2 美元/盎司(12 月 31 日)。全年下跌 123.8 美元/盎司,跌幅 10.46%。

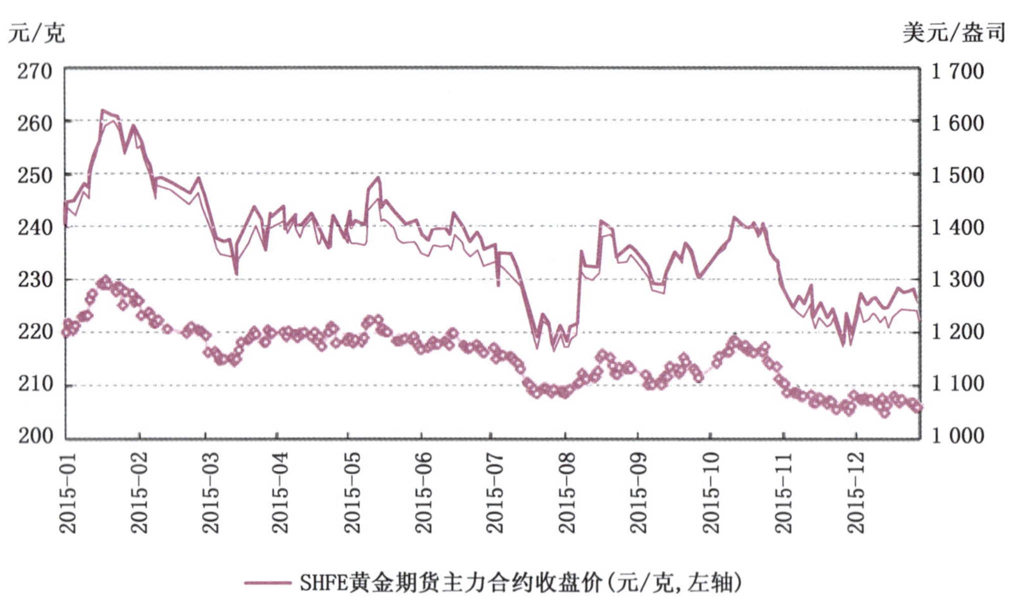

图 9-6　2015 年黄金期货内外盘和现货市场价格比较

数据来源:路透、上海期货交易所网站。

2015 年黄金期货内外盘和现货市场价格主要显性指标见表 9-23,2015 年黄金期货内外盘和现货市场价格相关性见表 9-24。

6. 白银期货运行报告

2015 年,SHFE 白银期货价格总体呈先扬后震荡下行走势。2015 年 1 月,瑞士央行突然宣布弃守自 2011 年起设下的瑞士法郎对欧元汇率 1.2 比 1 的上限、欧洲央行宣布推出量化宽松计划、美国服务业 PMI 及工厂订单均出现下滑、希腊退欧风险加大导致市场避险情绪升温令银价走高。随后因为汇率市场开始稳定,市场恐慌情绪得以降温以及美元持续走强,导致银价开始出现回调下降趋势。3 月 18 日,美联储主席耶伦公开表示通胀回升至

表 9-23 2015 年黄金期货内外盘和现货市场价格主要显性指标

市场分类	绝对指标(元/克、美元/盎司)					相对指标(%)	
	最高价	最低价	平均价	标准差	极差	离散率	波幅率
SHFE 黄金期货价格	263.20	216.80	237.11	9.65	46.4	4.07	19.57
COMEX 黄金期货价格	1 307.80	1 045.40	1 158.94	57.15	262.40	4.93	22.64
SGE 黄金 T+D 价格	261.59	215.59	234.80	9.72	46	4.14	19.59

数据来源:路透、上海期货交易所网站。

表 9-24 2015 年黄金期现内外盘和现货市场价格相关性

价格选择	相关系数
SHFE 黄金期货价格与 COMEX 黄金期货价格	0.95
SHFE 黄金期货价格与 SGE 黄金 T+D 价格	0.99
COMEX 黄金期货价格与 SGE 黄金 T+D 价格	0.95

数据来源:路透、上海期货交易所网站。

2%目标时加息才合适,而美国通胀已长期处于 2%之下,令市场对美联储 6 月加息预期降温,银价展开反弹走势。其后,美国的 3 月 ADP 就业人数创下 2014 年 1 月以来最低水平,4 月 PPI 环比下降 0.4%,疲软的经济数据进一步拖累美联储加息步伐,且美联储下调了美国经济预估,白银价格出现反弹。自 5 月末开始,美国公布的经济数据表现理想,如耐用品订单、营建许可总数、新屋销售等数据符合预期,美元指数稳步上行,白银价格逐渐走低。7 月,欧元区领导人就希腊债务问题达成协议、伊核协议得以达成令市场避险情绪急剧降温,加上美联储主席耶伦公开讲话令加息预期升温,银价继续下行。8 月,汇率市场剧烈波动,避险情绪升温,银价重回 15 美元/盎司水平。其后,美国公布季调后 CPI 月率表现差强人意,美联储发表的 7 月会议纪要,令升息预期降温,国际银价上冲至 15.700 美元/盎司附近。此后,美国公布的宏观经济数据喜忧参半,市场对美联储加息的预期不断修正,国际银价展开震荡走势,并于 10 月中旬达到 16.100 美元/盎司附近。随后,美国公布的宏观数据持续好转,如美国失业率降至 5%,创七年多新低,美国 10 月住建商信心指数上修至 65 点,为 10 年来最高水平。此外,11 月末 OPEC 宣布维持原油产量不变,12 月 16 日美联储将联邦基金利率提高 25 个基点,联邦基金目标利率将维持在 0.25%—0.50%之间,美国自 2006 年 6 月来正式开启加息周期。银价在上述因素影响下持续下行。

(1) 交易情况

2015 年,SHFE 白银期货成交量 14 478.65 万手,同比减少 25.17%;成交金额 76 151.47 亿元,同比减少 33.83%;年末持仓 26.00 万手,同比增长 27.78%。其中,成交量最高为 1 月的 2 112.04 万手,最低为 10 月的 577.30 万手。月末持仓最大为 4 月的 32.12 万手,最小为 9 月的 18.92 万手。

2015 年白银期货月度、年度交易情况见表 9-25、表 9-26。

(2) 价格走势

2015 年,SHFE 白银期货主力合约年初开盘价 3 498 元/千克(1 月 5 日),最高价 3 934 元/千克(1 月 22 日),最低价 3 150 元/吨(7 月 27 日),最大价差 784 元/千克,年末收盘价 3 290 元/千克(12 月 31 日)。全年下跌 208 元/千克,跌幅 5.95%。

2015 年,SGE 白银 T+D 年初开盘价 3 420 元/千克(1 月 5 日),最高价 3 898 元/吨(7 月 22 日),最低价 3 128 元/千克(12 月 3 日),最大价差 770 元/千克,年末收盘价 3 210 元/千克。全年下跌 210 元/千克,跌幅 6.14%。

表 9-25　2015 年白银期货月度交易情况

月度	成交量（万手）	同比变化（%）	成交金额（亿元）	同比变化（%）	月末持仓量（万手）	同比变化（%）
1	2 112.04	−21.30	11 711.26	−29.63	25.79	7.19
2	1 211.27	−44.97	6 595.33	−53.89	19.95	−29.41
3	1 775.73	−26.35	9 434.47	−38.39	27.60	10.37
4	1 333.33	18.41	7 091.66	2.53	32.12	26.96
5	1 257.60	55.75	6 938.93	39.94	23.00	−14.05
6	975.20	−8.91	5 223.10	−23.19	31.04	25.37
7	1 262.58	16.36	6 262.32	−11.05	29.84	26.59
8	1 732.00	143.27	8 799.34	96.56	21.54	−23.98
9	903.36	−1.33	4 534.56	−16.06	18.92	−41.69
10	577.30	−39.57	2 993.01	−44.92	23.21	−41.85
11	667.27	−71.64	3 272.20	−72.58	27.56	−7.75
12	670.97	−77.84	3 295.30	−79.24	26.00	27.78
总计	14 478.65	−25.17	76 151.47	−33.83	—	—

数据来源：上海期货交易所网站。

表 9-26　2014—2015 年白银期货年度交易情况

年度	成交量（万手）	同比变化（%）	成交金额（亿元）	同比变化（%）	年末持仓量（万手）	同比变化（%）
2014	19 348.77	11.70	115 091.49	−0.40	20.35	−39.27
2015	14 478.65	−25.17	76 151.47	−33.83	26.00	27.78

数据来源：上海期货交易所网站。

表 9-27　2014—2015 年白银期货内外盘交易情况比较

年　度	上海期货交易所白银期货成交量		COMEX 白银期货成交量	
	万手	万吨	万手	万吨
2014	19 348.77	290.23	1 369.70	213.01
2015	14 478.65	217.18	1 345.44	209.24

数据来源：上海期货交易所网站、纽约商业交易所网站和路透，COMEX 白银选取 5 000 盎司单位期货合约。

2015 年，COMEX 白银期货主力合约年初开盘价 15.73 美元/盎司（1 月 2 日），最高价 18.51 美元/盎司（1 月 21 日），最低价 13.62 美元/吨（12 月 14 日），最大价差 4.89 美元/盎司，年末收盘价 13.80 美元/盎司（12 月 31 日）。全年下跌 1.93 美元/盎司，跌幅 12.27%。（数据来源：路透）

2015 年白银期货内外盘和现货市场价格比较见图 9-7。

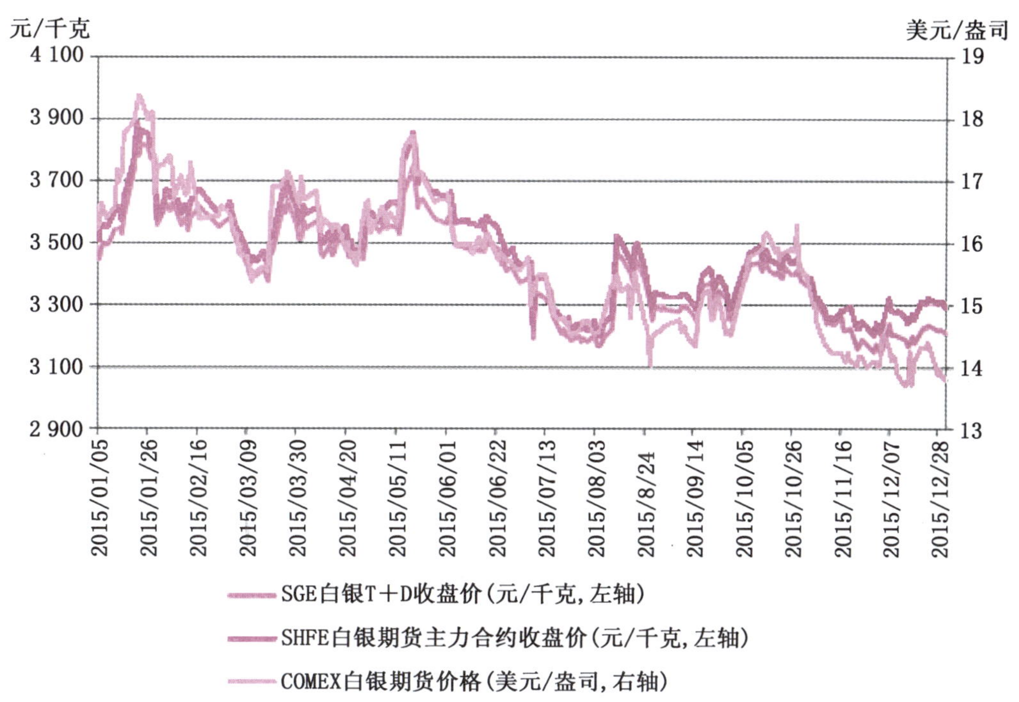

图 9-7 2015 年白银期货内外盘和现货市场价格比较

数据来源:上海期货交易所网站、路透。

2015 年白银期货内外盘和现货市场价格主要显性指标见表 9-28，2015 年白银期货内外盘和现货市场价格相关性见表 9-29。

表 9-28 2015 年白银期货内外盘和现货市场价格主要显性指标

市场分类	绝对指标(美元/盎司、元/千克)					相对指标(%)	
	最高价	最低价	平均价	标准差	极差	离散率	波幅率
SHFE 白银期货价格	3 934	3 150	3 465.40	163.97	784	4.73	22.62
SGE 白银 T+D 价格	3 898	3 128	3 412.89	160.95	770	4.72	22.56
COMEX 白银期货价格	18.51	13.62	15.67	1.07	4.89	6.85	31.21

数据来源:上海期货交易所网站、路透。

表 9-29 2015 年白银期货内外盘和现货市场价格相关性

价格选择	相关系数
SHFE 白银期货价格与 SGE 白银 T+D 价格	0.99
SHFE 白银期货价格与 COMEX 白银期货价格	0.94
SGE 白银 T+D 价格与 COMEX 白银期货价格	0.95

数据来源:上海期货交易所网站、路透。

7. 热轧卷板期货运行报告

2015 年，SHFE 热轧卷板期货价格整体呈震荡下行走势，主力合约年初开盘价 2 928 元/吨，年末收盘价 1 949 元/吨，全年下跌 979 元/吨，跌幅 33.44%。按单边统计，热轧卷板期货全年成交量 201.24 万手，成交金额 430.52 亿元。2015 年上半年，受制造业 PMI、工业增加值增速等主要经济指标趋缓，铁矿石价格承压下行,热轧卷板期货价格震荡下行。第三季度,下游需求增速持续放缓,钢企产量维持高位,铁矿石价格不断创出历史新低,热轧卷板期货价格持续下跌。第四季度,由于人民币连续贬值刺激板材出口放量,板材社会库存降至年底低点,加上三大矿山发货量放缓刺激矿价上涨等因素,热轧卷板期货价格触底反弹。

(1) 交易情况

2015 年全年,SHFE 热轧卷板期货成交量 201.24 万手,同比增长 60.30%;成交金额 430.52 亿元,同比增长 7.45%;年末持仓 5.01 万手,同比增长 301.23%。其中,成交量最高为 12 月的 44.09 万手,最低为 10 月的 7.77 万手;月末持仓最大为 12 月的 5.01 万手,最小为 4 月的 1.72 万手。

2015 年热轧卷板期货年度交易情况见表 9-30。

表 9-30 2015 年热轧卷板期货年度交易情况

年度	成交量(万手)	同比变化(%)	成交金额(亿元)	同比变化(%)	年末持仓量(万手)	同比变化(%)
2014	125.54	—	400.68	—	1.25	—
2015	201.24	60.30	430.52	7.45	5.01	301.23

数据来源:上海期货交易所。

目前,国际市场上对应的主要热轧卷板期货品种为新加坡交易所(SGX)推出的热轧钢卷期货和掉期合约(Hot-Rolled Coil Steel CFR ASEAN Index Futures and Swaps Contract),该合约成交量较低、流动性不强。

(2) 价格走势

2015 年,SHFE 热轧卷板主力连续合约年初开盘价 2 928 元/吨(1 月 5 日),最高价 2 992 元/吨(1 月 6 日),最低价 1 675 元/吨(12 月 1 日),最大价差 1 317 元/吨,年末收盘价 1 949 元/吨(12 月 31 日)。全年下跌 979 元/吨,跌幅 33.44%。

2015 年,上海热轧卷板现货价格年初开盘价 2 670 元/吨(1 月 4 日),最高价 2 680 元/吨(1 月 6 日),最低价 1 690 元/吨(12 月 14 日),最大价差 990 元/吨,年末收盘价 1 890 元/吨(12 月 31 日)。全年下跌 780 元/吨,跌幅 29.21%。

2015 年热轧卷板期货和现货市场价格比较见图 9-8。

图 9-8 2015 年热轧卷板期货和现货市场价格比较

数据来源:上海期货交易所,Mysteel。

8. 铅期货运行报告

2015 年，铅是主要的基本金属中，下跌幅度最小的品种。上半年，中国原生铅产量持续下降，同时 LME 铅注销仓单激增，导致可交割资源大幅趋紧，刺激铅价从底部强势反弹。然而，在中国经济增速放缓，市场对美联储加息预期升温，以及第二季度末 LME 铅注销仓单重新回流市场等多重利空因素的共振下，铅价先扬后抑。10 月，嘉能可宣布大规模关停铅锌矿山一度提振市场信心，但是由于中国经济没有起色，铅价重回弱势。

(1) 交易情况

2015 年全年，上海期货交易所铅期货成交量 131.01 万手，同比下降 10.13%；成交金额 845.4 亿元，同比下降 18.43%；年末持仓 1.73 万手，同比下降 21.92%。其中，成交量最高为 12 月的 17.3 万手，最低为 2 月的 4.71 万手；月末持仓最大为 8 月的 1.84 万手，最小为 3 月的 1.26 万手。

2015 年铅期年度交易情况见表 9-31。

表 9-31　2014—2015 年铅期货年度交易情况

年度	成交量（万手）	同比变化（%）	成交金额（亿元）	同比变化（%）	年末持仓量（万手）	同比变化（%）
2014	145.78	743.85	1 036.43	320.84	2.21	69.88
2015	131.01	−10.13	845.40	−18.43	1.73	−21.92

数据来源：上海期货交易所。

(2) 价格走势

2015 年，SHFE 铅主力连续合约年初开盘价 12 410 元/吨（1 月 5 日），最高价 14 025 元/吨（5 月 5 日），最低价 11 770 元/吨（1 月 14 日），最大价差 2 255 元/吨，年末收盘价 13 170 元/吨（12 月 31 日）。全年上涨 760 元/吨，涨幅 6.12%。

2015 年，上海 0 号铅现货价格年初报价 12 600 元/吨（1 月 5 日），最高价 13 925 元/吨（5 月 6 日），最低价 12 300 元/吨（3 月 3 日），最大价差 1 625 元/吨，年末报价 13 200 元/吨（12 月 31 日）。全年上涨 600 元/吨，涨幅 4.76%。

2015 年，伦敦金属交易所（LME）铅连续合约年初开盘价 1 860 美元/吨（1 月 2 日），最高价 2 158 美元/吨（5 月 5 日），最低价 1 562 美元/吨（11 月 23 日），最大价差 596 美元/吨，年末收盘价 1 793 美元/吨（12 月 31 日）。全年下跌 67 美元/吨，跌幅 3.60%。

2015 年铅期货内外盘和现货市场价格比较见图 9-9。

9. 线材期货运行报告

2015 年，SHFE 线材期货价格整体呈震荡下行走势，主力合约年初开盘价 2 941 元/吨，年末收盘价 1 881 元/吨，全年下跌 1 060 元/吨，跌幅 36.04%。按单边统计，线材期货全年累计成交量 327 手，成交金额 841.79 万元。线材期货市场总体缺乏流动性，市场规模较小。2015 年，我国宏观经济增速放缓，钢铁生产保持增长，钢材市场供大于求矛盾突出，钢材价格走势呈现不断下跌态势。线材期货价格与现货价格走势趋同。线材期货作为建筑钢材期货品种，与螺纹钢期货相关性较高，市场影响因素、价格整体走势与螺纹钢期货基本保持一致。

(1) 交易情况

2015 年，SHFE 线材期货成交量 327 手，同比减少 50.83%；成交金额 841.79 万元，同比减少 61.55%；年末持仓 0 手。其中，成交量最高为 3 月的 73 手，最低为 12 月的 0 手；月末持仓最大为 9 月的 12 手，最小为 11 月和 12 月的 0 手。

2015 年线材期货年度交易情况见表 9-32。

图 9-9　2015 年铅期货内外盘和现货市场价格比较

数据来源:SHFE、Reuters、SMM。

表 9-32　2014—2015 年线材期货年度交易情况

年度	成交量(万手)	同比变化(%)	成交金额(亿元)	同比变化(%)	年末持仓量(手)	同比变化(%)
2014	0.07	−82.78	0.22	−84.99	9	80.00
2015	0.03	−50.83	0.08	−61.55	0	−100

数据来源:上海期货交易所。

目前,国际市场上没有对应的线材期货品种。

(2) 价格走势

2015 年,SHFE 线材主力连续合约年初开盘价 2 941 元/吨(1 月 5 日),最高价 2 941 元/吨(1 月 5 日),最低价 1 698 元/吨(11 月 30 日),最大价差 1 243 元/吨,年末收盘价 1 881 元/吨(12 月 31 日)。全年下跌 1 060 元/吨,跌幅 36.04%。

2015 年,上海线材现货价格年初开盘价 2 600 元/吨(1 月 4 日),最高价 2 600 元/吨(1 月4 日),最低价 1 800 元/吨(12 月 14 日),最大价差 800 元/吨,年末收盘价 1 820 元/吨(12 月 31 日)。全年下跌 780 元/吨,跌幅 30.00%。

2015 年线材期货和现货市场价格比较见图 9-10。

10. 镍期货运行报告

2015 年 3 月 27 日 SHFE 镍期货品种上市交易。2015 年受到国际国内宏观经济增长放缓、美国加息预期推动美元指数持续做强和镍产业过剩、库存高企与下游消费低迷等诸多因素的影响,国内外镍期货和现货价格整体上出现较大幅度的下跌,跌幅居六大基本金属之首,LME 镍期货价格跌破 2008 年国际金融危机时期 8 850 美元/吨的低点,2015 年 11 月创下 8 175 美元/吨的最低价,SHFE 镍价创下 63 310 元/吨的最低价,2015 年 12 月国内外镍期货价格维持低位震荡整理的格局。

(1) 交易情况

2015 年 3 月 27 日 SHFE 镍期货品种上市交易以来,成交活跃,持仓量逐月增加,市场规模稳步增长。2015 年 3—12 月 SHFE 镍期货累计成交量 6 359.01 万手,占全国期货成交量的 1.78%,累计成交金额 5.21 万亿元,占全国期货品种成交金额的 0.94%;年末持仓26.92 万手。其中,成交量最高为 12 月的

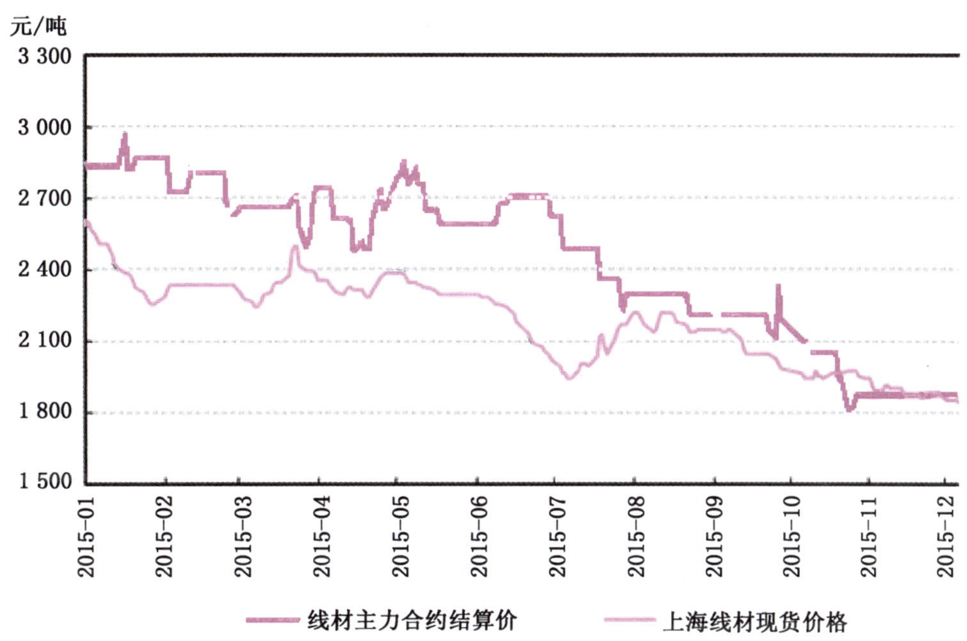

图 9-10 2015 年线材期货和现货市场价格比较

数据来源：上海期货交易所，Mysteel。

1 133.51 万手，最低为上市首月 3 月的 104.2 万手；成交金额最高为 12 月的 7 878 亿元，最低为上市首月 3 月的 101.6 亿元；月末持仓最大为 12 月的 26.92 万手，最小为上市首月 3 月的 2.92 万手。

2015 年镍期货年度交易情况见表 9-33。

表 9-33 2014—2015 年镍期货年度交易情况

年度	成交量（万手）	同比变化（%）	成交金额（亿元）	同比变化（%）	年末持仓量（万手）	同比变化（%）
2014	—	—	—	—	—	—
2015	6 359.01	—	52 047.12	—	26.92	—

数据来源：上海期货交易所。

（2）价格走势

2015 年 3 月 27 日 SHFE 镍期货品种上市以来，SHFE 镍主力连续合约开盘价 101 870 元/吨（3 月 27 日），最高价 115 300 元/吨（5 月 7 日），最低价 63 310 元/吨（11 月 24 日），最大价差 51 990 元/吨，年末收盘价 70 630 元/吨（12 月 31 日），相对于 3 月 27 日 102 070 元/吨挂盘基准价下跌 31 440 元/吨，跌幅 30.8%。

2015 年，上海 1 号镍现货价格年初报价 107 700 元/吨（1 月 5 日），最高价 110 850 元/吨（1 月 8 日），最低价 64 150 元/吨（11 月 24 日），最大价差 46 700 元/吨，年末报价 68 700 元/吨（12 月 31 日）。全年下跌 39 000 元/吨，跌幅 36.2%。

2015 年，伦敦金属交易所（LME）镍连续合约年初收盘价 14 830 美元/吨（1 月 2 日），最高价 15 677 美元/吨（1 月 9 日），最低价 8 175 美元/吨（11 月 23 日），最大价差 7 502 美元/吨，年末收盘价 8 820 美元/吨（12 月 31 日）。全年下跌 6 010 美元/吨，跌幅 40.5%。

2015 年镍期货内外盘和现货市场价格比较见图 9-11。

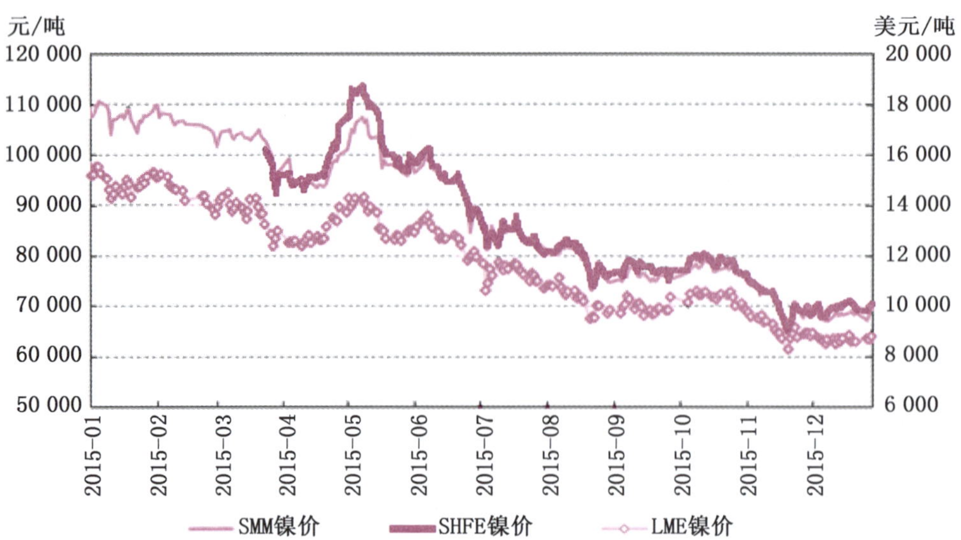

图 9-11 2015 年镍期货内外盘和现货市场价格比较

数据来源:上海期货交易所、Reuters、SMM。

11. 锡期货运行报告

锡期货于 2015 年 3 月在 SHFE 挂牌上市,整体运行平稳,市场风险可控。

(1) 交易情况

2015 年,SHFE 锡期货成交量 51.58 万手,成交金额 562.37 亿元;全年日均成交量 0.27 万手,日均成交金额 2.96 亿元。其中,成交量最高为 5 月的 20.53 万手,最低为 3 月的 0.44 万手;月末持仓最大为 12 月的 6 718 手,最小为 3 月的 1 198 手。

2015 年 SHFE 锡期货成交量为 51.58 万手,LME 为 146.31 万手;按照 SHFE 锡期货合约 1 吨/手和 LME 锡期货合约 5 吨/手折算成实际吨数进行比较,SHFE 锡期货成交量约为 LME 的 7%。就年末持仓量而言,SHFE 锡期货为 3 359 手,LME 为 17 407 手,折算成实际吨数进行比较,SHFE 锡期货年末持仓量约为 LME 的 3.9%。

2015 年锡期货内外盘年度交易情况见表 9-34。

表 9-34 2015 年锡期货内外盘交易情况比较

年 度	成交量(万手)		年末持仓量(手)	
	SHFE(内盘)	LME(外盘)	SHFE(内盘)	LME(外盘)
2014	—	211.19	—	21 817
2015	51.58	146.31	3 359	17 407

数据来源:上海期货交易所、路透(Reuters)。

(2) 价格走势

2015 年,SHFE 锡期货主力连续合约年初开盘价 120 000 元/吨(3 月 27 日),最高价 125 910 元/吨(5 月 7 日),最低价 80 000 元/吨(11 月 24 日),最大价差 45 910 元/吨,年末收盘价 93 790 元/吨(12 月 31 日)。全年下跌 26 210 元/吨,跌幅 21.84%。

2015 年,伦敦金属交易所锡连续合约年初开盘价 19 100 美元/吨(1 月 2 日),最高价 20 100 美元/吨(1 月 5 日),最低价 13 365 美元/吨(6 月 30 日),最大价差 6 735 美元/吨,年末收盘价 14 565 美元/吨(12 月 31 日)。全年下跌 4 535 美元/吨,跌幅 23.74%。

2015 年,上海锡现货价格年初报价 128 250

元/吨(1 月 5 日),最高价 129 000 元/吨(1 月 7 日和 1 月 8 日),最低价 84 000 元/吨(12 月 9 日),年末报价 94 250 元/吨(12 月 31 日)。全年下跌 34 000 元/吨,跌幅 26.5%。

2015 年锡期货内外盘和现货市场价格比较见图 9-12。

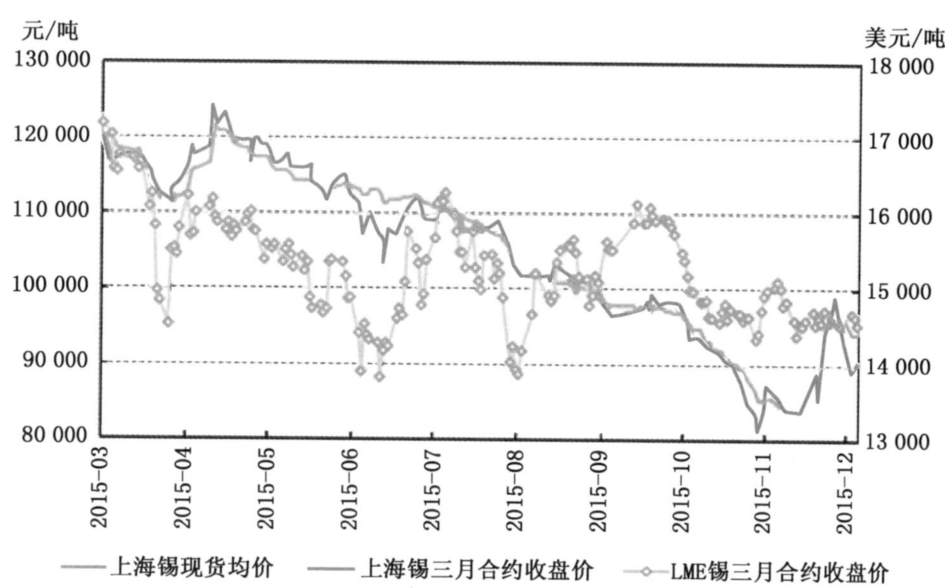

图 9-12 2015 年锡期货内外盘和现货市场价格比较

数据来源:上海期货交易所、上海金属网、路透(Reuters)。

第三节 能源化工类期货品种运行情况

1. 天然橡胶期货运行报告

2015 年,SHFE 天然橡胶期货价格仍保持整体下跌趋势,11 月底,上海期货交易所天然橡胶价格下跌至 2009 年以来低位,主力合约最低至 9 680 元/吨。行业供大于求的基本面矛盾较为突出,下游行业需求持续乏力,再加上宏观经济疲软则进一步造成行业信心不足。年初至 4 月末,天然橡胶市场开局下跌,随着春节临近市局企稳,此后步入长达近 3 个月的横盘僵持阶段。4 月末至 6 月初,中国国内各项宽松、拉动类政经政策启动,市场氛围整体得到暖化和助推,商品市场迎来全盘大幅上扬。在此背景下,天然橡胶市场亦连续大涨,SHFE 天胶主力合约最高至 15 270 元/吨。6 月初至年末。市场止涨并步入下行通道,跌势持续至 11 月末再转僵持。一方面天然橡胶供需基本面矛盾逐步加深,下游需求低迷,而进入夏季的上游供应逐步增长,新一季高产季来临;另一方面,外围政经面的宏观类托市政策的实际效用有限,市场业者信心不足,始终保持谨慎心态。

(1) 交易情况

2015 年,SHFE 天胶期货成交量 8 306 万手,同比减少 6.28%;成交金额 102 448 亿元,同比减少 19.83%;年末持仓 35.8 万手,同比增加 14.94%。其中,成交量最高为 12 月的 959.8 万手,最低为 2 月的 428.95 万手;月末持仓量最大为 10 月的 39.2 万手,最小为 7 月的 23.3 万手。

2015 年天然橡胶期货月度、年度交易情况见表 9-35、表 9-36。

表 9-35　2015 年天然橡胶期货月度交易情况

月度	成交量（万手）	同比变化（%）	成交金额（亿元）	同比变化（%）	月末持仓量（万手）	同比变化（%）
1	729.16	15.7	9 488.16	−9.92	29.7	−0.7
2	428.97	−24.8	5 798.8	−34.72	32.8	−12.09
3	590.96	−44.8	7 654.9	−53.11	30.6	−13.57
4	515.93	−47.5	6 837.53	−53.36	35	−23.92
5	637.58	−22.3	9 316.85	−21.68	32.4	−26.66
6	639.36	−10.1	9 261.4	−12.33	26.2	−41.68
7	743.58	4.6	9 609.66	−9.95	23.3	−36.8
8	662.11	36.4	7 892.37	7.93	23.4	−32.74
9	805.76	27.7	9 354.31	12.58	24	−15.28
10	728.60	9.2	8 286.85	−3.94	39.2	13.06
11	864.93	3.5	9 018.84	−15.85	34.1	13.46
12	959.80	28.5	9 928.5	6.90	35.8	14.94
总计	8 306.75	−6.3	102 448.18	−19.83	—	—

数据来源：上海期货交易所网站。

表 9-36　2014—2015 年天然橡胶期货年度交易情况

年度	成交量（万手）	同比变化（%）	成交金额（亿元）	同比变化（%）	月末持仓量（万手）	同比变化（%）
2014	8 863.16	22.36	127 785.04	−12.03	15.56	6.58
2015	8 306.75	−6.28	102 448.18	−19.83	35.8	130.08

数据来源：上海期货交易所网站。

表 9-37　2014—2015 年天然橡胶期货内外盘交易情况比较

年度	成交量（万手）		年末持仓量（万手）	
	SHFE（内盘）	TOCOM（外盘）	SHFE（内盘）	TOCOM（外盘）
2014	8 863.16	244.04	15.56	2.99
2015	8 306.75	240.8	35.8	2.80

数据来源：上海期货交易所网站、TOCOM。

(2) 价格走势

2015 年，上海期货交易所天然橡胶期货主力合约年初开盘价 13 520 元/吨（1 月 5 日），最高价 15 270 元/吨（5 月 7 日），最低价 9 680 元/吨（11 月 26 日），最大价差 5 590 元/吨，年末收盘价 10 540 元/吨（12 月 31 日）。全年下跌 2 980 元/吨，跌幅 22.04%。

2015 年，中橡全乳胶成交价年初为 12 500 元/吨（1 月 5 日），最高价 13 700 元/吨（5 月 4 日），最低价 8 900 元/吨（11 月 24 日），最大价差 4 800 元/吨，年末报价 9 700 元/吨（12 月 31 日）。全年下跌 2 800 元/吨，跌幅 22.4%。

2015 年，东京工业品交易所（TOCOM）天胶主力连续合约年初开盘价 214.5 日元/千克（1 月 5 日），最高价 243.8 元/千克（6 月 1 日），最低价 154.7 日元/千克（11 月 24 日），最大价差 89.1 日元/千克，年末收盘价 159 日元/千克（12 月 30 日）。全年下跌 55.5 日元/千克，跌幅 25.87%。

2015 年天然橡胶期货内外盘和现货市场价格比较见图 9-13。

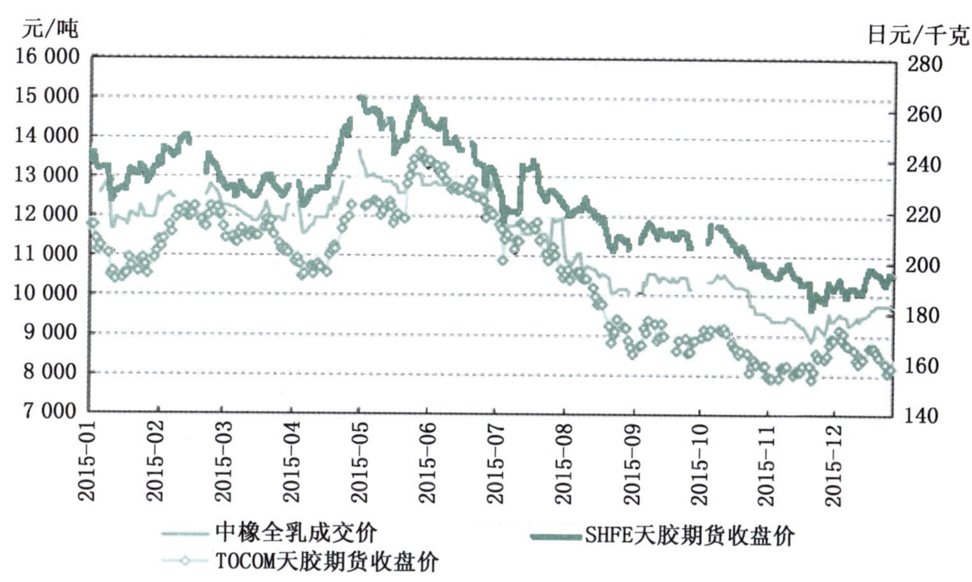

图 9-13 2015 年天然橡胶内外盘和现货价格比较

数据来源：上海期货交易所网站、中国橡胶信息贸易网、TOCOM 官网。

2015 年天然橡胶期货内外盘和现货市场价格主要显性指标、内外盘和现货市场价格相关性见表 9-38、表 9-39。

表 9-38 2015 年天然橡胶期货内外盘和现货市场价格主要显性指标

市场分类	绝对指标(元/吨、日元/千克)					相对指标(%)	
	最高价	最低价	平均价	标准差	极　差	离散率	波幅率
SHFE 连续价格	15 010	9 675	12 416	1 338.36	5 335	10.78	42.97
TOCOM 连续价格	243.8	154.7	195.4	24.82	89.1	12.7	45.60
橡胶现货市场价格	13 700	8 900	11 349	1 278.82	4 800	11.27	42.29

数据来源：上海期货交易所相关资料、TOCOM 官网、中国橡胶信息贸易网。

表 9-39 2015 年天然橡胶期货内外盘和现货市场价格相关性

价　格　选　择	相关系数
SHFE 连续价格与 TOCOM 连续价格	0.940 0
SHFE 连续价格与现货市场价格	0.960 4

数据来源：上海期货交易所相关资料、TOCOM 官网、中国橡胶信息贸易网。

2. 石油沥青期货运行报告

2015 年，SHFE 石油沥青期货价格整体呈下行走势，较 2014 年价格大幅下跌。第一季度因为原油供应大幅增长，但随后美国经济数据持续向好，导致能源价格呈先抑后扬走势；第二季度能源市场多空消息交替出现，原油价格在 60 美元/桶附近横盘震荡；第三季度国际原油期货价格开始大幅下跌，主要因素包括美国原油库存持续高企，OPEC 多次未能就减产达成一致意见，中国股市暴跌及新兴市场国家经济增速减缓明显；第四季度原油价格继续探底，接连突破 40、35 及 30 美元/桶关口，主要原因是全球经济增速放缓，石油库存和产量居高不下。

(1) 交易情况

2015 年，SHFE 石油沥青期货合约成交量 3 239.77 万手，同比增长 4 883%，成交金额 0.74 万亿元，同比增长 2 558%；年末持仓 10.55 万手，上年同期 166 手，同比增长 1 269

倍。其中,成交量最高为12月的790万手,最低为1月的4.64万手。

2015年石油沥青期货月度、年度交易情况见表9-40、表9-41。

表9-40 2015年石油沥青期货月度交易情况

月度	成交量(万手)	同比变化(%)	成交金额(亿元)	同比变化(%)	月末持仓量(万手)	同比变化(%)
1	4.64	−0.73	13.38	−0.82	0.34	−0.70
2	8.18	−0.05	23.73	−0.37	0.58	−0.42
3	54.90	2.88	168.87	1.83	1.14	−0.13
4	172.10	14.34	572.04	11.21	2.93	1.23
5	77.20	14.79	247.45	11.03	3.12	1.02
6	39.50	15.05	120.04	10.60	2.44	0.80
7	103.85	26.87	266.64	15.80	1.69	0.30
8	147.35	54.63	355.27	30.54	2.03	0.91
9	550.00	704.95	1 322.79	393.71	2.58	97.69
10	525.40	8 094.69	1 210.78	4 558.43	8.18	329.99
11	766.65	7 870.65	1 623.37	4 286.15	6.87	412.80
12	790.00	17 437.26	1 434.48	9 189.49	10.55	1 269.48
总计	3 239.77	4 883.13	7 358.82	2 558.00	—	—

数据来源:上海期货交易所相关资料。

表9-41 2014—2015年石油沥青期货年度交易情况

年度	成交量(万手)	同比变化(%)	成交金额(亿元)	同比变化(%)	年末持仓量(万手)	同比变化(%)
2014	65.015	−79.26	553.71	−79.80	0.008 3	−99.62
2015	3 239.77	4 883.13	7 358.82	2 558.00	10.55	1 269.48

数据来源:上海期货交易所相关资料。

(2) 价格走势

2015年,SHFE石油沥青主力合约年初开盘价3 498元/吨(1月5日),最高价3 666元/吨(1月6日),最低价1 642元/吨(12月11日),最大价差2 024元/吨,年末收盘价1 894元/吨(12月31日),全年下跌1 604元/吨,跌幅45.85%。

2015年,百川资讯国产沥青均价年初报价3 563元/吨(1月5日),最高价3 563元/吨(1月5日),最低价2 000元/吨(12月31日),最大价差1 563元/吨,年末报价2 000元/吨。全年下跌1 563元/吨,跌幅43.87%。

2015年,Duri重油沥青价格年初开盘价51.66美元/桶(1月5日),最高价70.08美元/桶(7月1日),最低价30.53美元/桶(12月31日),最大价差39.55美元/桶,年末收盘价30.53美元/桶(12月31日)。全年下跌21.13美元/桶,跌幅40.9%。

2015年石油沥青期货内外盘和现货市场价格比较见图9-14。

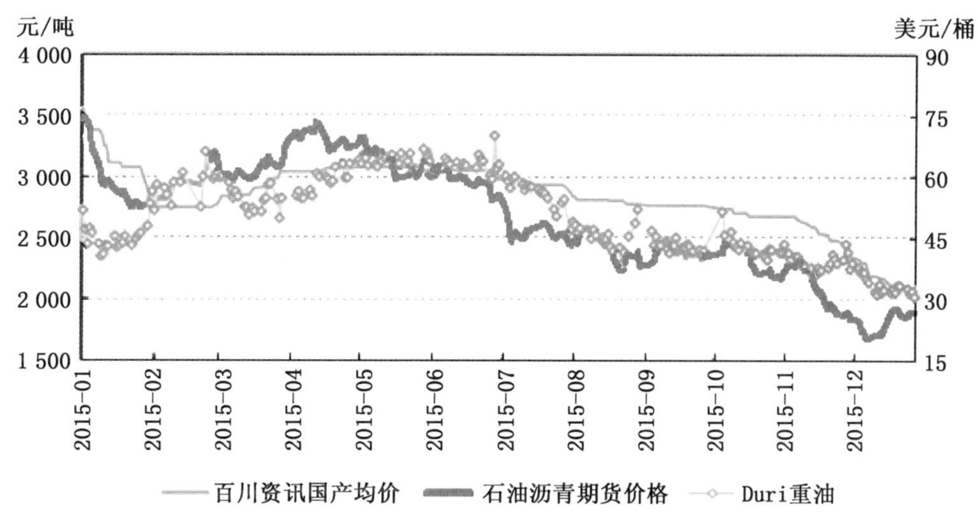

图 9-14 2015 年沥青期货内外盘和现货市场价格比较

数据来源：上海期货交易所相关资料、安迅思官网、百川资讯官网。

2015 年石油沥青期货内外盘和现货市场价格主要显性指标、内外盘和现货市场价格相关性见表 9-42、表 9-43。

表 9-42 2015 年石油沥青期货内外盘和现货市场价格主要显性指标

市场分类	绝对指标(元/吨、美元/千克)					相对指标(%)	
	最高价	最低价	平均价	标准差	极　差	离散率	波幅率
SHFE 沥青价格	3 480	1 670	2 651.78	470.32	1 810	17.74	68.26
百川资讯国产沥青均价	3 563	2 000	2 827.27	285.36	1 563	10.09	55.28
Duri 重油沥青	70.08	30.53	50.10	10.09	39.55	20.14	78.94

表 9-43 2015 年石油沥青期货内外盘和现货市场价格相关性

价　格　选　择	相关系数
SHFE 价格与百川资讯国产沥青价格	0.855 0
SHFE 价格与 Duri 重油现货市场价格	0.812 1

3. 燃料油期货运行报告

2015 年，SHFE 燃料油期货价格保持震荡下跌趋势，全年交投清淡。

(1) 交易情况

2015 年，SHFE 燃料油期货成交量 3 875 手，同比增长 163.78%；成交金额 5.75 亿元，同比增长 131.85%；年末持仓 11 手，同比减少 70.27%。其中，成交量最高为 5 月的 85 手，最低为 1 月的 1 手，月末持仓量最大为 3 月和 4 月的 110 手，最小为 11 月的 8 手。

2015 年燃料油期货年度交易情况见表 9-44。

表 9-44 2014—2015 年燃料油期货年度交易情况

年度	成交量(万手)	同比变化(%)	成交金额(亿元)	同比变化(%)	年末持仓量(万手)	同比变化(%)
2014	1 469	41.39	24 798.24	−1.23	37	85
2015	3 875	163.78	57 485.45	131.85	11	70.27

数据来源：上海期货交易所相关资料。

(2) 价格走势

2015 年,上海期货交易所燃料油期货主力合约年初开盘价 2 979 元/吨(1 月 5 日),最高价 4 089 元/吨(3 月 10 日),最低价 1 671 元/吨(8 月 31 日),最大价差 2 418 元/吨,年末收盘价 2 553 元/吨(12 月 31 日)。全年下跌 426 元/吨,跌幅 14.30%。

2015 年,国内燃料油现货报价年初为 3 550 元/吨(1 月 4 日),最高价 3 550 元/吨(1 月 4 日),最低价 2 080 元/吨(12 月 31 日),最大价差 1 470 元/吨,年末报价 2 080 元/吨(12 月 31 日)。全年下跌 1 470 元/吨,跌幅 41.41%。

2015 年,新加坡现货燃料油年初开盘价 296.08 美元/吨(1 月 5 日),最高价 404.92 美元/吨(5 月 6 日),最低价 155.80 美元/吨(12 月 21 日),最大价差 249.12 美元/吨,年末收盘价 163.22 美元/吨(12 月 31 日)。全年下跌 132.86 美元/吨,跌幅 44.87%。

2015 年燃料油期货内外盘和现货市场价格比较见图 9-15。

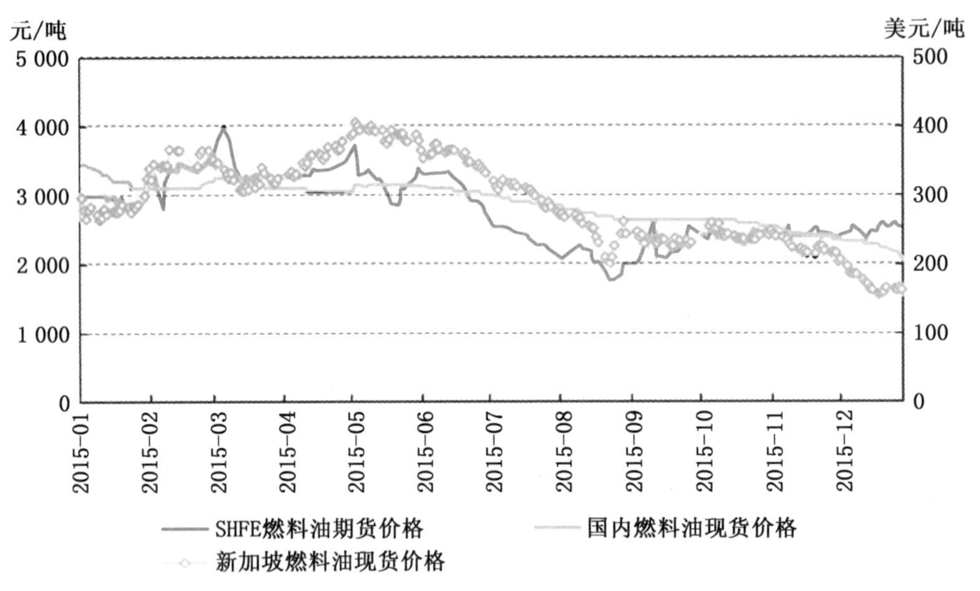

图 9-15　2015 年燃料油期货内外盘和现货价格市场价格比较

数据来源:上海期货交易所相关资料。

第四节　金融期货品种运行情况

2015 年,中国金融期货交易所(简称中金所)上市 10 年期国债期货、上证 50 和中证 500 股指期货。2015 年,金融期货市场全年累计成交量为 3.41 亿手,占全国期货市场成交量的 9.53%,同比增长 56.66%;全年累计成交额为 417.76 万亿元,占全国期货市场成交额 75.38%,同比增长 154.71%。

1. 沪深 300 股指期货运行情况

2015 年,沪深 300 股指期货主力合约价格先涨后跌,全年微涨 1.81%,期间波幅较大。成交规模方面,1—8 月交易活跃,沪深 300 股指期货月度成交量均较上年同期大幅增长,9 月开始交易量迅速下滑。持仓方面,1—5 月月末持仓规模较上年同期增幅均较大,6—9 月持仓逐步下滑,随后保持相对稳定水平。

(1) 交易情况

2015 年,中金所沪深 300 股指期货成交量 27 710 万手,同比增加 27.90%;成交金额 3 419 066 亿元,同比增加 109.58%;年末持仓 3.75 万手,同比减少 82.61%。其中,成交量最高为7月的4 505万手，最低为10月的31万手；月末持仓最大为2月的24.18万手，最小为12月的3.75万手。2015年沪深300股指期货月度、年度交易情况见表9-45、表9-46。

表9-45 2015年沪深300股指期货月度交易情况

月度	成交量（万手）	同比变化（%）	成交金额（亿元）	同比变化（%）	月末持仓量（万手）	同比变化（%）
1	3 147.74	126.48	337 018.59	261.87	21.31	83.89
2	1 907.30	79.98	197 927.58	178.05	24.18	102.32
3	3 073.72	80.68	347 819.44	220.56	23.04	90.80
4	3 495.24	128.72	468 709.22	363.90	18.73	42.85
5	3 159.12	126.63	455 193.01	408.21	22.29	43.77
6	4 210.10	219.80	622 681.01	634.72	14.65	−14.11
7	4 504.66	203.41	533 634.47	442.43	9.48	−49.12
8	3 937.32	133.51	429 103.71	259.62	7.21	−57.18
9	162.15	−90.98	14 883.22	−88.63	3.89	−78.86
10	31.48	−97.97	3 196.03	−97.19	4.46	−76.43
11	39.53	−98.21	4 306.15	−97.50	4.19	−80.19
12	41.84	−99.08	4 593.48	−98.98	3.75	−82.61
总计	27 710.20	27.90	3 419 065.91	109.58	3.75	−82.61

数据来源：中国金融期货交易所。

表9-46 2014—2015年沪深300股指期货年度交易情况

年度	成交量（万手）	同比变化（%）	成交金额（亿元）	同比变化（%）	年末持仓量（万手）	同比变化（%）
2014	21 665.83	12.13	1 631 384.56	15.95	21.54	80.23
2015	27 710.20	27.90	3 419 065.91	109.58	3.75	−82.61

数据来源：中国金融期货交易所。

（2）交割情况

2015年，中金所沪深300股指期货交割总量35 151手，同比减少2.04%，交割金额419.16亿元，同比增加66.94%。其中，5月交割量最大，为4 705手；7月交割量最低，为1 602手。2015年沪深300股指期货月度、年度交割情况见表9-47、表9-48。

表9-47 2015年沪深300股指期货月度交割情况

月度	交割量（手）	同比变化（%）	交割金额（亿元）	同比变化（%）
1	2 144	−67.77	23.42	−46.23
2	2 968	148.99	31.10	284.67
3	2 845	51.57	33.17	174.89
4	3 482	23.52	48.05	155.83

(续表)

月度	交割量(手)	同比变化(%)	交割金额(亿元)	同比变化(%)
5	4 705	78.15	65.41	285.42
6	3 590	21.57	51.32	172.00
7	1 602	−60.61	19.82	−25.03
8	2 566	−30.12	28.06	7.91
9	4 147	37.36	40.50	84.81
10	2 722	12.95	28.71	62.90
11	2 285	1.92	25.88	49.96
12	2 095	−10.39	23.71	0.86
总计	35 151	−2.04	419.16	66.94

数据来源:中国金融期货交易所。

表 9-48 2014—2015 年沪深 300 股指期货年度交割情况

年　度	交割量(手)	同比变化(%)	交割金额(亿元)	同比变化(%)
2014 年	35 882	−6.57	251.08	−10.50
2015 年	35 151	−2.04	419.16	66.94

数据来源:中国金融期货交易所。

(3) 价格走势

2015 年,中金所沪深 300 股指期货主力连续合约年初开盘价 3 619.0 点(1 月 5 日),最高价 5 400.0 点(6 月 8 日),最低价 2 686.0 点(8 月 26 日),年末收盘价 3 658.2 点(12 月 31 日)。全年上涨 65.0 点,涨幅 1.81%。

2015 年,沪深 300 指数年初开盘价 3 566.1 点(1 月 5 日),最高价 5 380.4 点(6 月 9 日),最低价 2 952.0 点(8 月 26 日),年末收盘价 3 731.0 点。全年上涨 197.3 点,涨幅 5.58%。2015 年沪深 300 股指期货和沪深 300 指数价格比较见图 9-16。

图 9-16 2015 年沪深 300 股指期货和沪深 300 指数价格比较

数据来源:中国金融期货交易所。

2. 5年期国债期货运行报告

2015年,5年期国债期货合约规则持续优化,市场运行平稳,交易成本逐步降低,成交持仓平稳增长,期现货联动性增强,交割业务平稳顺畅,市场功能进一步发挥。

(1) 交易情况

2015年,中金所5年期国债期货成交量440万手,同比增长377%,成交金额43 595亿元,同比增长396%;年末持仓27 614手,同比增长28%。其中,月成交量最高为11月的125万手,最低为8月的12万手;月末持仓最大为4月的4.7万手,最小为9月的1.7万手。2015年5年期国债期货月度、年度交易情况见表9-49、表9-50。

表9-49 2015年5年期国债期货月度交易情况

月度	成交量(万手)	同比变化(%)	成交金额(亿元)	同比变化(%)	月末持仓量(万手)	同比变化(%)
1	13.76	187	1 338	204	2.50	435
2	13.85	292	1 365	317	3.39	628
3	41.49	1 114	4 076	1 187	4.33	786
4	26.22	855	2 555	906	4.67	1 087
5	25.87	582	2 527	612	3.63	386
6	21.65	336	2 085	344	2.63	239
7	15.36	269	1 490	283	2.36	188
8	12.44	158	1 213	169	1.81	96
9	16.51	222	1 631	238	1.70	66
10	67.01	868	6 708	915	2.41	85
11	124.81	449	12 445	464	2.31	20
12	61.38	143	6 161	154	2.76	28
总计	440.36	377	43 595	396		

数据来源:中国金融期货交易所。

表9-50 2014—2015年5年期国债期货年度交易情况

年度	成交量(万手)	同比变化(%)	成交金额(亿元)	同比变化(%)	年末持仓量(万手)	同比变化(%)
2014	92.29	181	8 785	187	2.16	494
2015	440.36	377	43 595	396	2.76	28

数据来源:中国金融期货交易所。

(2) 交割情况

2015年,中金所5年期国债期货交割总量3 888手,同比增长297%,交割金额39.40亿元,同比增长310%。其中,9月交割量最大,为2 121手;3月交割量最低,为460手。

自2015年9月合约起,5年期国债期货交割模式由双方举手调整为卖方举手,国债期货滚动交割效率大幅提升。其中,TF1509合约滚动交割率为54.3%,TF1512合约滚动交割率为89.3%,卖方资金和可交割国债使用效率明显提高。2015年5年期国债期货月度、年度交割情况见表9-51、表9-52。

表 9-51 2015 年 5 年期国债期货月度交割情况

月度	交割量(手)	同比变化(%)	交割金额(亿元)	同比变化(%)
3	460	66	4.77	79
6	720	835	7.19	843
9	2 121	563	21.35	577
12	587	92	6.09	101
总计	3 888	297	39.40	310

数据来源:中国金融期货交易所。

表 9-52 2014—2015 年 5 年期国债期货年度交割情况

年 度	交割量(手)	同比变化(%)	交割金额(亿元)	同比变化(%)
2014	979	117	9.62	123
2015	3 888	297	39.40	310

数据来源:中国金融期货交易所。

(3) 价格走势

2015 年,中金所 5 年期国债期货主力连续合约年初开盘价 96.770 元(1 月 5 日),最高价 101.050 元(12 月 29 日),最低价 95.120 元(6 月 1 日),最大价差 5.93 元,年末收盘价 100.680 元(12 月 31 日)。全年上涨 3.908 元,涨幅 4.04%。

2015 年,5 年期国债期货对应的国债现货价格[①]年初为 96.670 元(1 月 5 日),最高价 101.592 元(12 月 29 日),最低价 96.301 元(4 月 9 日),最大价差 5.291 元,年末为 101.425 元。全年上涨 4.813 元,涨幅 4.98%。2015 年 5 年期国债期货和现货价格比较见图 9-17。

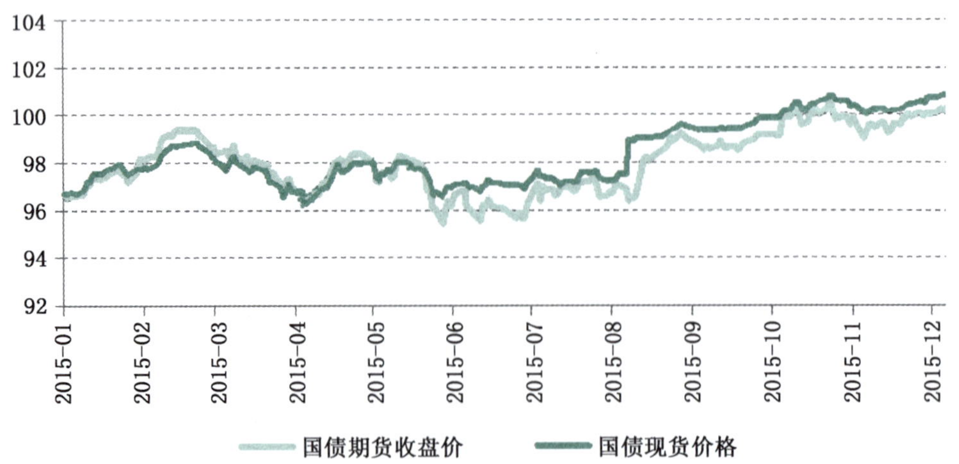

图 9-17 2015 年 5 年期国债期货和现货市场价格比较

数据来源:中国金融期货交易所。

① 国债现货价格=国债期货最便宜可交割券价格/转换因子,下同。

3. 10 年期国债期货运行报告

2015 年 3 月 20 日，10 年期国债期货正式挂牌交易。10 年期国债期货开局良好，市场参与理性，成交持仓规模逐步壮大，市场结构趋于合理。

(1) 交易情况

2015 年，中金所 10 年期国债期货成交量 168 万手，成交金额 16 512 亿元；年末持仓 30 980 手。其中，成交量最高为 11 月的 51 万手，最低为 3 月的 1.4 万手；月末持仓最大为 12 月的 3.1 万手，最小为 3 月的 0.5 万手。2015 年 10 年期国债期货年度交易情况见表 9-53。

表 9-53　2015 年 10 年期国债期货年度交易情况

年　度	成交量（万手）	同比变化（%）	成交金额（亿元）	同比变化（%）	年末持仓量（万手）	同比变化（%）
2015	168.39	—	16 512	—	3.10	—

数据来源：中国金融期货交易所。

(2) 交割情况

2015 年，中金所 10 年期国债期货交割总量 1 410 手，交割金额 14.76 亿元。其中，9 月交割量最大，为 833 手；12 月交割量最低，为 577 手。2015 年 10 年期国债期货年度交割情况见表 9-54。

表 9-54　2015 年 10 年期国债期货年度交割情况

年　度	交割量(手)	同比变化(%)	交割金额(亿元)	同比变化(%)
2015	1 410	—	14.76	—

数据来源：中国金融期货交易所。

(3) 价格走势

2015 年，中金所 10 年期国债期货主力连续合约年初开盘价 96.900 元(3 月 20 日)，最高价 100.590 元(12 月 29 日)，最低价 93.900 元(6 月 1 日)，最大价差 6.69 元，年末收盘价 100.035 元(12 月 31 日)。全年上涨 3.135 元，涨幅 3.24%。

2015 年，10 年期国债期货对应的国债现货价格在上市首日为 96.377 元(3 月 20 日)，最高价 101.213 元(12 月 24 日)，最低价 94.709 元(4 月 9 日)，最大价差 6.504 元，年末报价 101.017 元。上市以来累计上涨 4.64 元，涨幅 4.81%。2015 年 10 年期国债期货和现货价格比较见图 9-18。

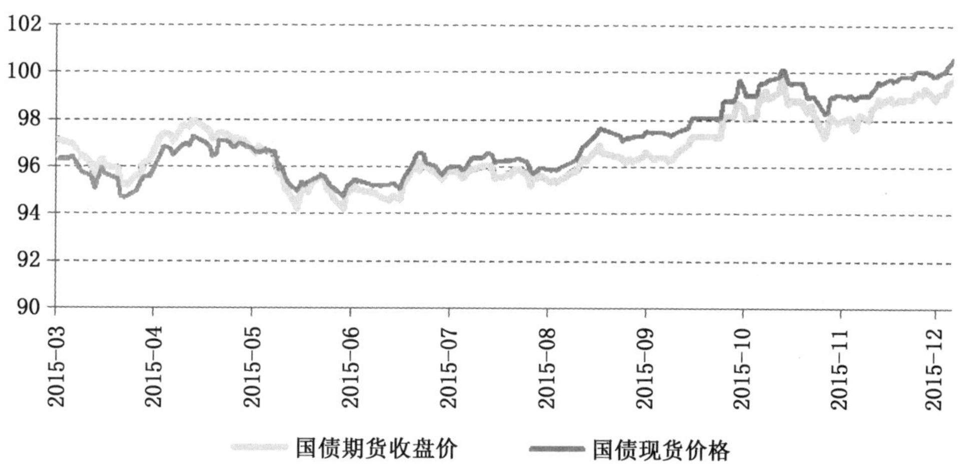

图 9-18　2015 年 10 年期国债期货和现货价格比较

4. 上证50股指期货运行情况

2015年4月16日,上证50股指期货合约正式上市交易。上市后,上证50股指期货主力合约价格先涨后跌。成交持仓方面,上证50股指期货成交和持仓规模均先增后减。

(1) 交易情况

2015年,中金所上证50股指期货成交量3 548万手,成交金额306 923亿元,年末持仓1.57万手。2015年上证50股指期货年度交易情况见表9-55。

表9-55 2015年上证50股指期货年度交易情况

年 度	成交量(万手)	同比变化(%)	成交金额(亿元)	同比变化(%)	年末持仓量(万手)	同比变化(%)
2015	3 548.39	—	306 922.81	—	1.57	—

数据来源:中国金融期货交易所。

(2) 交割情况

2015年,中金所上证50股指期货交割总量15 298手,交割金额122.11亿元。其中,6月交割量最大,为3 678手;7月交割量最低,为696手。2015年上证50股指期货年度交割情况见表9-56。

表9-56 2015年上证50股指期货年度交割情况

年 度	交割量(手)	同比变化(%)	交割金额(亿元)	同比变化(%)
2015	15 298	—	122.11	—

数据来源:中国金融期货交易所。

(3) 价格走势

2015年,中金所上证50股指期货主力连续合约上市开盘价3 100.0点(4月16日),最高价3 565.0点(6月9日),最低价1 781.0点(8月26日),年末收盘价2 388.8点(12月31日)。

2015年,上证50指数年初开盘价2 612.9点(1月5日),最高价3 494.8点(6月9日),最低价1 874.2点(8月26日),年末收盘价2 420.8点。全年下跌160.8点,跌幅6.23%。2015年上证50股指期货和上证50指数价格比较见图9-19。

图9-19 2015年上证50股指期货和上证50指数价格比较

数据来源:中国金融期货交易所。

5. 中证 500 股指期货运行情况

2015 年 4 月 16 日，中证 500 股指期货合约正式上市交易。上市后，中证 500 股指期货主力合约价格先涨后跌。成交持仓方面，中证 500 股指期货先增后减。

(1) 交易情况

2015 年，中金所中证 500 股指期货成交量 2 220 万手，成交金额 391 509 亿元，年末持仓 1.79 万手。2015 年中证 500 股指期货年度交易情况见表 9-57。

表 9-57　2015 年中证 500 股指期货年度交易情况

年　度	成交量(万手)	同比变化(%)	成交金额(亿元)	同比变化(%)	年末持仓量(万手)	同比变化(%)
2015	2 219.59	—	391 509.24	—	1.79	—

数据来源：中国金融期货交易所。

(2) 交割情况

2015 年，中金所中证 500 股指期货交割总量 12 079 手，交割金额 189.46 亿元。其中，12 月交割量最大，为 2 658 手；7 月交割量最低，为 321 手。2015 年中证 500 股指期货年度交割情况见表 9-58。

表 9-58　2015 年中证 500 股指期货年度交割情况

年　度	交割量(手)	同比变化(%)	交割金额(亿元)	同比变化(%)
2015	12 079	—	189.46	—

数据来源：中国金融期货交易所。

(3) 价格走势

2015 年，中金所中证 500 股指期货主力连续合约上市开盘价 7 681.0 点(4 月 16 日)，最高价 11 585.0 点(6 月 12 日)，最低价 5 101.8 点(9 月 2 日)，年末收盘价 7 349.0 点(12 月 31 日)。

2015 年，中证 500 指数年初开盘价 5 338.8 点(1 月 5 日)，最高价 11 616.4 点(6 月 12 日)，最低价 5 222.0 点(1 月 19 日)，年末收盘价 7 617.7 点。全年上涨 2 295.0 点，涨幅 43.12%。2015 年中证 500 股指期货和中证 500 指数价格比较见图 9-20。

图 9-20　2015 年沪深 300 股指期货和沪深 300 指数价格比较

数据来源：中国金融期货交易所。

第五节　市场发展展望

2016年是中国“十三五”规划的开局之年。“十三五”期间中国经济持续增长的良好支撑和基础条件未变,但面临复杂的国内外经济环境,期货市场机遇和挑战并存。上海期货交易所将在中国证监会的统一领导下,主动适应经济发展新常态,有效对接大宗商品市场,加强期货现货深度融合,提升服务实体经济的能力,稳步推进对外开放,按照“高标准、稳起步”的原则,扎实做好原油期货上市的各项准备工作,着力抓好产品和业务创新,提升市场运行效率,满足市场发展需要,重视市场服务和投资者教育,有效发挥期货市场功能,促进期货市场和实体产业共同发展。

1. 提高一线监管效能,扎实做好风险管理

上海期货交易所将严守“三公”原则和诚实信用准则,加强期货市场法制建设和监督管理,严厉打击市场各类违法违规行为,着力优化利于期货市场健康的市场环境。一是将致力于不断完善合约规则体系,推进期货法立法研究,二是扎实做好日常监控、案件稽查、风险分析与警示工作,学习借鉴先进监控系统经验,提升监管能力,守住风险底线,三是完善程序化交易监管方案,四是学习借鉴先进监控系统经验,完善现有系统,提升监管能力,五是进一步完善会员监管机制,有针对性地开展会员检查督促工作,六是集中开展期货市场诚信建设,加强诚信监督管理制度宣传,开展市场违规行为警示教育。

2. 稳步推进对外开放,拓展发展空间

上海期货交易所实行开放战略,探索国际化路径,逐步打造便利境内外投资者广泛参与的平台,形成具有国际影响力的价格,提升服务开放型经济体的能力。上期所在证监会的统一领导下,按照“高标准,稳起步”的原则,围绕市场化、法治化、国际化的目标,结合现货市场的变化,不断完善规则制度,积极推动原油期货市场建设。上期所坚持以点带面,加快现有品种对境外投资者开放,做大做强上海市场,增强“上海价格”的国际影响力。近年来上期所推出了境外品牌注册,设置保税交割仓库、开展连续交易等措施,允许境外产业客户和境外机构投资者通过在境内注册的方式参与境内交易,上海价格已经部分涵盖境外市场的供求信息,与境外相关品种的关联性、引导性逐步增强。由于“一带一路”沿线国家资源禀赋和上期所上市品种有很高的契合度,上期所将加大面向“一带一路”国家的开放力度,加强与沿线国家和地区监管机构和行业组织的联系与合作,不断拓展服务空间,提升服务能力,服务好“一带一路”战略。

3. 推进产品和业务创新,满足市场发展需要

2016年,上海期货交易所将继续着力抓好产品和业务创新,在关键业务上取得突破以提升市场运行效率,推动产品开发以拓宽市场服务广度,满足市场发展需要,并依靠创新为市场可持续发展增添新活动。产品创新方面,一是做好180转保税380燃料油期货的合约修订与上市相关工作,推进20号标准胶、纸浆期货立项与上市工作;二是推进有色金属指数等指数及相关衍生产品创新,加强综合指数系列宣传推广;三是开展氧化铝、不锈钢、废钢、钴、铂金、电力、天然气、稀土、咖啡等储备品种的研发。在业务方面,探索符合市场特点和要求的保证金收取方案,进一步完善保证金制度;深入研究场外市场结算机制,为稳妥推进创新业务做准备;不断优化交割仓库布局,梳理优化现有交割制度,加强交割管理工作。为有效满足产品创新和业务发展的需要,上期所将加大互联网技术的研究力度,探索期货业务和互联网技术融合的切入点,提升业务系统的运转效率,推进信息平台建设工作,推进技术系统建设。

4. 加强投资者教育工作，深入发挥市场功能

2016 年，上海期货交易所将坚定不移地维护市场“三公”原则，持续推进和优化市场服务，重视投资者教育工作，有效发挥期货市场功能，促进期货市场和实体产业共同发展。一是打造专业市场活动品牌。按照“以我为主、资源共享、会员受惠、强化宣传”的指导思想，探索采取“共享经济”模式，整合资源、分类管理，促进市场活动合规高效开展。二是正式启动市场服务中心平台系统建设，逐步实现来电语音导向和录音、话务分发统计、客户关系管理、知识库储备等多种功能。三是推进投资者教育平台的整合，按照投资者类型及对期货市场参与度，分模块推进平台建设。四是探索媒体分类管理模式，逐步丰富现有信息产品序列，提高信息服务市场的能力与水平。五是将有色金属培训基地的成功复制到贵金属和黑色金属领域。六是加强与中国期货协会的合作，培养一批综合素质高、专业能力强的期货人才，进一步提升企业合理运用期货工具的能力。

第十章 产权市场

第一节 市场运行概况

2015年,上海联合产权交易所主动适应经济发展新常态,紧紧围绕“转型升级、创新发展”战略,坚持以市场需求为导向,以增资扩股业务为突破口,以知识产权和金融产权专业平台建设为重点,努力提升产权交易资本市场功能,服务国资国企改革、服务上海科创中心建设、服务多层次资本市场建设。全年累计完成产权交易项目2 653宗,成交金额1 710.66亿元,交易规模同比增长45.34%;2015年,在上海产权市场平台参与并购交易的企业等市场主体共计1.2万余家(人次),分布全国各地和部分海外地区,上海产权市场继续保持业内领先优势和全国中心市场地位。2015年上海产权市场运行呈现以下五个特征:

1. 增资扩股业务取得新突破,产权市场融资功能进一步提升

上海产权市场推动国有资本与非公资本的相互融合,成为混合所有制改制中的资本流动重要平台。2015年,国有企业通过产权市场实现混合所有制改革355宗,涉及407.37亿元。一是推动产权市场与证券市场联动,有效提高各类资产的证券化率。2015年,上市公司通过产权市场兼并收购117宗,涉及553.75亿元。二是在国务院国资委和市国资委的指导下,上海联交所与深圳联合产权交易所共同发布《企业增资业务规则(试行)》,提出“两轮公告”模式,增加信息预公告环节,为企业增资融资建立制度保障和服务规范。三是调动各类非公资本参与国有企业改制重组,放大国有资本功能,全年完成增资项目61宗,涉及增资金额86.99亿元。四是促进产业资本与金融资本的融合,与嘉实基金、工银瑞信、富国基金等投资基金建立合作关系。2015年,上海联交所累计为120家上海国企集团和中央企业提供配套服务。央企交易增值率、增值额,央企实物资产增值率、竞价率,全部国有企业交易增值率、增值额,国有产权交易竞价宗数等项指标位列全国第一。上海联交所成为国资调整、国有资本优化配置的重要平台。

2. 金融产权交易产品实现新拓展,金融资源配置的服务功能进一步凸显

围绕服务上海金融中心建设,上海联交所与国家和上海有关机构联手筹建打造金融资产交易服务平台。坚持与市场需求紧密结合,凸显和优化金融资源配置的服务功能,按照金融业有关规则和监管要求,结合产权交易运作规范,探索帮助金融机构实现金融产品高效交易、金融业务扩大创新,形成由银行信贷类、融资租贷类、证券化类和PPP基建及地产类等构成的金融产权交易产品体系,为金融机构同业之间以及金融机构与企业之间的交流合作提供专业化、多元化、综合性、全方位服务。2015年,完成各类金融资产转让项目129宗,成交金额245.84亿元,同比增长13.15%。

3. 聚焦无形资产交易功能建设,全力打造知识产权交易与服务板块

整合上海联交所的无形资产交易资源,实

行无形资产交易业务统一归口管理;形成覆盖技术、专利、商标、品牌、版权等品种的完善知识产权交易体系,完善统一的知识产权交易服务流程;实现联交所、南南全球技术产权交易所、知识产权交易中心三网合一数据同步的信息化系统;以高校、科研院所及相关政府部门作为服务网络节点,通过开设知识产权服务窗口、信息系统对接、培训专人服务等措施,构建"上海知识产权交易服务网络"。2015 年,完成科技项目和科技型企业产权融资项目 234 宗,成交金额 159 亿元;完成技术合同认定登记 144 项,成交金额近 110 亿元。

4. 市场辐射力向全国市场和国际市场延伸拓展

依托上海自贸区在贸易、投资、金融服务等领域的制度创新,积极推动跨境投资并购及产权交易服务业务的发展。并积极发挥长江流域产权交易共同市场理事长单位的优势,通过牵头组织开发运营"中国产权交易报价网",积极推动各类要素跨区域流转。2015 年,实现跨区域并购 260 宗,成交金额 578.79 亿元,其中:跨省并购 221 宗,413.90 亿元,涉及地域扩展到全国 30 个省区市;跨境并购 39 宗,164.89 亿,有境外 13 个国家和地区的资本通过上海产权市场实施并购。同时,上海产权市场通过线下线上联动提高资产转让效率,为不动产、交通运输设备、各类生产设备以及租赁权、广告经营权、资产收益权、大宗商品等资产提供交易流转服务。全年累计成交资产交易项目 1 599 宗,成交金额 46.86 亿元,同比分别增长 71.38%和 30.69%。

5. 规范化信息化和科学化管理稳步提升

一是全面推进制度"立改废"工作,上海联交所已形成一套相对成熟的、支撑上海产权市场规范发展的产权交易制度规则体系。按照业务审核与市场开拓相分离的原则,进行相应的交易流程优化和再造工作;以"制度加科技",加强对交易流程中关键部门和关键岗位的日常性监督,建立"事前预防、事中监控、事后分析"的后台风险防控体系。二是不断升级完善产权交易信息系统,"中国产权交易报价网"平台、OA 协同办公系统平台、资产交易同步拍系统平台等多个信息子系统网络运行能力进一步提升。上海联交所构建产权交易"O2O"模式,实现线上项目受理、信息发布、项目审核、投资人报名、竞价、价款结算服务功能与线下项目咨询、方案设计、项目推介等项服务的有效联动。三是积极改进财务审批办法,推行全面预算管理,制定上海联交所对外投资管理办法。并根据市场发展需求,不断优化上海联交所组织架构,形成各部门支持服务业务工作的新格局。

第二节 市场发展展望

2016 年,上海联交所以习近平总书记系列重要讲话精神为指引,认真贯彻党的十八大和十八届三中、四中、五中全会精神,紧紧围绕"服务国资国企深化改革、服务上海科技创新中心建设、服务多层次资本市场建设"使命任务和"转型升级、创新发展"的战略目标,坚持市场化、国际化、信息化、集团化、规范化发展方向,进一步转变思想观念、创新体制机制、提升服务能级,着力形成上海联交所"体制机制优化、平台功能提升,技术支持领先,制度环境完善,开放合作共赢"的发展新格局。

2016 年 1—3 月,上海联交所各类产权项目挂牌宗数和金额继续保持全国领先优势,各类产权交易放量增长,项目成交金额同比增长 19.41%,其中:央企项目成交金额同比增长 19.23%,物权成交金额同比增长 210.36%。1—3 月,上海联交所产权交易的平均竞价增值率 59.22%,市场发现买主、发现价格、提升价值功能进一步提升。2016 年,上海联交所将致力于以下四方面工作:

1. 以主营业务为核心,围绕深化国资国企改革、建设产权

交易资本市场功能,着力提升服务水平和服务能级。

做强做优股权交易、物权交易、增资扩股交易等主营业务,保持上海联交所在产权交易传统业务上的全国领先地位。在股权转让业务中,以去产能、调结构为重点,为国资国企改革深化提供更加专业化服务;进一步加大对非公市场开拓挖掘力度,发挥产业基金、并购基金的集聚效应,逐步树立企业并购交易中心的市场地位。在物权交易业务中,把牢去库存、稳增长的主基调,加快实物资产交易专业平台建设。在增资扩股业务中,进一步完善交易规则并制定配套文本,同时积极拓展非公增资业务,提高中小企业投融资服务能力。

2. 以创新业务为突破,围绕服务国家和上海发展战略、优化市场化配置功能,加快构建专业要素市场平台

坚持以市场为导向,做强市场功能性平台,提升服务功能,完善交易品种、交易方式,以功能塑品牌、扩市场,不断扩大上海产权市场交易规模,努力打造多品种多层次交易体系,实现交易产品从非金融类向金融类扩展;从有形资产向无形资产扩展;从非标向类标准扩展;从国内向国际扩展。"十三五"期间,重点打造"3+1"市场平台体系。即:全国性的国资国企产权交易服务平台,聚焦有形资产交易与服务;市场化、专业化、国际化的知识产权交易服务平台,聚焦无形资产交易与服务;国际化的金融产权交易服务平台,聚焦资本市场服务功能;新兴交易服务平台(农村产权、体育文化资源、公共资源、碳交易等),聚焦要素资源优化配置。

3. 以信息化建设为重点,优化运行机制,健全风控管理体系

一是根据机构发展的现实需要,运用"互联网+"战略思维进行信息系统平台的顶层设计,整合分散的交易业务子系统,对中国产权报价网、国有企业产权交易系统、资产交易系统、增资业务交易系统等进行升级改造,加强对项目信息、投资人信息、办公信息的高效管理,加强"互联网+产权交易"服务模式创新运用,打造面向客户的网络平台。二是优化再造业务流程,进一步明确前、中、后台功能职责,形成相互促进相互制衡的运行机制。三是全面实施风控管理,强化"监管查",规范信息披露内容的统一表述及业务操作流程,强化廉政从业、规范从业。

4. 以开放合作共赢为宗旨,打造跨界服务的综合性资本市场平台

一是以"平等合作,互利共赢"为原则,引入证券、保险、银行等机构及知识产权、法律、评估等中介组,各类投融资主体入驻平台,探索形成开放式合作运营模式。加强与相关专业服务平台和机构合作,与产业引导基金等机构合作,设立并购基金等。二是加强自身建设,优化会员服务体系,重点聚焦提高市场公开透明度、降低市场交易成本,进一步提升上海联合产权交易所整体服务意识和服务质量。

业　务　篇

第十一章　银行业务

第一节　总体运行情况

1. 业务和机构概况

截至2015年末，上海银行业金融机构资产总额12.97万亿元，同比增长15.19%；各项贷款余额5.27万亿元，同比增长9.51%；各项存款余额7.76万亿元，同比增长9.09%；不良贷款余额480.12亿元，比年初增长12.4%；不良率0.91%，比年初略增0.02个百分点，比全国银行业2015年末的1.99%的平均水平低1.08个百分点。2015年上海银行业累计实现净利润1 380.47亿元，同比增长17.49%。2015年上海辖内银行业机构总数4 045家，较上年增加137家，其中法人机构81家，从业人数达11.38万。

表11-1　2015年上海银行业运行数据

	2015年	2014年	同比增长（%）
总资产	12.97万亿元	11.27万亿元	15.19
各项存款	7.76万亿元	7.11万亿元	9.09
各项贷款	5.27万亿元	4.81万亿元	9.51
不良贷款	480.12亿元	427.14亿元	12.4
不良率	0.91%	0.89%	0.02①
净利润	1 380.47亿元	1 175亿元	17.49

① 比往年同期上升0.02个百分点。
资料来源：上海银监局。

辖内银行业金融机构的资产、存款、贷款、不良贷款和净利润在全国占比分别为6.68%、6.13%、5.37%、2.46%和7.13%，如表11-2所示。

表11-2　2015年上海银行业在全国的占比

	上　海	全　国	占　比
总资产	12.97万亿元	199.35万亿	6.68%
各项存款	7.76万亿元	128.80万亿	6.13%
各项贷款	5.27万亿元	101.26万亿	5.37%
不良贷款	480.12亿元	1.96万亿	2.46%
不良率	0.91%	1.99%	
净利润	1 380.47亿元	1.97万亿	7.13%

资料来源：中国银监会、上海银监局。

2. 发展特点

2015年，在上海自贸区、国际金融中心和科创中心建设等重大国家战略的引导推动下，上海银行业结合自身特点加快改革创新，转型发展取得新突破。2015年，上海银行业的发展主要有以下四个特点：

(1) 机构聚集程度不断增强

截至2015年末，132家银行在上海设有4 000多个营业网点，另设有45家非银机构和7家资产管理公司，全辖分行级以上银行业机构占6%。其中，自贸区内设有银行营业网点达465家，另设六大类27家非银机构和4家资产管理公司。

(2) 对内对外开放程度提高

对内，上海首家民营银行华瑞银行获批在自贸区开业，3家民营非银行金融机构开业或批筹。对外，上海辖内共有各类外资银行营业性机构237家，全国一半以上的外资法人银行和外国银行分行注册在上海，辖内外资银行资产规模占在华外资银行的47.2%；上海22家外资法人银行资产规模占在华外资法人银行的81.7%。

(3) 业务创新活跃度加快

自贸区、国际金融中心、科创中心等政策和体制机制红利对银行业转型引领和经营推动的效应不断增强。上海银监局连续4年发布的《上海银行业创新报告》数据显示，全辖累计贡献创新成果3 059项。2015年末，上海银行业持有衍生品名义本金余额达13.53万亿元，同比增长28.7%。代销收入同比增长84.9%，资产托管收入同比增长49.2%，理财收入同比增长37.6%。上海银行业多元化、现代化的银行业结构已初具雏形。

(4) 金融服务实体经济质效提升

一是聚焦国家重大战略。调研结果显示，上海银行业2015年11月末支持“一带一路”、“长江经济带”表内外授信额度分别为3 153亿元和6 389亿元，比上年增长22.8%和21.4%。二是聚焦上海重点领域。年末，保障性安居工程贷款余额1 082亿元，增长4.4%；涉农贷款余额2 189亿元，增长10.9%。三是服务“大众创业，万众创新”。小微金融服务不断强化，年末，小微企业贷款余额1.05万亿元，贷款户数申贷获得率比上年明显提升。小微信贷查询平台及手机APP不断升级，累计访问量达16万人次。同时，注重降低企业融资成本，规范服务收费，中资机构平均收费项目比上年减少28个。

3. 2016年第一季度情况

2016年以来，上海银行业运行总体稳健，具体来看，呈现以下几个特点：

一是各项存款稳步增长。第一季度末，辖内各项存款余额8.12万亿元，比年初增加3 583亿元，同比增长12.4%，增速同比上升7.88个百分点。二是信贷需求持续回暖。第一季度末，各项贷款余额5.55万亿元，比年初增加2 821亿元，同比增长11.4%，增速同比上升3.87个百分点，辖内各项贷款同比增速已经连续10个月超过9%。三是贷款与投资拉动资产规模较快增长。第一季度末，上海银行业资产总额13.1万亿元，比年初增加1 096亿元，同比增长14.7%，比上年同期上升2.36个百分点。其中，贷款和投资的新增量达3 848亿元，为总资产增量的3.5倍，成为拉动资产快增的主因。四是不良“双控”态势趋稳，整体盈利水平较好。第一季度，辖内不良余额476.79亿元，比年初减少3.33亿元；不良率降至0.86%，比年初下降0.05个百分点。第一季度辖内银行业累计实现净利润424.57亿元，同比增长21%，增速同比上升3.4个百分点。

第二节　业务发展展望

1. 上海银行业面临历史发展机遇

2016年是“十三五”规划的开局之年，“十三五”时期是上海2020年建成国际金融中心的决胜阶段，也是自贸区、科创中心建设取得成效的重要时期。对于上海银行业而言，一是随着“十三五”规划建议的出台，供给侧改革路线日益清晰，国家重大战略实施和新兴产业发展带来更加广阔的市场需求。二是上海自贸区“金改40条”落地，国际金融中心和自贸区建设迎来新契机，经济金融全球化带来更多跨境金融服务和交易业务机会。三是以“互联网+”为标志的科技与金融的结合日益紧密，使银行服务的广度和深度得到提高，普惠金融理念得到进一步贯彻，服务可得性、便利性明显改善。

2. 上海银行业在发展的同时也面临更大风险和挑战

一是资产规模增长过快，与经济增速“背

离”，“加杠杆”风险增大。二是资产结构变化过快，非信贷资产占比过半、非利息收入增长贡献度占比过半，跨行业、跨机构、跨市场形成的“金融业务链”上的多层次风险增大。三是各类新型风险和社会金融风险压力不断增大，流动性风险、市场风险、跨境业务风险以及防范非法集资等社会风险管控难度增加。此外，银行在满足新兴产业和创新创业企业融资需求方面存在理念、技术、机制的不适应，异地过剩产能、僵尸企业退出带来的短期风险暴露，以及银行物理网点在商业模式、客户体现和业务流程中的重新定位等都对上海银行业稳健发展提出诸多挑战。

3. 上海银行业 2016 年发展整体思路

2016 年，上海银行业将秉承党的十八届五中全会提出的“创新、协调、绿色、开放、共享”五大理念，切实落实中央经济工作会议精神，围绕去产能、去库存、去杠杆、降成本、补短板的工作任务，持续提升服务实体经济质效，坚守不发生系统性、区域性风险的底线，推进创新转型支持供给侧结构性改革，切实强化依法合规经营，为促进上海经济社会稳健发展贡献力量。

(1) 坚持五大新发展理念，提升服务质效

一是努力提升服务实体经济水平。加大对“一带一路”、长江经济带等国家战略实施，以及上海重大工程项目、保障房、旧区改造建设的金融支持力度。调整优化信贷结构，加快推动上海新技术、新业态、新模式、新产业的四新经济发展。二是努力提升普惠金融服务水平。围绕“大众创业，万众创新”持续改善小微企业金融服务。不断巩固银行服务收费治理工作成果，优化服务收费结构。加大对“三农”金融服务的力度，鼓励和支持银行网点向村镇下沉，解决金融服务不充分的“最后一公里”问题。三是努力提升消费者权益保护水平。推动建立民办非企业性质的上海银行业纠纷调解中心，在全行业推广消费者投诉和解、调解、强化投诉纠纷多元化处置的机制建设。

(2) 坚持改革开放创新驱动理念，推动银行业改革转型

一是深化投贷联动探索，支持科创中心建设。积极落实“六专”机制，探索投贷联动的新商业模式。鼓励和支持机构通过银政合作、银信合作、银基合作等开展综合金融服务，支持科技型中小企业金融服务需求。二是发挥几大中心和自贸区的联动优势，推动开放创新。切实落实上海自贸区“金改 40 条”，加强适应国际金融中心和自贸区建设需要的各类非信贷业务、表外业务、交易业务、跨境业务、非居民业务等新型业务的创新发展，大力发展境外、区内、区外三个市场联动。三是充分利用“互联网＋”概念，增强信息科技创新。积极探索发展“互联网＋金融”的商业模式，在风险防范、精准营销、集约管理等方面加大现代信息技术的应用力度。同时，主动探索银行物理网点体验型、智慧型、功能型转换，改进银行产品销售模式，构建线上线下一体化的服务体系。

(3) 坚守底线思维，增强风险防范能力

一是做好不良贷款“双控”，防范重点领域信用风险。继续做好不良贷款压力测试，前瞻做好应急预案。二是有效防范新型风险。结合自贸区建设的不断深化，提升对流动性风险、市场风险、跨境风险等各类新型风险的研判分析和防范化解能力。健全跨境业务管理和风控机制，严禁融资套利行为。持续加强表内外业务的流动性压力测试及结果运用，做好应急预案。持续监测金融市场发展趋势，坚持“透明、隔离、可控”原则构建防火墙。三是切实防范社会融资风险。统筹协调防范非法集资风险、电信网络诈骗新型违法犯罪、银行业案件风险和银行业安全保卫等工作。

专栏 11

上海银行业提高专业化经营和风险管理水平进一步支持科技创新

根据党中央、国务院和银监会多项政策精神，2015 年 7 月 31 日，上海银监局发布《关于上海银行业提高专业化经营和风险管理水平进一步支持科技创新的指导意见》(简称《指导意见》)，充分利用上海自贸区和科创中心建设之中金融创新先行先试平台和政策环境，建设“专业、联动、全面”的科技金融服务体系，推动上海银行业通过机制创新，围绕创新链打造金融服务链，支持创新生态系统建设，促进科技产业全面可持续发展。

《指导意见》重点针对创业期企业高成长、高风险、轻资产的特征，鼓励符合条件的上海银行业金融机构探索专业化经营的道路，专门为创业期企业打造“六专原则”的创投型信贷模式，即：专营的组织架构体系、专业的经营管理团队、专用的风险管理制度和技术手段、专门的管理信息系统、专项激励考核机制、专属客户的信贷标准。并且鼓励商业银行在完善风险定价的基础上，采用多种风险补偿手段，包括以适当方式，阶段性分享科技型中小企业的股权及其选择权，实现投贷联动；商业银行可以使用互换、远期、利率掉期、利率期权等技术，实现信贷风险与收益的跨期匹配。

《指导意见》提出构建多方联动的金融服务平台，鼓励商业银行建立“1＋N”的多元化渠道，通过与各级政府部门、创投机构、科技园区、科研机构、行业协会等机构和组织对接联动，整合创新平台服务模式，为客户营造良好的科技金融环境。商业银行尤其要重视与风险投资(VC)等专业投资机构建立紧密合作关系实现银投联动，协同发挥各自优势。

《指导意见》突破以往仅着力于支持科技型中小企业的局限，从上海科创中心建设的国家战略出发，对科研基础设施、科技创新布局和科技成果转化等创新体系中各个环节、各类主体的金融服务作出安排与引导，并发动政策性银行、金融租赁公司等共同参与。比如，鼓励政策性银行使用开发性金融工具支持科研基础设施建设；鼓励金融租赁公司利用融资租赁方式，支持大型科研基础设施融资。同时，还鼓励商业银行加大对重大战略项目和众创空间等创新创业载体的信贷支持力度；开发符合技术贸易特点的金融产品，创新技术类无形资产交易融资的担保方式和风险管理技术，支持技术收储机制建设，并为知识产权交易相关基础设施提供金融服务；通过并购贷款等工具支持本土企业以境外投资并购等方式获取关键技术；创新能满足科技中介服务机构需求的金融产品和服务，支持科技中介服务集群化发展。

科技金融建设取得阶段性成果，据上海银监局统计，截至 2015 年 12 月末，辖内共有 9 家银行以“投贷联动”模式共为 105 户科技型中小企业提供融资余额 10.2 亿元。“投贷联动”在最需要突破的环节上有了初步探索，出现银行间接持股、银投合作等多种模式创新。

第十二章 证 券 业 务[①]

第一节 基 本 情 况

2015 年,上海地区共有证券公司 23 家,证券分支机构 710 家,有证券投资咨询公司 16 家,异地咨询公司在沪分公司 6 家,证券资信评级机构 3 家,有 5 家证券公司在香港设立了子公司。

2016 年 3 月底,上海地区除证券分支机构增至 724 家外,其余机构数量未变化。

第二节 主 要 特 点

1. 经营实力增强

2015 年底,23 家证券公司总资产共计 15 010.6 亿元、净资本 3 117.7 亿元,同比增长均在 60%以上,分别占全行业的 23%和 25%。上海地区证券公司通过境内外上市、增资扩股、并购重组等方式,进一步增强实力。证券公司共补充股本 733 亿元,发行新型融资工具融资约 4 500 亿元,年内新增 3 家 A 股上市公司。上海地区证券公司全年营业收入 1 262 亿元、净利润 581 亿元,分别占全行业的 22%和 24%,分别较 2014 年增长 144%和 175%,净资产收益率达 16.7%。

2016 年第一季度,受市场震荡影响,与上年同期相比,证券公司自营业务收入比重大幅下降,经纪业务收入比重基本持平,投行业务、资管业务、融资业务收入比重显著上升。

表 12-1 2015 年上海证券公司经营情况

单位:亿元

项 目	2011 年(17 家)	2012 年(20 家)	2013 年(20 家)	2014 年(21 家)	2015 年(23 家)
总资产	3 271.3	3 884.2	4 571.6	9 168.4	15 010.6
总负债	1 911.4	2 291.7	2 883.8	7 244.5	11 545.9
净资产	1 359.9	1 592.5	1 687.8	1 923.9	3 364.7
净资本	995.7	1 139.9	1 233.0	1 449.2	3 117.7
营业收入	276.7	259.2	307.8	518.3	1 262.3
净利润	103.7	82.8	91.9	211.5	581.4

资料来源:上海证监局。

2. 财务结构更加稳健

从财务杠杆来看,上海地区证券公司杠杆率从 2015 年初的 3.4 倍下降至年末的 3.05 倍。从流动性监管指标来看,上海地区证券公司平均流动性覆盖率为 210%,单家公司流动性覆盖率均超过 140%;平均净稳定资金率为 157%,除个别公司以外,单家公司净稳定资金率均超过 120%以上。流动性和稳定性均较 2014 年底有较大幅度提升,风险安全边际较高。

3. 业务范围不断拓宽

证券公司业务及收入结构有所改善,纯通道业务占比有所下降,多元化业务收入占营业收入的比例已由 3 年前不足 10%提高到 25%,公司业务领域不断拓展,机构创新更加注重服务实体经济,海通证券项目收益债、东

① 机构经营数据未经审计。

方证券跨境并购等项目推出并获得市场关注。

4. 布局自贸区业务

6家证券公司(国泰君安、海通、申万宏源、中信、中金、中信建投)成立专门的自贸区分公司。国泰君安、海通两家公司分账核算单元已通过人民银行验收,其中海通已借助自由贸易账户跨境融资1亿美元。东方证券相关子公司借助自贸区政策便利推进跨境并购业务。

专栏12

上海地区两家证券公司自贸试验区分账核算单元业务通过验收

2015年11月,中国人民银行正式公布最新一批通过验收的上海市金融机构分账核算单元名单,上海地区海通证券、国泰君安证券两家公司在列,成为首批通过分账核算单元验收的证券公司。

分账核算单元的设立为基于自贸区开展相关业务奠定基础,随着配套机制的建立与完善,相关证券公司可借此开展各类分账核算业务,实现与境内一般业务的分账核算和风险隔离,并在此基础上为自贸区内和境外主体提供金融服务:从境外融入资金,降低融资成本;在分账核算单元下为自贸区内主体开立自由贸易账户,直接为客户提供一系列金融服务,发挥券商基础功能;建立本外币账户体系,发展证券公司国际业务;提高证券行业国际竞争力,加快向现代投资银行转型。

上海自贸区整体方案实施以来,相关证券公司积极响应国家自贸区战略,大胆探索。按照《中国(上海)自由贸易试验区分账核算业务实施细则》和《中国(上海)自由贸易试验区分账核算业务风险审慎管理细则》等规定,积极筹备推进分账核算单元建设,从客户需求出发,利用自贸区跨境平台的优势,推动自贸区业务国际化和综合化经营,为客户提供"一站式"综合性跨境投融资服务,为实体经济提供更多金融手段支持,为人民币国际化和探索自贸区金融改革新路径做出贡献。

第十三章　期货业务①

第一节　基本情况

2015年，上海地区有期货公司31家，比上年增加3家，中辉期货、国富期货、中银国际期货分别从外地迁入。此外，上海地区共有期货分支机构143家，较上年增加5家。其中，本地期货公司在沪分支机构38家，异地期货公司在沪分支机构105家。

2016年第一季度末，上海地区共有期货公司32家(占全国21%)，比上年末增加3个百分点。其中24家公司取得期货投资咨询业务资格，28家公司取得资产管理业务资格，本异地期货公司在上海地区共设立29家期货风险管理子公司和4家资产管理子公司。共有期货分支机构143家，与上年末持平。

第二节　主要特点

1. 经营实力增强

2015年末，上海地区31家期货公司总资产1 392.8亿元、净资产总额174.3亿元、净资本总额143.7亿元，同比分别增长63%、42%和37%。同时，上海地区期货公司各项风险监管指标均保持较高的安全边际，2015年末发生风险监管指标不符合规定的情况。上海地区期货公司资本实力和抗风险能力进一步增强。

2016年第一季度末，上海地区期货公司净资本151.7亿元，客户权益1 100.3亿元，同比分别增长50%与40%，其中客户权益全国占比为29%。上海地区期货公司资本实力、经营规模等经营指标进一步提升。资产管理资金业务受托资金持续上升，为344.89亿元，环比增长34.88%，资产管理产品数量净增加76只，达939只。截至2016年第一季度末，上海地区期货公司累计实现手续费用收入6.12亿元，同比下降7%；累计实现净利润3.07亿元，同比增长10%；分别占全国期货公司手续费总收入与净利润总额的28%与32%。

2. 代理成交金额显著提升，盈利实现较快增长

2015年末，上海地区期货公司经纪业务代理交易额共计365.7万亿元，较上年同期增长100%，约占全国期货市场的三分之一，连续6年居于全国领先地位。上海地区期货公司全年实现主营业务收入30.9亿元，净利润14.7亿元，同比增长均超30%。

表13-1　2015年上海地区期货公司主要经营指标表(亿元)

项　目	2013年(28家)	2014年(28家)	2015年(31家)
总资产	626.427	855.407	1 392.828
净资产	105.526	129.944	174.285
净资本	91.963	105.265	143.669
客户权益	501.937	710.089	1 185.433
手续费收入	25.458	23.088	30.864
净利润	7.115	11.134	14.707

资料来源：上海证监局。

① 机构经营数据未经审计。

3. 行业结构持续优化

2015年,上海地区新湖、海通2家期货公司获准设立香港子公司,14家期货公司设立风险管理子公司(包括5家本地期货公司子公司、9家异地期货公司子公司),恒泰、东证等多家期货公司完成或已在推进改制过程中,东方期货、东证期货先后通过次级债进行融资,其中东证期货发行的债券为期货公司首单次级债券。

4. 创新业务稳步推进

2015年末,上海地区共有26家期货公司取得资产管理业务资格,21家公司具有期货投资咨询业务资格,28家期货公司风险管理子公司,大部分期货公司陆续开展了互联网开户业务,上海地区期货公司稳步向业务多元化、差异化、专业化方向发展。

2015年末,上海地区期货公司资产管理业务规模为232.44亿元,较上年同期增长34%;投资咨询业务累计收入8 418.6万元,较上年同期增长107%;期货公司风险管理子公司开展的合作套保、点价交易、期权交易、仓单质押、基差套利等创新业务稳步推进,其中新湖期货风险管理子公司探索开展"期货+保险"的跨金融市场创新项目获得证监会和保监会的认可。

专栏13

"期货"+"保险"跨市场金融创新

上海地区期货公司新湖期货的风险管理子公司上海新湖瑞丰金融服务有限公司与上海安信农保和中国人保财险合作,开展"期货"+"保险"模式的跨市场金融创新,将场外期权与农产品价格保险相结合,在玉米、鸡蛋两个品种上取得初步成果,使农产品种植户和养殖户有效避免价格波动风险,得到实惠。该项目系全国首创农产品价格保险与场外期权项目,获得证监会及保监会的认可。

农产品价格保险与场外期权业务创新的原理在于保险公司基于期货市场上相应的农产品期货价格提供保险产品,由农民或农业企业购买农产品价格险,确保收益;保险公司再通过购买期货风险管理子公司的场外期权产品进行再保险,以对冲农产品价格不利风险;期货公司风险管理子公司在期货交易所进行相应的复制期权操作,进一步分散风险;最终形成风险分散、各方受益的闭环。

该项创新顺应我国由农产品价格直补转向农产品价格保险的农业补贴模式转型的趋势,符合国家完善农产品价格形成机制,增加农民收入,保持农产品价格合理水平的总体目标,具有较强的复制推广价值。

第十四章 基金业务

第一节 基本情况

2015年，上海地区获准新设基金公司专户子公司3家，基金代销机构11家(其中独立基金销售机构7家)。12月末，共有基金公司45家(占全国101家的44.55%)，基金公司专户子公司37家(占全国79家的46.84%)，基金公司分公司及理财中心28家，基金销售支付结算机构7家，基金代销机构69家(其中独立基金销售机构22家)。另有5 384家私募基金管理人已向中国基金业协会备案。上海地区基金行业规模化发展格局进一步确立。

2015年，上海地区基金公司新发公募产品349只，募集规模5 158亿元，分别占全国的37.09%和30.70%。2015年末，上海地区基金公司共管理公募基金1 043只，总净值26 108亿元，分别占全国的38.32%和31.09%，继续居全国首位。此外，上海地区基金公司子公司共管理产品5 320只，管理资产规模30 269亿元，分别占全国的33.06%和35.31%。

2016年第一季度末，上海地区共有基金管理公司45家，占全国(101家)的44.55%；获准开展公募基金业务的证券公司有3家(东方证券资管、中银国际证券和长江证券资管)。上海地区基金公司共管理资产37 302.87亿元，同比增长52.19%；其中公募基金管理规模23 306.50亿元，同比增长46.95%，占全国的29.98%；非公募资产管理规模13 996.37亿元，同比增长61.80%。其中，管理资产规模达到2 000亿元以上的公司有4家，依次分别为中银基金(5 293.99亿元)、汇添富(3 967.77亿元)、富国基金(2 745.73亿元)、华宝兴业(2 056.52亿元)。

2016年第一季度末，上海地区共有37家基金公司专户子公司，资产管理规模36 263.21亿元，同比增长157.67%。其中，一对一产品管理规模23 597.44亿元，一对多产品管理规模12 665.77亿元。其中，管理规模达到2 000亿元以上的有5家公司，依次分别为浦银安盛资产(3 638.83亿元)、鑫沅资产(3 358.28亿元)、交银施罗德资产(3 262.59亿元)、兴业财富(3 045.80亿元)、中信信诚(2 866.23亿元)。

2016年第一季度末，上海地区在中国证券投资基金业协会登记的私募基金管理人共5 533家，占全国的21.36%，仅次于北京。管理私募基金8 548只，占全国的31.02%；管理规模为14 687亿元，占全国的27.18%。其中，私募证券投资基金管理人2 964家，管理基金6 191只，管理规模为6 976.88亿元。私募证券基金管理人家数、产品数量和管理规模均为全国最高。私募股权基金管理人2 140家，管理基金1 961只，管理规模为6 875.93亿元。创业投资基金管理人259家，管理基金230只，管理规模384.37亿元。其他类型基金管理人170家，管理基金166只，管理规模为449.68亿元。上海地区私募基金管理人管理规模(认缴规模)超过100亿元的有23家，其中私募证券投资基金管理人15家、私募股权投资基金管理人8家。

第二节 主要特点

1. 管理资产规模持续增长,非公募业务发展迅速

(1) 公募业务

2015 年末,上海地区共有 45 家基金公司开展公募业务,管理公募基金规模 26 108 亿元,同比增长 104.47%,连续四年保持规模增长。

(2) 非公募业务

2015 年末,上海地区有 45 家基金公司开展专户业务,4 家开展社保基金管理业务,3 家开展企业年金管理业务,共管理非公募资产净值 14 094 亿元,同比增长 94.69%,管理规模超过 1 000 亿元的有 3 家。

上海地区有 37 家基金公司设立专户子公司,均已开展业务,共管理非公募资产 30 269 亿元,同比增长 151.83%,管理规模超过 1 000 亿元的有 12 家。

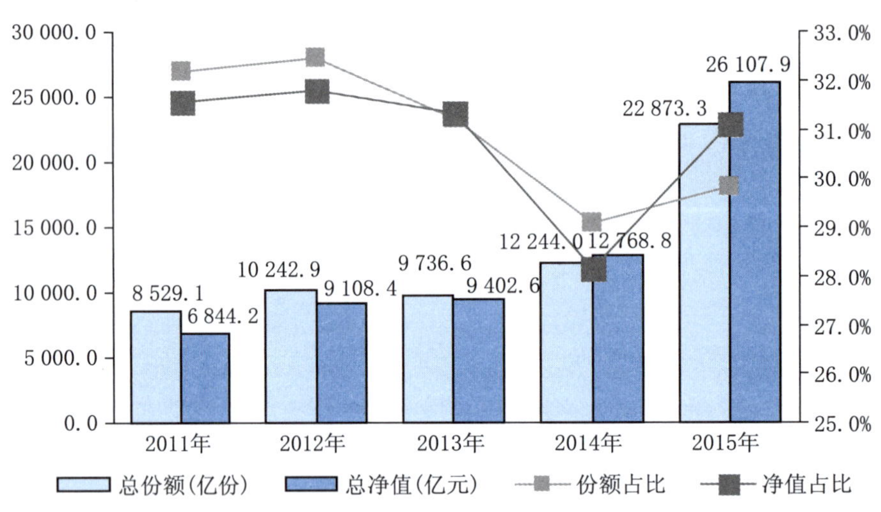

图 14-1 2011—2015 年上海基金公司公募基金管理规模及占比变化

数据来源:WIND 资讯、上海市基金同业公会。

表 14-1 2015 年末上海基金公司及子公司非公募业务占比情况

类别		开展业务公司家数	管理规模(亿元)	管理规模占比
专户	母公司	45	12 303	27.73%
	子公司	37	30 269	68.23%
社保		4	1 060	2.39%
企业年金		3	731	1.65%
合计		—	44 363	—

数据来源:上海基金同业公会。

2. 公募基金整体业绩与全国持平,公司盈利水平大幅提升

除 QDII 基金明显高于全国平均水平外,上海公司各类型公募基金整体平均收益与全国平均水平基本保持一致。

表 14-2 2015 年全国及上海地区公募基金平均收益对比

类　型	普通股票型	混合型	债券型	指数型	QDII	货币型
全国平均	40.66%	33.95%	10.51%	24.82%	3.67%	3.60%
上海平均	40.30%	34.25%	10.40%	23.83%	6.69%	3.47%

数据来源:上海证券基金评价研究中心。

2015 年,上海地区基金公司总资产、净资产、营业收入、净利润分别为 501.55 亿、322.11 亿、338.17 亿和 104.20 亿元(未审数),较 2014 年大幅增长,分别增长 50.68%、43.24%、107.56%和 175.88%。2015 年营业收入中,管理费收入为 261.40 亿元,占 77%,相对 2014 年(81%)有所下降。

表 14-3 2015 年上海地区基金公司财务经营状况

项　目	2015 年	2014 年	增长比率
总资产	501.55	332.85	50.68%
所有者权益	322.11	224.88	43.24%
营业收入	338.17	162.93	107.56%
其中管理费收入	261.40	131.46	98.84%
净利润	104.20	37.77	175.88%

数据来源:上海证监局。

3. 创新发展不断推进,对外开放步伐进一步加快

在组织创新方面,基金公司股权治理结构进一步优化,民营和专业人士持股全面放开。私募基金景林投资及 P2P 公司宜信惠民分别参股长安基金及诺德基金;正在申请设立的华泰基金、瑞泉基金、恒越基金等均实现专业人士持股。

在产品创新方面,基金公司相继推出权益类 QDII 分级基金、浮动费率制分级基金等创新产品;财通资产发行小贷资产证券化资管计划,兴业基金公司子公司积极探索 PPP 模式,与厦门市轨道交通集团合作设立厦门城市发展产业基金。

在对外开放方面,2015 年末,上海共有合资基金公司 25 家,占全国的 56%。8 家基金公司在香港设立子公司,其中 7 家基金公司香港子公司获准开展 RQFII 业务,累计获批规模达 180 亿元,管理 RQFII 资产 137.6 亿元;4 家基金公司的香港子公司共设立 12 只公募基金,管理 22.5 亿港元。

4. 合规运作水平持续提升,自律管理不断强化

内控和风险管理水平逐步提高。公司不断加强内部管控,内幕交易防控等机制进一步健全,创新业务、突发事件处理等风控措施进一步完善,对公司发展起到很好的支持作用。基金公司及从业人员规范执业的意识得到进一步增强。

行业自律管理机制运作顺畅。上海基金同业公会通过诚信平台,努力营造诚实守信行业环境;首次吸纳基金公司子公司成为会员,成立专业委员会,推动子公司规范健康发展;组织督察长联席会议、总经理沙龙、群星计划等活动,为行业创新发展搭建沟通交流平台。

5. 私募基金管理人数量快速增长,规模不断扩张

2015 年末,上海地区在中国基金业协会完成登记的私募基金管理人共 5 384 家,占全国的 21.53%,仅次于北京;管理私募基金 7 341 只,占全国的 30.52%;管理规模为 14 575 亿元,占全国的 28.73%。私募基金管理人数量、管理私募基金数量及规模分别较上年增长 426.81%、249.07%和 314.50%。其中,私募证券投资基金管理人 2 890 家,管理基金 5 333 只,管理规模为 7 780.45 亿元。私募证券基金管理人家数、产品数量和管理规模均为全国最高。

表 14-4 已登记私募基金管理人基本情况

机构类型	私募基金管理人数量(家)			管理基金数量(只)			管理基金规模(亿元)		
	上海	同比增长	全国占比	上海	同比增长	全国占比	上海	同比增长	全国占比
私募证券	2 890	567.4%	26.4%	5 333	303.7%	36.7%	7 780.5	354.4%	43.5%
私募股权	2 069	330.2%	17.6%	1 658	173.2%	23%	6 127.9	293.4%	21.9%
创业投资	259	245.3%	17.8%	220	158.8%	16.1%	375	144.4%	14.1%
其　他	166	403%	20.8%	130	44.4%	14.2%	291.3	214%	13.4%
总　计	5 384	426.8%	21.5%	7 341	249%	30.5%	14 574.7	314.5%	28.7%

数据来源:中国基金业协会。

上海地区私募基金管理人管理规模在100亿元以上的共21家,其中私募证券投资基金管理人14家,私募股权投资基金管理人7家;管理规模在50亿元到100亿元的共36家,其中私募证券投资基金管理人17家,私募股权投资基金管理人19家。

表 14-5 已登记私募基金管理人管理规模分布

机构类型	私募基金管理人数量(家)					
	100亿元以上	50亿—100亿元	20亿—50亿元	5亿到20亿元	5亿元以下	总　计
私募证券	14	17	49	113	2 697	2 890
私募股权	7	19	34	127	1 882	2 069
创业投资			1	18	240	259
其　他			4	8	154	166
总　计	21	36	88	266	4 973	5 384

数据来源:中国基金业协会。

专栏 14

上海地区两家基金公司率先开展内地与香港基金互认业务

2015年12月18日,中国证监会和香港证监会正式注册首批互认基金。上海地区汇丰晋信基金管理公司管理的汇丰晋信大盘股票型证券投资基金成为首批获得香港证监会注册的互认基金之一。上投摩根基金管理公司作为香港摩根资产管理互认基金产品的代理人,成为内地首批获准发售互认基金产品的基金公司。

2015年5月22日,中国证监会与香港证监会就开展内地与香港基金互认工作正式签署《关于内地与香港基金互认安排的监管合作备忘录》,同时发布《香港互认基金管理暂行规定》。自2015年7月1日实施以来,中国证监会共受理17只香港互认基金产品的注册申请,香港证监会共受理超过30只内地互认基金的注册申请。中国证监会于2015年12月18日正式注册首批3只香港互认基金,分别是恒生中国H股指数基金、行健宏扬中国基金、摩根亚洲总收益债券基金,类型分别为股票指数型、股票型、债券型。香港证监会于同日正式注册首批4只内地互认基金，分别是华夏回报混合证券投资基金、工银瑞信核心价值混合型证券投资基金、汇丰晋信大盘股票型证券投资基金、广发行业领先混合型证券投资基金。

互认基金的正式注册，一方面有利于通过引入境外证券投资基金，为境内投资者提供更加丰富的投资产品，更加多样化的投资管理服务，同时也有利于境内基金管理机构学习国际先进投资管理经验，促进基金行业竞争。另一方面通过境内基金的境外发售，有利于吸引境外资金投资境内资本市场，为各类海外投资者提供更加方便的投资渠道，同时也有助于推动境内基金管理机构的规范化与国际化，培育具有国际竞争能力的资产管理机构。

第十五章　保险业务

2015年，上海保险业按照“改革开放排头兵、创新发展先行者”的要求，以建设国际保险中心为目标，以制度创新为关键抓手，坚持创新驱动战略，坚持发挥改革的突破性先导性作用，积极探索“新常态”下保险业改革开放新举措，有力支持上海“四个中心”、科技创新中心和自贸试验区建设等国家战略，全面服务上海经济社会发展。

第一节　基本情况

1. 保费收入

2015年，上海市原保险保费收入累计1 125.16亿元，比上年增长14.03%。其中财产险公司原保险保费收入[①] 385.89亿元，比上年增长12.45%；人身险公司原保险保费收入739.27亿元，比上年增长14.87%。产、寿险公司原保险保费收入比例为34∶66。中、外资保险公司原保险保费收入比例为85∶15。

2. 产险、寿险、健康意外险

2015年，上海市财产险业务原保险保费收入355.40亿元，比上年增长10.94%；寿险业务原保险保费收入为607.63亿元，比上年增长11.37%；健康险业务原保险保费收入为116.43亿元，比上年增长41.20%；人身意外险业务原保险保费收入为45.71亿元，比上年增长19.25%。

表15-1　主要省份保费收入排名

单位：亿元

名次	省份	保费收入		财产险公司			人身险公司		
		保费	同比	名次	保费	同比	名次	保费	同比
1	广东	2 166.82	20.85%	2	695.88	12.89%	1	1 470.94	25.02%
2	江苏	1 989.92	18.18%	1	701.77	10.93%	2	1 288.15	22.55%
3	山东	1 543.49	23.30%	4	497.89	10.58%	3	1 045.60	30.45%
4	北京	1 403.89	16.29%	8	360.66	9.61%	4	1 043.23	18.79%
5	四川	1 267.30	19.49%	5	447.36	13.13%	6	819.95	23.27%
6	河南	1 248.76	20.53%	9	327.25	15.16%	5	921.51	22.56%
7	浙江	1 207.08	14.84%	3	543.75	11.86%	9	663.33	17.40%
8	河北	1 163.10	24.80%	6	419.87	14.80%	7	743.23	31.27%
9	上海	1 125.16	14.03%	7	385.89	12.45%	8	739.27	14.87%
10	湖北	843.63	20.48%	12	256.59	16.97%	10	587.03	22.08%
	全国合计	24 282.52	20.00%	—	8 423.26	11.65%	—	15 859.13	24.97%

① 财产保险公司还经营人身险中的健康险和短期意外险业务，所以财产保险公司保费收入与财产险业务保费收入存在不一致的情况。

表 15-2 上海市各险种保费收入情况

单位:万元

指标项目	保险公司		财产险公司		人身险公司	
	本年累计	同　比	本年累计	同　比	本年累计	同　比
原保险保费收入	11 251 647.05	14.03%	3 858 949.74	12.45%	7 392 697.31	14.87%
财产险	3 553 973.62	10.94%	3 553 973.62	10.94%	—	—
人寿保险	6 076 312.23	11.37%	—	—	6 076 312.23	11.37%
健康保险	1 164 304.44	41.20%	120 820.64	28.63%	1 043 483.80	42.82%
意外伤害保险	457 056.75	19.25%	184 155.48	37.24%	272 901.28	9.56%

3. 赔款、给付和退保情况

2015 年,上海市保险公司赔付支出累计 473.59 亿元,比上年增长 25.07%。其中,财产险赔款支出 191.38 亿元,比上年增长 7.98%;人寿险给付 229.25 亿元,比上年增长 44.72%;健康险赔款给付 44.28 亿元,比上年增长 18.04%;意外险赔款支出 8.69 亿元,比上年增长 57.94%。

表 15-3 上海市各险种赔款给付支出情况

单位:万元

指标项目	保险公司		财产险公司		人身险公司	
	本年累计	同　比	本年累计	同　比	本年累计	同　比
赔付支出	4 735 919.81	25.07%	2 038 605.89	9.38%	2 697 313.92	40.28%
财产险	1 913 760.18	7.98%	1 913 760.18	7.98%	—	—
人寿保险	2 292 496.17	44.72%	—	—	2 292 496.17	44.72%
健康保险	442 757.70	18.04%	71 423.53	22.00%	371 334.17	17.31%
意外伤害保险	86 905.77	57.94%	53 422.19	62.54%	33 483.58	51.12%

4. 保险机构

2015 年末,上海市共有 55 家法人保险机构,其中保险集团 1 家,财产险公司 19 家,人身险公司 25 家,再保险公司 3 家,资产管理公司 7 家;共有 95 家省级保险分支机构,其中财产险分公司 48 家,人身险分公司 45 家,再保险分公司 2 家。共有 215 家保险专业中介法人机构,其中保险代理机构 106 家,保险经纪机构 66 家,保险公估机构 43 家;共有 148 家保险专业中介分支机构,其中保险代理机构 72 家,保险经纪机构 53 家,保险公估机构 23 家。

5. 资产情况

2015 年末,上海保险公司总资产 7 211.15 亿元,较年初增加 1 357.05 亿元,增长 23.18%。其中,产险公司总资产 405.74 亿元,较年初增长 18.54%;寿险公司总资产 4 910.64 亿元,较年初增长 21.07%;再保险公司总资产 1 894.76 亿元,较年初增长 30.15%。

第二节 特点分析

1. 保险市场体系

2015 年,上海保险交易所方案获国务院批准同意,中国保险投资基金的管理公司——中保投资有限责任公司正式签约浦东新区政府。上海市新增 4 家保险法人公司和 2 家保险公司经营总部,在沪保险总公司 55 家,数量位列全国第二,约占全国总数的三分之一;外资保险总公司 28 家,约占全国总数的一半。

航运保险中心、资金运用中心、数据中心、电网销中心等功能性机构达55家。上海保险市场的机构多样性、市场化程度和对外开放水平在全国首屈一指。

2. 险种结构

(1) 财产险业务

2015年,上海财产险业务原保险保费收入累计355.40亿元,较上年同期增加35.04亿元,同比增长10.94%。机动车辆保险、企财险、船舶保险、货运险和责任险5个主要险种原保险保费收入合计315.72亿元,同比增长9.16%,占财产险业务原保险保费收入的88.84%,占财产险公司原保险保费收入的81.82%。其中,机动车辆保险原保险保费收入221.99亿元,同比增长12.02%;企业财产保险原保险保费收入29.32亿元,同比增长2.17%;船舶保险原保险保费收入24.49亿元,同比增长2.01%;货运保险原保险保费收入13.84亿元,同比下降14.46%;责任保险原保险保费收入26.08亿元,同比增长17.61%。

表15-4 上海保险市场财产险业务和人身险业务保费收入情况 单位:亿元

险种名称	本年	比上年增长(%)
1. 财产险原保险保费收入	385.89	12.45
企业财产保险	29.32	2.17
家庭财产保险	2.68	49.52
机动车辆保险	221.99	12.02
工程保险	6.07	8.20
责任保险	26.08	17.61
信用保险	7.94	7.84
保证保险	9.14	38.17
船舶保险	24.49	2.01
货运险	13.84	−14.46
特殊风险保险	4.49	−3.37
农业保险	4.78	6.57
其他	4.58	640.69
2. 人身险原保险保费收入	739.27	14.87
人寿保险	607.63	11.37
健康保险	116.43	41.20
意外伤害保险	45.71	19.25
原保险保费收入合计	1 125.16	14.03

(2) 人身险业务

2015年,上海人身险业务原保险保费收入累计769.77亿元(其中包括财产险公司经营的意外险、短期健康险原保险保费收入30.50亿元),较上年同期增加103.38亿元,同比增长15.51%。其中,寿险业务原保险保费收入为607.63亿元,较上年同期增加62.03亿元,同比增长11.37%,占人身险业务原保险保费收入的78.94%;健康险业务原保险保费收入116.43亿元,较上年同期增加33.97亿元,同比增长41.20%,占人身险业务原保险保费收入的15.13%;人身意外险业务原保险保费收入45.71亿元,较上年同期增加7.38亿元,同比增长19.25%,占人身险业务原保险保费收入的5.94%。

第三节 2016年第一季度情况

2016年第一季度,上海保险市场规模快速增长,业务结构调整继续深入,行业发展质量与内涵价值显著提高。

1. 市场规模快速增长。2016年第一季度上海市原保险保费收入累计555.22亿元,全国排名第9位,同比增长50.54%。其中,财产险业务原保险保费收入104.83亿元,同比增长4.92%;寿险业务原保险保费收入383.13亿元,同比增长72.20%;健康险业务原保险保费收入53.31亿元,同比增长55.21%;人身意外险业务原保险保费收入13.94亿元,同比增长 15.57%。

2. 结构调整继续深入。从财产险看，车险非车险均衡发展，非车险保费收入占财产险的 47.57%，高于全国水平 25.52 个百分点。从人身险看，普通寿险产品受到追捧，业务同比增长 137.35%，占寿险公司全部业务的 71.16%，同比增加 20.66 个百分点。从中外资看，外资保险公司保费收入同比增长 65.42%，占市场份额为 14.42%，比上年同期增加 1.27 个百分点。

3. 发展质量进一步凸显。产险效益持续提升，共实现承保利润 5.09 亿元，承保利润率为 6.84%。寿险质量稳步提升，寿险公司新单保费收入 368.88 亿元，同比增长 99.02%，占全部业务的比例为 83.61%。其中，新单期缴原保险保费收入 27.78 亿元，同比增长 52.74%，占新单原保险保费收入的 7.53%。

专栏 15

航运保险产品注册制重大改革成功实施

为贯彻落实《国务院关于加快发展现代保险服务业的若干意见》及上海实施意见，进一步深化改革、简政放权、发挥市场决定性资源配置作用，支持上海国际金融中心、国际航运中心以及上海自贸试验区建设，经中国保监会批准同意，上海率先开展航运保险产品注册制改革。

航运保险产品注册制改革是保险产品监管制度的一次重大改革突破，是保险业探索深化行政审批制度和监管体制改革的创新实践，有利于改进监管、放活市场、加快发展，有利于提升上海航运保险服务能级，提升上海航运保险的国际化和市场化程度，也是保险业服务上海经济社会发展，支持"一带一路"、上海自贸试验区及上海"四个中心"建设等国家重大战略实施的重要举措。一是以简政放权为原则，保险监管部门授权上海航运保险协会承办航运保险产品注册管理，将产品监管由政府主导转向市场主导，由事前审批备案改进为事后监管。二是以高效便捷为原则，建立 7×24 小时电子化注册平台，平台自动注册管理，实现即时注册、即时审核、即时通过、即时赋予注册码、即时投入市场。注册材料由备案制管理的 7 份纸质材料及电子文件缩减为 2 份电子文件，注册时间由备案制的 20 个工作日缩减为即时处理。三是以对接国际标准为原则，建立国际化的产品注册标准，遵循国际惯例，由注册人根据实际自行厘定产品费率，根据业务需要使用注册语言。四是以激发市场活力为原则，建立开放式产品创新和竞争兼顾的产品创新保护期机制，给予新注册产品 6 个月的保护期，保险公司既可以使用自己注册的产品，又可以使用其他注册人保护期外的注册产品，也可以使用协会条款。五是以强化主体责任为原则，明确产品注册人为法人机构类协会会员，突出产品注册人法律责任，坚持谁注册、谁解释、谁负责。六是以信息公开为原则，建立全方位公开透明的注册信息披露机制，通过电子平台全方位即时披露注册产品信息、注册人重大信息、违法违规信息，并允许社会公众查询。

航运保险注册制自 2015 年 7 月 1 日正式实施以来成效显著，截至年底已注册产品 600 余个，超过 2013 年、2014 年备案制审批产品的总和，船舶首台(套)重大基础装备综合保险等创新型产品不断涌现。航运保险产品注册制改革同时入选"2015 年中国保险业十大新闻"和"2015 年上海国际金融中心建设十大事件"。

第十六章　银行卡业务

第一节　跨行业务

2015年，在市委、市政府和各级主管部门的关心支持下，上海银行卡产业进入加速升级和创新发展的新时代，以功能多样、支付安全、交易便捷为特征的新生态模式基本形成，不仅拉动内需、扩大消费，而且为上海“四个中心”建设和科创中心建设目标的实现发挥着重要作用，助力了上海经济供给侧的改革和结构的深化调整。2015年，全市银行卡业务健康发展，共实现跨行交易13.9亿笔，金额28 754亿元，同比增速分别为14%和30.2%。银联品牌产品与权益不断完善，以HCE手机支付、苹果支付、三星支付等为主要形式的银联移动支付和银联钱包等创新支付模式影响广泛。全年上海地区银联系统运行安全平稳，风险防控、市场规范成效在全国瞩目，有力地促进上海地区银行卡产业的持续健康发展。

1. 跨行交易总体情况

2015年，响应国家供给侧改革号召，全市经济进行结构性调整，刺激消费的宏观经济政策推动银行卡业务规模继续扩大，跨行交易金额增速在北上广深四地中居首，日均交易381.3万笔，日均金额78.8亿元，较上年分别增加47.6万笔和18.3亿元。单笔清算均额2 619元，同比增长14.8%。（见图16-1）

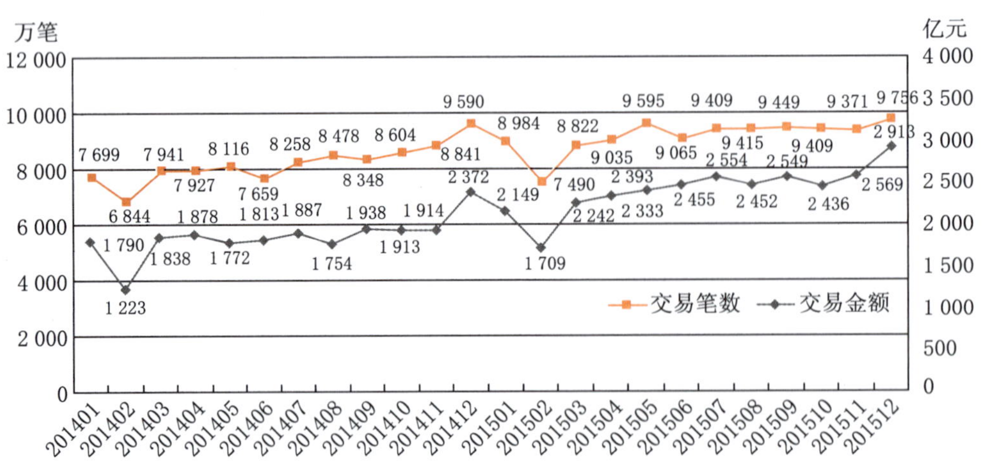

图16-1　2014—2015年上海地区银行卡跨行清算交易总体走势

2. POS跨行交易情况

2015年宾馆餐娱、日用百货、超市家电、水电煤缴费、房产汽车类等重点行业刷卡金额仍保持全国前列，POS实现跨行交易7.5亿笔，消费金额20 102亿元，同比分别增长5.5%和12.4%。其中日常类商户消费金额6 714.8亿元，同比增长15.2%；非日常类商户交易金额达13 387亿元，同比增长10.6%。

3. ATM跨行交易情况

2015年，上海地区ATM跨行清算交易1.71亿笔，同比增长5.5%，占境内跨行交易总量4.3%。从交易结构来看，取现交易实现1.64亿笔，同比微增2.6%；转账交易706.5万笔，同比迅猛增长198.6%。转账交易的快速增长极大拉动ATM业务的发展。随着创新支付的发展，2015年ATM清算笔数和交易金额总体占比继续下降。2015年末，上海地区ATM终端数保持稳定微增态势，达到2.2万台。

第二节 受理市场建设情况

2015年，国家加速推动经济结构深化调整，消费结构有所变化。政策层面，国内金融市场对外开放力度进一步加大，在增强金融行业创新能力和防范金融风险之间寻求平衡，努力推动银行卡业务规范与发展。在此背景下，产业各方在非接受理市场建设、金融IC卡推广、市场规范和银行卡刷卡手续费调整方面联合行动，推动地区产业发展上升到新境界。2015年上海地区银联卡跨行交易金额达2.88万亿元，交易笔数达13.9亿笔（见图16-2、图16-3）。上海地区银行卡累计发行量突破1.64亿张，银行卡交易占社会零售总额的70.9%。全年重点商圈与行业受理市场均实现较快发展，全市联网商户31.2万家，POS终端118.3万台，同比分别增长27%和55.7%。

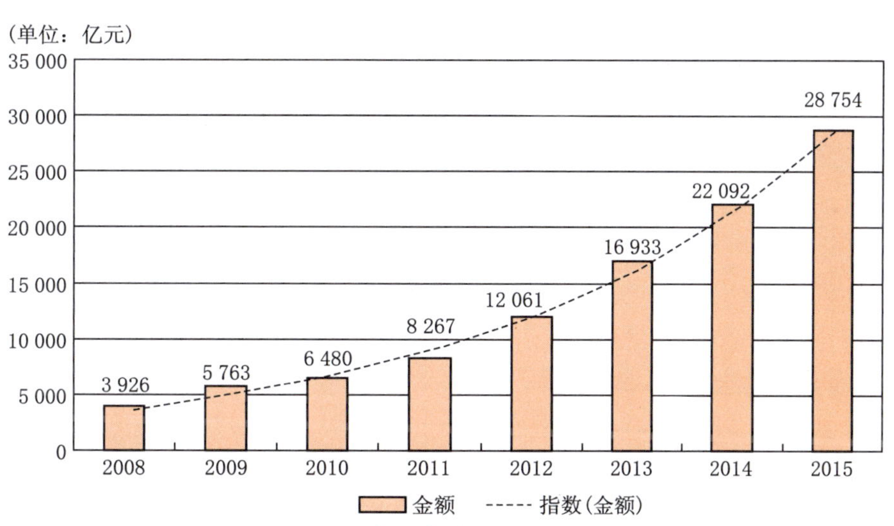

图16-2 2008—2015年上海地区银联卡跨行交易金额走势

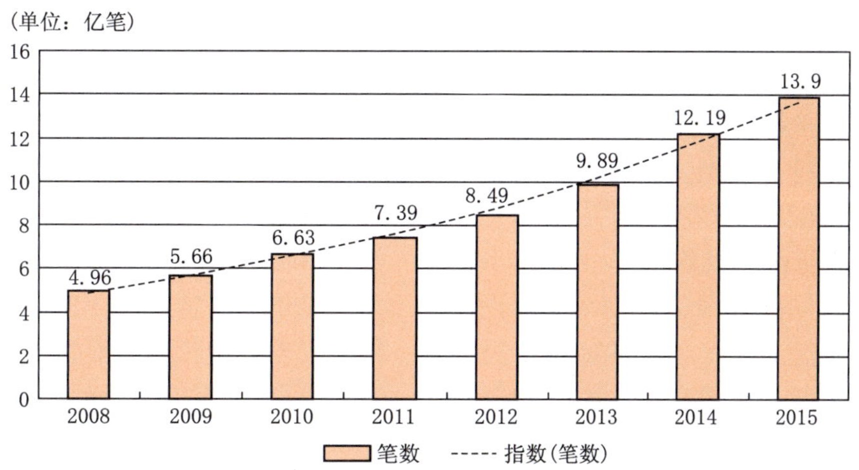

图16-3 2008—2015年上海地区银联卡跨行交易笔数走势

第三节　重点业务发展情况

IC卡业务。加速推广金融IC卡以来，金融IC卡市场占比快速提升，IC卡实现纵深发展，渗透社会服务各个领域。2015年上海结合金融IC卡推广加速产品创新，基于交通的ETC沪通卡、基于健康生活的兴动力卡、基于海淘的51海淘联名信用卡等特色产品在市场上影响广泛。结合最新的生活服务需求，推动特色卡产品落地，银行卡产业有力地夯实发卡合作基础、扩大银联品牌影响力。银联卡市场卡量实现稳步增长，截至2015年末，上海地区银联信用卡发卡累计达2 644万张、借记卡累计达1.38亿张。

创新业务。以HCE手机支付、苹果支付、三星支付等为代表的银联云闪付业务精彩亮相，2015年上海地区HCE用户突破5万户，上海地区HCE业务又一次走在全国前列，位居全国第一。与此同时，配合闪付与云闪付非接受理的市场建设工作全面展开，上海非接机具改造快速推进，重点小额支付领域的银联云闪付受理环境基本成熟。2015年辖区银联体系移动支付交易金额达到1 085亿元，居全国第一位。

民生工程。结合上海地区看病难和停车难的都市生活难点，产业各方积极探索服务民生的便民工程。2015年，实现卫生医疗领域的行业合作创新。在业务创新的探索中，中山医院项目模式开银行卡新型支付服务挺进医疗领域的先河，并在全国开花；为使市民享受到更加充分的高质量医疗服务，产业推动重点医疗垂直电商趣医网接入银行卡创新支付网络，在线支付将覆盖全国2 000多家三甲医院，构建"现代医院"2.0时代，2015年末，银联在线支付覆盖医院达到260家，其中三甲级医院占60%，医疗领域取得重要战略推进。与此同时，交通领域的行业合作创新也不断深化。银行卡受理开始走进出租车领域，并将在2016年全面上线；与停车平台实现行业对接，推动上海几百家停车场实现银联金融IC卡的广泛受理。农村受理市场建设也成效显著，通过规范三农服务、提升服务水平，有力地优化了惠农助农服务举措；2016年上海地区自行侦测疑似套用三农违规商户29 916户，核查9 980户，整改9 606户，POS渠道特殊计费金额占比降至10%以内，整治效果居全国前列，保障农民切实享受到发展带来的重要红利。

第四节　业务发展展望

2016年，国家经济创新转型、深化结构调整，"互联网＋"的产业形态已是大势所趋，并将进一步扩大影响力；为加速市场化转型，产业调价、移动互联网支付将成为产业关注的重点，产业必将继续坚持"开放式平台"理念，实现发展共赢。

一是必将不断出现合作的创新。其一，创新产业合作共建平台逐渐成为主流。产业各方将从整体发展的角度、服务社会经济发展的高度加快合作模式的创新，形成包括市场建设、发卡、用卡推广在内的一揽子平台创新合作方案，夯实产业合作基础。其二，合作重点呈现在移动互联网支付创新领域。2016年银联云闪付(包括HCE、苹果支付、三星支付)、银联钱包、小额免密免签等创新产品与业务全面展开，将进一步带动产业资源的整合投入，产业各方投入将进一步向"云闪付卡推广＋小额免密免签"等业务组合式链条倾斜。

二是产业将进一步将居民小额高频生活领域挺近。随着"云闪付＋小额免密免签"业务的成熟，各方将实现对持卡人生活密切的行业领域的重点突破，资源整合式渗透成为重点手段，形成旅游商户受理集群、交通商户受理集群、物流商户受理集群和自助售卖商户受理集群的产业发展格局，产业综合性解决方案的作用日渐突出。围绕上海地区跨境支付热点和“四个中心”建设目标，迪斯尼将成为产业联动和竞争的新引爆点，上海将实现银行卡产业的内外突破，境内外联动扩大跨境支付受理应用。

三是回馈社会。银行卡产业一直致力于为社会民众提供安全、便捷、高效的支付服务，服务民生就是服务产业发展，回馈社会就是带动产业进步。未来，银行卡产业将继续为国民经济健康发展提供基础性服务，实现创新和规范的平衡，保障市民、商户、机构在便民缴费、出行购物、理财增值等方面实现合作共赢，共促创新、共保健康、共享繁荣。

第十七章 新型金融业务

第一节 小额贷款业务

2015年，在银监会等中央金融管理部门的指导、支持下，在市委、市政府及市小额贷款公司试点工作推进小组的正确领导下，市金融办坚持以加强事中事后监管为主线，一手抓促进发展，着力“调结构”，推进行业结构不断优化；一手抓加强监管，着力“防风险”，会同区（县）督促公司切实落实监管要求，在各方共同努力下，推进上海小额贷款公司试点工作取得新成效。小额贷款公司也努力找准自身定位，在坚持积极服务“三农”、科创和小微企业融资的同时，更加注重风险防范，总体实现了行业平稳健康发展。

1. 基本情况

截至2015年末，上海共有132家小额贷款公司开业，其中法人机构127家，分支机构5家，注册资本总计189.65亿元，净资产216.49亿元。贷款余额10万户18万笔218.92亿元，其中，“三农”贷款余额23.35亿元、小微企业贷款余额65.59亿元，持续助力上海“三农”和小微企业发展。

2015年，上海共有11家小额贷款公司获批开业，支持一批有实力、有特色的优质企业作为主发起人在沪设立小额贷款公司，进一步优化上海小额贷款公司的行业结构。同时，有3家小额贷款公司退出试点。

2. 主要特点

(1) 充分发挥“小额、分散、快捷”优势，贷款利率有所下降，积极服务“三农”和小微企业。

近年来，上海小额贷款公司较好贯彻“小额、分散”监管要求，户均贷款余额呈现明显下降趋势，单户平均贷款余额从2013年的206.73万元下降至2015年末的21.9万元，其中超过40%是“三农”及小微企业贷款。

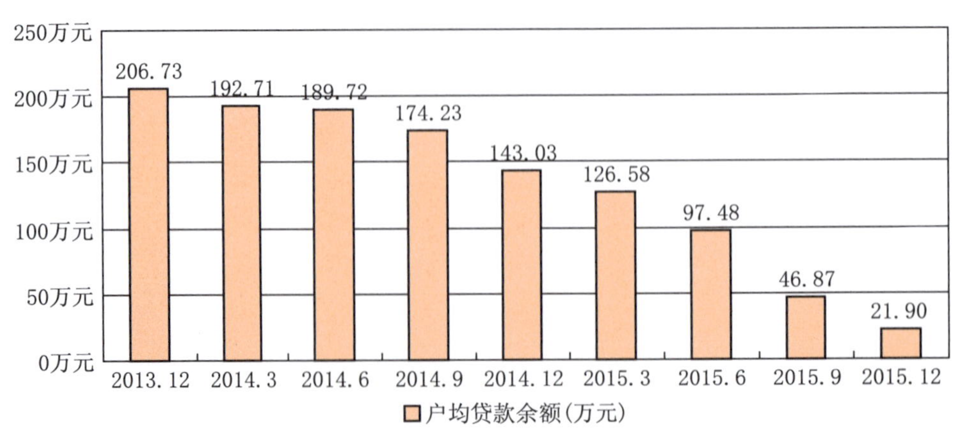

图17-1 上海小额贷款公司户均贷款余额

户均余额明显下降的原因主要有三个方面，首先是上海小额贷款公司在当前经济形势下，经营意识有所转变，风控意识也有所增强，大部分小额贷款公司将“服务小微、立足小微”作为主要经营战略；其次，近年来上海成立多家主营个人消费信贷的小额贷款公司，个人消费的信贷金额相比一般中小企业较小；第三，多家有互联网背景的小额贷款公司在上海落户，该类机构依托母公司资源及大数据系统开展业务，单笔贷款金额小、期限短，较好地满足其平台商户的日常资金需求。

2015 年末，上海小额贷款公司贷款平均年率 16.15%，较 2014 年度下降 0.99 个百分点。究其原因，一方面 2015 年我国多次降息，另一方面，随着“服务小微、服务消费金融需求”意识的增强，部分小额贷款公司对放贷利率的设定也有所放宽，故总体利率呈现下降趋势。

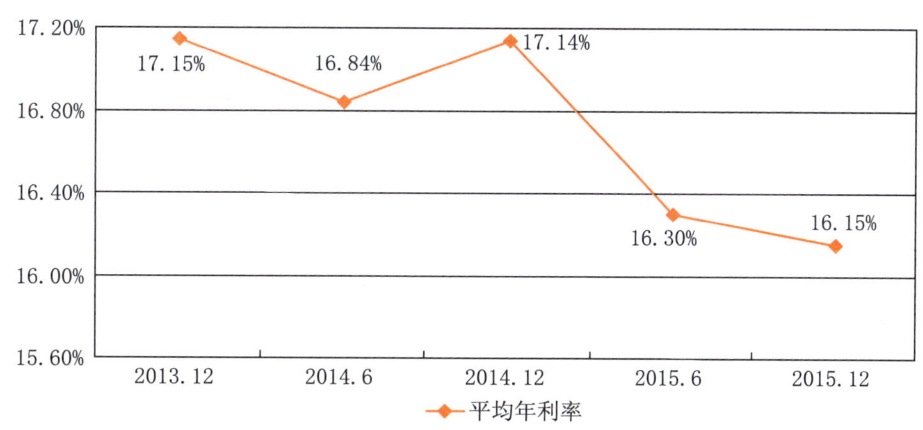

图 17-2　上海小额贷款公司平均年利率

(2) 经营稳健，整体财务状况较为良好。

公司治理方面，上海小额贷款公司基本能按照相关要求，建立以股东会、董事会、监事会、高级管理层为主体的组织架构，并对各主体之间的责、权、利关系作出制度安排。内部控制与风险管理方面，上海小额贷款公司基本能按照相关要求，划分董事会、监事会、高级管理层之间，相关部门、岗位之间的职责，也相应建立内部监督制约机制。大部分小额贷款公司均聘请有银行信贷经验的人员作为高级管理人员。截至 2015 年末，上海小额贷款公司资产总额 249.74 亿元，负债 33.24 亿元，资产负债率 13.31%；全年实现营业收入 26.95 亿元(其中利息收入 25.31 亿元)，净利润 9.98 亿元。

(3) 在风险可控的前提下积极探索创新。

总体而言，上海小额贷款公司在业务开展中风控意识较强，风险处于可控范围。在此基础上，上海小额贷款公司积极探索融资渠道和方式创新。截至 2015 年末，上海小额贷款公司银行贷款 17.62 亿元，有 3 家小额贷款公司通过发行私募债融资合计 1 亿元，1 家小额贷款公司在上海股权托管交易中心挂牌募集资金 1 000 万元。此外，部分小额贷款公司还积极探索信贷资产转让、资产证券化、同业拆借等多元融资渠道。2015 年 7 月，上海推出全国首单面向小额贷款公司的小额贷款履约保证保险产品。与此同时，在中国人民银行上海分行支持下，市金融办大力推进小额贷款公司接入人行征信系统并取得显著成效。上海已有 45 家小额贷款公司正式开通征信数据查询，接入比例在全国处于较好水平。

(4) 监管制度框架不断完善，加强事中事后监管，运用信息化手段不断提升日常监管有效性。

2015 年，上海金融办出台《关于加强本市小额贷款公司和融资担保公司事中事后监管的意见》(沪金融办〔2015〕276 号)、《本市小额贷款公司和融资担保公司监管信息系统数据报送管理办法(试行)》(沪金融办〔2015〕277 号)、《本市小额贷款公司、融资担保公司全国中小企业股份转让系统挂牌监管工作指引》(沪金融办〔2015〕278 号)和《本市区(县)小额贷款公司、融资担保公司监管履职评价办法(试行)》(沪金融办〔2015〕279 号)等监管制度。

加快推进上海小额贷款公司监管信息系统建设,初步建成上海小额贷款公司监管信息系统,探索运用信息化手段提升日常监管的针对性、有效性和科学性,目前总体运行情况良好。监管信息系统的使用有助于实现监管模式的全覆盖、动态化,促进提高监管效率,完善预警机制,防范潜在风险。

市金融办坚持批管并重,切实加强小额贷款公司日常监管。一是加强对区(县)主管部门统一指导,充分发挥区(县)属地监管作用。不定期召开各区(县)小额贷款公司规范发展工作例会,就有关监管工作开展专题培训。二是切实抓好现场检查,并督促整改落实。组织各区(县)主管部门开展小额贷款公司风险排查,督促各公司针对存在问题切实明确整改计划、逐步完成整改。三是加强非现场监管,强化风险预警、监控与处置。及时统计、分析小额贷款公司经营数据;加强对高风险小额贷款公司的动态监测,逐月收集、掌握其风险情况,及时通报相关区(县)主管部门做好风险预警、处置;对个别存在突出问题机构,在查实问题的基础上,督促区(县)主管部门责令其限期整改。四是开展监管评级,探索实施分类监管。组织各区(县)主管部门,根据小额贷款公司股东及董事、监事、高管人员情况,合规经营、经营风险情况,公司治理、内部控制、信息披露情况,落实监管要求情况等,由好到差分 ABCD 四个等级评定监管级别;评级结果通报各小额贷款公司,并明确与今后的监管措施、财政扶持、新业务审批等挂钩。五是多次组织开展小额贷款行业从业人员培训,提升从业人员规范发展、风险控制的意识和能力。

3. 2016 年第一季度情况

截至 2016 年 3 月,上海已有 133 家小额贷款公司获批筹建,注册资本总额达到 180.10 亿元,其中 130 家小额贷款公司已获批开业。已开业小额贷款公司累计放贷 41 万户 158 万笔 2 065.54 亿元,贷款余额 10 万户 17 万笔 217.27 亿元。

(1) 贷款余额保持平稳。

2016 年第一季度,上海小额贷款公司贷款余额 217.27 亿元,同上年末相比持平。

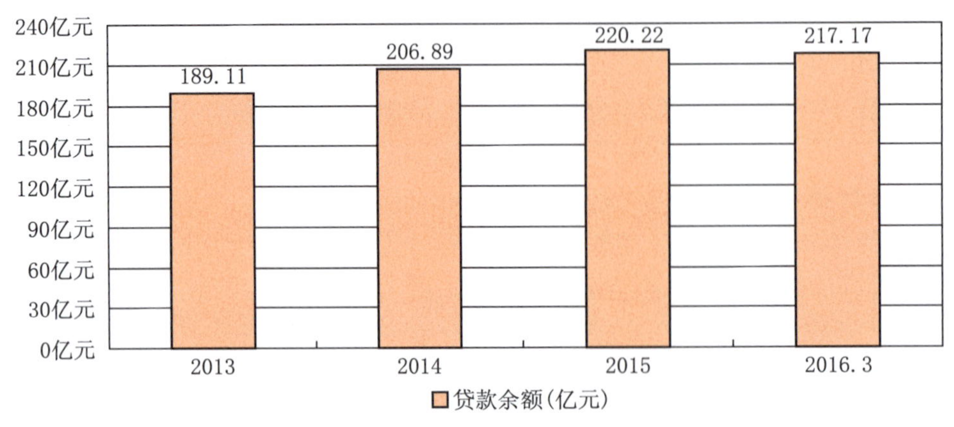

图 17-3 上海小额贷款公司贷款余额

(2) 户均贷款余额继续下降,服务小微企业力度持续加强。

上海小额贷款公司户均贷款余额继续呈现下降趋势，2016 年第一季度的单户平均贷款余额降至 13.45 万元。

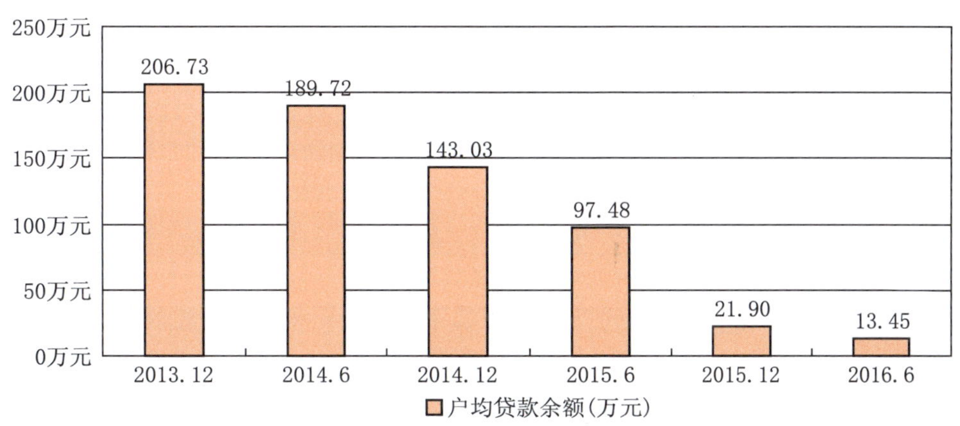

图 17-4　上海小额贷款公司户均贷款余额

（3）贷款投向持续优化，加大力度支持“四新”企业。

上海小额贷款公司支持小微、创业、科技、文化创意类企业发展的力度不断加大。至 2016 年第一季度末累计向 17 466 家小微企业发放贷款达 605.34 亿元，环比增长 2.20%；向 1 694 家创业企业发放贷款达 84.87 亿元，环比增长 2.06%；向 1 534 家科技企业发放贷款达 108.40 亿元，环比增长 2.66%；向 259 家文化创意企业发放贷款达 16.90 亿元，环比增长3.49%。

（4）互联网背景小额贷款公司发展迅速。

截至 2016 年第一季度末，上海已开业互联网背景小额贷款公司有 7 家，基本情况如下：

表 17-1　上海互联网背景小额贷款公司基本情况　（单位：万元）

序号	区县	公司名称	总资产	净资产	注册资本	贷款余额
1	长宁	携程小贷公司	20 117.99	20 083.64	20 000	5 917.07
2	黄浦	搜房小贷公司	79 082.90	49 899.70	50 000	63 161.00
3	嘉定	京汇小贷公司	70 881.79	58 416.89	60 000	67 460.42
4	嘉定	百度小贷公司	31 864.11	19 866.69	20 000	28 684.73
5	嘉定	唯品会小贷公司	20 252.30	20 135.53	20 000	11 323.63
6	浦东	盛大小贷公司	25 641.98	25 044.90	25 000	3 583.70
7	浦东	网易小贷公司	29 874.82	29 548.52	30 000	2 854.93

2015 年初至今，与传统小额贷款公司相比，互联网小额贷款公司的发展更为迅速，业务规模上升也更快。较早开业的京汇、百度小额贷款公司的贷款余额分别从 1.25 亿元、0.05 亿元增加至 6.75 亿元、2.87 亿元，至 2016 年第一季度末，7 家互联网小额贷款公司贷款规模达到 11.41 万户 18.30 亿元，业务发展总体态势良好。上海互联网小额贷款公司的户均余额和笔均余额分别为 1.60 万元和 0.67 万元，远低于传统小额贷款公司 41.82 万元和 41.19 万元的平均水平。此外，同业务刚刚起步的 2015 年上半年相比，上海互联网小额贷款公司的单笔贷款金额呈现持续下降的态势。期限方面，上海小额贷款公司平均贷款期限约为 9—10 个月，而

互联网小额贷款公司平均贷款期限均低于6个月,较好地体现监管部门倡导的“短期”原则。

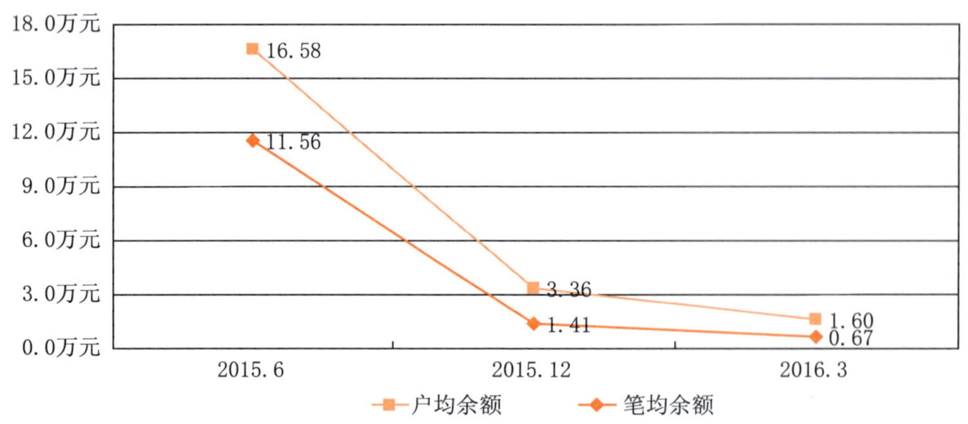

图17-5 上海互联网小贷户均及笔均余额[单位:万元/笔(户)]

第二节 融资性担保业务

2015年,在融资性担保业务监管部际联席会议等相关部门的指导、支持下,在市委、市政府及市融资性担保行业规范发展和业务监管联席会议的正确领导下,市金融办坚持以加强事中事后监管为主线,一手抓促进发展,着力“调结构”,推进行业结构不断优化;一手抓加强监管,着力“防风险”,积极推进上海融资担保行业规范健康发展工作,促进行业平稳健康发展。

1. 基本情况

2015年末,上海共有54家融资担保机构持经营许可证。在54家机构中,政策类机构12家、综合类机构30家、钢贸类机构12家。其中,报送统计数据的机构为39家,注册资本总额108亿元,累计提供融资担保金额1 580.79亿元,融资担保余额167.17亿元。全行业从业人员总计658人,其中研究生学历104人,本科学历381人,本科及以上学历占比73.70%,人员结构进一步优化。2015年,上海有11家融资担保机构(主要为钢贸类)注销经营许可证。

2. 主要特点

2015年融资担保行业发展呈现如下特点:

(1) 政府营造良好环境,融资担保机构支持科技、三农类企业力度不减。

2015年,市政府出台《关于进一步促进本市融资担保行业持续健康发展的若干意见》(沪府发〔2015〕65号),市金融办与上海银监局联合出台《关于促进本市银行业金融机构与融资性担保机构业务合作的意见》(沪金融办〔2015〕280号),进一步营造银担合作良好环境,促进上海融资担保行业持续健康发展和中小微企业融资环境改善。上海各级政府部门进一步加大对中小企业融资担保业务的扶持力度。全市有10家融资担保机构享受市级中小企业专项资金补助总计1 000万元。

积极推动上海融资担保公司接入央行征信系统,促进行业提升信用风险防控能力。融资担保公司接入央行征信系统,有利于融资担保公司及时查询借款人的信用状况,提升其风险控制能力和服务能力。上海首批共有20家融资担保公司接入央行征信系统,其中5家机构正式开通征信数据查询,已接入公司占比在全国处于较好水平。

(2) 融资担保机构数量有所下降,质量明显提升,盈利出现明显改善,同时融资担保机构业务结构得到明显优化。

近年来，按照国家及市政府要求，上海市金融服务办公室积极推进融资担保行业规范发展，大部分涉及钢贸的融资担保机构退出市场，经过不断的风险化解和处置工作，持证机构已压缩到54家，2015年注销11家融资担保机构许可证。随着部分严重亏损机构退出，全年正常经营的融资担保机构实现营业收入5.78亿元(其中担保业务收入3.28亿元)，净利润9 650万元，与2014年度行业亏损4亿元有很大改善，行业机构质量明显提升。

从上海政策类、综合类、钢贸类三类机构业务开展情况看，政策类担保机构业务余额占比持续上升。截至2015年末，政策类担保机构融资担保余额83.3亿元，占49.83%；综合类担保机构融资担保余额56.2亿元，占33.62%；钢贸类担保机构融资担保余额27.68亿元，占16.56%。政策类担保机构已逐渐成为上海融资担保行业的“主力军”。

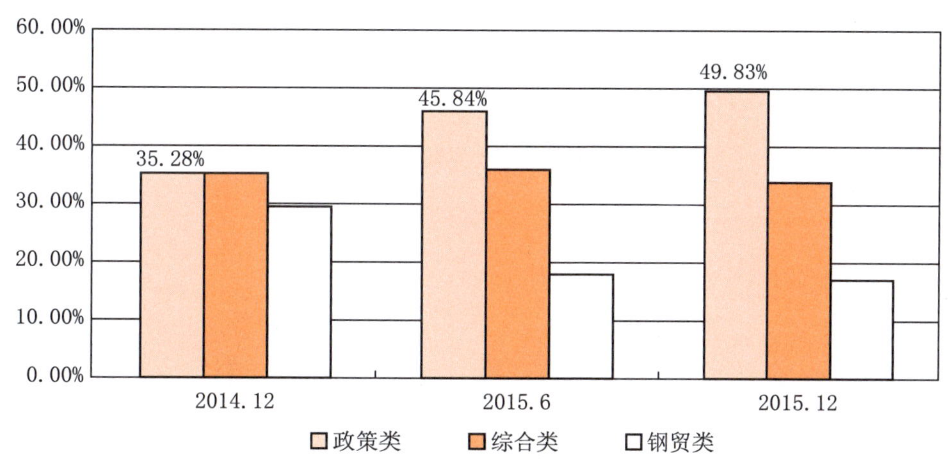

图17-6 上海融资担保机构业务结构变化

(3) 户均融资担保余额呈下降态势，担保贷款分散化、服务小微企业趋势明显。

2015年，上海融资担保机构户均担保余额为207.26万元，较2014年下降44%，较2012年下降70%，体现担保贷款分散化、服务小微企业的趋势。下一步，随着户均余额较大的融资担保机构(主要是钢贸类)逐渐退出市场，上海融资担保机构的户均担保余额有望继续下降。

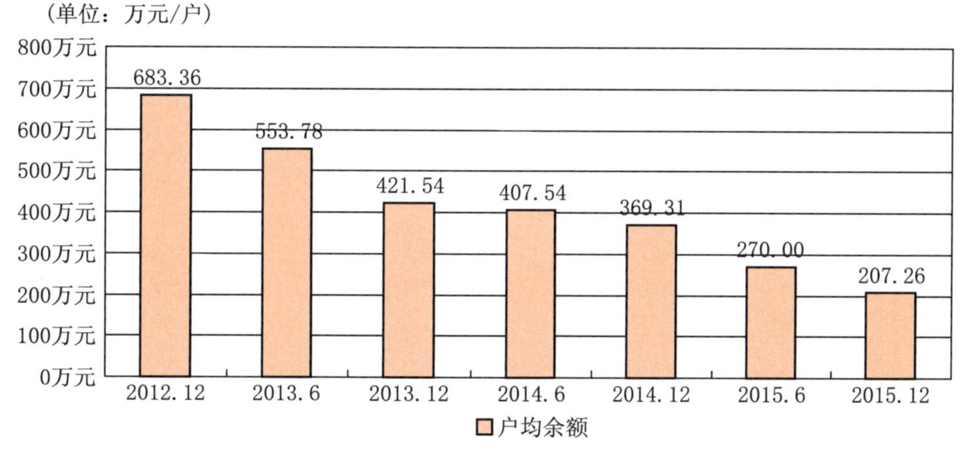

图17-7 上海融资担保机构户均余额

(4) 融资担保机构扶持科技、“三农”类企业力度不减。

2014 年至今,上海融资担保机构业务余额虽有所下降,但对科技类和“三农”类企业的业务余额一直保持在 30 亿元和 4 亿元以上,合计占行业融资担保余额的 20%以上,且该占比稳中有升,体现融资担保行业对科技、“三农”类企业的融资支持。

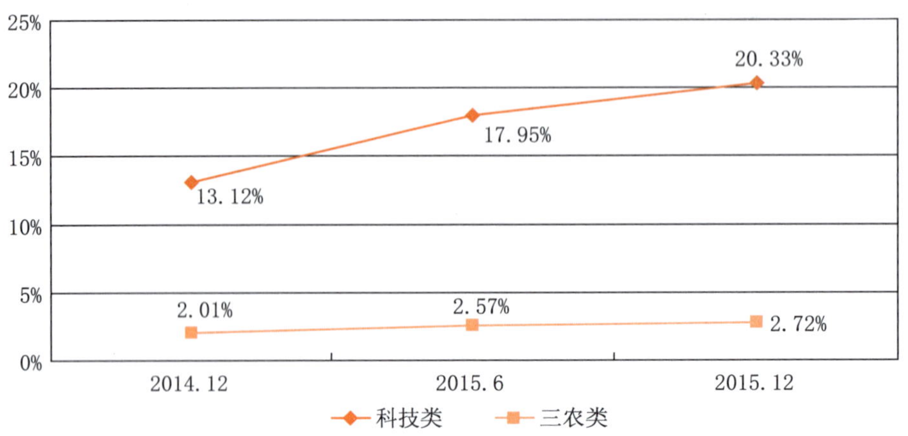

图 17-8 上海融资担保机构业务结构变化

(5) 服务上海科创中心建设,推进设立上海中小微企业政策性融资担保基金。

2014 年 12 月 18 日,国务院召开电视电话会议,对促进融资担保行业发展提出要求;2015 年 7 月 31 日,国务院常务会议部署加快融资担保行业改革发展工作;2015 年 8 月 7 日,国务院出台《关于促进融资担保行业加快发展的意见》(国发〔2015〕43 号),对加快发展融资担保行业再次提出明确要求。根据市政府统一部署,结合上海市融资担保行业发展和科创中心建设实际,市金融办、市财政局、上海银监局等部门在深入调研广泛听取意见建议的基础上,研究提出了上海大型政策性担保机构组建方案。2015 年 11 月 9 日,市政府第 98 次常务会议审议通过关于设立“上海中小微企业政策性融资担保基金”总体方案,积极推进基金筹备设立具体工作。

(6) 密切关注行业风险,加强事中事后监管。

2015 年,市金融办出台监管类制度文件 4 件,以《关于加强本市小额贷款公司和融资担保公司事中事后监管的意见》(沪金融办〔2015〕276 号)为主线,配套《本市小额贷款公司和融资担保公司监管信息系统数据报送管理办法(试行)》(沪金融办〔2015〕277 号)、《本市小额贷款公司、融资担保公司全国中小企业股份转让系统挂牌监管工作指引》(沪金融办〔2015〕278 号)和《本市区(县)小额贷款公司、融资担保公司监管履职评价办法(试行)》(沪金融办〔2015〕279 号)等制度,在历年工作的基础上初步健全上海市融资担保机构从设立、日常监管到市场退出的全生命周期管理制度体系,同时进一步夯实区(县)属地监管职责。此外,对上海市《融资性担保公司管理办法》(沪府发〔2016〕3 号)等管理制度以市政府名义修订或重新印发。

2015 年,市金融办开展对上海市融资担保公司全覆盖的年度风险排查。市金融办组织全市 17 个区(县)主管部门,对本辖区持有有效经营许可证的融资担保机构进行全覆盖的现场检查,并在汇总分析的基础上,对每家公司进行监管分类,逐一提出明确监管意见和措施,同时指导区(县)主管部门对各家公司逐一揭示风险、问题,督促及时整改。同时,加快推进上海市融资担保公司监管信息系统建设,探索运用信息化手段提升日常监管有效性。

初步建成上海市融资担保公司监管信息系统，探索运用信息化手段提升日常监管的针对性、有效性和科学性，总体运行情况良好。系统的使用有助于实现监管模式的全覆盖、动态化，促进提高监管效率，完善预警机制，防范潜在风险。

3. 2016 年第一季度情况

截至 2016 年第一季度末，上海市共有 37 家融资担保公司持有有效经营许可证（另有 17 家融资担保公司经营许可证已到期）。报送统计数据的机构为 39 家，注册资本总额 108 亿元，融资担保余额 167.17 亿元。

（1）上海市融资担保机构担保贷款分散化、服务小微企业趋势明显。2015 年，上海市融资性担保户均余额 194.9 万元，较上年同期的户均 337.2 万元降低 142.3 万元。

（2）上海市融资担保公司经营状况整体有所好转，新增业务规模与上年同期相比首次出现增加。2016 年第一季度，上海市融资担保机构整体新增业务规模达 51.37 亿元，较 2015 年第一季度的 40.26 亿元增长 27.60%，增幅显著。其中综合类机构新增业务规模 28.12 亿元，增长 57.24%；政策类机构新增业务规模 23.22 亿元，增长 15%。

表 17-2　2016 年第一季度上海市融资担保行业新增业务情况　（同比；单位：万元）

新增业务	2016 年第一季度（万元）	2015 年第一季度（万元）	增　幅
钢贸类融资担保机构	—	21 204	－100%
政策类融资担保机构	232 251	202 396	14.75%
综合类融资担保机构	281 537	179 046	57.24%
合　计	513 788	402 646	27.60%

（3）上海市融资担保行业营业收入同比下降，但净利润同比明显改善。2016 年第一季度，上海市 39 家报送数据的融资担保机构实现营业收入 0.89 亿元，较上年同期减少 20.84%。担保业务收入 0.56 亿元（占比 62.21%），较上年同期下降 24.24%。实现净利润 0.26 亿元，较上年同期的亏损 21 万元有很大改善。

第十八章　上 市 公 司

第一节　上市公司概况

2015 年,上海证券交易所共有上市公司 1 081 家,2015 年新上市 90 家。上市股票数 1 125 只。股票市价总值 295 194.2 亿元,上涨 21.0%;流通市值 254 127.84 亿元,上涨 15.25%。上市公司总股本 30 235.54 亿股,流通股本 27 418.41 亿股,流通股本占总股本 90.68%。

根据 2015 年第一季度最新数据,上海证券交易所共有上市公司 1 090 家,2015 年第一季度新上市 9 家。上市股票数 1 134 家,股票市价总值 254 082 亿元,流通市价总值 220 363 亿元,上市公司总股本 30 494 亿股,流通股本 27 668 亿股。

1. 公司规模

2015 年,上海证券交易所上市股票总市值呈现稳步增长态势。但其 50 家市价总值最大公司的市价总值在整个市场中的比重有所减少。年末,50 家市价总值最大的上市公司总市值合计达到 132 830.97 万亿元,占上海证券市场全体上市公司市值总和的 44.99%,较上年减少 11.05 个百分点。当年,共有 90 家企业上市,上海证券交易所在上市公司结构多元化的同时,继续保持中国蓝筹股市场的地位。

表 18-1　2015 年末上海证券交易所 50 家市价总值最大的上市公司

序号	股票简称	股票代码	市价总值（万元）	占全体上市公司市价总值比重(%)
1	中国石油	601857	135 204 934.98	4.58
2	工商银行	601398	123 482 393.34	4.18
3	农业银行	601288	94 979 859.93	3.22
4	中国银行	601988	84 516 971.45	2.86
5	中国人寿	601628	58 951 413.43	2.00
6	中国石化	600028	47 396 654.44	1.61
7	中国平安	601318	38 997 592.19	1.32
8	招商银行	600036	37 111 471.03	1.26
9	浦发银行	600000	34 079 892.28	1.15
10	兴业银行	601166	32 522 338.83	1.10
11	中国中车	601766	29 449 234.60	1.00
12	民生银行	600016	28 487 905.65	0.97
13	贵州茅台	600519	27 408 979.80	0.93
14	交通银行	601328	25 277 556.43	0.86
15	中国神华	601088	24 687 083.82	0.84
16	上汽集团	600104	23 396 252.39	0.79
17	中信银行	601998	23 035 528.45	0.78
18	长江电力	600900	22 374 000.00	0.76
19	中国中铁	601390	20 351 507.40	0.69
20	绿地控股	600606	19 870 596.11	0.67
21	中信证券	600030	19 037 653.65	0.64
22	中国建筑	601668	19 020 000.00	0.64
23	国泰君安	601211	18 223 750.00	0.62
24	中国太保	601601	18 143 416.20	0.61

（续表）

序号	股票简称	股票代码	市价总值（万元）	占全体上市公司市价总值比重（%）
25	中国重工	601989	17 259 965.16	0.58
26	光大银行	601818	16 879 592.43	0.57
27	中国交建	601800	15 753 042.70	0.53
28	中国铁建	601186	15 506 374.93	0.53
29	上港集团	600018	15 016 541.17	0.51
30	中国核电	601985	14 849 420.22	0.50
31	北京银行	601169	13 343 857.91	0.45
32	中国联通	600050	13 099 496.57	0.44
33	华夏银行	600015	12 972 284.66	0.44
34	大秦铁路	601006	12 815 174.27	0.43
35	海通证券	600837	12 801 751.53	0.43
36	招商证券	600999	12 603 654.10	0.43
37	东方证券	600958	12 301 179.26	0.42
38	包钢股份	600010	11 754 426.28	0.40
39	保利地产	600048	11 443 581.68	0.39
40	上海电气	601727	11 368 055.58	0.39
41	中国电建	601669	11 044 970.69	0.37
42	新华保险	601336	10 888 078.79	0.37
43	华泰证券	601688	10 735 021.99	0.36
44	宁波港	601018	10 444 800.00	0.35
45	浙能电力	600023	10 186 916.80	0.35
46	伊利股份	600887	10 069 523.21	0.34
47	东方明珠	600637	9 951 954.82	0.34
48	石化油服	600871	9 826 811.37	0.33
49	中国中冶	601618	9 775 878.00	0.33
50	恒瑞医药	600276	9 610 323.61	0.33

2015 年末，50 家流通市值最大的上市公司市价总值合计达到 126 005.69 亿元，占上海证券市场全体上市公司流通市值总和的 49.57%，较上年减少 9.86 个百分点。中国石油仍位列上市公司市价总值和流通市值第 1 位。工商银行居上市公司市价总值和流通市值第 2 位。

表 18-2 2015 年末上海证券交易所 50 家流通市值最大的上市公司

序号	股票简称	股票代码	流通市值（万元）	占全体上市公司流通市值比重（%）
1	中国石油	601857	135 204 934.98	5.32
2	工商银行	601398	123 482 393.34	4.86
3	农业银行	601288	94 979 859.93	3.74
4	中国银行	601988	84 516 971.45	3.33
5	中国人寿	601628	58 951 413.43	2.32
6	中国石化	600028	47 396 654.44	1.87
7	中国平安	601318	38 997 592.19	1.53
8	招商银行	600036	37 111 471.03	1.46
9	浦发银行	600000	34 079 892.28	1.34
10	中国中车	601766	29 449 234.60	1.16
11	民生银行	600016	28 487 905.65	1.12
12	兴业银行	601166	27 618 605.71	1.09
13	贵州茅台	600519	27 408 979.80	1.08
14	交通银行	601328	25 277 556.43	0.99
15	中国神华	601088	24 687 083.82	0.97
16	上汽集团	600104	23 396 252.39	0.92
17	中信银行	601998	23 035 528.45	0.91
18	中信证券	600030	18 991 370.39	0.75
19	中国建筑	601668	18 956 954.91	0.75
20	中国中铁	601390	18 665 020.92	0.73
21	中国太保	601601	18 143 416.20	0.71
22	中国重工	601989	16 880 384.21	0.66
23	光大银行	601818	16 879 592.43	0.66
24	中国交建	601800	15 753 042.70	0.62
25	上港集团	600018	14 745 356.41	0.58
26	中国铁建	601186	13 832 158.93	0.54
27	北京银行	601169	13 343 857.91	0.53
28	长江电力	600900	13 215 496.65	0.52
29	中国联通	600050	13 099 496.57	0.52
30	大秦铁路	601006	12 815 174.27	0.50
31	海通证券	600837	12 801 751.53	0.50
32	保利地产	600048	11 443 581.68	0.45

(续表)

序号	股票简称	股票代码	流通市值(万元)	占全体上市公司流通市值比重(%)
33	上海电气	601727	11 368 055.58	0.45
34	新华保险	601336	10 888 078.79	0.43
35	华泰证券	601688	10 735 021.99	0.42
36	宁波港	601018	10 444 800.00	0.41
37	招商证券	600999	10 422 726.63	0.41
38	伊利股份	600887	9 883 708.63	0.39
39	中国中冶	601618	9 775 878.00	0.38
40	恒瑞医药	600276	9 574 163.23	0.38
41	广汽集团	601238	9 528 421.77	0.37
42	华夏银行	600015	9 451 262.15	0.37
43	华能国际	600011	9 166 500.00	0.36
44	宝钢股份	600019	9 164 747.58	0.36
45	东方明珠	600637	8 178 314.13	0.32
46	华夏幸福	600340	8 127 772.97	0.32
47	光大证券	601788	7 840 892.00	0.31
48	康美药业	600518	7 453 642.10	0.29
49	长城汽车	601633	7 257 385.72	0.29
50	中国国航	601111	7 146 514.78	0.28

2. 行业分布

上海证券交易所上市公司分布于国民经济的各行各业，许多上市公司已经借助资本市场发展成为所在行业的龙头企业，在整个国民经济中的地位不断提高。从上市公司的行业具体分布来看，制造业企业所占比重遥遥领先，占到上市公司总数的53.24%，其次为批发零售业、房地产业，分别占全部上市公司总数的8.36%和6.93%。

表 18-3　2015 年末上海证券交易所上市公司数量与行业分布

行　　业	代码	公司数
农、林、牧、渔业	A	15
采矿业	B	47
制造业	C	599
电力、热力、燃气及水生产和供应业	D	57
建筑业	E	36
批发和零售业	F	94
交通运输、仓储和邮政业	G	65
住宿和餐饮业	H	4
信息传输、软件和信息技术服务业	I	30
金融业	J	36
房地产业	K	78
租赁和商务服务业	L	12
科学研究和技术服务业	M	7
水利、环境和公共设施管理业	N	11
教　　育	P	1
卫生和社会工作	Q	1
文化、体育和娱乐业	R	14
综　　合	S	18

3. 地区分布

从地区分布来看，沪市上市公司遍及全国除台湾、香港和澳门以外的31个省、自治区和直辖市，具有很好的地区代表性。上海证券市场承担了全国资本市场核心的地位，实现了服务全国的建设宗旨。通过为企业筹集资金和促进企业改善经营机制，上海证券市场对各地的经济发展起到有力的推动作用。从各个地区上市公司所占比重来看，沿海经济发达地区在其中占据主要的份额。其中，上海一直高居榜首，为15.08%，北京、浙江和江苏分列其后，占比分别为9.99%、9.81%和9.07%。

表 18-4　2015 年末上海证券交易所上市公司地区分布

省市区	上市公司总数	比重(%)	2015 年新上市公司数	比重(%)
安　徽	35	3.24	4	4.44
北　京	108	9.99	9	10.00
福　建	36	3.33	3	3.33
甘　肃	13	1.20	1	1.11

（续表）

省市区	上市公司总数	比重（%）	2015 年新上市公司数	比重（%）
广　东	53	4.90	8	8.89
广　西	16	1.48	2	2.22
贵　州	10	0.93	0	0.00
海　南	9	0.83	0	0.00
河　北	18	1.67	0	0.00
河　南	27	2.50	2	2.22
黑龙江	25	2.31	2	2.22
湖　北	37	3.42	0	0.00
湖　南	24	2.22	3	3.33
吉　林	19	1.76	0	0.00
江　苏	98	9.07	11	12.22
江　西	16	1.48	0	0.00
辽　宁	32	2.96	3	3.33
内　蒙	16	1.48	0	0.00
宁　夏	4	0.37	0	0.00
青　海	7	0.65	0	0.00
山　东	52	4.81	3	3.33
山　西	17	1.57	0	0.00

（续表）

省市区	上市公司总数	比重（%）	2015 年新上市公司数	比重（%）
陕　西	20	1.85	0	0.00
上　海	163	15.08	14	15.56
四　川	35	3.24	0	0.00
天　津	22	2.04	1	1.11
西　藏	7	0.65	1	1.11
新　疆	23	2.13	2	2.22
云　南	12	1.11	0	0.00
浙　江	106	9.81	20	22.22
重　庆	21	1.94	1	1.11

4. 股权结构

2007 年以来，随着限售股逐渐解禁流通，上海证券市场上市公司整体股权结构发生一定变化。2015 年随着新股发行的提速，非流通股份的占比有所回升。年末，无限售条件的流通股份占总发行的比重为 92.41%，有限售条件的流通股比例为 7.59%。如果以市价总值来计算，有限售条件的流通股份占到 13.9%，无限售条件的流通股股份占到 86.1%。随着限售股份的接近，流通股占市场的比重保持在 90%以上，上海证券市场进入“全流通”时代。

表 18-5　2015 年末上海证券交易所上市公司股权结构分布

证券类型				发行总额	比例（%）	市价总值	比例（%）
股票	非流通股份	发起人股	国家拥有股份	1 175.90	3.169	12 586.61	4.264
			境内法人股	619.58	1.670	7 972.20	2.701
			境外法人股	48.77	0.131	866.26	0.293
			个人股	117.35	0.316	2 460.74	0.834
		募集法人股		1.04	0.003	39.99	0.014
		内部职工股		0.00	0.00	0.00	0.00
		机构配售		45.33	0.122	537.10	0.182
		其　他		809.16	2.181	16 603.47	5.625
	尚未流通股合计			2 817.13	7.593	41 066.36	13.912
	境内上市人民币股（A 股）			27 272.05	73.505	252 879.75	85.666
	境内上市外资股（B 股）			146.36	0.395	1 248.10	0.420
	境外上市外资股			6 866.80	18.508	0.00	0.00
	已流通股份合计			34 285.20	92.407	254 127.84	86.090
股份总计				37 102.33	100.00	295 194.20	100.00

注：发行总额、市价总值单位：亿元。

5. 融资规模

2015年,上海证券交易所积极支持上市公司通过IPO、配股和增发股票再融资做大做强。一是并购重组市场活跃。2015年,有243家公司启动重大资产重组,同比增长47.3%,包括南车北车合并、百视通吸并东方明珠等一批有影响的案例,起到良好的示范效应;有92家公司完成重大资产重组,同比增长129.9%,涉及交易金额约4 350亿元,合计增加市值1.8万亿元,新增市值超过百亿公司55家;有190余家上市公司推出定向增发方案,106家上市公司实施完成定向增发,涉及金额2 457.1亿元。2015年上海证券市场股票筹资额达到8 712.96亿元,其中新上市公司90家,筹资金额1 086.9亿元。

表18-6 上海股票市场筹资额

年份	筹资额		其中IPO		再融资	
2013	2 515.72	−12.96%	0	−100%	2 515.72	−1.6%
2014	3 962.59	+57.51%	342.18	+342%	3 620.41	+45.91%
2015	8 712.96	+119.88%	1 086.9	+217.84%	7 626.06	+110.64%

6. 特别处理、暂停和终止上市情况

2015年,上海证券交易所实施退市风险警示的公司有25家。其他风险警示的有1家,暂停上市的有1家,撤销退市风险警示的有16家,撤销其他风险警示的有1家。

表18-7 2015年上海证券交易所实施退市风险警示的公司

序号	A股代码	A股简称	B股代码	B股简称	实施起始日	实施退市风险警示后A股简称	实施退市风险警示后B股简称
1	600870	厦华电子			2015/05/04	*ST厦华	
2	600242	中昌海运			2015/05/04	*ST中昌	
3	600091	明天科技			2015/05/04	*ST明科	
4	600408	安泰集团			2015/05/04	*ST安泰	
5	600071	凤凰光学			2015/05/04	*ST光学	
6	600779	水井坊			2015/05/04	*ST水井	
7	600962	国投中鲁			2015/04/30	*ST中鲁	
8	600608	上海科技			2015/04/29	*ST沪科	
9	600732	上海新梅			2015/04/29	*ST新梅	
10	600710	常林股份			2015/04/28	*ST常林	
11	600401	海润光伏			2015/04/24	*ST海润	
12	600301	南化股份			2015/04/23	*ST南化	
13	600722	金牛化工			2015/04/21	*ST金化	
14	600539	狮头水泥			2015/04/21	*ST狮头	
15	600444	国通管业			2015/04/20	*ST国通	
16	600691	阳煤化工			2015/04/13	*ST阳化	
17	600656	博元投资			2015/03/31	*ST博元	
18	600644	乐山电力			2015/03/31	*ST乐电	

（续表）

序号	A股代码	A股简称	B股代码	B股简称	实施起始日	实施退市风险警示后A股简称	实施退市风险警示后B股简称
19	600069	银鸽投资			2015/03/24	＊ST银鸽	
20	600217	秦岭水泥			2015/03/18	＊ST秦岭	
21	600984	建设机械			2015/02/25	＊ST建机	
22	600163	福建南纸			2015/02/11	＊ST闽能	
23	600715	松辽汽车			2015/01/30	＊ST松辽	
24	600247	成城股份			2014/07/01	＊ST成城	
25	600145	国创能源			2014/05/05	＊ST新亿	

表18-8 2015年上海证券交易所实施其他风险警示的公司

序号	A股代码	A股简称	实施起始日	实施其他风险警示后A股简称
1	600311	荣华实业	2015/12/1	ST荣华

表18-9 2015年上海证券交易所暂停上市的公司

序号	A股代码	A股简称	B股代码	B股简称	暂停上市起始日
1	600656	＊ST博元			2015/3/26

表18-10 2015年上海证券交易所撤销风险警示的公司

（一）撤销退市风险警示							
序号	公司代码	公司简称	B股代码	B股简称	撤销退市风险警示后A股简称	撤销退市风险警示后B股简称	撤销退市风险警示实施起始日
1	600072	＊ST钢构			钢构工程		2015/05/11
2	600610	S＊ST中纺			中毅达		2015/05/06
3	601558	＊ST锐电			华锐风电		2015/05/04
4	600178	＊ST东安			东安动力		2015/04/27
5	600299	＊ST新材			安迪苏		2015/04/10
6	600075	＊ST新业			新疆天业		2015/04/03
7	600598	＊ST大荒			北大荒		2015/04/03
8	600871	＊ST仪化			石化油服		2015/03/31
9	600860	＊ST京城			京城股份		2015/03/24
10	600228	＊ST昌九			昌九生化		2015/03/19
11	600550	＊ST天威			保变电气		2015/03/18
12	600306	＊ST商城			商业城		2015/03/03
13	600689	＊ST三毛			上海三毛		2015/03/03
14	600282	＊ST南钢			南钢股份		2015/02/10
15	600381	＊ST贤成			青海春天		2015/02/10
16	900951	＊ST大化B			大化B股		2015/05/04

(续表)

(二) 撤销其他风险警示							
序号	公司代码	公司简称	B股代码	B股简称	撤销其他风险警示后A股简称	撤销其他风险警示后B股简称	撤销其他风险警示起始日
1	600385	ST金泰			山东金泰		2015/5/5

第二节　上市公司财务状况

沪市公司2015年度业绩稳中趋缓，结构调整取得积极进展。截至2016年4月30日，沪市1 094家上市公司已对外披露2015年年报。经初步统计，沪市公司2015年业绩稳中趋缓，整体经营保持在合理区间，结构调整取得积极进展，新动能发展加快成长，投资者回报持续稳定，但也存在一些行业产能严重过剩，部分企业生产经营困难等问题。具体分析，经营情况呈现四个方面的特征：

1. 经营运行稳中趋缓，产业结构不断优化

面对复杂的国际国内经济形势，在经济趋势性、结构性、周期性因素的叠加影响下，我国经济增速明显放缓。受此影响，沪市公司整体经营运行稳中趋缓，经营规模和利润均有所下降。沪市公司2015年度共实现营业收入22.67万亿元，同比下降3.93%；共实现净利润约2.05万亿元，同比下降2.66%；每股收益0.55元，同比下降11%。

值得关注的是，沪市公司产业结构调整不断优化，第三产业规模与效益较第一、二产业均实现比较优势。第三产业总资产比重为88%，远高于第一、第二产业占比。从全年业绩情况看，第三产业净利润为1.58万亿元，同比增长8%，营业收入为7.33万亿元，同比增长4%，净利润与营业收入的同比增长缓冲了第一、第二产业同比大幅下滑的影响，对稳定经济运行发挥了积极作用。

2. 传统行业发展乏力，消费新兴快速成长

在国际国内需求放缓的情况下，水平偏低的供给结构性矛盾日益凸显，沪市煤炭、石油、黑色金属及有色金属等传统行业经营受到较大影响。报告期内共实现营业收入约5.4万亿元，实现净利润约273亿元，较上年同期均出现较大幅度的下滑。

在沪市传统行业发展趋缓的情况下，房地产、汽车、食品等生活性相关的基本消费行业仍发挥了稳增长的作用，共实现营业收入1.95万亿元，同比增长4.81%，共实现净利润0.13万亿元，同比增长3.23%。同时，以文化、旅游等为代表的新兴消费行业的发展成为结构性亮点。旅游、酒店行业共实现营业收入171亿元，同比增长11.48%，实现净利润21.07亿元，同比增长27.6%。文化传媒行业实现营业收入682.95亿元，同比增长20%，均远高于沪市平均增长水平。

3. 现金分红保持平稳，长期投资价值显现

2015年，沪市整体分红比例为32.76%，与2014年相比基本持平；745家沪市公司推出派现方案，占公司总数的67.97%，同比增加1个百分点；合计派现6 729亿元，同比增长1.72%。上证50和上证180依然是分红主力，分别派现4 488亿元和5 999亿元，占沪市分红总额的66.70%和97.88%。从分行业情况看，金融业的派现力度最大，合计派现4 192亿元，占沪市分红总额的62.29%。更为可喜的是，持续稳定高比例分红公司群体正在逐渐形成，近300家公司连续三年分红比例超过30%。

4. 并购重组蓬勃发展，助推效应初见端倪

2015年，经济的持续下滑提升了传统产业转型升级的迫切需求，同时在稳增长的政策导向下，新技术、新业态、新产业的投资成为经济发展新动力的必然选择。由此，作为公司转

型升级、投资整合的重要手段之一，沪市公司的并购重组实现数量规模双增的总体态势。全年共完成并购重组 863 家次，交易总金额 1.04 万亿，两者同比均增长 50%以上。92 家公司完成重大资产重组，同比增长 129.9%；涉及交易金额 4 351 亿元，同比增长 225.4%。合计增加市值 1.8 万亿元。同时，实施重大资产重组的沪市公司，盈利能力也得到较为明显的提升。2015 年，完成重组的 92 家公司共实现营业收入 14 951 亿元，同比增长 123%；实现净利润 611 亿元，同比增长 185%。

第三节　上海上市公司

1. 上海上市公司概况

截至 2015 年末，上海上市公司总数为 224 家，约占全国的 8%，位居第 5 位[①]；总市值为 6.14 万亿元，约占全国的 11%。按上市板块分，沪市主板 158 家、深市主板 2 家、中小板 28 家、创业板 36 家。

表 18-11　2015 年上海上市公司概况表

类　别	家数	总市值（万亿元）	总资产（万亿元）	净资产（万亿元）
上海上市公司	224	6.14	19.29	2.67

资料来源：wind 资讯。

2. 上海上市公司 2015 年业绩特点

(1) 经营情况总体良好，业绩增速显著高于全国平均水平

在我国经济增速换档、结构调整的背景下，上海上市公司整体经营情况良好，业绩稳定增长。2015 年，上海上市公司共实现营业收入 3.62 万亿元、净利润[②] 3 071 亿元，较上年分别增长 16% 和 22%，增速远高于 1% 和 0.6%的全国平均增长水平。在全国非金融业营业收入、净利润均同比下滑的情况下，上海非金融业上市公司（214 家）共实现营业收入 2.91 万亿元、净利润 1 189 亿元，同比分别增长 14%和 12%。

(2) 金融业上市公司业绩突出，非金融业上市公司投资收益占比较高

2015 年，上海 10 家金融业上市公司合计实现净利润 1 882 亿元，占上海上市公司净利润总额的 61%。其中，证券业（5 家）受益于 2015 年 A 股交易活跃等因素，实现净利润 510 亿元，同比增长 170%。非金融业上市公司业绩受投资收益影响较大，主业增长乏力。非金融类上市公司 2015 年度取得投资收益共计 757 亿元，同比增长 26%，占非金融类上市公司净利润的 64%。若剔除投资收益的影响，非金融类上市公司净利润同比下降 6%。

(3) 市属国资业绩贡献仍占主导地位，民营控股业绩贡献占比较低

2015 年，69 家上海市国资控股上市公司共实现营业收入 2.3 万亿元、净利润 1 855 亿元，分别占上海上市公司营业收入、净利润总额的 64%和 60%。市国资控股上市公司盈利能力继续领跑，净利润同比增长 32%，净资产收益率为 13%，均高于上海上市公司的平均水平。在上海地区 2015 年净利润排名前 20 家公司[③]中，13 家为市国资控股，部分市国资控股蓝筹上市公司如上港集团、上海汽车、海通证券等，行业“领头羊”作用明显。

90 家民营控股上市公司业绩保持良好增势，2015 年度共实现营业收入 1 899 亿元、净利润 179 亿元，均同比增长 21%。但占上海上市公司净利润总额比例较低，仅为 6%。

(4) 业绩两极分化明显，个别公司存在退市风险

2015 年，上海上市公司 204 家盈利，20 家

① 前四位为广东省（424 家）、浙江省（299 家）、江苏省（276 家）、北京市（265 家）。

② 本节净利润口径为归属于上市公司股东的净利润。

③ 排名前 20 位的公司依次为：交通银行、浦发银行、上汽集团、中国太保、海通证券、国泰君安、光大证券、东方证券、绿地控股、上港集团、华域汽车、东方航空、国投安信、城投控股、中国联通、上海石化、东方明珠、上海医药、上海机场、复星医药。

亏损。净利润排名前 20 家公司(占上海上市公司家数近 9%)合计净利润 2 596 亿元,占上海上市公司净利润总额的 85%。同时有 20 家上市公司亏损,亏损金额合计达 97 亿元。个别公司因连续亏损存在退市风险,其中,＊ST 新梅因 2013、2014 和 2015 年度经审计净利润连续为负值,已被暂停上市,如果 2016 年度继续亏损(扣除非经常性损益前后的净利润孰低),将面临终止上市风险;＊ST 中企因 2014、2015 年度经审计净利润连续为负,被实施退市风险警示,如果 2016 年度继续亏损,将面临退市风险。

3. 融资及并购重组情况

(1) 首发上市规模大幅增加

2015 年,上海共有 19 家企业实现 A 股首发上市,其中在上交所上市 14 家,深交所创业板上市 5 家,募集资金共计 494.80 亿元。首发上市家数和募集资金总额较 2014 年分别增长 2.17 倍和 24.22 倍,首发融资额位列全国各省区市首位。

表 18-12 2015 年上海企业首发上市情况

序号	股票代码	公司简称	募集金额(亿元)
1	601021	春秋航空	18.16
2	603899	晨光文具	7.89
3	603030	全筑股份	3.94
4	603020	爱普股份	8.19
5	603012	创力集团	10.79
6	603729	龙韵股份	4.44
7	600958	东方证券	100.30
8	300442	普丽盛	4.79
9	603718	海利生物	4.77
10	603022	新通联	2.86
11	603108	润达医疗	4.01
12	603885	吉祥航空	7.60
13	603918	金桥信息	2.09
14	300462	华铭智能	2.45
15	300469	信息发展	1.69
16	300483	沃施股份	1.77
17	601211	国泰君安	300.58
18	601968	宝钢包装	6.42
19	300493	润欣科技	2.06
合　计			494.80

资料来源:上海证监局。

(2) 再融资方式多样,债券融资成为主流

2015 年,有 42 家上市公司再融资实施完毕,共计募集资金 2 235.04 亿元,其中包括 A 股股权融资 514.83 亿元、H 股股权融资 291.64 亿元、可转债及公司债券融资 1 128.57 亿元、发行优先股融资 300 亿元。2015 年证监会改革债券发行机制,降低公司债发行门槛、简化发行流程。公司债发行市场化机制成效显现,上市公司发行公司债券的积极性明显提高。2015 年,有 10 家上海上市公司发行公司债,发行金额超过 1 000 亿元,公司债发行家数及发行金额均创新高。

表 18-13 上海上市公司 2015 年再融资情况

序号	股票代码	公司简称	再融资方式	募集金额(亿元)
已实施				
1	600210	紫江企业	非公开发行(现金)	2.08
2	600614	鼎立股份	非公开发行(现金)	5.30
3	600018	上港集团	非公开发行(现金)	17.49
4	600836	界龙实业	非公开发行(现金)	5.13
5	600636	三爱富	非公开发行(现金)	15.00
6	600816	安信信托	非公开发行(现金)	31.22
7	601872	招商轮船	非公开发行(现金)	20.00

（续表）

序号	股票代码	公司简称	再融资方式	募集金额(亿元)
8	601788	光大证券	非公开发行(现金)	80.00
9	600845	宝信软件	非公开发行(现金)	11.80
10	600823	世茂股份	非公开发行(现金)	15.00
11	002022	科华生物	非公开发行(现金)	3.20
12	002158	汉钟精机	非公开发行(现金)	8.50
13	600639	浦东金桥	非公开发行股票	27.20
14	600654	中安消	非公开发行募集配套资金	9.53
15	600061	国投安信	非公开发行募集配套资金	60.91
16	600637	东方明珠	非公开发行募集配套资金	100.00
17	600604	市北高新	非公开发行募集配套资金	4.76
18	600848	上海临港	非公开发行募集配套资金	9.46
19	600619	海立股份	非公开发行募集配套资金	3.73
20	600708	光明地产	非公开发行募集配套资金	26.09
21	600614	鼎立股份	非公开发行募集配套资金	1.70
22	600623	双钱股份	非公开发行募集配套资金	37.33
23	300336	新文化	非公开发行募集配套资金	5.00
24	300168	万达信息	非公开发行募集配套资金	0.60
25	002252	上海莱士	非公开发行募集配套资金	6.60
26	002178	延华智能	非公开发行募集配套资金	0.90
27	002506	协鑫集成	非公开发行募集配套资金	6.30
28	600837	海通证券	H股非公开发行(现金)	263.00
29	600115	东方航空	H股非公开发行(现金)	28.64
30	600000	浦发银行	优先股(第二期)	150.00
31	601328	交通银行	优先股(H股)	150.00
32	601727	上海电气	可转债	60.00
33	600748	上实发展	公司债	10.00
34	600094	大名城	公司债(第一期)	16.00
35	601211	国泰君安	公司债(第一期)	60.00
36	600837	海通证券	公司债	430.00
37	601788	光大证券	公司债	300.00
38	600958	东方证券	公司债	210.00
39	600665	天地源	公司债	20.00
40	600675	中华企业	公司债	8.57
41	600654	中安消	公司债	5.00
42	600604	市北高新	公司债	9.00
合　计				2 235.04

资料来源：上海证监局。

(3) 并购重组成为助推国资国企改革的重要方式

上海上市公司积极利用资本市场进行产业整合、转型升级。2015 年,共 31 家(次)上市公司完成并购重组,涉及交易金额 1 858.37 亿元。随着上海国资国企改革的不断深入,上海国有控股上市公司的资本运作日趋活跃,以整体上市和国资整合为目的的并购重组进一步增多。如百视通吸收合并东方明珠及购买大股东优质资产,实现上海文广集团核心业务整体上市,成为资本市场中的文化传媒航母;上海绿地集团借壳金丰投资实现整体上市,探索混合所有制改革;上海临港、华建集团等也通过借壳重组实现主要业务整体上市。此外,2015 年上海上市公司境外资产并购明显增多,越来越多的上市公司积极推进跨境并购。如锦江股份现金收购欧洲知名酒店集团卢浮集团 100%股权,光明乳业拟进行非公开发行募集资金收购以色列乳品公司 TNUVA 集团控制权等。

表 18-14 上海上市公司 2015 年并购重组情况

序号	股票代码	公司简称	并购重组方式	涉及金额(亿元)
已实施完毕				
1	600604	市北高新	发行股份购买资产	14.28
2	600619	海立股份	发行股份购买资产	11.20
3	600623	双钱股份	发行股份购买资产	116.47
4	600614	鼎立股份	发行股份购买资产	13.52
5	603006	联明股份	发行股份购买资产	5.15
6	600517	置信电气	发行股份购买资产	11.30
7	600602	仪电电子	发行股份购买资产	10.80
8	600679	金山开发	发行股份购买资产	5.30
9	002568	百润股份	发行股份购买资产	49.45
10	300222	科大智能	发行股份购买资产	1.87
11	300059	东方财富	发行股份购买资产	44.05
12	300129	泰胜风能	发行股份购买资产	2.88
13	002506	协鑫集成	发行股份购买资产	20.23
14	300336	新文化	发行股份及支付现金购买资产	15.00
15	300168	万达信息	发行股份及支付现金购买资产	1.80
16	300230	永利股份	发行股份及支付现金购买资产	4.82
17	002178	延华智能	发行股份及支付现金购买资产	4.77
18	600061	国投安信	重大资产出售	6.46
			发行股份购买资产	182.72
19	600606	绿地控股	重大资产置换	21.92
			发行股份购买资产	645.40

（续表）

序号	股票代码	公司简称	并购重组方式	涉及金额(亿元)
20	600629	华建集团	重大资产置换	9.69
			发行股份购买资产	1.20
21	600708	光明地产	重大资产置换	27.73
			发行股份购买资产	50.53
22	600848	上海临港	重大资产置换	1.74
			发行股份购买资产	26.65
23	600637	东方明珠	换股吸收合并	340.00
			发行股份及支付现金购买资产	77.50
24	600654	中安消	现金收购	6.93
			重大资产出售	15.19
25	600614	鼎立股份	重大资产出售	1.04
26	600827	百联股份	重大资产出售	7.34
27	600193	创兴资源	重大资产出售	—
28	600652	游久游戏	重大资产出售	5.88
29	600754	锦江股份	现金收购	91.53
30	002324	普利特	现金收购	4.33
31	300326	凯利泰	现金收购	1.70
合 计				1 858.37

资料来源：上海证监局。

4. 2016 年第一季度上海上市公司经营情况

截至 2016 年第一季度末，上海上市公司共 225 家，约占全国的 8%；总市值为 5.21 万亿元，约占全国的 11%。按上市板块分，沪市主板 158 家、深市主板 2 家、中小板 28 家、创业板 37 家。

(1) 2016 年第一季度整体业绩特点

2016 年第一季度，上海上市公司收入稳步增长，实现营业总收入 9 244 亿元，同比增长 14%。由于营业成本增幅(15%)高于营业收入的增长，以及投资收益的大幅下降(同比减少 14%)，第一季度上海上市公司盈利情况略有下降，共实现净利润 739 亿元，同比降低 1%。

(2) 对地方经济和社会发展的贡献

上海上市公司在自身发展壮大的同时，也在税收、投融资方面对地方经济与社会发展作出重要贡献。税收方面，现金流量表反映上海上市公司第一季度所支付的各项税费共计 710 亿元，同比增长 25%。融资方面，2016 年第一季度上海 18 家公司通过非公开发行、公司债等直接融资方式募集资金合计 472.87 亿元，1 家首发上市公司共募集资金 2.95 亿元。

专栏 16

加强违规减持监管　切实维护市场稳定

2015 年 6 月境内资本市场发生异常波动。为维护市场稳定,证监会相继出台《关于上市公司大股东及董事、监事、高级管理人员增持本公司股票相关事项的通知》(证监发〔2015〕51 号)和证监会〔2015〕18 号公告,并采取一系列维稳措施。在证监会的统一部署下,上海证监局积极推动上海地区上市公司共同维护市场稳定,同时强化对违规减持行为的监管力度。

上海证监局以问题和风险为导向,重点加强对上市公司持股 5%以上股东(以下简称“大股东”)、实际控制人及董事、监事、高级管理人员(以下简称“董监高”)减持行为及相关信息披露的监管。一是全面、系统排摸上海地区上市公司大股东、实际控制人及董监高减持股份数量、金额等情况,整体把握风险。二是对于监管中发现的减持过程中存在短线交易、未按要求及时履行信息披露义务、窗口期减持公司股票及违反承诺减持等行为,及时采取行政监管措施。涉嫌违反证券法规的,移交稽查立案调查。三是对上海地区大股东、实际控制人及董监高减持情况及存在的问题进行分析梳理,向证监会提出监管工作建议。

2015 年,上海证监局共对 9 家公司的相关大股东、实际控制人或董监高违规减持行为移交稽查立案调查。截至 2016 年 2 月,6 家公司已结案,对其中 4 家公司相关股东及直接负责人员共罚款 1 940 万元,对 2 家公司相关董监事予以警告。对上述行为的严格监管有效震慑超比例减持未披露、违反承诺减持、短线交易等违法违规行为,有利于促进市场规范有序、公平公正,维护资本市场健康发展的环境。

环 境 篇

第十九章　金融监管与行业自律

第一节　银行业监管

1. 2015年监管工作重点

2015年，上海银监局全面贯彻落实银监会党委工作部署，顺应上海自贸试验区、国际金融中心及科创中心建设需要，防风险、强服务、促改革，维护上海银行业稳健运行，打造“受人尊敬、让人信赖”的银行业，取得显著成效。

(1) 坚持防范和化解风险

2015年，上海银监局坚持“六抓”不放松，持续推动银行风险管理能力与风险复杂程度同步提高。一是抓苗头，做好压力测试和风险提示。持续开展自上而下和自下而上相结合的压力测试，覆盖房地产信贷、理财、其他投资以及信用风险、流动性风险、银行账户利率风险、市场风险等领域，揭示风险趋势和承压情况。全年就铜融资、票据、信用卡、商业房地产、互联网机构冒名销售银行理财产品、“伪基站”短信诈骗、银行业潜在案件风险等发出风险提示和预警通报21份。二是抓重点，做好高风险领域风险防控。针对商业房地产风险开展窗口指导，对其他投资快速增长情况开展多次调研并进行个案解剖，督促机构加大对非信贷资产风险排查和化解力度。创新开展跨行员工异常行为排查，精准排雷，防范隔离社会风险。三是抓实效，确保不良处置力度不减。结合压力测试结果建立“双控”和不良处置目标，按月监测并督导工作进展。全辖区通过清收、核销、重组、转让等市场化、法制化、规范化手段，处置不良资产347亿元。过去5年，一共处置1 328亿元，盘活存量成效明显。四是抓问责，确保合规经营不放松。全年共制定监管规范性文件6份，下发监管意见86份，审议决定行政处罚45例，罚没款金额合计人民币1 611万元。此外，主动公开2003年建局以来所有行政处罚决定书共165件，监管权威性和透明度不断提升。五是抓机制，持续强化行业平台建设。通过银行同业公会平台，上线“上海银行业从业人员监管信息系统”，收录从业人员处罚、流动、理财资质、合规测试等各类信息超10万条。建立上海银行业新闻信息发布平台，微信公众号关注人数已达2万，行业正面宣传、舆论引导及声誉风险防控话语权有效提升。六是抓协调，加强地方政府部门联动。主动协调公检法等部门推动提高案件审理效率，会同市高院召开“长三角区域金融监管与司法联动长效机制会”，签订合作备忘录，推动提高案件审理效率，着力解决银行逃废债问题，共同推动维护良好的银行业经营环境。

(2) 提升服务实体经济质效

一是强化监管引领。年初组织召开“2015年上海银行业支持实体经济工作推进会”，加强银政企对接，提早摸底2015年市重大项目、旧区改造、保障房、小微企业等方面的信贷供需计划。下发第九批、第十批“需信贷重点支持的保障性安居工程名单”，并予以定期监测、通报、约谈，推动目标实现。二是强化政策保障。推动建立“银税互动”合作机制，拓宽银行获取企业真实信息的渠道,减少银企信息不对称。推动建立“银保合作”运行机制,促成上海市大型政策性融资担保基金筹建启动。坚持实施差异化小微专营支行批量准入政策,指导完善小微信贷产品查询平台及手机 APP,协同地方政府部门完善小微信贷鼓励政策。三是强化融资支持。引导辖内银行业金融机构在把控风险的前提下,积极盘活存量、用好增量,有效满足产业升级、小微金融、三农服务等各类融资需求。

(3) 强化改革创新

一是大力支持自贸区建设。在银监会授权和指导下,及时将自贸监管政策全面复制推广至上海自贸新片区。细化落实自贸区“金改40条”,明确商业银行可在自贸区开展 FT 账户理财业务及适用的监管规则,探索统一中外资银行事后报告事项和尝试推动扩大离岸业务试点。二是加强创新监管互动。借鉴国际金融监管部门与机构间的互动经验,创设“业务创新监管互动机制”,监管者直接推动和参与金融创新,为机构在开展创新碰到阻力时提供个案先行先试平台,该项机制也获得 2015 年度上海金融创新推进奖。三是推动科技金融建设。2015 年 8 月,发布《关于上海银行业提高专业化经营和风险管理水平进一步支持科技创新的指导意见》,鼓励和指导辖区内机构建立有关科技金融的“六专机制”,重点在密切银投机构合作、风险分担、潜在损失抵补等方面取得创新突破。

(4) 强化金融惠民和金融消费者保护

一是持续抓好“双录”工作。从 2013 年 4 月开始,在全国率先开展并持续规范银行理财产品销售风险提示的“双录”工作,获银监会肯定并在全国推广。二是探索信访、举报、投诉“三分离”的工作机制,明晰银行和监管部门的责任边界,并辅以前端银行做好初访初诉处理的制度安排,以及后端配合推进投诉纠纷调解机制框架建设。截至 2015 年末,上海银监局收到的信访、举报、投诉事项同比下降 14%。三是规范银行服务收费。持续推进银行业不规范收费治理及整改工作,努力降低融资成本。对违规收费问题,依法依规采取诫勉谈话、责令问责、行政处罚等监管措施。四是积极普及金融知识。2015 年 9 月,组织开展“金融知识进万家”宣传服务月活动。辖区内 2 800 余家银行网点参与,投入宣传人员 3 万余人次,发放宣传材料 67 万多份,发送短信 168 万条,发布微博、微信 2 万余条,各类媒体报道 102 次,投放公益广告 313 条,估计受众超过 8 200 万人次。

2. 2016 年监管工作规划

(1) 严守风险底线,防范和化解各类风险

一是做好不良贷款“双控”,防范重点领域信用风险。按照“准确分类、充足拨备、及时处置”的要求,督促机构继续做好不良贷款压力测试。二是有效防范新型风险。结合自贸区建设的不断深化,进一步强化对流动性风险、市场风险、跨境风险等各类新型风险的研判分析和防范化解。三是切实防范社会融资风险。整合案防和打非工作资源,统筹协调防范非法集资风险、电信网络诈骗新型违法犯罪、银行业案件风险、银行业安全保卫等工作。通过常态化的理财产品双录检查和员工异常行为排查,进一步强化基层网点对外部监管规定和内部规章制度的理解力和执行力,筑牢“防火墙”。

(2) 坚定不移地推进银行业改革创新转型

一是持续推进自贸试验区建设。认真总结三年来推动自贸区建设相关工作情况,及时向银监会反馈可复制、可推广的创新经验和案例。继续推动自贸区“金改 40 条”细化实施,制定创新监管互动机制的有关实施细则,适时扩大离岸业务的试点银行和业务范围,研究推进在区内率先统一中外资银行报告类事项的监管标准。二是持续推进科创中心建设。制定上海银行业 2016 年科技金融工作方案,继续指导机构深化落实“六专”机制,推动科技园

区内分支机构率先转型，持续探索科技金融的服务方式。同时，鼓励和支持机构通过银政合作、银信合作、银基合作等多种方式开展综合金融服务，支持科技型中小企业金融服务需求。三是持续推进金融中心建设。持续引领辖内符合条件、具有能力的中外资机构，在做好风险防范和数据监测的基础上，积极发挥各自优势，结合战略部署开展海外并购、拓展国际业务，为“走出去”客户提供一体化、全方位的金融服务。加大对各类高能级机构的引进力度，尤其是总部型、功能型、创新型、轻资产型、跨境型中外资机构，以及信托登记有限责任公司、城商行清算中心、农商行合作平台、消费金融公司协会等跨区域平台。

(3) 进一步提升服务实体经济质效

围绕“创新、协调、绿色、开放、共享”五大发展理念，突出银行业发展与实体经济发展之间的相关性、匹配度和支持力，进一步提升服务实体经济质效。一是努力提升服务实体经济水平。督促辖内机构努力破解难题、均衡发展，加大对“一带一路”、长江经济带等国家战略实施，以及上海重大工程项目、保障房、旧区改造建设的金融支持力度。督促辖内机构不断完善绿色信贷工作机制，加速淘汰落后产能。积极探索能效融资、碳排放权融资、绿色信贷资产证券化等金融业务创新，大力支持绿色、循环、低碳经济发展。二是努力提升普惠金融服务水平。深化银税合作机制，推动政策性融资担保基金落地，督促辖内机构持续改善小微企业金融服务。不断巩固银行服务收费治理工作成果，推动优化服务收费结构。加强与市农委等政府部门的沟通，搭建“三农”金融需求和信息沟通机制。三是努力提升消费者权益保护水平。督促机构切实履行消费者保护主体责任，强化覆盖产品及服务全流程的消保协调和管控机制。进一步完善信访、举报、投诉“法定途径分类处理”工作机制。推动建立民办非企业性质的上海银行业纠纷调解中心，强化投诉纠纷多元化处置的机制建设。积极开发举报投诉处理三期系统，进一步强化系统功能，扩展使用范围，提高举报投诉处理工作效率。

第二节　证券期货业监管

2015 年，上海证监局坚持依法行政，加快监管转型，聚焦稳定发展，努力争做法治监管的排头兵、监管转型的先行者、改革创新的推动者和勤政廉政的践行者，在服务上海地方经济发展、推进上海自贸试验区、科创中心及国际金融中心建设方面不断发挥新的作用。

1. 以信息披露监管为核心，优化上市公司监管

一是优化非现场监管。构建以风险分类为经度、分行业监管为纬度的矩阵式监管体系。制定上海证监局上市公司分类监管办法，突出风险导向，监管资源进一步向高风险公司倾斜。强化舆情监控，综合运用监管信息系统和舆情监控系统，及时监测分析上海地区公司公告、媒体报道，对重大媒体质疑快速反应，发现问题及时启动现场检查。

二是加强现场检查。开展风险导向型检查。对存在核查疑点的上市公司加大检查频度和深度，通过工商部门、供应商、客户等多方直接取证，有效促进问题认定。借助专业力量联合监管，公司处和会计处分别从上市公司财务和会计师事务所两个条线着手实现对上市公司财务问题和审计执业责任的全面把控。全年共采取各类监管措施 67 家次，12 家次违规线索移送稽查。

三是稳妥化解风险。完善上海地区涉及退市及高风险公司的监管档案，及时建立相关风险应急处置预案，专人专岗强化重点公司风险监控。妥善化解重点公司风险和突发事件。与上交所统一监管口径，就 *ST 新梅等公司控制权之争积极采取监管措施。协调各方推

进超日股份恢复上市的相关工作，圆满完成“11超日债”债券兑付违约及超日股份破产重整风险处置。

2. 强化事中事后监管，提升经营机构规范运作水平

一是有效开展风险监测。密切关注核心风控指标和流动性指标，对经营机构融资类业务、资产管理业务等加强检查和风险监测，强化对客户资产安全存管、净资本风险防范等重点领域、关键环节的监管引导。建立上海地区证券公司季度压力测试方案，督促上海地区基金公司根据货币基金压力测试结果及时对货币基金风控指标进行调整，探索开展期货行业风险监测指标体系及压力测试机制设计。

二是提升非现场检查敏感度。对非现场检查发现的伞形信托、私募公募化、一人多户、期货市场程序化交易、期货配资等新问题及时启动排摸工作，剖析风险隐患，明确监管要求，向证监会提出监管建议。着力推动上海地区机构健全以风险限额授权为核心的风险治理架构，并督促机构及时通过各种融资工具补充资本与流动性，夯实风险抵御能力。

三是加强现场检查和问责。推动和鼓励证券公司自查自纠，针对证券公司潜在风险事项和尚无具体规则的新业务、新模式，及时组织自查或启动检查，明确底线要求；对于已明确底线却不予遵守和打擦边球、监管套利的行为，坚决予以问责；就个别公司业务内控不全、经理层缺位等出具监管提示函。

3. 积极探索监管路径，加强新领域业务监管

一是引导私募基金健康发展。协助制定私募基金现场检查工作指引和工作手册。配合对私募基金底线监管和分类监管问题、私募基金小镇等进行研究。配合上海市出台加强私募基金发展的支持政策，协同市政府共同做好非法集资风险排查，及时处理涉及私募基金投资运作的投诉举报信息。

二是探索非上市公众公司监管。完善非上市公众公司监管信息库，加强与上海市金融办、上海股交中心的互动，探索建立上海地区200人公司股权托管登记和信息披露平台。建立主办机构档案信息库，定期走访新三板推荐业务量排名前十的主办机构，建立主办机构定期联席会议机制，明确监管底线要求。

三是强化公司债券业务监管。开展债券发行人、证券公司债券业务和证券评级机构专项检查。积极参与中科云网“ST湘鄂债”、“12沪机电”等债券违约事件的处置工作。与上交所就非上市公众公司的公司债券监管签署协作备忘录，探索建立信息共享、联动检查、联合风险处置机制。

四是开展互联网股权融资监管。对上海地区16家股权融资平台开展专项检查，初步掌握平台运营模式、资金存放、投资者准入、项目尽职调查、投资运作、投后管理等情况，并提出相关工作建议。做好宣传引导，借上海市互联网股权众筹座谈会，向开展互联网股权融资活动的公司通报情况明确要求，积极参与上海市互联网金融产业健康发展方面的政策制定。

4. 不断提升稽查执法效能，严厉打击重大违法行为

一是持续加大案件查办力度。承办案件数量大幅增加，共承办立案案件27件，同比增长50%，其中自办案件18件；初查和线索核查92件，同比增长70%；办理协查、送达、执行案件134件，同比增长46%；向公安机关移送或通报案件线索3件。承办大要案和新型案件能力增强，共承办A类案件11件。承办融券操纵、“新三板”操纵、抢帽子交易操纵、私募基金向不合格投资者募集资金等市场关注度高的新型案件，首次查办一家证券公司自营、资管部门人员同时涉案且违法获利过亿的“老鼠仓”窝案。

二是强化日常监管与稽查执法衔接联动。制定并执行《日常监管与稽查执法衔接工作规程》，提高日常监管与稽查执法、审理处罚的衔接配合效率。日常监管向稽查执法部门移送

的8起线索全部转化为立案案件。探索日常监管处室直接立案调查。

三是进一步提高稽查执法效能。制定《稽查执法专题会议制度》，完善对重大疑难案件和稽查执法重要事项会商的多层级制度体系。建立并完善大规模办案组织模式，基本形成高效的资源调配、任务分工、进度安排、信息汇总及分析方法。创新稽查执法手段，强化科技办案能力。

四是做好行政处罚工作。全年共审理案件16件，案件类型更加多样，还首次通过推定认定当事人的内幕交易行为。处罚力度不断加强，已处罚结案的11件案件，累计处罚包括上市公司及其董监高、证券从业人员等在内的64名当事人，罚没款达1 200多万元，全部执行到位。对部分情节严重的案件，均按照证监会加大违法违规惩处力度的要求进行顶格处罚。

5. 积极应对股市异常波动，防范系统性区域性风险

一是及时传达并推进政策落实。及时传达证监会稳定股市的政策精神，重申有关减持的禁止性规定，鼓励大股东在依法合规的前提下通过增持或作出相关承诺等方式稳定股价，鼓励公司在自发自愿的前提下通过媒体和网络等渠道发出维护市场稳定的呼声。

二是逐日监测经营机构风险。重点关注证券公司融资类及资管、自营、托管等业务风险情况，引导各机构加强压力测试，并实施融资类业务逆周期调节。每日统计基金大额赎回数据，定期上报预警信息，在证监会明确基金流动性解决方案后，第一时间指导公司开展后续流动性应对工作。及时处理分级基金信访举报，指导公司做好投资者登记、风险提示等工作。逐日监测期货公司风险监管主要指标，关注可能影响客户交易安全、资产安全、公司持续经营的重大事项。

三是做好场外配资清理和信息系统外部接入专项检查。重点查处经营机构违反开户实名制、违法配资、高频程序化交易等相关方违法从事证券活动等行为，要求公司严格落实证券账户实名制规定，规范和加强信息系统外部接入的风险管理，对自查不实的严肃问责。与银监部门就信托公司场外配资的违规事实进行沟通，取得理解与协作。

四是配合开展股市异常波动专项核查并发现重要线索。按照证监会统一部署，完成对53个调查对象的151个股指期货异常交易账户的全面核查。第一时间发现“伊世顿”案件线索，此外还将核查发现的一人控制多户、持仓超限、交易信息记录不全等问题通报相关部门。在股市异常波动期间，还立案查处“江新林”账户组操纵市场案、“铭创软件”非法经营证券业务案等多件加剧股市异常波动的案件。

6. 坚持强化中小投资者保护，维护投资者合法权益

一是开展多种形式的投资者保护宣传教育活动。持续开展定点联系投资者工作，累计和近200名投资者进行面对面交流。以“3.15国际消费者权益日”为契机，开展以“资产管理业务的底线要求”等为主题的宣传活动，与“第一财经”联合录制播出相关节目、在互联网媒体公开相关案例、联合行业协会开展培训会。开展“公平在身边”投资者保护专项活动，以“12386证监会热线和举报中心”为主题编印宣传折页，向投资者传递维权途径。联合上海市公安经侦总队、金融办等多家单位，开展“防非宣传进社区”宣传教育活动。

二是维护投资者的知情权、回报权。联合上海上市公司协会、上交所持续开展以“投资・参与・共建”为主题的投资者走进上市公司活动，组织投资者走进东方航空、张江高科、东富龙等十余家公司。积极推动上海地区上市公司向投资者分红，拓宽投资者获取投资回报的渠道，共有163家公司实施851亿元的现金分红，占上海地区公司的73%，占上海地区公司实现净利润的34%。

三是健全纠纷调解机制，努力拓展投资者

救济渠道。建立对外一站式、对内有分工的工作制度,分类处理投诉、举报、信访事项3 011件747人次,累计接听处理信访电话3 264件,完成30家拟上市公司信访征询回复工作。指导相关行业协会完善调解制度,成立调解机构,办理投诉调解事项。联合中证中小投资者服务中心分别与市一中院、二中院签订三方合作调解协议,建立上海地区证券期货纠纷诉调对接机制。

7. 推动上海自贸试验区、科创中心与国际金融中心建设联动发展

一是积极参与自贸区政策制定。协助证监会参与起草《进一步推进中国(上海)自由贸易试验区金融开放创新试点加快上海国际金融中心建设方案》,研究配合做好相关后续措施规则的修订完善。

二是支持上海科创中心建设。与上海市区县政府协作构建证券期货经营机构与园区科技型中小微企业的直接对接平台,帮助科技型中小微企业通过股权融资进入多层次资本市场。支持区域性股权转让市场规范发展,鼓励上海股权托管交易中心通过集中股权托管和信息披露平台建设,为资本市场中介延伸服务提供支撑。

三是推动行业对外开放。11家证券公司开展港股通经纪业务。5家证券公司、8家基金公司、2家期货公司设立香港子公司。内地与香港基金互认落地后,上海地区基金公司作为管理人和代理人,分别有7只产品向两地证监会递交注册申请,其中汇丰晋信公司的大盘股票型基金和上投摩根代理的摩根亚洲总受益债券基金获首批注册。

第三节 保险业监管

1. 2015年上海保险业监管工作重点

(1) 贯彻落实保险"新国十条"和上海《实施意见》,率先在全国推出三项重大保险改革创新举措

一是在全国率先实施了航运保险产品注册制改革,实现航运保险产品准入由监管部门审批备案改为行业协会注册管理,鼓励产品创新,释放市场活力。保险机构通过互联网平台,实现7天×24小时即时注册,提高产品研发效率,国内外反映良好。截至2015年末已注册产品600多个,超过2013年、2014年备案制审批产品总和,船舶首台(套)重大基础装备综合保险等创新型产品不断涌现。二是在全国首先创新开展保险专业中介机构股权信息监管重大改革试点,采取"互联网+保险中介"监管模式,由保险监管部门、工商管理部门、第三方机构、保险专业中介机构、社会公众共同参与,构建系统性股权信息监管工作架构,开发保险专业中介机构股权信息登记系统并上线运行,从源头上规范保险中介市场治理。三是推动上海航运保险协会代表中国保险业正式加入国际保险海上联盟(IUMI)。IUMI是全球最大的航运保险协会组织,对全球航运保险市场发展具有重大影响力。上海航运保险协会加入该组织,对提升我国在全球航运保险领域的影响力和话语权,推进上海国际航运中心建设具有重要意义。

(2) 以监管制度创新为核心,积极推动自贸试验区新一轮保险创新开放

一是积极主动争取保监会支持"金改40条"保险政策。以强化上海国际金融中心建设的保险支撑为导向,争取加大自贸试验区保险改革创新先行先试力度。二是简政放权深化行政审批制度改革。全面实施上海自贸区保险机构和高管备案管理改革,开启在沪航运保险运营中心、再保险公司自贸区内分支机构设立和高管任职绿色通道,行政许可报送材料精简2至4份不等,时间从20个工作日审批缩短至3个工作日备案。三是转变方式确立事中事后监管制度。搭建自贸区保险机构与业务双维度监测制度;制定保险资金运用属地监

管工作规程，探索形成辖区资金运用监测框架。出台保险分类监管委员会议事规则，完善识别问题公司路径方法，发挥监管资源配置引导作用。在全国率先探索实施财产保险公司费用内控监管指引、人身保险公司银邮代理渠道分险种费用核算监管指引、保险专业中介机构财务管理和内控合规指引等，全面强化后端处置应对机制，制定实施公司总经理室成员轮值接访制度和群访群诉应急处置预案，落实与市人民检察院全面案件防控合作机制。

(3) 以保护消费者合法权益为抓手，严守不发生系统性区域性风险底线

一是狠抓市场规范，切实防范化解各类风险。关注偿付能力不足、满期给付和退保等风险，加大对保险公司现金流风险监测力度。开展“两加强、两遏制”专项检查、大病合规性检查和农险专项检查，全面开展中介市场清理整顿工作。挂牌成立“上海市反保险欺诈中心”，构建“政府指导、执法联动、公司为主、行业协作”四位一体反保险欺诈工作体系。二是着力化解纠纷，创新消费者保护机制。建章立制不断完善消费者保护工作体系，在全国率先建立保险纠纷诉调对接全日制模式，聘任行业调解员进驻普陀区法院保险纠纷调解工作室，与浦东新区法院在交强险与商业险合并调解、指定集中道路交通案件调解法庭等关键领域进行全面合作，实现专人、专职、专岗，全面介入推动保险纠纷在庭前化解。三是严格行业自律。将车险理赔环节风险管控纳入自律范畴，出台加强车辆理赔款支付服务、车辆保险理赔风险信息共享等自律约定，“委托代索赔”等社会性问题得到源头性改善。加强保险营销人员销售行为自律规范，建立行业“黑名单”制度和“P2P涉嫌人员信息共享机制”。开展全行业案件风险警示教育，汇编上海保险业司法建议书。

2. 2016 年上海保险业监管工作展望

(1) 全面落实“金改 40 条”，支持自贸试验区改革创新

一是率先落实引领全国的创新工作。在全国首创航运保险指数，率先探索巨灾债券试点，创新发展离岸保险、外汇保险、特殊风险保险等业务，支持保险机构发起或投资资产证券化产品。二是持续推动保险法人机构和功能型机构集聚上海。推动上海保交所尽快筹建开业，支持中保投资有限责任公司创新发展，积极推动亚太再保险等再保险机构设立发展，支持设立自保公司、相互制保险公司及专业中介服务机构，推动上海地区保险集团发展，支持中保信在沪设立创新型子公司，推进区内设立保险资产管理公司及分支机构、私募基金。三是积极推进自贸区保险市场的改革发展。推进跨境人民币再保险和全球分入业务持续发展，支持与我国签署自贸协定的国家或地区金融机构率先在自贸区设立合资保险机构，提高港澳台地区服务提供者在区内参股保险机构的持股比例，支持上海地区保险法人机构加快海外网点布局，配合上海研究制定金融机构“走出去”有关支持政策。配合做好自贸区金融监管协调和信息共享，在上海全市实施支公司及以下机构高管备案管理。

(2) 聚焦上海的国家战略和民生领域，提升保险服务经济社会全局的能力

一是全面参与上海社会保障体系建设。争取率先试点税延养老保险试点，推进个人税优健康保险项目顺利落地，推动开展医保个人账户资金购买商业健康保险、商业长期护理保险等创新业务试点，推进大病保险与基本医保衔接互补联动机制建设，向全市推广民生保险工程，鼓励发展企业年金、个人储蓄性养老保险等补充养老保险，促进医养结合模式创新，支持保险机构参与健康服务产业链整合，构建多层次、多触点交互的服务民生保障网。二是创新服务上海特大型城市治理。推动 IDI 的政策发布及项目实施；扩大首台套保险服务覆盖面。推动责任保险、农产品价格保险、气象指数保险、农村小额信贷保证保险创新发展。逐步推动交通事故“线上快处”机制运行，建立行业参与交通事故“第一现场”管理工作机制。

三是突出产品服务创新支持上海科创中心建设。鼓励保险机构研发科创企业一揽子保险方案,创新保险服务。继续与上海市科委合作,进一步优化"科技贷"的运行机制,深化"科技贷"与"微贷通"服务能力。积极与浦东金融局沟通联系,研究建立服务浦东新区"四新"企业的贷款保证保险运行机制。四是加大保险资金服务上海经济社会建设力度。聚焦上海科创中心建设、国企混合所有制改革和旧区改造三大领域,支持保险资金创新方式,扩大规模更好服务上海城市发展和深化改革,支持上海经济动力转变。

(3) 加强全面风险管理体系建设,守住风险防范底线

一是继续力推制度建设。加强辖区分类监管制度建设,加大非现场监测力度,优化监管资源配置,配合做好保险业"偿二代"评估机制建设配套工作。加强渠道管控,完善电销监管制度,修订银邮渠道分险种费用监管指引,探索建立上海个人代理渠道经营评价指标体系,制定保险专业中介机构合规指引。制定上海地区客户资料真实性实施细则。探索非车险市场的综合管理机制。建立自贸区保险市场定期分析制度,研究推出自贸区创新业务统计和发布制度。二是继续严抓防范风险。重点关注五大类风险,业外非法集资风险向业内传递、保险资金运用风险向保险公司经营传递、第三方理财机构非法营销侵权风险、个人代理人快速增长后的管控风险和案件风险,持续加强保险公司满期给付、非正常集中退保和现金流异动指标监测,牢牢守住不发生系统性区域性风险底线。三是继续深化保险反欺诈工作。依托行业反欺诈保险委员会和反保险欺诈中心加强外部沟通合作,积极运用大数据技术,聚焦车险和人身险领域,与公安部门开展驻点信息交互、区域集中打击和常态化行动等多种合作模式。四是继续狠抓市场秩序。督促公司严格执行制度要求,加强财务业务数据真实性监管力度,对于扰乱正常经营秩序的公司严查重处,支持行业自律工作。提前准备,确保商车险改革平稳过渡。五是继续加强消费者权益保护。加强全流程的消费者投诉化解机制,完善保险公司高管人员消费投诉值班接访机制,发挥上海市保险合同纠纷人民调解委作用,推进保险业参与道路交通事故纠纷调处,探索人民调解与司法调解对接新机制。加强责任管控,严格落实消费投诉管理责任制和违规责任追究制。突出重点问题,督促保险公司做好小额理赔和车险理赔服务。

第四节 行业自律

1. 银行业行业自律

2015 年,上海市银行同业公会根据上海"创新驱动、转型发展"战略部署,以"自律、维权、协调、服务"八字职能为抓手,激发自身活力,发挥行业组织的桥梁和平台作用,努力建设"让人信赖、受人尊敬的银行业",积极推动银行业服务上海经济发展、支持国际金融中心建设。年末,公会共有 175 家会员单位,其中正式会员 149 家,准会员 26 家。

(1) 围绕自律维权,促进行业规范健康发展

制定行业公约和自律规范。一是发布《上海市银行业个人理财产品销售管理自律公约》及《关于落实上海市银行业个人理财产品销售管理自律公约的若干要求》,明确理财销售过程中应做到产品信息、理财销售人员资质、离职人员信息三公示,进一步规范商业银行理财销售行为,切实保护广大金融消费者合法权益。同时,对上海所有开展个人理财业务的 50 家银行进行"三公示"落实情况全覆盖检查,推动全行业规范执行。二是发布《上海银行业规范服务收费倡议书》,倡导会员单位积极履行倡议,支持实体经济发展,着力推动普惠金融。

有效推进上海银行业从业人员管理。一是全面开展上海银行业金融机构管理人员合规水平测试工作，并将测试成绩导入“上海银行业从业人员监管信息系统”，作为监管机构对于管理人员的履职评价要素之一及各行管理人员录用和规范流动的有益参考。二是持续做好离职人员信息统计及查询服务工作，切实防范从业人员入口风险，对防止“带病流动”和“交叉感染”起到积极作用。三是开展2015年上海银行业案件防控新规知识测试活动，近两万名从业人员参加网上测试，在强化全员法治观念、操守意识，提高商业银行案件风险防范能力方面起到积极促进作用。

关注银行卡市场经营环境，规范资质准入及经营行为。一是加强POS机信息安全管理，制定并发布上海地区直联POS终端上加载非银行卡业务报备制度。二是继续开展银联卡有奖用卡及上海地区银行卡受理市场违规行为有奖举报活动，不断提高市民用卡意识，维护银行卡受理市场秩序。三是根据《上海市银行卡POS专业化服务管理办法》规定，研究并完善POS专业化服务公司服务费优化方案，完成新增POS专业化服务公司评审工作，并对相关公司开展年检工作。

协调风险处置和行业维权，坚持实现会员利益最大化。一是维护上海银行业钢贸风险处置中关于“协同行动”工作原则的严肃性，依据《公会维护银行债权工作规则》，积极推动多头授信客户风险处置，努力做好会员单位债权处置协调工作。二是多次组织召开银行业务法律问题研讨会，与司法系统进行沟通交流，反映行业观点，听取法院审判思路，并向会员单位发送法律风险提示。三是就涉及行业性业务的审判问题拜访并书面致函审判机构，表达公会作为行业组织对此类涉及全行业经营发展的纠纷案件的关注及看法。

(2) 建设行业平台，整合资源满足行业公共需求

上海银行业新闻信息发布平台营建工作初显成效。整合优化公会新闻通气会、官网、期刊等现有渠道，同时推出行业微信公众号，四维一体建设“上海银行业新闻信息发布平台”，将多渠道资源有机结合，立体统筹、各有侧重、互为呼应。

不断推进“小微企业贷款产品查询平台”升级完善。完成小微平台3.1版本上线试运行，新增三大功能：增设“网贷直通车”板块，实现与部分银行网贷系统的直连；优化小微平台页面，提高用户体验度；增加信贷常识和咨询信息板块，普及信贷知识。

继续推动和完善动产质押信息平台建设。持续强化平台基础设施建设，积极扩大平台合作认证仓库，同时推进动产质押平台积极向自贸区延伸，构建自贸区大宗商品第三方仓单公示平台，探索建立“交易、托管、清算、仓储”分开运营、健康规范的市场环境。

(3) 突出金融消保，建设“受人尊敬的银行业”

开展金融消费者权益保护系列活动。一是组织开展3.15国际消费者权益保护日宣传周活动，全市1 100多个银行网点通过自助机具、网点门楣滚动屏、微信等多媒体宣传渠道开展金融知识普及活动。同时，制作大字本四格漫画宣传读本，由全市100家设摊宣传网点免费分发给社会公众。二是组织开展“普及金融知识万里行”活动，宣传普及“互联网金融服务”、“警惕非法融资”等金融知识，全市3 000余个网点累计开展活动6 647次，参与宣传人员31 730人次，受众客户达192万人次，发放宣传资料155万份。三是成立上海银行业金融知识辅导志愿讲师队，通过与社区街道、学校合作，每季度开展金融知识进社区、进中小学活动，受众客户达3 000余人。四是成功举办从业人员消保知识网络竞赛活动，共有100多家会员单位7.7万人次参加。

多措并举提升行业服务水平和客户体验。一是积极开展中银协文明规范服务网点评选活动，以评选促网点窗口服务质量不断提升。

二是开展第二批“上海银行业敬老服务示范网点和敬老服务标兵”评选活动，共有31家银行申报的121家网点被授予“上海银行业敬老服务示范网点”，134名员工被授予“上海银行业敬老服务标兵”称号，积极倡导会员单位为老年客户做好金融服务工作。三是关注残障人士金融服务，发布《上海银行业手语服务手册》，编撰完成《上海银行业无障碍设施建设实施导则》，举办银行网点无障碍设施建设培训班，体现银行业对残障人士等特殊群体的责任和爱心。

银行业投诉处理机制及功能不断完善。一是进一步发挥上海银行业消费者投诉中心及消费者纠纷调解中心作用。同时，参与金融纠纷多元化解决机制改革工作，与上海第二中级人民法院签订了《金融纠纷诉调对接工作机制合作协议》。二是举办“上海银行业投诉处理技能培训”，2015年共举办21期培训，参训人数达到1 050人。三是组织编撰两期《上海银行业客户异议处理指南》，为各行提高投诉处置效率、厘清银行与客户关系、妥善处置疑难问题提供了良好参考。

心系社会，彰显行业社会责任。一是配合政府开展“外滩踩踏事件”、“东方之星客轮翻沉事件”善后处置银行服务工作。二是发布《2014年度上海银行业社会责任报告》。三是持续推动上海银行业与市信用平台开展进一步合作。

(4) 立足专委工作，引领行业深化改革创新

优化专委会架构，强化职能建设。修订、完善专委会工作规则，开展专委会、专业小组架构调整工作，同时进一步明确各专委会与监管部门相关处室和小组的对接关系。

深入开展行业调研。以上海国际金融中心建设、上海自贸试验区建设等外部市场和政策环境变化为契机，集中专委会力量，以经营发展中的热点、难点问题为切入点，完成《关于上海自贸区商业银行开展大宗商品业务的探讨》等10篇调研报告，积极建言献策，不断推进银行业改革发展。

发挥专委会作用开展专业研讨交流。围绕当前行业重点和热点问题，各专委会、联席会议及专业小组通过召开工作会议、交流研讨等形式，搭建沟通平台、交流工作信息，表达行业心声、协调政策执行。

(5) 致力会员服务，提升公会专业能力和水平

密切沟通会员，积极协调解决会员单位诉求。一是通过主动走访会员单位、召开会员单位联络员会议、外资银行代表处工作小组季度例会、分组会议机制，就公会自律和维权职能、防范信贷风险、小微平台对接等工作进行沟通交流，进一步畅通信息交流渠道。二是及时响应会员单位需求，在工商管理部门格式条款检查、纳税企业跨境服务所得收入税收优惠等方面积极发挥行业协调作用。

开展多层次培训，加强各方交流协作。一是全年共组织7期银行柜员培训、4期外汇业务及政策培训，培训总人数逾4 300人。二是根据会员需求和监管要求，邀请监管部门、法院、高校、研究院等专家学者举办各类政策解读会和专题讲座38次，内容涉及银行业增值税改革、离岸业务、PPP项目等方面，参加人数近2 600人。三是加强与其他行业组织及相关机构的对接交流，学习经验，拓展视野。

2. 证券业行业自律

(1) 结合不断创新的资本市场，围绕“自律、服务、沟通”宗旨，着力在自律管理、服务力度和沟通作用上开展工作。2015年末，上海市证券同业公会共有单位会员726家，同比增加58家。以服务会员为行业自律工作的中心，在充分听取会员意见和建议、了解会员真实需求的基础上，制定和落实工作计划。从提高服务会员上优化工作方式，听取会员意见，升级综合信息管理平台系统；调研并更新行业经营数据发布的内容，开展各类培训，提升行业从业人员综合素质；发挥纽带作用，为行业

内外的联系搭建起沟通桥梁。

(2) 强化行业自律管理，营造公平市场环境。根据《上海证券业经纪业务自律规范》及实施细则实行以来的反馈意见，结合市场环境变化，对自律规范及实施细则的相关条款作了修订完善，充分体现其“反对不正当竞争，但不反对符合技术创新、模式创新趋势的市场化竞争，不以具体价格底线搞地区行业垄断；鼓励竞争，但不鼓励未经慎重考虑，脱离自身和市场客观条件，损害行业包括自身整体、长远利益的非理性不正当竞争”的基本理念，进一步规范佣金报备的各项程序，为行业自律管理提供制度保障，同时也对证券经纪业务营销有序竞争起到积极的推动作用。全年受理 404 家营业部佣金报备，报备中因最低佣金标准低于预警佣金标准需评议的有 165 家，均已完成佣金报备评议，其中通过评议的 159 家，未通过评议的 6 家。成立金融产品销售自律规则起草小组，在反复讨论、向会员单位广泛征求意见的基础上，形成《上海证券业金融产品销售业务自律规范》。该规范未简单重复强调相关监管规定或指引，而是从强化落实“卖者尽责”原则和义务的角度，通过明确和细化产品准入管理及风险评价、适当性管理标准、风险揭示和宣传、客户回访标准和时限等相关条款，落实维护市场秩序，保护投资者权益的目标，有效防范金融产品销售过程中潜在的违规宣传、欺诈客户、飞单销售等重点风险，全年累计登记产品 34 063 件。

(3) 加强检查，提升规范经营意识。开展以证券营业部自查和现场检查相结合的方式，随机对 77 家营业部进行现场检查，发现 29 家存在违反相关自律规则情况，依据公会相关规则和程序分别采取责令整改、书面提醒和谈话提醒等自律管理措施。对于发现的问题，不仅要求直接相关营业部通过查找问题原因、改进优化相关业务流程、追究责任人员等方式予以整改，并要求其在公司范围举一反三，自查自纠，并在全体会员范围内进一步宣传、强化自律规则的要求，提高会员执行落实自律规则的自觉性，为行业秩序的进一步优化奠定坚实基础。同时，完善动态跟踪处理机制，实现以现场检查为主到与非现场自律管理结合的转变。每月对数据发生异常波动的营业部进行跟踪，年内先后向营业部下发 137 家次通知，要求对异常波动情况作出说明，做到对营业部经营数据异动及时反映、及时关注、及时处理。

(4) 优化升级系统平台，提高服务和沟通会员能力。随着证券市场不断创新和发展，为充分依托信息技术，提高服务会员的效率和水平，近年来在整合原网站各系统上，打造统一集中的信息管理服务平台。陆续开发并上线各新系统，网站的后端作为服务会员专栏，会员登录后通过访问网站会员通道，填报证券金融产品备案、业务数据报送、营销人员和投资顾问备案、广电节目备案、在线入会申请等信息数据，有效提高了会员报送各类信息及数据的便利、时效和准确性。

(5) 精心开展多项培训，提高行业核心竞争力和从业人员综合素质。围绕市场发展趋势，分别举办以“互联网金融对证券公司经纪业务模式的影响”、“证券网点差异化发展的路径与特色化经营”、“股权众筹的兴起与发展”为主题的三次证券经营分支机构负责人主题沙龙，邀请 6 位业界资深人士做演讲，共计 140 人次参加。并将沙龙精彩演讲内容发布到 OA 系统，便于行业人员自学，扩大业务培训、交流受众面。帮助证券经营机构负责人拓展视野，了解掌握新形势下证券行业相关的互联网金融发展的态势，举办题为“颠覆还是融合——解读互联网金融时代的金融新生态与新格局”培训，各证券分公司、营业部近 300 人参加。举办上海地区证券投资顾问专题培训，邀请 2 位业界资深人士分别作题为“当前宏观经济形势及证券市场发展趋势”和“投资顾问的转型趋势与服务内容”的演讲，各证券分公司、营业部近 400 人参加。协调资源，协作开展各类培训，配合中证协、上交所、证监局举办

2期“期权总动员”培训班,共有约129名营业部相关人员及223名投资者参加。举办2期金融期货系列培训班,共有255名证券公司分支机构相关人员参加。举办上海地区证券公司分支机构经纪业务转型与财富管理培训班,各证券分公司、营业部的相关负责人及业务骨干近300人参加。举办估值建模培训,举办财务报表分析、估值建模、并购估值建模的多期培训,邀请会员单位142位学员参加培训。

(6)拓宽丰富维权渠道,深化投资者教育保护。开展“3.15国际消费者权益日宣传周”活动,组织引导会员单位在宣传周内充分利用网络、媒体、现场等平台,以多种形式进行宣传教育活动,向投资者普及金融知识、维权途径,以增强投资者识别和防范金融风险的能力,切实保障广大投资者的合法权益。组织会员单位开展“图说我们的价值观”宣传活动,动员会员单位积极调动公司的各种资源,向投资者进行“社会主义核心价值观”图片宣传教育,受众近88万人次。邀请30多名投资者参加“投资参与 共建——投资者走进上市公司”系列活动,赴海立股份参观考察,使投资者更为直观、深入地了解上市公司信息,对投资者树立理性投资、长期投资的理念起到引导作用。建设网站,提高线上信息服务能力,在公会网站首页醒目位置建立投资者权益保护专栏,主要包括信息查询模块:可查询上海地区所有合法证券经营机构、网点布局、经营机构迁址公告、各机构合规的金融产品销售信息、证券及咨询机构营销人员信息、投资顾问信息、证券从业人员诚信信息、合法广播和电视证券节目清单等;投资者教育模块:投资者可以浏览各类证券业务操作指南和风险提示、法律法规、投资者教育系列知识等;投诉和纠纷处理模块:投资者可在线上提交投诉、信息反馈和证券纠纷调解等事项。多措并举,提高对各类纠纷投诉及调解事项的处理能力,包括进一步梳理完善内部相关工作流程、充实人员配备、加大承办工作人员的学习培训力度等。履行职能,安排专职人员接待各类信访投诉案件,要求接访人员从登记、调查、协调、处理、反馈等等环节做到程序到位,处置到位,反馈到位。全年共接到各类投诉举报11起,均已办结;处理中证协调解中心转办证券纠纷调解24起,办结11起,还有13起在处理过程中。受理12386热线中关于证券投资咨询类的投诉,全年共受理12386热线投诉330起,已办结314起,仍有16起在调解过程中。

(7)充分发挥纽带作用,搭建各类交流平台。召开各类座谈,促进行业内部交流,定期召开办公室主任联席会议,参会者在畅所欲言分享公司办公室工作近期工作、经验和特色的同时,还展望办公室工作在证券业面临机遇与挑战时期的前景。召开10家证券公司上海分公司负责人座谈会,与会人员围绕分支机构业务多元化的成效和困难、开户新政对开户数量的影响、投资者结构和交易行为特点的变化、投资者教育和权益保护以及行业自律规范的执行效果和建议五个方面展开讨论。积极交流沟通,加强异地协会互动,组织合规委部分委员赴南京华泰证券公司交流学习;接待了辽宁省、青海省证券业协会相关代表来沪考察交流,并组织行业内相关人员与来访嘉宾就行业发展的热点进行交流。

(8)发挥桥梁作用,加强会员与社会互动。转发市金融党委《关于开展第五批上海“千人计划”申报工作的通知》、《关于开展金融系统2015年上海领军人才选拔工作的通知》以及《关于2015年实施上海市青年拔尖人才开发计划的通知》,推荐德邦证券总裁武晓春参与领军人才的选拔。邀请会员单位参加由第一财经、浦东国际金融研究交流中心(浦东金融局)、上海纽约大学、希门集团等联合举办的2015年浦东新年论坛;上海浦东新区金融服务局举办“浦东国际金融人才论坛暨浦东金融人才白皮书发布会”;陆家嘴金融论坛活动;第六届期货机构投资者年会;卢森堡上海总领事馆举办的“衍生产品:产品及使用”培训研讨会；金融联合会主办的“自贸区金融政策扩展研究”课题小组。

(9) 积极推进诚信建设，宣传提升行业形象。动员广大会员单位参与“企业诚信创建”活动，强化会员间诚信建设的信息沟通和经验分享机制，推动证券行业诚信建设水平的全面提高。对于行业诚信建设成果，利用多种途径扩大宣传范围，让更多的投资者和社会公众了解和认可上海证券业的诚信建设成效。

(10) 配合开展各项劳动竞赛，提升行业窗口服务质量。组织会员参加市金融工会工作委员会、市金融青年工作委员主办的“制度创新、服务争优、技能提升”为主题的金融职工立功竞赛活动。各会员单位围绕投资者满意的“优秀服务网点”、“优秀服务能手”、“优秀业务创新团队”三个竞赛项目开展“比服务、争创新，让投资者满意”的竞赛。经过推荐和评定，上海市证券同业公会获得奖项共 121 个，其中，建功奖（个人）43 人、建功奖（网点）22 人、创新团队奖 18 个、个人技能奖 29 人、优秀组织奖 9 个。动员会员单位评选自贸区金融职工优秀创新案例。公会积极动员会员单位参加由上海市金融工会工作委员会和上海市金融青年工作委员会联合举办的评选中国（上海）自贸区金融职工优秀创新案例的活动。

2016 年是我国“十三五”规划开局之年，公会发展方向是紧跟市场热点，发挥自律组织作用。在充分了解掌握创新业务规则及市场需求的基础上，逐步完善和调整各项自律规则，使之与市场环境更契合。进一步做好合规与自律监察专业委员会、信息技术专业委员会和证券调解专业委员会的沟通联络工作，明确各专业委员的年内工作重点，探索将行业自律工作真正交给会员。顺应时代发展，发挥应有作用，为上海地区证券市场市场持续健康发展作出应有贡献。

3. 期货业行业自律

2015 年是全面实现“十二五”规划的末年，也是上海期货行业转型发展的关键之年。在上海证监局的指导下，上海市期货同业公会进一步提高认识、明确目标与方向、明确公会的职能定位和工作重点，在广大会员以及社会各界的大力支持下，充分发挥自律组织作用，在合规规范中寻求创新发展、开拓进取，各项工作取得新的进展。截至 2015 年 12 月底公会共有 169 家会员单位。

(1) 诚信自律

2015 年公会结合资本市场变化，深入贯彻中国证监会、中国期货业协会要求的诚信建设、优化环境任务，进一步完善期货公司的治理、提升期货公司服务的软实力，帮助公司以及广大投资者提高风险管理能力，进而优化经济发展路径。7 月在公会网站及期货日报等财经媒体上发布期货公司年度社会责任报告，25 家期货公司践行社会责任，树立期货行业的良好社会形象。

资本市场行情剧烈变动，为防范管控市场波动带来的风险，公会从 6 月到 12 月期间召开 4 次资本市场风险管控研讨会，邀请金融行业的风险管控专家介绍分析风险管理方法，共同探讨防范金融行业系统性风险的对策措施，及时对各金融机构有关风险管理的具体部署和操作进行分析，进一步加强客户适当性管理，提升市场整体风险管理能力的认识。第三季度起，公会又根据上海证监局、中国期货业协会最新要求，开展“期货市场诚信建设宣传”，“防范非法证券期货宣传活动”等诚信建设活动，以“诚信经营、诚信从业、诚信投资、诚信交易、诚信服务、诚信监管”为口径，大力宣传期货市场诚信建设工作制度与做法，同时组织会员单位结合自身特色开展诚信宣传，在社区、商务楼宇设立宣传点，张贴“防非”海报、分发“证券期货市场诚信宣传手册”、“上海资本市场诚信宣传漫画集”，累计发放 3 万余份相关资料，取得正面宣传的良好效果。除此之外会员单位还设立活动专区、开展诚信座谈会，并利用互联网手段，通过期货公司网站、微信公众平台增加宣传的辐射范围，帮助投资者认识、了解诚信建设的意义。

(2) 投资者保护

投资者保护和教育工作始终是资本市场的重要之重，为适应资本市场快速发展和监管转型的新形势和新要求，深化落实新“国九条”和《关于进一步推进期货经营机构创新发展的意见》精神，公会落实上海证监局、中国期货业协会“公平在身边”专项活动部署要求，营造公平的期货市场和谐环境。一是3.15投资者权益维护。公会在3月15日举行“期货创新与投资者保护活动”，统一制作宣传活动易拉宝，分发投资者保护材料、期货“打非”宣传材料，组织会员单位通过拓展宣传渠道，引导投资者树立正确的投资理念，提高了投资者对非法投资活动辨别以及防范意识，收到良好的宣传效果。二是12.4期货法制宣传活动。12月4日公会与上海期货交易所共同举行法制日宣传活动，召开以“弘扬宪法精神、推荐期货市场诚信建设”为主题的会议，倡议增强诚实守信、树立诚信观念、传播诚信建设信息、维护期货市场次序。同时，举办法制咨询活动，邀请资深律师进行现场咨询，为广大投资者提供维护权益与法律咨询的交流机会。三是第六届期货机构投资者年会。11月，公会联合银行、证券、保险、基金、上市公司协会共同举办“第六届期货机构投资者年会”，以“经济新常态，市场新动向，监管新政策，投资新航标”为主题，邀请到诺贝尔经济学奖获得者罗伯特·莫顿先生、前香港执业资深大律师、中国证券监督管理委员会首席顾问梁定邦先生等嘉宾主讲，来自海内外金融机构、实体企业等各类机构投资者近1 100余人参加本届年会。四是“12386”热线。为切实做好期货投资者权益保护工作，妥善处理投资者的投诉事项6件，为维护社会和谐和稳定起重要作用。

(3) 创新发展

“十二五”规划收官阶段，中央提出“大众创新、全民创业”的目标，各行业创新步伐加快，而期货行业乃至金融行业站在了创新发展浪尖。公会借此良机，在全行业内广泛开展各类创新业务培训，转变思想，把推动期货行业创新业务发展作为重点工作之一，在各方面的支持下，取得一定成效。一是支持多层次资本市场建设，交流学习新三板运作。随着多层次建设资本市场工作的落地，越来越多的企业筹划IPO，而新三板上市在期货行业也开始崭露头角。公会及时捕捉动态热点开设上海期货创新发展大讲堂，举办新三板上市的流程与财务问题交流会，就新三板挂牌条件和流程、股改辅导、借壳上市、股东董监高股权交易规则等问题进行交流演讲，获得广泛好评。二是大力推动“互联网＋金融”交流探索。2015年，国务院发布《关于积极推进“互联网＋”行动的指导意见》，加速提升产业发展水平，增强各行业创新能力，成为构筑经济社会发展新优势和新动能的重要举措。公会根据相关指导意见，收集会员单位需求，结合期货行业“互联网＋”特性，分别组织期货公司高层、中层和实务操作人员开展交流培训，对互联网金融、互联网投资、互联网开户等创新运营模式交流研讨达4场，邀请不同行业专业人士经验分享交流，通过不同金融业态的结合，理论结合实践，为会员单位开启互联网时代打好头战。三是服务创新喜获丰收。为提高期货经营机构服务能力，树立期货行业优质服务、文明窗口形象，2014年公会根据上海市金融工会工作委员会《关于开展建设上海国际金融中心——金融职工“制度创新、服务争优、技能提升”为主题的立功竞赛的通知》要求，在上海期货行业内组织会员单位参与技能培训、五好服务、工间操培训等立攻竞赛活动，2015年向上海市金融工委推荐申报优秀的单位参与市金融职工立功竞赛的评选，上海期货行业共获得40个集体及个人奖项，同时，根据市金融工委诚信服务、文明窗口的活动要求继续组织开展五好服务窗口活动，各会员公司服务窗口、会员营业部为参赛单位，自愿申报，在诚信合规、社会责任、客户服务、企业文化、专业创新等五方面进行评选。

（4）技术保障

为进一步提高行业信息网络安全防护能力，提升从业人员的信息安全意识，在上海证监局、上海市经信委指导下，公会与证券、基金公会联合主办上海证券期货信息安全意识教育和知识竞赛，涵盖相关行业的信息安全法律法规、行业标准、技术指引、管理办法等，通过微信平台图文并茂地向从业人员展示安全常识和应对方法。赛程分为学习阶段、模拟测试阶段和考试阶段，期货行业共有近900人报名参赛，总分95分以上的选手占据六成，海通期货、申银万国期货、上海大陆期货公司、上海东证期货、国信期货公司、英大期货获奖，活动成为一次全面的信息安全普及教育与检验。

此外，随着2015年4月期货行业网上开户上线，国内互联网＋期货的时代到来，公会召开上海期货公司信息技术联席会第二十二至二十四次会议，邀请中国期货业协会、期货交易所、保证金监控中心、证券公司、期货公司的信息技术专家一起解读最新信息技术要求，交流分享经验。目前，信息技术负责人联席会已经成为常态活动，内容丰富主题鲜明，成为业内信息技术沟通的优秀平台。

（5）服务经济

一是搭建期银自贸区跨业合作平台。上海自贸区2.0版本的政策新出台，标志着上海自贸试验区建设进入一个新的阶段，为期货公司探索仓单业务、衍生产品定价等创新业务提供平台。为此，公会召开上海期货行业创新业务系列研讨会，邀请银行业专家交流自贸区衍生产品自营、套保业务、银期合作、NRA账户等热点关注问题，来自期货、银行近百人参加会议，为各期货公司提供非常好的学习交流机会，也为未来各项业务合作做了良好的铺垫。

公会还应期货风险管理子公司的要求，成立自贸区金融政策扩展研究课题研究期货小组，向政府有关部门建言献策，为行业为会员争取优惠政策。根据金融业联合会《自贸区金融政策扩展研究》通知的要求，对自贸区现有的与期货类相关的金融政策进行梳理、总结和评价，撰写《关于申请暂缓征收期货公司风险管理公司代理风险管理盈亏所得税的紧急报告》上报浦东新区金融发展服务局、市税务局，争取相关优惠政策。

二是铜产业基地调研。由上海期货交易所主办，公会协办的有色金属（铜）产业培训基地于2015年6月开展调研培训活动。此次活动由理论培训、考察交割库和赴江西铜业集团公司实地调研培训等三个环节构成。上海地区期货经营机构和相关实体企业共计32人参加培训基地活动，为做好服务实体企业工作奠定基础。

三是风险管理公司迅速兴起。从中国期货业协会发布《期货公司设立子公司开展以风险管理服务为主的业务试点工作指引（修订）及配套文件的通知》以来，上海有20余家期货公司风险管理公司注册并初具规模，标志着风险管理业务已经迅速崛起。为此，公会建立风险管理委员会与交流群，并分别于4、7、8、12月召开相关会议，会议结合2015年市场波动情况，针对风险管理公司目前的状况、业务盈利水平、各种红利因素进行分析探讨，来自期货风险管理公司、银行证券风险管理部门、国内期货交易所的相关负责人共同参与多次会议，为风险管理公司搭建交流学习的平台。

（6）自我建设

一是期货经营机构数据共享。为满足上海地区期货经营机构数据分享的需求，同时借鉴兄弟协会、证券、基金行业对所在地区机构经营数据分享的经验，公会制定《上海地区期货经营机构数据共享方案》，对会员单位的经营数据进行收集统计反馈，并刊登在公会官网向社会公布期货公司和营业部代理交易额与代理交易量的排名，完整、准时报送数据的会员单位则共同分享更详细的数据。客观反映上海地区期货市场的经营状况，以便行业和会员单位参考学习，鼓励行业健康发展。

二是人才交流与培训。2015 年公会在中国期货业协会的指导下，组织多场人才交流培训，包括 IT 培训和风险管理培训和 4 次创新业务视频培训。同时公会继续与大连商品交易所期货学院合作，开展为期 1 个月的期权及创新业务培训班。通过对期权和创新业务进行深入、系统的培训，提升了期货公司相关人员期权工具专业水平，提高期货公司创新业务拓展能力。

三是体育健身展现期货人精神面貌。为增强期货行业人员体质，增进行业间交流，在公会的组织下，分别于 4 月、9 月举行“光大杯”乒乓球赛和“海通杯”篮球赛，每场比赛参加的队伍众多，战况激烈，体现了期货行业朝气蓬勃的健康景象。11 月，具有公会传统特色的趣味体育运动会如期举行，上海地区各类期货经营机构会员单位以及上海证监局、上海期货交易所、中国金融期货交易所、上海市金融业联合会等往来单位近 800 余名代表参加 10 个项目的角逐，促进期货企业间的互动交流和了解，营造全行业职工注重强身健体的氛围。

四是会刊新登场　细数过往与未来。《上海期货》在走过 7 个春秋之后，2015 年全新改版，从更专业化、更深度、更贴合期货市场的角度全新出发全面反映上海期货人的精神面貌。2015 年《上海期货》以十年回顾为主题，以展示公会十年来所经历的成长与变化，以纪念和发展的角度回馈行业、回馈会员和社会各界。

五是学习“三严三实”　坚持党建工作。为促进上海地区期货行业党建工作的开展，公会开展“迎七一”纪念中国共产党建党 94 周年上海地区期货行业党员学习专题讲座活动。邀请中共上海市社会工作党委机关党委老师，为行业党员做“学习三严三实讲话，加强党风党纪建设”专题讲座，共有 60 余名党员参加讲座。

4. 上海基金业行业自律

2015 年末，上海市基金同业公会共有会员单位 115 家，其中上海地区公募基金管理公司 45 家，特定客户资产管理公司 37 家，独立基金销售机构 5 家，外资银行基金代销机构 3 家，异地基金管理公司在沪分支机构 25 家。

2015 年，公会切实发挥行业自律职能，秉承“从行业实际出发、为会员单位做实事、把工作落到实处”的作风理念，在上海证监局的指导关心下，在理事会的领导下，全体会员单位携手努力，紧跟监管步伐，贴合行业需求，开启了新一轮的实践与创新；强化专业委员会制度，完善行业自律管理机制；深入开展会员服务，坚持推动交流合作，着力营造合作发展环境，为会员单位提供更广阔平台；坚持服务社会的使命和责任，切实保护投资者的合法权益。

(1) 适应经济发展新常态，确保创新发展与合规风控的“两轮一起转”，充分发挥行业自律职能。

2015 年 3 月，公会举办第六次总经理沙龙活动，学习贯彻证券期货监管会议精神和“两个加强、两个遏制”专项检查工作要求，适应监管转型下的新常态。

4 月，公会受中基协委托，举办合规与风险管理业务培训班，为全国各地 153 家基金公司、证券公司、期货公司及其子公司的资管、专户业务部门、合规风控部门及各地证监局、相关协会共 400 余人详细解读《证券期货经营机构落实资产管理业务“八条底线”禁止行为细则》，并就纪律处分案例、稽查案例、反洗钱、大数据监管逐一进行剖析，确保上海基金业适应经济新常态，迎接转型新挑战，推动资产管理业务在良性轨道上顺利发展。

(2) 强化专业委员会制度，凝聚行业中坚力量，进一步完善行业自律管理机制。

公会理事会下设公司治理、人才战略与培训、业务发展与创新、合规风控、信息技术、基金销售、特定客户资产管理七个专业委员会，各专业委员会不断优化自身职能，全方位覆盖行业发展领域。专委会结合政策监管要点，把握市场创新热点，聚焦行业发展重点，有效推进行业交流，定期举办业务负责人联席会议、专题研讨会、讲座等，为发挥行业自律服务工作提供保障和支持，为监管部门的决策提供参考，为行业提供学习交流的平台，努力营造和谐、健康、富有活力的行业氛围。

（3）深入开展会员服务，为会员单位提供更广阔平台，坚实推动国内外交流合作，着力营造发展氛围。

为增强证券期货行业从业人员对网络信息安全的认识，公会与证券、期货公会共同主办“2015 上海证券期货业从业人员信息安全意识教育和知识竞赛”，此次竞赛是国内最大规模的信息安全知识竞赛。

另外，公会积极响应上海市金融工委号召，深入开展上海基金业金融职工窗口优质服务立功竞赛“优质服务明星”、“金融职工建功奖”、“金融职工技能奖”三项争优活动，展现基金人积极向上的精神风貌。

2015 年 5 月，联合爱尔兰驻上海领事馆、爱尔兰投资基金业协会、爱尔兰投资发展局举办中爱基金业发展交流会。7 月，受邀组织会员单位赴澳参加“博鳌亚洲论坛·悉尼会议”，寻求两地共赢发展新机遇，为上海基金业拓展国际化业务打下坚实基础。7 月，上海地区基金公司率先获批开展基金互认双向业务，推动上海基金业的国际化步伐。

（4）紧跟市场动态，贴合行业需求，聚焦创新转型热点，开展一系列专业培训和讲座，提升行业核心竞争力。

2015 年，公会根据行业时事热点和会员单位需求，组织众多兼具时效性和实效性的专题讲座。为配合内地香港基金互认，举办中资基金公司如何在香港开展业务的专题讲座；高频交易专题讲座吸引来自全国 50 家基金公司的近百名高管和相关人员参与；通过举办全球多元资产配置专题讲座，促进会员单位进一步了解全球资产配置领域现状，加快行业国际化步伐；为帮助会员单位深入了解海外投资的新趋势，公会邀请国际知名专家，举办美国科技行业新趋势讲座，全国 60 多家公司、资管机构高管参与交流探讨；基金 XBRL 系统技术交流研讨会，着眼于提高信息披露的效率和质量，为行业和投资者服务。

公会致力于为行业提供具有前瞻性和专业性的视野观点，不断推动上海辖区基金公司融入创新发展的浪潮，拥抱变革的市场环境。

（5）坚持服务社会的使命和责任，切实保护投资者的合法权益，促进市场规范、稳步发展，主动践行社会责任。

结合“防范非法证券活动”宣传教育进社区活动和“公平在身边”投资者保护专项活动，向会员单位征稿，汇编成《上海资本市场诚信宣传漫画集》和专项宣传海报，受到会员单位好评。针对市场投资热点和行业创新，公会网上基金学院第一时间汇集相关信息，编制包括投资能力和风格定位选择基金产品、P2P 网贷、新三板、资产证券化等诸多专题，深入浅出、简洁明了地帮助投资者从容面对市场，识别风险。

持续高效推进“12386”证监会热线投资者诉求处理工作。2015 年投诉量剧增，全年累计收到投诉转办函 475 件，同比增长 197%，涉及投诉标的金额近 1.2 亿元，其中 314 件次达成和解，和解率 66%。投诉内容主要涉及规范经营、网络系统、基金申赎、客户服务、公司诚信、信息披露、基金业绩等方面问题。公会根据流程要求相关会员单位及时处理，仔细审核投诉处理情况和答复意见，提交上海证监局信访办，每月上报相关数据和报告。

过去的一年，上海市基金同业公会切实有效地发挥行业自律职能，服务覆盖面持续扩大，积极推动上海基金行业自律管理与创新发展，会员单位积极探索业务创新的同时合规风控意识显著增强，公会不断优化“12386”投资者诉求热线处理流程，确保上海基金业的创新业务有序推进。

5. 保险业行业自律

2015年，上海市保险同业公会紧紧抓住《国十条》及上海《实施意见》的历史契机，紧扣"服务监管、服务行业、服务社会"这一工作中心，结合上海保险行业发展特点、市场需求和形势任务，认真履行工作职责，以强化自律服务为重点，以创新服务会员为工作目标，以加强自身建设，提高专业化水平为基础，为行业稳健发展创造良好环境。

(1) 坚持依法自律，规范保险市场发展

一是重点加强车险理赔服务，推出赔款支付服务自律约定，严格开展自律执行情况检查，并在业内公布检查结果和风险提示，对查实存在违反行业自律情况的会员公司进行处罚。自律执行后，车险经营利润增幅明显，综合赔付率、综合成本率大幅下降，全年承保利润达5.87亿元。二是以人员品质管理为重点，建立"非保险金融产品销售"涉嫌人员信息共享机制，加强保险从业人员的管理。三是通过建立和完善车险理赔服务时效评价标准、电销质检行业标准等，提升行业服务流程规范标准，规范服务行为。同时，制定保险业职工立功竞赛方案，开展五星级"优质服务网点"、"优质服务明星"等评比工作，获沪金融工会主题立功竞赛活动优秀组织奖。四是受理咨询投诉，维护市场秩序。建立上海保险业客诉问题协调和信息共享机制，及时妥善解决客诉案件，提升服务效率，健全客户信息库，提高承保保单质量，促进行业健康发展。据统计，截至2015年12月，公会共受理各类咨询、投诉2 128件，较上年下降38%。

(2) 创新服务方式，搭建行业发展平台

一是探索行业数据研究，拓宽服务渠道。公会牵头完成《2014年度上海地区寿险公司营销员收入、福利情况调研报告》、《2014年度上海市产寿险公司健康意外险业务年报》，《2014年度人身险满期给付报告》、《2015年度银保渠道关系调查报告》《非保险金融产品销售信息统计》等的数据收集整理和编制工作，为行业加强内部管理、推进上海保险市场稳健发展提供参考。二是加大信息科技投入，拓展服务平台。公会建设完成较领先的投诉咨询管理信息系统，提高保险合同纠纷处理效率，使保险行业和法院的诉调对接工作进入信息化、全流程阶段；率先于全国组织产险业将其经营的短期人身险业务信息纳入中保信上海分公司人身险综合信息平台，实现上海地区人身险业务数据的全口径整合。公会开发的水灾风险地图，积极推动行业运用水灾风险地图进行防灾防损和核保工作，获评"2015年度上海金融创新提名奖"。三是丰富宣传活动载体，优化服务环境。公会组织开展多项大型活动，做到活动内容创新、表现形式创新。以"3.15消费者权益日"和"7.8保险公众宣传日"、"打击防范非法集资月宣传"、"上海公益伙伴日"、"防灾防损现场演练等保险进社区"等活动为契机，凸显上海保险业发展重点亮点，做好保险消费者教育工作。上海保险行业7.8公众宣传日组织工作获得保监会肯定，被保监会确定为2015年全国地方协会唯一示范单位。四是推广保险行业品牌，打造行业影响力。2015年，通过举办"上海国际保险中心建设与发展国际论坛"与上海论坛"巨灾风险管理与金融创新"分论坛及专业学术研讨会等形式，为上海国际保险中心建设献言献策，产生巨大的影响力和辐射效应。其中，两岸养老与长期护理保险研讨会内容最终经整合形成内参，对上海市下一步开展养老护理保险起到了重要推进作用。

(3) 加强跨业合作，优化行业发展环境

一是与公安系统合作，深入开展反保险欺诈工作。公会成立反保险欺诈专业委员会，挂牌成立"上海市反保险欺诈中心"。2015年安宁行动期间，行业共向市公安局经侦总队方面移送案件线索387条，核查线索145条，核查后立案数119起，已破获案件数101起，破获团伙19个，抓捕犯罪嫌疑人113人，涉案金额362.74万元，直接挽回损失78.34万元。通过开展安宁行动，区域打击力度明显增强，震慑效果明显，外部环境明显好转，各区、县的车险欺诈案件数量大幅下降。2015 年，保险业驻点交警支队调解机制已成功复制到松江、闵行、徐汇、静安、黄浦、闸北、虹口、浦东 8 个区。驻点工作已形成融合“纠纷化解、理赔咨询、信息传递、案情核实”四项功能为一体，逐步实现“调解标准统一化、调解流程个性化、信息采集固定化、联络人员专职化、反欺诈工作联动化”的“五化”工作格局。据统计，截至 2015 年 12 月，各区驻点人员总计参与调解及咨询案件 3 160 件，共计为车险涉人伤的案件减损近 600 万元、驻点地区的车险报案量平均下降近 10 个百分点，充分发挥保险业驻点调解机制在化解矛盾、减少纠纷、有效降低欺诈风险方面的重要作用，充分体现行业在服务民生，参与社会管理方面所发挥的积极作用。二是与司法系统合作，推进保险业驻点基层法院保险纠纷诉调对接工作。诉调对接工作是管控道路交通事故人伤司法鉴定和打击“人伤代理黄牛”，有效发挥法院、保险监管部门各自职能优势，更好地保护保险消费者合法权益的重要举措。2015 年，公会将“全日制、全过程监管、全过程留痕”的上海特色的诉调模式进一步推广，签约浦东法院，实现浦东地区的交强险、商业险合并调解，浦东原 8 个派出法庭、2 个内部庭室、1 个调解中心的道交案件调解集中在陆家嘴、川沙和惠南等 3 个法庭，顺利解决了交强险和商业险分散调解；各法院、派出法庭众多，调解地点过多、过于分散，无法全面派驻及经费来源无保障影响诉调对接长效机制的三个关键问题，为全面推广诉调对接打下良好基础。三是与消保委合作，深入推进诚信建设。2015 年，公会配合消保委在上年推行“保险销售十做到”践诺活动中获得最佳社会评估成绩的基础上，及时对 2014 版“保险销售十做到”承诺内容，按照上海市“2015 诚信兴商”实事活动中提出的推动社会诚信建设，保障消费安全的主题进行修订，紧扣消费者最关心最直接最现实的权益保护问题，重点推出“保险销售明确告知犹豫期”服务承诺。四是与政府相关部门合作，服务社会经济发展。做好“1231 陈毅广场踩踏事件”、“‘东方之星’号客轮翻沉事件”的应急处置；研究推进有关涉及公众利益的强制责任保险，包括重点领域的食品安全责任保险、校园安全责任保险、大病保险标准制定等的推进试点和协调完善，等等。

(4) 加强自身建设，提高专业化工作水平

严格按照《公会章程》规定，履行职责，促进各项工作的规范化和程序化。一是不断完善内设机构。召开公会常务理事会，成立、调整专业委员会机构设置，对人员组建、工作规程进行梳理、调整完善，最终组建成立 5 家公会专业委员会和 4 家学会专业委员会，及时调整补充原各专业委员会成员，修订专业委员会工作规程，为各项工作有序开展提供组织及制度保证。二是建立完善行业交流的体制机制。全年召开各类专委会会议、公司联席会议、专题工作小组会议、行业座谈会等 150 余次，就上海保险市场发展存在的主要问题、发展中的瓶颈问题等进行研究讨论，共同思考、研究，加强会员信息沟通，探索共性疑难问题的解决方式。三是充分发挥专业委员会作用，组织主题丰富的职业培训活动。如：《人伤司法鉴定培训》、《上海保险行业微信培训》、《高级招聘与面试技巧》等职业培训，提升专业人员的工作技能，收到良好的培训效果。四是加大人才引进。对秘书处工作人员岗位按实际情况进行调整，分批次补充招聘一批技能水平和专业素质较高的专职工作人员。五是加强人员适岗能力培训。组织编辑部全员参加新闻出版总署的新闻专业、广告资格、编辑职称、记者资格培训；组织全员参加信息工作培训、组织办公室人员参加人事管理培训等，进一步提升干部队伍素质和工作效能。六是加强秘书处内部建设和管理。对各项规章制度进行补充和完善，包括新制定公司选派人员至公会定期交流制度、大事记制度、通讯员工作制度、微信信息

发布的流程和管理制度、岗位职责、人员三定方案等，加强作风管理和工作考核，队伍面貌焕然一新。七是努力提高办公效率。加大信息技术投入力度，开发新OA办公系统、改版公会网站、完成公安交警人民调解驻场环境搭建等。八是会员入会工作正常开展。2015年办理24家单位入会事宜，吸收包括产、寿险公司、中介公司、大学、互联网公司等不同种类机构入会。现公会会员数为237家，学会为87家。

2016年是“十三五”规划的开局之年，上海市保险同业公会将在上海保监局、公会理事会的正确领导下，在中保协的指导下，在各会员单位的大力支持配合下，认真贯彻落实2016年全国保险监管工作及上海保险工作会议精神，以提供高效优质服务为宗旨，坚持务实、创新、进取的工作作风，充分发挥公会在行业发展中的积极作用，初步树立“有作位、有地位、有影响”的公会新形象。

6. 互联网金融业行业自律

2015年，上海市互联网金融行业协会坚持行业自律与服务两条主线，认真履行协会工作职责，以强化自律管理为重点，以创新服务会员单位为目标，以加强内部管理、提高专业化水平为基础，在推动创新发展，服务会员单位，加强自身建设，促进地区互联网金融健康发展中发挥积极作用并取得一定成绩。

(1) 明确协会自身定位

2015年8月6日，上海市互联网金融行业协会成立。在第一次会员大会上，协会明确以促进会员单位实现共同利益为宗旨，遵循“服务、自律、代表、协调”的八字方针，引领会员单位遵守国家法律、法规和经济金融方针、政策，遵守社会道德风尚；维护上海互联网金融行业的健康发展，致力于为上海国际金融中心建设做出积极贡献。

(2) 加强会员单位管理

一是在广泛听取上级指导单位和会员单位代表的意见后，根据协会章程、会员管理办法制定《上海市互联网金融行业协会入会指南》，明确各业态的入会条件，为新会员的加入提供具体依据和操作流程，并按照此入会指南，对会员进行严格筛选。

二是协会发布《上海个体网络借贷行业平台信息披露指引》后，在会员单位中大力引导并敦促会员单位将信息披露落到实处。协会邀请企业与监管层就信息披露问题进行座谈，了解企业在具体操作中所遇到的困难，明确信息披露的重要性，并就实施细则进行研讨，加强可操作性。

三是对现有会员加强巡查。采取实地走访、上报情况说明等方式，了解最新动态，力图及时发现并处置各类突发事件，将可能发生的违规现象扼杀在萌芽状态。

四是利用官网这一宣传渠道，号召各会员单位务必继续遵守签署的《上海市互联网金融行业协会会员自律公约》各项承诺，依法经营，合规经营，诚信经营，坚守道德底线，共同维护好、发展好上海的互联网金融生态环境。同时在官网上及时向社会公众通报协会会员变更情况。

(3) 推动行业创新发展

一是协会与上海大学科技金融研究所联合编制国内首部省级互联网金融发展报告——《上海互联网金融发展报告(2015)》，介绍在互联网技术快速发展的背景下，上海新型互联网金融业态的兴起和发展、金融机构的互联网化，以及上海互联网金融发展的展望及相关建议。

二是积极促成新金融与传统金融的交流合作。10月23日，协会就资金存管问题，组织会员企业、邀请上海银行、上海农商银行、富邦华一银行、上海华瑞银行进行交流。会员反映协会的工作很接地气，交流会后已有多家企业与参会银行进行资金存管对接。

(4) 提升会员服务水平

一是本着“众筹办协会”的精神，协会召开P2P平台、众筹企业、金融服务类机构等各种业态的会员座谈会，集思广益，众筹如何办好协会的金点子。

二是协会指导并参与一系列与互联网金融行业相关的论坛、沙龙等活动，广泛邀请会员单位参会交流。协会先后与上海财经大学、中欧陆家嘴国际金融研究院、上海金融业联合会和上海大学上海科技金融研究所共同举办上海金融家沙龙活动（第八期）；与上海金融业联合会、上海市科技创业中心、上海大学上海科技金融研究所共同主办首届上海众筹与互联网非公开股权融资高峰闭门研讨会；与上海股权投资协会等单位联合主办互联网金融发展趋势与风险控制专题研讨会；联合主办“2015年互联网金融生态圈建设高峰论坛”，近千人就如何筑造共赢的生态圈进行深入交流；针对银监会会同工业和信息化部、公安部、国家互联网信息办公室等部门研究起草的《网络借贷信息中介机构业务活动管理暂行办法（征求意见稿）》，召开内部会议进行讨论，并参加市金融办组织的座谈会，及时将这些意见向市金融办进行汇报，充分发挥桥梁作用。

（5）促进对外交流合作

协会与新华社、上海金融业联合会共同主办“长三角互联网发展高峰论坛”，建立上海、浙江、江苏与安徽四地的交流与合作平台，深入探讨“十三五”规划下的互联网金融行业发展方向；加强与京、浙、粤三地的交流，组织参观2015中国（杭州）互联网金融博览会、出席由广东互联网金融协会联合中国民主建国会中央财经委员会主办的“2015互联网金融行业合规化建设暨南北金融投资高峰研讨会”、参加在北京举办的“2016中关村互联网金融论坛”暨“第三届普惠金融论坛”；加强与韩国等国外互联网金融机构的交流。

（6）2016年展望

2016年，协会将全面贯彻党的十八届五中全会精神，遵循“规范发展互联网金融”的方针，贯彻十部委《关于促进互联网金融健康发展的指导意见》，贯彻上海市政府《关于促进本市互联网金融产业健康发展的若干意见》，力求引导会员把握好支持实体经济、坚持普惠金融，引导会员把握好支持创新创业与防范金融风险的关系，力争与监管部门、会员单位、市场要素紧密合作，充分发挥提示、研究和引导的作用，促进互联网金融各要素齐头并进，打造规范、稳定、融合、创新的互联网金融生态圈。

专栏17

上海市互联网金融行业协会成立

2015年8月6日，上海市互联网金融行业协会第一次会员大会暨成立大会在中国金融信息中心举行。上海市委常委、常务副市长屠光绍为协会揭牌并讲话。市政府副秘书长金兴明，以及市金融党委、市金融办、人民银行上海总部、上海银监局、上海证监局、上海保监局、市财政局、市工商局、市经信委、市公安局、市通信管理局、市网信办、市社团局、浦东新区等单位的领导、代表出席成立大会。

上海市互联网金融行业协会由上海市金融服务办公室、中国人民银行上海分行共同指导成立。协会以促进会员单位实现共同利益为宗旨，履行行业自律、维权、协调和服务职能，引领会员单位遵守国家法律、法规和经济金融方针、政策，遵守社会道德风尚。维护上海互联网金融行业的健康发展，致力于为上海国际金融中心建设作出积极贡献。上海市互联网金融行业协会的成立是上海贯彻落实国家《关于促进互联网金融健康发展的指导意见》和上海市政府《关于促进本市互联网金融产业健康发展的若干意见》，促进互联网金融领域融合创新、行业自律、规范发展的又一重要举措。

成立时，协会共有会员单位150余家，其中既有银行、证券、保险、基金等行业的持牌金融机构，也有互联网支付、P2P个体网络借贷、网络小贷、股权众筹、互联网基金销售、金融资讯与征信服务等新型金融领域的相关企业，充分体现了互联网金融跨界融合、开放创新的特点。

成立大会上，会员单位投票表决通过《上海市互联网金融行业协会章程》等协会文件，选举产生第一届理事会理事、第一届监事会监事。经投票选举，证通股份有限公司董事长万建华任协会首任会长，国泰君安证券股份有限公司董事长杨德红任常务副会长；聘任王喆为协会秘书长兼首席专家。

在成立大会上，上海市互联网金融行业协会发布《上海互联网金融发展报告(2015)》，与上海金融信息行业协会共同发布《上海个体网络借贷行业(P2P)平台信息披露指引》；上海市互联网金融行业协会会员单位还共同签署《会员自律公约》。

第二十章　金融资源集聚

第一节　金融机构集聚和政策支持

1. 各类持牌金融机构持续增长

经统计，截至2015年末，上海各类金融机构总数达1 478家，比2014年末净增73家(增加102家，减少29家)。其中：银行业机构新增23家，证券业机构新增38家，保险业机构新增19家，新型金融机构新增3家，外资金融机构代表处减少10家。其中，外资和中外合资金融机构429家。

2. 2015年上海金融机构集聚呈现以下特点：

(1) 重要金融基础设施和国际金融组织等落户上海

跨境银行间支付清算(上海)有限责任公司在沪注册设立，一期成功上线运行。证通股份有限公司设立开业，身份核查、远程开户、联网通汇等三大核心业务系统上线投产。金砖国家新开发银行成立，成为首家落户上海的国际金融组织。全球清算对手方协会在新加坡会员大会上通过落户上海议案。经国务院批准，中国互联网金融协会落户上海。

(2) 证券类机构有较大增幅

《证券公司分支机构监管规定》颁布后，券商各类专业分公司纷纷布局上海。2015年上海地区共新增16家证券专业分公司，仍有多家券商分公司在等待审批。伴随着居民财富管理的强烈需求，独立基金销售公司数量继续保持较快增长。截至2015年末，上海独立基金销售公司达21家(2015年新增8家)，占全国的近1/3。

(3) 民营银行等民营金融机构加快设立发展

近年来，国家出台一系列政策鼓励支持民营资本进入金融业，民营企业设立金融机构意愿强烈。1月，上海首家民营银行上海华瑞银行获批开业，5月正式对外营业。2月，上海人寿保险股份有限公司获批开业。长江联合金融租赁有限公司、上海东正汽车金融公司和吉致汽车金融公司等3家民营非银行金融机构相继开业。华信国际集团、红星美凯龙设立财务公司的筹备工作取得积极进展。万达集团、均瑶集团等也有意向在沪设立非银行金融机构。

(4) 创新试点力度加大，QFLP和QDLP取得积极进展

2015年，有38家企业获得QFLP试点资格，QFLP试点基金总规模324亿元，其中获批外汇额度47.9亿美元。试点企业中有22家已顺利开展对外投资，共计投资在全国有90多个项目，投资总额折合人民币约94.7亿元，其中结汇额约13亿美元。15家企业获得QDLP试点资格，获批外汇额度12.3亿美元。2013年首批筛选的6家试点机构均已发行人民币产品，截至2015年，实际出境外汇1.8亿美元。

第二节　金融人才服务工作

2015 年,上海金融人才工作紧密围绕国际金融中心建设目标任务和上海自贸区金融开放创新,坚持党管人才,统筹各方资源,加快推进金融人才集聚,不断提升人才能力素质,推进人才资源市场化配置,创新人才政策服务,优化人才发展环境,加快推进上海国际金融人才高地建设。

1. 注重人才发展规划,加快推进上海金才工程

(1) 扎实开展上海金融领域“十三五”人才发展规划和紧缺人才开发目录编制工作

成立由上海财经大学、上海金融学院、市人社局人力资源研究所、部分金融企业等组成的联合课题组,同步推进人才发展规划和紧缺人才开发目录的研究编制工作。组织银行、证券、保险等行业座谈会,深入分析上海金融人才发展情况,赴重庆、武汉、杭州、温州等多个城市开展课题调研,掌握了解国内重点金融城市金融人才推进工作。在调研的基础上,先后组织开展 8 次研讨,初步形成上海金融领域“十三五”人才发展规划和紧缺人才开发目录。

(2) 加快推进上海金才工程建设

认真贯彻落实市委市政府《关于深化人才工作体制机制改革促进人才创新创业的实施意见》,在前期上海金才工程调研的基础上,加快研究制定《关于推进上海金才工程加强金融人才队伍建设的实施意见》及海外金才、领军金才、青年金才三类重点人才开发计划实施办法。

(3) 积极开展上海金融人才数据统计工作

此次数据统计面向在沪各类金融机构(包括新型金融机构)在上海地区从事金融活动的人员,涵盖银行、证券、保险等 16 个金融类别,对金融企业的数量、类别、分布,以及从业人员的总量、性别、年龄、学历、国际化程度等作了深入分析和挖掘,形成对上海金融人才的定量化分析。

2. 突出人才平台建设,大力引进海内外优秀金融人才

(1) 注重发挥重大人才计划吸引集聚作用

加大海内外优秀金融人才的吸引集聚力度,积极对接中央和上海千人计划、上海领军人才、青年拔尖人才选拔工作,组织开展第一批上海领军金才、青年金才等重大人才计划评选,共收到 59 家单位 83 名领军金才和 18 家单位 25 名青年金才申报材料,经专家评审,最终确定 27 名领军金才人选名单及 8 名青年金才人选名单。

(2) 加快推进优秀金融人才招聘平台建设

联合浦东新区有关单位共同开展上海青年金融人才 2015 年校园招聘活动,开设“网络直通车”网络招聘会和“陆家嘴金融城名校直通车”现场招聘会两大子项目,共有 120 余家金融机构报名,推出近 700 个招聘岗位,计划招聘 4 000 余人。认真筹备海外金融人才招聘工作,研究制定相关工作方案,了解企业海外金融人才用人需求,联系市外专局及人力资源专业服务机构提供咨询服务,为 2016 年金融人才海外招聘工作做好准备。完善上海金融人才招聘服务平台功能模块,进一步畅通金融机构人才招聘渠道。

(3) 不断加强陆家嘴论坛宣传平台建设

组织开展 2015 年陆家嘴论坛人才主旨论坛,围绕“金融人才发展环境的营造与优化:政府与企业责任”主题邀请嘉宾发表主旨演讲,开展圆桌讨论,深入探讨金融人才发展问题,进一步打造国内知名、具有国际影响力、引领效应突出的金融人才交流平台,更大力度宣传上海金融人才建设新发展,提升上海吸引集聚海内外优秀金融人才的影响力和号召力。

3. 加强人才联系服务，不断优化金融人才发展环境

(1) 认真落实“市人才新政 20 条”文件精神，开展“3+1”人才服务工作

开展“市人才新政 20 条”文件精神学习，协调推进简化海外高层次人才外汇结汇、探索开发创新创业方面保险产品、设立服务科技创新企业民营银行等 3 项市金融办牵头工作，按照市委组织部要求，及时做好工作任务分工，定期了解掌握工作进度，认真督促各相关处室推进 3 项牵头工作。配合市卫计委开展“国际商业医疗保险”项目，研究制定工作推进方案，鼓励保险企业创新商业医疗保险产品，协调太保安联健康保险公司搭建国际商业医疗保险信息统一发布平台。

(2) 积极营造人才发展良好舆论氛围

全面总结系统人才工作典型案例，在《上海组织工作》、《上海组工通讯》、《上海人才工作》、《现代领导》杂志等媒体刊登多篇经验总结和宣传报道。加强各项人才活动的媒体宣传，在陆家嘴论坛、青年人才校园招聘等活动中邀请新华社、东方卫视、解放日报等媒体对上海金融人才工作进行多渠道、多角度、多形式的宣传，共计发布电视、报刊、网站报道 20 余篇，各大网站转载上百次。

4. 优化人才工作体制机制，提升人才工作市场化程度

(1) 进一步完善金融人才工作格局

成立金融系统人才工作领导小组，加强与金融管理部门、市有关部门和区县的联动协作，调动中央和外省市在沪金融机构、金融人才中介服务等机构积极性，初步形成政府、企业、市场三方合力推动人才发展的工作格局。

(2) 提升金融人才工作市场化水平

与东浩兰生集团签订战略合作框架协议，在金融人才工作中首次系统性地引入社会力量与市场力量，探索在金融人才吸引培养和服务体系建设、人才工作“互联网+”、人才综合服务体系建设、人才数据统计“云计划”、金融后台 BPO(业务流程外包)服务、人才交流平台搭建等六大领域的深度合作，全面提升金融人才工作的国际化、专业化、市场化水平。

第三节　金融集聚区建设

1. 浦东新区建设情况

2015 年是落实“十二五”规划的收官之年，也是各项改革举措纷至推出的一年。浦东新区以集聚高能级金融机构、推进金融改革创新、持续优化政府服务、促进金融服务实体经济为主攻方向，深入推进金融核心功能区建设，促进新区金融业继续保持快速健康发展。2015 年浦东新区全年实现金融业增加值2 055.89 亿元，同比增长 24.9%，增幅同比增加 6.07 个百分点，占全市金融增加值的比重达 50.7%，占新区生产总值的 26%，占新区第三产业增加值的 36.16%。

(1) 浦东新区金融发展环境建设

在空间布局上，初步形成“前后台联动”的金融产业布局。前台区域就是陆家嘴金融城，重点集聚高端金融机构，已经建成投入使用的办公楼宇共有 196 幢，预计“十三五”末期，陆家嘴商务楼宇总量将达 1 428 万平方米，与全球主要金融中心容量相当；后台区域是张江银行卡产业园，一期 1.16 平方公里已建成，二期 2.1 平方公里的建设已经接近尾声，集聚银联、中国平安等大型金融机构营运中心和一批第三方支付、金融信息服务机构。

金融监管、法治、信用、人才等软环境明显改善。“一行三会”驻上海的监管机构“一行三局”均位于浦东；上海金融仲裁院、浦东法院金融审判庭等也在浦东设立；2009 年以来，围绕金融人才医疗、教育、安居等现实需求，陆续推出“金才优教”、“金才优护”、“金才安居”等系列服务，累计服务各类金融机构近千家、金融人才三万多人次；深化与哈佛、斯坦福、哥伦比

亚、芝加哥等国际顶尖大学商学院的合作,自2010年以来共举办了11期高端金融培训,累计培训高端人才近千人次。

(2) 金融机构体系建设

一是大力引进监管类金融机构。引入一系列重点机构,包括:金砖国家新开发银行(上海)筹建管理有限责任公司、华晨东亚汽车金融有限公司、华融航运金融租赁有限公司、上海人寿保险股份有限公司、史带财产保险股份有限公司等。2015年全年共引进监管类金融机构56家,总数已达900家。其中,银行类金融机构258家,证券类金融机构385家,保险类金融机构257家。

二是加快发展非监管类金融机构。新兴金融机构呈现井喷式增长,表现亮眼。截至2015年12月底,新区各类新兴金融机构达到6 741家,全年累计新增3 509家,接近翻倍,呈爆发性增长态势。股权投资企业:年末,股权投资企业及其管理机构数量达到4 679家,较上年增加2 264家。融资租赁企业:推动1 094家融资租赁机构落户浦东,年末,共有融资租赁企业1 533家。财富管理机构:2015年,新增124家财富管理公司,新区财富管理企业达502家。密切与各类新兴金融机构的联系,推动桥水基金与浦东新区签署合作备忘录,吸引绿丝路基金、芯鑫租赁、大唐租赁等公司落户新区。

三是规范发展地方小型金融机构。坚持发展与监管并重,推进外资设立小贷试点,同时加强对小贷、融资担保公司的日常监管,完善监管流程。2015年,小额贷款公司增加2家,达到24家;融资担保公司减少2家,有11家。小额贷款公司,服务中小微企业能力较强,累计向新区5 502家中小微企业放贷123.39亿元,对小企业和三农贷款余额比例约为67%。两类机构的数量与规模均处于全市领先地位。

四是加快发展金融专业服务机构。近年来,浦东各类金融专业服务机构增长迅速,在第三方支付、金融资讯、信用评级和资信调查及金融猎头四类机构的引进上取得重要突破。2015年末,新区共有各类金融专业服务机构2 004家,比年初增加了945家,同比增加89.23%。超额完成"十二五"金融规划关于新增1 000家金融专业服务业机构的目标。

(3) 金融创新试点有序展开

一是推进要素市场功能拓展和产品创新。稳步推进面向国际的金融交易平台建设。"沪港通"于2014年正式启动以来,总成交金额近2万亿元,为对接与打通沪港两市金融市场作了富有成效的探索。2014年9月,上海黄金交易所推出黄金国际板,2015年与香港金银业贸易场建立"黄金沪港通",进一步提升黄金国际板的影响力。截至2015年12月末,"黄金国际板"累计成交量4 986吨,交易金额达1.18万亿元。2015年10月,人民币跨境支付系统(CIPS)一期在上海正式上线运行。11月18日,中欧国际资产交易所顺利启动。上海期货交易所已在自贸试验区内设立国际能源交易中心,原油期货品种已获批准,相关配套政策陆续发布。上海保险交易所设立申请已获得国务院同意。此外,中国外汇交易中心、上海证券交易所正在自贸试验区内筹建国际金融资产交易平台。全国性信托平台已经获批即将筹建,正有序开展各项承接准备工作。

二是配合中国人民银行上海总部拓展自由贸易账户功能,启动自由贸易账户外币业务,逐步推进投融资汇兑便利、人民币跨境使用、利率市场化、外汇管理改革等一系列金融创新试点。自贸区成立两年来,本外币一体化运作的自由贸易账户体系已基本建立,截至2015年12月末,已有40家金融机构接入自由贸易账户监测管理信息系统,共开立约4.4万个自由贸易账户,当年累计账户收支总额近2.2万亿元。跨境人民币业务进一步深化,截至2015年12月末,区内总计246家企业参与跨境双向人民币资金池试点,80家企业取得跨国公司总部外汇资金集中运营试点备案书;

截至 2015 年 12 月底，试验区跨境人民币结算总额 12 026.4 亿元，占全市的 42%。

(4) 金融支持中小企业

积极促进各类企业参与多层次资本市场。2015 年，在 A 股 IPO 发行重启、多层次资本市场建设不断深化的背景下，积极关注重点在审企业、重点辅导备案企业及上交所战略新兴板进展情况，取得良好成绩：截至 2015 年末，新区全年新增 4 家上市公司，其中国内 3 家，海外 1 家，共计 142 家；新增 63 家新三板挂牌公司以及 27 家上海股交中心挂牌企业。

运用多种金融工具破解中小微企业融资难题。持续推进上海市小微企业专项信用贷款工作，截至 2015 年末，已有 1 469 户新区小微企业申请参与该项目，11 家合作银行在浦东新区已为其中的 780 户新区企业设立信用贷款授信额度，授信获批总额 17.61 亿元，占全市总额的一半以上。持续探索科技企业批量化融资服务模式，于 2015 年 6 月、12 月完成的第二期、第三期集合信托项目的发行工作，累计为 10 家“四新”企业成功募集 9 000 万元资金。

(5) 金融支持“三农”发展和民生改善

探索金融服务“三农”的创新模式。与区农委、周浦镇合作，推动上海市首单农村集体土地承包经营权流转信托“交银国信·周浦花海土地承包经营权流转单一信托”于 2015 年 12 月签约落地。推动金融机构探索批量化服务三农企业，引导北京银行设计新区农企信用贷款产品并与新区农委签订战略合作协议，引导惠民银行设计流转土地抵质押的融资产品。协调推动北京银行、惠民银行、泰隆银行等金融机构，累计为 35 家农企解决 1.1 亿元资金需求。

2. 黄浦区外滩金融集聚带建设

2015 年，黄浦区紧紧围绕上海国际金融中心建设的目标任务，紧紧把握中国(上海)自由贸易试验区金融改革创新和上海科创中心建设的重大机遇，认真贯彻落实市委、市政府“四个标杆、四个前列”的要求，立足核心功能区定位，聚焦外滩金融集聚带、外滩金融创新试验区建设，发挥自身优势，协调各方资源，在集聚功能机构、推进金融创新、营造产业生态方面取得较好成效，服务全局战略的能力进一步提高。

(1) 不断深化外滩金融创新试验区建设

一是坚持以互联网金融、民营金融为发展重点，吸引一批标杆企业落户外滩金融集聚带。2015 年引进互联网金融和民营金融企业 60 家。截至年末，中民投业务板块加速布局，落户企业已达 18 家，注册资本合计近千亿；蚂蚁金服财富系再添蚂蚁胜信信息技术、蚂蚁达客股权众筹，在黄浦设立的公司已达 7 家，其中蚂蚁达客成为上海“股权众筹”名称突破的唯一案例；中科金财、和讯网、红星美凯龙互联网金融板块等行业代表相继入驻；众安在线成为互联网金融首家营业税电子发票试点企业。二是全力服务中国互联网金融协会落户外滩。经过市、区二级的全力争取，由央行牵头组建并已由党中央、国务院相关会议同意设立的中国互联网金融协会已落户外滩。三是持续迭代产业政策，不断完善政策体系。积极呼应国家、上海市关于支持互联网金融健康发展的相关政策意见，在前期政策的基础上持续迭代，出台《关于进一步支持互联网金融健康发展的若干意见》(即 3.0 版政策)和《关于进一步推进金融创新发展的若干意见》，进一步加大对金融创新的支持力度。四是互联网金融产业园区贡献逐步提升。截至年末，宏慧盟智园共引进互联网金融企业 86 家，占全区互联网金融总数的 63.2%，园区税收贡献达 2.7 亿元，产业集聚态势和行业引领作用明显。五是互联网金融学术研究继续保持领先。依托上海新金融研究院充沛的研究资源和顶尖的研究实力，进一步发挥互联网金融研究中心的平台作用，陆续发布《中国 P2P 网络借贷平台评估报告·2015》，出版《互联网+银行变革与监管》、《中国 P2P 网络借贷：市场、机构与模式》、《互联网金融生态》等互联网金融领域有影响力的研究专著。六是创新事前、事中、事后监管,引导互联网金融规范发展。严把金融类企业入口关,完善源头风险管控;加强风险评估与排查,探索引入专业第三方监测互联网金融风险的手段和方法;进一步完善互联网金融突发事件应急管理与处置,建立突发事件预警和反应机制。

(2) 服务和参与上海金融市场体系建设

全力保障金融要素市场的驻区发展。成功引进由中国人民银行批准设立的以人民币支付、清算、定价为核心业务的跨境银行间支付清算(上海)有限责任公司,该公司的落户成为外滩金融集聚带范围内又一国家级功能性金融机构。同时,协调落实上海清算所扩充办公需求;全力配合上海清算所做好争取CCP12(全球中央对手方协会)落户上海的工作;继续推动上海黄金交易所南外滩总部大楼的建设;积极支持中国外汇交易中心的办公载体需求。

全力支持金融要素市场的创新突破。上海清算所业务创新连续破题,相继推出全球首个溢价指数类金融衍生产品——铜溢价掉期中央对手清算业务,两大全球首创的价格指数金融衍生产品——人民币苯乙烯掉期和自贸区乙二醇进口掉期中央对手清算业务,以及人民币集装箱掉期和中国沿海煤炭远期运费协议中央对手清算业务。上海黄金交易所的国际化战略也取得重大成果,首个交易所挂牌实物期权产品——询价期权业务正式上线,“黄金沪港通”正式启动。中国外汇交易中心深耕人民币在岸市场、丰富交易产品,推出标准化人民币外汇掉期产品(C-Swap)、标准债券远期产品等。同时,黄浦区积极参与多层次资本市场基础体系和地方性OTC市场建设,不断深化合作与推广,促进区内非上市股份公司对接上海股权交易托管中心。

(3) 持续加强金融机构体系建设

在巩固传统金融机构集聚优势的同时,进一步聚焦新金融发展,持续推动金融规模的拓展、功能的提升和模式的创新,不断形成外滩金融集聚带新的增长极。2015年共引进重点金融机构168家,同比增长29.2%;实现金融业增加值655.6亿元,同比增长10.6%,占全市金融业增加值的16.2%,占地区生产总值的36.7%;全年金融服务业完成区级税收37.46亿元,同比增长95.9%,金融业区级税收占总区级税收的21.7%,增量贡献已跃居各产业之首。

公募基金、证券专业分公司子公司、基金子公司、期货子公司、融资租赁、商业保理等新金融类型量质并举、保持增速。海通新创、国金互联网证券、民生加银资管、兴业经济研究咨询、先锋太盟融资租赁、国立商业保理等相继入驻。关注大资管背景下资产管理、财富管理类企业的蓬勃发展,海通系、城投系、鼎晖财富系、绿地财富等布局加快,机构数不断增长,募集规模迅速扩张。重视小微金融发展,深化推动永达小贷、红星美凯龙等符合条件的企业参与小额贷款公司和融资性担保公司试点工作。不断提升区内股权投资企业发展质量,强化评估与监管,着重吸引具有行业影响力或具有良好背景和发展潜质的股权投资企业在我区设立管理公司、母基金及基金,鼓励有条件的企业积极参与外资股权投资企业试点。

继续推进重点金融机构IPO进程,东方证券股份有限公司在上海证券交易所挂牌上市,共发行10亿股,IPO募集的资金将达100.3亿元,成为当时A股市场近三年来最大的IPO。继续推动国内大型金融机构在外滩金融集聚带设立第二总部或地区总部、功能性业务总部。继续抓住产业资本向金融资本转移的重要机遇,吸引央企、著名地方国企和民企的金融投资平台及其控股金融机构落户外滩。配合市属金融国资国企市场化改革和开放性充足,推进优质金融资源的集聚。

(4) 深化推动金融创新

区政府与市金融办签署战略合作备忘录,双方将发挥各自在政策、信息、资源等方面的优势，加强金融人才引进、培养和服务等领域的合作，更加有效地推动金融创新发展，共同支持上海国际金融中心建设。

主动对接自贸区金融创新试点。制定《黄浦区主动对接自贸区（扩区）工作方案》，积极争取市有关部门的支持，推动金融服务业开放创新，推动金融市场建设，推进融资租赁开放创新，加快外商投资和境外投资管理制度改革，积极研究自贸试验区金融创新试点的成果，积极争取相关改革创新政策先行先试。

充分发挥金融服务科创的作用。制定《黄浦区贯彻〈关于加快建设具有全球影响力的科创中心的意见〉的实施意见》，重点在搭建项目与资金对接互动的平台、引导社会资本加大投入、推动企业上市、建立风险补偿机制等方面加强金融与科创的对接。区自主创新金融服务平台基本完成融资服务和资本对接两大功能，联手相关金融机构分别推出“黄浦创新创意贷”、“黄浦贴息贷”、“黄浦鑫计划”，全年向124家平台客户发放贷款4.45亿元，科技金融服务功能进一步增强。

积极鼓励金融机构开展金融创新。区内17家金融机构获上海2015年度金融创新奖。跨境银行间支付清算（上海）有限责任公司的“人民币跨境支付系统（一期）建设与运营”项目获得特等奖；银行间市场清算所股份有限公司的“人民币大宗商品金融衍生产品中央对手清算”项目、上海浦东发展银行股份有限公司的“‘SPDB＋’互联网金融平台的创新实践”项目、上海航运保险协会的“航运保险产品注册制”项目获得一等奖；上海新湖瑞丰金融服务有限公司的“‘期货＋保险’探索农产品风险管理新模式”项目、众安在线财产保险股份有限公司的“基于海量交易的互联网保险核心平台建设”项目获得二等奖；上海黄金交易所的“上海黄金交易所黄金询价期权业务”项目、中国外汇交易中心暨全国银行间同业拆借中心的“上海自由贸易试验区跨境同业存单发行及交易流通”项目、上海爱建信托有限责任公司的“‘爱建·海证1号’碳排放投资集合资金信托计划”项目、海通证券股份有限公司的“垃圾焚烧发电项目收益债券”、上海申银万国证券研究所有限公司的“‘云聚’投研交互平台”项目、上海拍拍贷金融信息服务有限公司的“魔镜互联网风控系统”项目获得三等奖；上海浦东发展银行股份有限公司小企业金融服务中心的“‘千人千户’小微科创金融”项目、上海国际信托有限公司的“‘上信赢通’信托资产交易平台”项目、东方证券股份有限公司的“跨境投资及并购业务”项目、上海市保险同业公会的“上海水灾风险地图”项目、上海点荣金融信息服务有限责任公司的“中小银行的互联网金融解决方案”获得提名奖。

（5）切实支持金融服务实体经济

引导各类金融要素和资源支持“6＋5＋X”高端现代服务业产业体系建设，推动金融服务业、专业服务业、商贸流通业、文化创意业、休闲旅游业、航运物流业六大产业和新金融、新消费、创意2.0、互联网＋、大健康五大重点领域的发展。加快金融衍生高端服务集聚，着力发展与金融密切相关的会计、审计、法律、税务、经纪、评估、征信、财经资讯、信息数据、服务外包等专业服务机构，优化产业链布局，提高产业间互动效能。

推动金融资本与产业资本的产融对接、投融对接，促进金融服务实体经济。借助区内各类金融资源集聚的优势，继续提升企业证券化程度，支持优质企业上市步伐，推动企业通过并购、跨境投资等方式做大规模做高能级。积极推动开展股权众筹融资业务试点。加强对中小微企业的金融支持，推动小额贷款公司、融资性担保行业健康发展，鼓励和支持商业银行开展小微企业金融服务创新，支持保险公司通过贷款保证保险为小微企业提供融资增信。制定落实年度中小企业上市工作计划，加强上市企业梯度培育，加大上市的培训辅导，新增14家企业进入培育名单，累计至65家，全年实现1家主板上市，知音琴行、美力新、悦高软件、昶昱黄金4家新三板挂牌。

(6) 不断优化金融生态环境

优化金融发展商务环境,外滩金融集聚带重大建设、改造、配套项目进展顺利。南外滩滨水区综合改造进程加快;中山南路地下通道工程完成管线搬迁工程第一阶段,主体结构启动维护施工;滨江公共岸线贯通项目建设按计划推进;外滩国际金融服务中心(8-1地块)完成结构封顶,正在装修;洛克外滩源部分项目、596地块两栋建筑已结构封顶,594地块按计划推进;复兴地块正式开工建设;外滩·中央(179地块)项目美伦大楼完成桩基工程;董家渡13、15地块规划建设报批手续推进顺利;“智慧外滩”、“低碳外滩”及商务配套建设持续推进,全区无线局域网覆盖场点达1 749处。

优化金融发展法治环境,有力有效推进金融维稳工作。调整完善黄浦区打击非法金融活动领导小组,形成有力的组织保障。研究制定《黄浦区防范金融风险工作机制的方案》和《黄浦区防范和打击非法集资活动实施意见》。建立健全工作联动机制,完善风险发现、区街楼宇联动、核心部门沟通的相关工作流程,完成维稳排查与专项整治工作。加强防范的风险宣传,下发《关于做好防范金融风险工作的通知》和防范金融风险工作参考,金融风险防范意识进一步强化。努力提升金融法律服务水平,中国审判理论研究会金融审判理论专业委员会“普惠金融与法治化进程中的P2P”研讨会、第五届“外滩金融法律论坛”成功举行。

优化金融发展政策环境,进一步梳理并修订扶持金融产业及引进金融人才的相关配套奖励政策。继续盘活存量资源,做好金融人才公寓的供应,分类、分层解决金融人才过渡性居住需求。做好金融机构高管子女就学服务工作,解决金融人才后顾之忧。整合区域资源,建立金融机构高管人员医疗保健服务机制。出台《黄浦区关于创新现代高端服务业人才发展的实施意见》,率先建立区域性海外人才服务专窗平台。积极物色、选拔、推荐金融领域符合“千人计划”“领军人才”“拔尖人才”及各类奖项条件的人选,完善金融人才工作体制机制,切实服务金融人才的集聚与培养。优化金融发展研究环境,努力营造外滩金融文化氛围。积极打造“新金融”高地具有影响力的交流平台,成功举行“2015上海新金融年会暨互联网金融外滩峰会”,联合举办第三届“外滩国际金融峰会”、“外滩金融·上海国际股权投资论坛”、“陆家嘴论坛之浦江夜话——外滩金融之夜”、第六届上海金融信息服务业年度峰会。积极协助市有关部门开展“互联网金融发展与上海国际金融中心建设”专题考察。精心策划组织互联网金融方阵亮相第九届上海(中小微企业)金融服务洽谈会。继续加强与金融智库上海新金融研究院的战略合作,定期举办闭门研讨,出版系列《新金融评论》,深化外滩金融文化品牌形象,推进新金融可持续研究。

专栏18

国际性、总部型、功能性金融机构加快落户上海

金砖国家新开发银行由中国、俄罗斯、巴西、印度、南非五个金砖国家发起成立,初始资本为1 000亿美元,由5个创始成员平均出资,总部设在中国上海。

金砖国家新开发银行是金砖国家对自身以及其他发展中国家境内的基础设施项目进行投资的工具,是对现有国际金融体系的补充和改进,将与包括亚投行在内的国际多边机构和组织密切合作,共同促进发展中国家经济发展和全球经济复苏。

2015年7月,金砖国家新开发银行正式开业。中国财政部部长楼继伟、上海市市长杨雄与金

砖国家新开发银行行长昆普尔·瓦曼·卡马特共同启动了金砖银行。

全球清算对手方协会(CCP12)是由伦敦清算所等机构于2001年发起成立的全球性中央对手方机构行业协会。其成员包括全美存管清算公司、伦敦清算所、德交所清算公司等国际知名的中央对手方机构,日均清算各类金融市场交易额超过10万亿美元。在金融市场改革、行业标准制定、跨境监管协调等领域,CCP12已成为金融稳定理事会、国际清算银行、巴塞尔银行监管委员会、支付与基础设施委员会等国际组织及各国或地区监管机构的关键合作方。2015年10月,CCP12在新加坡召开全体会员特别大会,投票通过落户中国上海的决议。上海在布鲁塞尔、迪拜、伦敦等对手城市中脱颖而出,成为CCP12选择的落户城市。CCP12成为落户上海的首个专业性国际金融行业协会。

人民币跨境支付系统(Cross-border Interbank Payment System,简称CIPS)为境内外金融机构人民币跨境和离岸业务提供资金清算、结算服务,是我国重要的金融基础设施。2015年10月,人民币跨境支付系统(一期)成功上线运行。首批直接参与机构包括19家境内中外资银行,同步上线的间接参与者有176家,覆盖6大洲50个国家和地区。截至2016年3月31日,间接参与者数量已增至253家。CIPS的建成运行是我国金融市场基础设施建设的又一里程碑事件,标志着人民币国内支付和国际支付统筹兼顾的现代化支付体系建设取得重要进展。作为重要的金融基础设施,CIPS符合《金融市场基础设施原则》等国际监管要求,对促进人民币国际化进程将起到重要支撑作用。

中保投资有限责任公司(以下称中保投)为总规模达3 000亿元的中国保险投资基金的运作方。2016年1月,中保投正式落户上海自贸试验区,注册资金12亿元,由27家保险公司和15家保险资管机构、4家社会资本组建。

2015年6月,国务院批复同意《中国保险投资基金设立方案》。《方案》确定,中国保险投资基金总规模预计为3 000亿元,首期1 000亿元。基金主要向保险机构募集,保险机构出资不低于基金总规模的80%。由保险资产管理公司等机构担任该基金的普通合伙人。基金可投资于战略性新兴产业、现代物流、健康养老、能源资源、信息科技、绿色环保、中小微企业等领域。基金投资形式主要包括上市和非上市股权、优先股、债权、资产证券化产品,以及股权基金、并购基金、夹层基金等各类投资基金。

除已经募集完毕的400亿元首期投资基金定向投资海外,另外600亿元资金将主要围绕京津冀协同发展、长江经济带等战略项目,以及拉动力强、社会经济效益好的棚户区改造、城市基础设施、重大水利工程、中西部交通设施、新型城镇化等基础设施建设,国际产能合作和"走出去"重大项目等。

证通股份有限公司于2015年1月成立,注册资本金20.15亿元,股东单位72家,包括33家证券公司、13家公募基金、5家私募机构、7家期货公司、4家第三方支付公司和10家证券业务相关机构,基本涵盖国内主要证券业机构和具有代表性的互联网金融创新机构。公司将定位于证券行业服务基础设施,按市场化方式运作,纳入中国证监会统一监管,并加入中国证券业协会接受自律管理。

公司筹建和成立以来,已初步建立公司运营体系,确定公司中期发展战略,明确建设"3+2"系统的重点工作目标。(即证券行业联网通汇平台、身份认证查询和远程开户服务平台、征信接入服务平台三大核心业务系统以及企业计费管理系统、中央业务总控中心(ECC)两大内部管理系统)

第二十一章　环境营造

第一节　支付清算体系建设

2015年，中国人民银行上海总部紧紧围绕总行重点工作和上海经济金融发展实际，深入推进上海市支付体系建设。

1. 深化自贸区支付结算业务创新，支持实体经济发展

一是实施自由贸易账户管理改革。制定并印发《关于进一步推进自由贸易账户业务发展的若干意见》，有效促进贸易和投资便利化，建立和健全自由贸易账户管理体系，进一步推进自由贸易账户业务发展。通过指导银行有效解决客户身份识别难及优化开户流程等措施，大力支持上海黄金交易所国际板业务开展。二是推广非现金支付工具在自贸区的应用。进一步完善《中国(上海)自由贸易试验区电子商业汇票业务管理办法(试行)》，积极推动具备条件的金融机构试点相关业务。指导中信银行上海分行、中国农业银行上海市分行、上海浦东发展银行上海分行分别成功办理跨境或跨区电子商业汇票签发、转让、贴现等业务，应用领域从线下贸易领域扩大到自贸区大宗商品现货交易市场。三是完善自贸区资金清算渠道。推动上海支付结算综合业务系统自贸区业务模块上线试运行，实现跨国集团注册在自贸区内的企业以开立在商业银行的资金池专户为依托，通过综合业务系统办理资金划拨、资金归集和账户余额(明细)查询业务，满足“一线放开，二线管住”和分账核算业务风险审慎管理要求。四是支持支付机构开展跨境人民币支付服务。截至2015年12月末，上海市合计共有10家支付机构先后与21家境内商户、561家境外商户签订合作协议，办理跨境人民币支付3 822.99万笔，金额145.50亿元。

2. 推进支付清算系统建设，完善金融基础设施

一是切实做好二代支付系统准入管理。吸收符合条件的银行业金融机构加入二代支付系统，扩大二代支付系统在上海市的覆盖面。修订完善《上海支付清算系统危机处置预案》，确保系统安全稳定运行。二是组织中央银行会计核算数据集中系统(ACS)子系统及相关业务功能的推广应用。完成上海市5家法人及12家异地法人上海分支机构ACS综合前置子系统的推广上线工作。上线ACS外汇存款准备金业务和信息子系统。推动3家银行实现ACS资金归集管理。

3. 推广和规范非现金支付工具使用，营造良好的支付环境

一是简化系统接入流程，积极推广电子商业汇票业务。年内实现3家金融法人(含境内主报告行)直连接入电子商业汇票系统、107家金融机构营业网点加入电子商业汇票系统，完成2家金融机构法人直连接入电子商业汇票系统的初审手续。全年上海市共发生电子商业汇票承兑业务82 324笔、4 119.30亿元，同比分别增长59.09%和88.89%。二是加强票据信用管理，改善票据流通环境。全年共发

出违规签发支票行政处罚意见告知书 33 137 份，对应发出行政处罚决定书 17 167 份；共受理拟被处罚单位陈述申辩材料 4 537 份，向银行发出协查 178 份。编制并印发两期“支票黑名单”和“商业承兑汇票黑名单”，通报违规签发支票、商业承兑汇票的基本信息，并建议银行对严重违规单位采取暂停支付结算的措施。

4. 强化支付服务市场监管，切实防范支付业务风险

一是开展存量个人人民币银行存款账户身份信息核实验收，推进落实账户实名制。对上海市 21 家银行及所辖 132 家营业网点进行验收。针对验收发现的主要问题，要求银行查明原因，制定相应的整改措施，明确责任部门，并在年底前完成整改工作。二是综合采取多种手段规范支付机构客户备付金管理。通过核对报表、督促备付金账户回迁、强化备付金银行外部监督责任、开展执法检查等措施进一步强化客户备付金的安全管理。三是加大信息系统建设力度，推动监管手段的电子化进程。先后开发建设上海市违规支票信息系统，上海市支付结算业务考核管理系统、支付机构监管信息系统（二期）等多项监管系统，提高非现场监管效率。四是动员外部力量，形成监管合力。完成上海市支付清算协会的设立，并协助支付清算协会组织实施支付机构年度财务审计、专项审计机构管理，提高会计审计质量，强化审计责任。建立上海市支付结算专家库，整合中国人民银行上海总部、商业银行有关会计结算、计算机技术专家资源，为开展现场检查提供人力支持。起草《关于加强警银协作维护上海支付服务市场稳定合作备忘录》，明确上海市支付结算领域案件移送与侦破、信息交流、风险研判和宣传教育等方面的合作机制。提出《关于建立长三角支付机构协作监管机制的初步设想》，逐步形成“分工协作、监管有效、资源优化”的协同监管局面，提高支付机构业务的整体合规性。

5. 认真履行日常监管职责，把好风险关口

一是做好人民银行结算账户的日常管理。根据《人民币银行结算账户管理办法》及其实施细则，依法开展上海地区账户开户行政许可工作，规范审核人民币银行结算账户开立、变更、撤销等业务。全年共核准基本存款账户 387 096 户，专用存款账户 2 265 户，临时存款账户 956 户。二是做好支付机构日常变更事项及支付业务行政许可初审的审核工作。根据人民银行总行《关于进一步规范支付机构变更事项监管工作的通知》等文件要求，开展支付机构日常重大事项变更审核 40 余项。依据 2 号令及其实施细则，审核支付业务许可初审材料 5 家、20 轮次，分公司备案材料 8 家、17 轮次。三是切实维护金融消费者权益。妥善处理涉及上海市银行业金融机构、支付机构等支付服务组织的投诉，接待信访投诉累计 382 件。

第二节 银行间市场清算结算体系建设

2015 年，在中国人民银行的领导下，上海清算所进一步推进中央对手清算和发行托管结算业务创新，持续扩大市场规模。上海清算所创新推出债券净额、标准债券远期、自贸区铜溢价掉期、人民币苯乙烯掉期、自贸区乙二醇进口掉期、人民币集装箱掉期和中国沿海煤炭远期运费协议等 7 项中央对手清算业务，以及外汇中央对手清算代理业务、自贸区大宗商品现货清算业务；新增为大额存单、自贸区同业存单等提供登记托管服务；成为全球中央对手方协会（CCP12）执委会成员，成功推动 CCP12 决策注册落户上海，有力服务提升我国金融国际竞争软实力。

2015 年，上海清算所共清算 126.38 万亿元，同比增长 173.55%；其中，中央对手清算

42.63 万亿元,同比增长 117.31%;新增登记托管产品 10 716 只、11.17 万亿元;付息兑付 6.41 万亿元;期末托管产品 9 511 只、余额 10.33 万亿元;新增登记托管、付息兑付金额与托管余额同比分别增长 101.39%、140.9% 和 85.45%;共有清算会员 89 家,发行人账户 3 186 家、投资者账户 9 048 家。

1. 中央对手(CCP)清算体系建设

中央对手清算是指专业清算机构通过介入金融市场的交易之中,充当所有卖方的买方和所有买方的卖方,对已经达成的交易承担履约责任。

2009 年上海清算所成立后,从零开始建设我国场外市场中央对手清算机制。已建成多层次、全方位的场外市场中央对手清算体系,覆盖债券、外汇、利率、大宗商品等市场几十个产品。2014 年,上海清算所开始提供利率互换强制清算服务。2015 年,根据《金融市场基础设施原则》(PFMI)评估结果,上海清算所被中国人民银行认定为合格 CCP。

(1) 外汇中央对手清算业务

继 2011 年 8 月 22 日和 2013 年 4 月 12 日开始分别向市场提供外汇即期竞价交易集中清算和人民币外汇询价交易净额清算服务后,上海清算所于 2015 年 4 月 27 日正式推出整合后的人民币外汇交易中央对手清算代理业务,非清算会员的外汇市场参与者,可以通过外汇综合清算会员代理,参加上海清算所人民币外汇交易中央对手清算业务。2015 年,外汇竞价清算参与者达 258 家,外汇询价清算会员达 41 家、客户 6 家。2015 年开展外汇竞价交易清算 1.51 万笔、外汇询价交易清算 25.94 万笔,累计折合 4.96 万亿美元,同比增长 78.83%。

(2) 债券中央对手及代理清算业务

上海清算所于 2015 年 3 月 30 日推出债券中央对手清算业务,在现行债券现券交易中央对手清算业务基础上,进一步将中央对手清算范围扩展至债券质押式回购和买断式回购,并通过代理清算的分层机制,为更多市场机构提供服务。债券中央对手清算业务有效拓宽了中小机构交易对手范围,解决回购交易中信用债接受度低的问题,有效提高市场流动性。2015 年,债券现券交易清算总量达 236 202.94 亿元,债券回购交易清算总量达 582 160.72 亿元。其中,债券现券交易中央对手清算笔数达 10 974 笔,清算面额 22 956.67 亿元;债券回购中央对手清算笔数达 503 笔,清算面额 470.99 亿元。

(3) 人民币利率衍生产品中央对手清算业务

2015 年 4 月 7 日,上海清算所推出标准债券远期中央对手清算业务,11 月 30 日,标准债券远期正式通过外汇交易中心 X-Swap 平台系统进行交易,实现前后台直通式处理。2015 年,人民币利率衍生产品交易清算共 63 511 笔,累计金额 80 856.505 元,同比增长 250.79%。其中,人民币利率互换中央对手清算 63 428 笔、80 836.905 亿元,金额比上年增长 250.71%;标准债券远期中央对手清算 83 笔、19.6 亿元。2015 年末,人民币利率互换清算会员达 47 家、客户 48 家,标准债券远期清算会员达 19 家。

(4) 航运及大宗商品金融衍生产品中央对手清算业务

2015 年,上海清算所相继推出自贸区铜溢价掉期、人民币苯乙烯掉期、自贸区乙二醇进口掉期、人民币集装箱掉期和中国沿海煤炭远期运费协议 5 项创新中央对手清算业务。与 2013 年推出的人民币远期运费协议,2014 年推出的人民币铁矿石掉期和人民币动力煤掉期一起,覆盖航运、能源、金属、化工四大领域。航运及大宗商品金融衍生产品中央对手清算合约数(按月拆、单边)达到 182.67 万张,较上年增长 573%;清算合约金额达 674.41 亿元(单边),较上年增长 230%;其中,人民币铁矿石掉期中央对手清算同比增长 132.70%、人民币动力煤掉期中央对手清算同比增长

221.34%。共有10家清算会员，28家经纪公司参与业务，市场参与客户数稳步上升，达到385家，较上年增加125家。另外，上海清算所还为自贸区大宗商品现货平台提供专业清算服务，帮助建立“交易、托管、清算、仓储”相分离的自贸区大宗商品现货市场。

2. 登记结算体系建设

2015年，上海清算所登记结算系统服务范围进一步拓展，新增大额存单登记托管结算服务，推出自贸区同业存单登记托管结算服务。至此，超短期融资券、定向债务融资工具、短期融资券、中小企业集合票据、资产支持证券、证券公司短期融资券、资产支持票据、资产管理公司金融债、中期票据、同业存单、项目收益票据、大额存单、自贸区同业存单、公积金贷款资产支持证券等共15个产品登记、托管、清算、结算落户上海。

2015年，上海清算所发行登记债券共10 716只、累计面额为111 701.74亿元，占全国债券市场发行量的49.9%；其中在上海清算所招标发行39单、1 580.6亿元。从全年发行的券种结构来看，在上海清算所发行登记公司信用类债券4 582只，较上年增长32.43%，面额54 315.60亿元，较上年增长31.78%；金融机构在上海清算所共发行债券（含同业存单）6 134只，较上年增长397.08%，面额57 386.13亿元，较上年增长320.49%。截至2015年末，上海清算所托管债券9 511只，托管余额103 299.51亿元。托管余额首次突破10万亿元，较上年增长85.45%。

3. 技术系统建设

上海清算所综合业务系统Ⅰ为债券簿记、债券实时逐笔清算、现券净额清算、人民币外汇即期竞价、外汇对即期竞价、人民币外汇询价等业务处理技术支持；连接利率互换、人民币远期运费协议等清算系统和债券招标发行、语音查询等业务系统；并有债券回购交易中央对手清算、债券代理清算、外汇交易代理清算等功能。综合业务系统Ⅰ是我国场外市场第一个主要服务金融衍生产品和创新金融产品中央对手清算和集中托管一体化的技术平台，有效提高上海清算所的服务质量和水平，为场外金融市场的创新和发展提供了有力的技术支持和保障。

2015年，上海清算所不断完善技术系统功能，有力保障系统安全平稳运行。一方面，充分发挥综合业务系统Ⅰ对业务创新的支持作用，推进外汇期权、合约压缩、标准化利率产品代理及实物交割、中央债券借贷、碳金融、交易平台接口及实物交割等业务功能开发，推动第三批会员接入，发挥对业务创新和市场扩容的支持作用。另一方面，结合业务和技术发展趋势，开展二代系统应用架构和技术模型的初步设计，逐步推进应用逻辑架构、数据架构、基础架构等的设计规划，进一步落实主导合作开发或者自主开发的技术方案。

4. 风控管理体系建设

上海清算所作为中央对手清算机构，成立以来一直按照合格中央对手方的国际标准开展高效、健全的风险管理体系建设，保障中央对手清算业务的顺利开展，有效防范和化解金融市场系统性风险。

上海清算所已严格按照《中央对手建议》、《证券结算系统建议》和最新的《金融市场基础设施原则》(PFMI)等国际准则，建立一整套行之有效的风险管理体系，包括风险管理委员会、清算会员、保证金、清算基金、逐日盯市、回归和压力测试、风险准备金、违约处置等制度，形成有效计量、监测、管理和处置潜在风险的制度保障，并通过瀑布式风险防范结构，按照先使用保证金后使用清算基金、先使用违约清算会员缴纳的资源后使用未违约清算会员缴纳的资源等总体原则，有效确保在市场正常波动和极端情况下，均有足够的风险准备资源覆盖中央对手清算业务的潜在风险，阻断风险的扩散，确保场外金融市场的平稳运行。

2015年，上海清算所持续跟踪国际最新风控指导文件，进一步健全风险管理框架，完善相关制度体系和管理流程等;持续完善各项业务风险管理制度,深入研究保证券范围、优化折扣率,推进保证金跨期、跨产品对冲模型以及多项业务保证金模式整合研究,完善风险测算模型,健全远期报价管理,推进保证金对冲等风控优化方案,完善保证金和清算基金测算、压力测试等风控功能,优化相关违约处置和风险应对措施等;持续提升估值影响力和公信力,完善估值系统建设,深化估值研发,进一步优化估值运营流程、防范操作风险,通过会议沙龙、市场调研等推广估值与指数的市场影响力;切实履行市场一线风险与异常交易监测职责,扎实做好风险监测和风控运营,强化事前风险监测,及时应对突发事件,增强风险防范和预警能力,保障市场平稳有序运行。

5. 继续发挥"清算所沙龙"作为金融市场交流平台的作用

2015 年,上海清算所继续发挥"清算所沙龙"金融市场交流平台的作用,全年共举办 9 期"清算所沙龙",有众多实体企业、金融机构参与。沙龙分别向参会实体企业普及通过银行间市场债务融资工具实现融资的优势、流程及发行策略等信息,并向金融机构客户提供银行间债券市场投资策略及风险管理、场外衍生产品估值、外汇衍生产品及风险管理、银行间市场宏观动态分析、绿色债券、自贸区金融产品及风险管理工具等专题培训。未来,上海清算所将继续通过系列沙龙活动进一步发挥自身金融市场基础设施和多方联动交流平台的两个作用,普惠金融市场,支持实体经济发展,助力上海国际金融中心、航运中心的建设。

第三节 信用体系建设

2015 年,中国人民银行上海总部依托征信系统,不断拓展征信系统接入范围,促进企业动产融资健康发展,高度重视和保护信用信息主体权益,扩大两类机构评级范围,促进评级市场健康发展,继续推动上海信用体系建设稳步前进。

1. 企业和个人征信系统稳定运行

截至 2015 年末,上海市各金融机构共开通个人征信系统查询网点 2 398 个,用户 15 208 个。企业征信系统查询网点 1 865 个,查询用户 5 236 个,月均查询量分别为 1 449 万次(个人)和 36.41 万次(企业)。2015 年累计审核开通企业征信网点 68 家,个人征信网点 58 家。

2. 不断拓展征信系统接入范围

做好新申请接入机构的培训、指导和现场验收工作。完成 27 家金融机构接入征信系统的资料审核,并完成 12 家机构接入征信系统的测试验收。督促指导上海市辖内新机构接入征信系统,在全国率先探索保险、证券、融资租赁行业接入征信系统。

3. 大力推广应收账款融资服务平台

为盘活企业应收账款存量,拓宽企业融资渠道,促进动产融资业务的健康发展,2015 年上海总部组织全市金融机构开展应收账款融资服务平台推广应用工作。融资金额突破 500 亿元,平台推广应用成效显著。平台作为重要的金融基础设施,在促进动产融资、服务中小微企业发展方面作用逐步显现。

4. 积极维护信用信息主体合法权益

严格按照《征信投诉办理规程》进一步规范征信投诉流程,结合征信管理系统信息主体救济管理子系统,指导金融机构及时、妥善处理异议、投诉事项,不断加大异常查询监测和信息泄露行为的查处力度。组织接入金融信用信息基础数据库的金融机构开展征信信息泄漏风险全面排查工作,积极维护信息主体的合法权益。

5. 建立信用评级市场化监测和分析体系,加强违约率系统应用,扩大两类机构评级范围

一是建立评级业务周报、月报、季报、评审会报表上报制度,组织评级机构上报年报和审

计报告，通过统计报告制度、重大事项报告制度、工作简报制度等对评级机构的评级程序、评级内容以及评级结果等进行跟踪、统计、分析与监测。加强评级报告质量管理，组织专家评审会定期抽查评级报告，完善评级机构考核机制，建立业务监管反馈机制，加强对评级机构的非现场检查力度和频率。

二是加强征信管理系统和违约率系统的评级业务上报、统计、监测和分析工作，充分利用信息化手段全面掌握区域评级市场情况。组织评级机构按时上报违约率月度数据、年度报文，并对评级机构报送的违约率数据进行全量核对，确保上报数据的准确无误，并通过违约率系统平台对辖区内各法人评级机构的违约率数据进行检验和约谈通报，督促评级机构进一步提高内部管理、评级技术、评级方法。

三是全面开展小额贷款公司和融资性担保公司信用评级工作，继续加强与市金融办的协调和合作，下发开展两类机构信用评级工作的通知，建立完善的工作配套方案，推动实施两类机构评级，推动信用评级结果在政府部门、商业银行等领域的应用。2015 年，上海共对 52 家小额贷款公司和 10 家融资性担保机构开展信用评级工作。

第四节　金融风险防范和法治建设

近几年，伴随着金融市场的发展、创新、深化，加强金融风险的防范和化解，营造与上海国际金融中心建设相适应的金融法治环境，直接影响着金融市场的健康稳定。2015 年，上海在认真履行防范金融风险、维护金融稳定、推进金融法治环境方面主要开展以下几个方面的工作：

1. 建章立制，增强制度保障

一是研究起草《上海市防范和打击非法集资活动的实施意见(征求意见稿)》。为贯彻落实《国务院进一步做好防范和处置非法集资工作的意见》(国发〔2015〕59 号)的要求，市打击非法金融活动领导小组办公室(简称“市打非办”)草拟《上海市关于进一步做好防范和处置非法集资工作的实施意见(征求意见稿)》，并广泛征求各相关部门意见。《实施意见》在总结上海市金融风险防范化解工作经验的基础上，按照“健机制、早发现、强监管、打重点、常宣传”的工作思路，探索特大型城市防范和处置非法集资工作新路子。

二是修订《上海市金融突发事件应急预案》。研究制定金融风险分级标准，印发《上海市金融突发事件应急预案》，优化金融突发事件处置流程，推动金融突发事件的规范化处置。

三是做实金融稳定工作例会制度。上海市进一步完善稳定例会工作机制，制定《稳定例会工作制度》，明确稳定例会工作职责和例会制度，每月召集中央驻沪金融管理部门(一行三局)、公检法、工商等部门，通报金融风险预警信息、研究风险防范化解等工作，推动苗头性风险隐患“早发现、早研判、早预警、早处置”工作机制(简称“四早”机制)的确立。在此基础上，为提升区县对风险防范化解工作的认识，市打非办定期组织区县工作联络员会议，安排召集基层干部参加国家及市级层面的工作轮训，指导区县做好风险稳控工作，最大程度将矛盾化解在基层。

2. 强化监管，推动源头治理

一是组织开展非法集资专项排查整治活动。上海市积极开展非法集资风险排查、非法集资风险专项整治、非法集资广告咨询排查等专项排查活动。2015 年，市打非办选取非法集资风险高发多发的重点领域，组织市有关部门、区县政府开展专项排查整治活动，以区县政府为主实施，行业主管(监管)部门加强业务指导，重点排查企业名称、经营范围中含“投资咨询、资产管理、投资管理、财富管理、股权投资、金融信息”等字样的投资理财公司。

二是与工商部门共同研究上海市类金融行业规范发展工作。市金融办会同中央驻沪金融监管部门，联合市工商局，研究推进加强上海市类金融机构规范发展工作。通过全国企业信用信息公示系统(上海)、上海金融官网(微信公众号)加强对类金融机构违法违规行为的信息披露；以企业新设准入、违规经营行为查处、涉非广告审查为重点强化类金融机构的工商登记事项管理、引导规范类金融机构的业务经营行为。

三是加强对小额贷款和融资担保行业的监督管理。市金融办先后出台《加强小贷、融资担保公司事中事后监管意见》等六份文件，初步健全监管对象从设立、日常监管到市场退出的全生命周期管理制度体系。加快推进监管信息系统建设，同步开展全行业上线培训，探索运用信息化手段提升日常监管的有效性。此外，市金融办还发布《关于本市小贷、融资担保公司与民间融资服务机构业务合作风险提示》，有效防范监管对象与各类民间投融资机构业务合作的潜在风险。

3. 加强防范，主动破解“短板”

一是创设金融风险舆情监测系统。结合当前金融风险高发多发实际，会同新华社金融信息中心创设风险分级指标体系，整合金融领域及关联行业的各类风险预警信息，建立金融风险舆情监测系统，每周发布2期金融风险舆情快报，对金融风险分级预警、分层报告，聚焦提示风险管理漏洞、提供防范手段、提出舆情应对意见，消除风险隐患。

二是依托城市网格化综合管理平台发现非法集资线索。将非法集资线索的排查抓取、信息传输纳入城市网格化综合管理平台，并成功加入市城市综合管理领导小组，为属地区县发现辖内市场主体潜在金融风险提供常态化途径。积极探索相关任务分解及消号工作机制，力争尽快实现“应发现尽发现、应处置尽处置”的工作目标。

三是扎实开展广告资讯排查等阶段性重点工作。探索市、区联动，整体协同，各有侧重的方法，借助市工商局广告监测体系加强上海市大众媒体和网上发布疑似涉非资讯的监测预警，紧盯商业楼宇、广告媒体、涉非企业等排查和整治重点，对全市发现的700余条涉非线索，均落地核查；综合运用警示约谈、责令整改、经济处罚、刑事立案等手段惩戒敲打，清查涉非问题企业68家，立案查处案件35起，结案18起，罚没款400余万元，有效挤压非法集资活动空间。

四是构建风险提示制度。2015年，市金融办通过“风险提示函”等多种形式建立风险提示制度，多次向区县人民政府发送“风险提示函”，预警相关风险，力求打早打小。通过金融稳定例会成员单位官网发布关于非法金融活动的提示性公告。利用“上海发布”、“上海金融官微”等微信公众号发布预警性信息；通过市网信办协调电信部门，向全市所有公众的手机推送提示性风险短信。

4. 依法处置，稳妥化解各类金融风险

一是稳步推进畅购风险处置工作。市金融办、市信访办始终坚持依法处置原则，配合人民银行上海总部等部门，积极联络走访有关单位，协调推动多种备选处置方案。积极促成相关资产纠纷和解，加强到公司现场巡查，掌握动态信息，主动提出贴合实际、有利处置的政策性建议，不断充实细化处置方案。

二是沉着应对泛亚风险。泛亚风险波及全国、情势越发复杂，中央领导高度重视。市相关部门认真贯彻市领导系列指示要求，形成合力健全工作机制，深入开展底数摸排分析和内部法律关系研究，根据事态进展把握工作尺度，妥善应对投资者上访诉求，防止矛盾激化和次生风险，畅通信息报送渠道，深化工作研究，完善处置准备，配合做好稳控工作。

三是高效处置新增个案风险。致力于有效化解存量风险，坚决遏制增量案件，针对杨浦区百银案、虹口区浩亚达案、青浦区汤玉红案、嘉定区骏福案、金山区寅洵案、光大银行飞单案、共享一卡通案等重大个案风险，一方面整合上海银监局、市公安局经侦总队、市金融办等力量，加强市级层面工作指导。另一方面明确区县职责分工，确保案件及时侦办处理，形成“露头就打、打早打小”的高压态势。

四是有力推动李卫星案件依法结案。推动涉案资产处置，力促银行与托盘企业对接，配合市二中院做好李卫星案房产司法拍卖处置变现；依法设计资产处置相关操作路径，协调相关银行优化执行款后续清偿发放方案，资金清偿平稳顺利。

5. 创新方式，形成金融消费者保护长效机制

一是加强信息沟通和工作研究。定期编发《金融法治信息》，建立信息沟通平台，介绍金融法治及风险动态信息，交流工作经验，加强信息研判。加强金融创新发展以及金融消费者（投资者）保护工作新情况、新问题的研究，及时提出法律建议，破解发展管理工作难题。

二是加强金融消费者和投资者保护。以光大乌龙指诉讼调解为突破，探索构建多元、公正、高效的金融纠纷化解机制。完善金融消费者纠纷调解中心功能，推动金融同业公会等参与投诉处理和纠纷化解的关口前移，切实保护金融消费者合法权益。

三是多渠道开展金融消费者保护宣传教育工作。制作打击非法集资专题宣传教育公益广告，在电视台、广播电台、地铁、公交、楼宇、社区电子显示屏等集中播放。整合政法部门、一行三局、行业主管部门等宣传素材，定期向区县提供风险防范的宣传菜单，集中开展进社区、进家庭宣传教育活动。

附　录

2015年上海金融大事记

1月26日，申万宏源集团股份有限公司在深圳证券交易所成功挂牌上市，申银万国证券和宏源证券重组工作顺利完成。

2月4日下午，“2015年上海银行业支持实体经济工作推进会”在上海银监局举行。中共上海市委常委、常务副市长屠光绍出席会议并做重要讲话。上海银监局、市发展改革委、市经济信息化委、市建设管理委、市住房保障房屋管理局、市金融办有关负责人，以及全市36家中资银行行长参加会议。

2月5日，上海证监局召开2015年上海地区期货监管工作会议。

2月6日，上海证监局召开2015年上海地区证券公司监管工作会议。

2月10日，国家外汇管理局上海市分局召开2015年上海市外汇管理工作会议。会议研究分析当前外汇收支形势，安排部署2015年上海市外汇管理工作，提出加快推进资本项目可兑换。

2月12日，中国人民银行上海总部发布《中国(上海)自由贸易试验区分账核算业务境外融资与跨境资金流动宏观审慎管理实施细则(试行)》，全面放开本、外币境外融资，取消境外融资的前置审批，用风险转换因子等新的管理方式优化境外融资结构。细则适用于整个自贸区，含扩区前和扩区后的范围；适用于注册在试验区内并开立FT账户的各类企业(不包括分支机构)、非银行金融机构，也适用于已建立FT账户的上海地区金融机构等。

3月9日，上海保监局与上海市卫计委联合发文《关于进一步做好本市独生子女保险计划推广实施工作的通知》(沪卫计家庭〔2015〕4号)，为进一步扩大独生子女保险计划知晓度，提高市民参与度制定了政策措施，提出相关要求。

3月20日，10年期国债期货在中国金融期货交易所上市。

3月23日，东方证券股份有限公司成功登陆上海证券交易所，成为上海地区第三家首次公开发行A股并上市的证券公司。

3月26日，“保险业发展与社会治理改革”论坛在沪举办，中国保监会党委书记、主席项俊波和上海市委副书记、市长杨雄等出席论坛。项俊波主席在沪作“保险业的改革与发展”专题报告。

4月10日，长三角区域金融监管与司法联动合作会议在上海银监局召开。上海、江苏、浙江三省市高级人民法院与上海、江苏、浙江、宁波四地银监局相关负责人出席会议，研讨并签署《关于建立长三角区域金融监管与司法联动长效机制的合作备忘录》。备忘录明确，在加强金融监管与司法信息交流、推进信用惩戒和网络查控、支持司法执行和维护金融债权等方面利用各自资源优势，加强合作交流，实现互助共赢的具体合作意向。

4月22日，中国人民银行上海总部发布《关于启动自由贸易账户外币服务功能的通知》，宣布上海市开展自贸试验区分账核算业务的金融机构可按相关要求向区内及境外主体提供本外币一体化的自由贸易账户金融服务，标志着自由贸易账户外币服务功能的正式启动。金融机构可按《通知》要求，提供经常项下和直接投资项下的外币服务。这是人民银行积极推进资本项目可兑换、推动上海自贸试验区新一轮金融改革的重要举措。

5月8日,上海新农合参合人员大病保险正式实施,人均筹资超过100元,对于四类大病不设起付线和封顶线,对于其他大病按费用标准补偿,特别是创新推出第三方告知管理、信息化管理、分级诊疗管理和定期信息披露等四项控费管理举措,较好实现理赔服务与医疗管理相结合。

5月14—16日,中亚、黑海及巴尔干地区央行行长会议组织第三十三届行长会在上海举行,这是人民银行首次主办中黑巴组织行长会。

6月2日,中国人民银行上海总部和上海市信息安全协会联合举办"第二届国家网络安全宣传周"上海地区"网络安全金融日"主题活动。

6月2日,光大证券股份有限公司通过其全资附属公司光大证券金融控股有限公司成功收购香港最大的证券经纪商之一新鸿基金融有限公司。

6月4—5日,由中国金融学会和上海市金融学会联合举办的"十三五"期间中国金融新业态研讨会在上海召开。研讨会围绕自贸区金融改革、绿色金融、普惠金融、创业金融、互联网金融五个主要议题展开。

6月19日,上海银监局召开2015年银行业创新支持自贸区建设工作推进会,助力上海自贸金融创新加速发展。上海市政府金兴明副秘书长到会并作重要讲话。上海市发改委、上海市商务委、上海市金融办、浦东新区金融服务局、自贸区管委会等相关单位的有关负责人,及在沪逾200家中外资银行业金融机构主要负责人参加会议。

6月25日,由人民银行上海总部主办的中国(上海)"互联网+"研讨会在沪召开。会议探讨互联网与银行、证券、征信、零售等传统行业的融合与发展趋势,分析推动"互联网+"过程中存在的风险点,梳理"互联网+"与产业升级的内在逻辑。

6月25日,上海保监局、上海市金融办联合召开航运保险产品注册制改革发布会暨启动仪式,航运保险产品注册制于7月1日在上海正式实施,航运保险产品注册管理平台正式上线运行。首次实现保险产品管理权限从监管部门向社会组织让渡,充分释放市场活力。

6月26日,"上海市反保险欺诈中心"正式挂牌成立,集中受理来电、来访、来函举报保险欺诈案件,有助于上海保险业与市公安经侦双方更好地开展务实合作和完善反保险欺诈机制,强化"打击保险诈骗犯罪情报交流会商",有助于构建一个"政府指导、执法联动、公司为主、行业协作"四位一体、系统完整、科学有效的反保险欺诈工作体系。

6月26日,国泰君安证券股份有限公司在上海证券交易所成功挂牌上市,成为上海地区第四家A股上市证券公司。

8月20日,上海银监局发布《关于上海银行业提高专业化经营和风险管理水平进一步支持科技创新的指导意见》。重点针对创业期企业高成长、高风险、轻资产的特征,鼓励符合条件的上海银行业金融机构探索专业化经营的道路,专门为创业期企业打造创投型信贷模式。

8月24日,中国人民银行上海总部首次发布《国际金融中心发展报告》,充分展示近年来上海国际金融中心建设成果,推动下一步的国际金融中心建设工作。

8月26日,由中国人民银行上海分行主办、农行上海市分行协办、农行上海金桥支行承办的自贸区征信与社会信用体系专题宣传活动在自贸区举行,主题为"加强征信宣传教育,提升国民信用水平"。

8月28日,保险专业中介机构股权信息监管工作改革试点发布会暨启动仪式在沪举行。保险专业中介机构股权信息监管工作改革试点经中国保监会批准,以透明开放、规范高效、审慎严谨为原则，采取"互联网＋保险中介监管"的方式，以创新保险专业中介机构股权信息登记机制为切入口，加强对保险中介机构法人治理的监管。

8月28日，上海保监局会同上海市农委、市财政局联合印发《上海市农业保险工作费用使用管理办法》(沪农委〔2015〕261号)，对农险工作费的支付对象、各项具体费用名目、列支比例、票据标准、会计核算方法等有关事项进行具体规范。

9月7日，海通证券收购葡萄牙圣灵投资银行(BESI)，并更名为海通银行。

9月16日，上海航运保险协会代表中国加入国际海上保险联盟(简称"IUMI")，实现中国与国际航运保险业互认互通，促进中国与国际保险市场深度对接，支撑上海国际金融和航运中心建设，对我国加速融入国际航运保险生态圈，提升航运保险定价权和话语权具有里程碑式重要意义。

9月25日，中国人民银行上海总部制定《中国(上海)自贸试验区跨境同业存单境内发行人操作指引》和《中国(上海)自贸试验区跨境同业存单境外发行人操作指引》。上海自贸试验区开闸试水跨境同业存单产品。

10月8日，由中国人民银行组织建设的人民币跨境支付系统(CIPS)一期在上海上线运行，为境内外金融机构人民币跨境和离岸业务提供资金清算、结算服务，是重要的金融基础设施。CIPS首批直接参与机构有19家境内中外资银行，同步上线的间接参与者包括位于亚洲、欧洲、大洋洲、非洲等地区的38家境内银行和138家境外银行。

10月21日，证监会副主席李超一行在上海召开基金公司规范发展调研座谈会。

11月6日，上海环亚保险经纪有限公司成为中国首家在英国设立子公司，并获得劳合社注册经纪人资格的保险经纪公司。

11月15日，中国人民银行上海总部联合平安银行上海分行开展"金融服务进社区暨上海市反假货币宣传月"活动。

11月19日，上海证监局召开"诚信为本，禁止欺诈，防范非法证券期货活动宣传教育进社区"活动推进会。

11月24日，第六届期货机构投资者年会在上海召开，上海证监局局长严伯进、中国期货业协会会长刘志超等分别致辞。

11月25日，国务院总理李克强在上海市委书记韩正、中国人民银行行长周小川等陪同下视察中国人民银行上海总部。

11月26日，国务院批准同意试点设立上海保险交易所。

12月，中保投资有限责任公司正式成立，落户上海。

12月17日，经国家外汇管理局批准，国家外汇管理局上海市分局召开政策通报会，正式发布《进一步推进中国(上海)自由贸易试验区外汇管理改革试点实施细则》。这是上海自贸试验区"金改40条"印发后发布的第一个实施细则。

12月18日，上海地区汇丰晋信基金管理公司管理的汇丰晋信大盘股票型证券投资基金成为首批获得香港证监会注册的互认基金之一。上投摩根基金管理公司作为香港摩根资产管理互认基金产品的代理人，成为内地首批获准发售互认基金产品的基金公司。

12月21日，全国首家再保险经纪公司——江泰再保险经纪有限公司落户上海自贸区，填补专业再保险经纪公司这一市场角色的空白，成为保险专业中介市场的重要组成部分。相比一般保险经纪人，再保险经纪人主要活跃于上下游均为保险机构的再保险市场，专业再保险经纪人的设立对上海吸引再保险业务相关公司，特别是吸引国际再保险领头机构，具有重要意义。

12月21日，首届中国(上海)上市公司企业社会责任峰会在上海举行。

2015年上海金融统计数据

（截至2015年末）

主　要　指　标	当　年　值	同　比　±%
全市GDP(亿元)	24 965	6.9
银行间市场累计成交额(亿元)	7 042 551	94.8
其中:拆借成交(亿元)	642 136	70.5
质押式回购成交(亿元)	4 324 111	103.6
买断式回购成交(亿元)	253 528	111.2
现券成交(亿元)	878 913	115.6
利率衍生品市场(亿元)	82 604	104.7
外汇市场(亿美元)	136 691	54.2
中外资金融机构本外币存款余额(亿元)	103 761	14.4
中外资金融机构本外币贷款余额(亿元)	53 387	10.1
中资金融机构本币存款余额(亿元)	92 711	16.7
中资金融机构本币贷款余额(亿元)	45 150	11.5
外资金融机构本币存款余额(亿元)	5 599	−13.6
外资金融机构本币贷款余额(亿元)	3 561	2.5
中资金融机构外币存款余额(亿美元)	650	19.0
中资金融机构外币贷款余额(亿美元)	528	6.9
外资金融机构外币存款余额(亿美元)	198	−4.3
外资金融机构外币贷款余额(亿美元)	322	−15.0
有价证券累计成交额(亿元)	2 663 691	107.9
其中:股票累计成交	1 330 992	252.9
债券累计成交	1 228 885	41.8
基金累计成交	103 814	177.0
沪市A、B股筹资额(亿元)	10 672	22.5
金融衍生产品市场累计成交额(亿元)	4 177 604	154.7
保费收入(亿元)	1 125	14
其中:财产险保费	386	12.5
人身险保费	739	14.9
期货市场累计成交金额(亿元)	635 553	0.5
黄金市场累计成交额(亿元)	107 800	65.6

2010—2015 年上海各金融市场重要数据

主 要 指 标	2010	2011	2012	2013	2014	2015
金融业增加值(亿元)	1 931.73	2 240.47	2 450.4	2 823.3	3 268.4	4 052.2
金融业增加值占全市 GDP 比重	11.45%	11.6%	12.2%	13.1%	13.9%	16.2%
中外资金融机构本外币存款余额(亿元)	52 190.04	58 186.48	63 555	69 256	73 882	103 761
当年新增额	7 607.68	6 369.6	5 379.2	5 474.3	4 613	13 329
中外资金融机构本外币贷款余额(亿元)	34 154.17	37 196.79	40 982	44 358	47 916	52 287
当年新增额	4 492.98	3 654.3	3 818.3	3 297.5	3 424	4 881
中资金融机构本币存款余额(亿元)	46 678.13	51 315.12	55 732.05	60 321	73 882	92 711
中资金融机构本币贷款余额(亿元)	27 970.18	30 644.58	33 814.1	37 033.9	47 916	45 150
外资金融机构本币存款余额(亿元)	3 168.70	3 958.04	4 160.7	4 716.4	64 660	5 599
外资金融机构本币贷款余额(亿元)	2 603.13	2 715.52	2 671.8	2 714.7	40 376	3 561
中资金融机构外币存款余额(亿美元)	217.51	281.56	406.49	496.3	4 889	650
中资金融机构外币贷款余额(亿美元)	302.09	352.22	472.66	485.3	2 851	528
外资金融机构外币存款余额(亿美元)	136.30	180.81	176.20	195.7	515	198
外资金融机构外币贷款余额(亿美元)	238.61	256.7	242.73	270.8	492	322
金融市场成交额(2011 年起包含外汇市场)	3 862 400	4 180 000	5 280 000	6 390 000	7 860 000	14 627 300
银行间市场成交额(亿元)	1 798 225.12	2 357 496	3 047 897.2	2 851 462	3 613 391	7 042 551
其中:拆借成交(亿元)	278 684.06	334 412	467 043.7	355 189.5	376 626	642 136
质押式回购成交(亿元)	846 533.48	966 649.7	1 366 173.9	1 519 757.2	2 124 191	4 324 111
买断式回购成交(亿元)	29 402.08	27 885.1	50 966.4	61 882.3	120 035	253 528
债券成交(亿元)	640 422.07	636 423.8	752 212.0	416 827.8	407 606	878 913
债券远期成交(亿元)	3 183.43	1 030.1	29 189.5	27 279.3	0	82 604
外汇市场(亿元)	—	364 327.23	382 311.8	470 868.8	544 586	839 752
有价证券累计成交额(亿元)	398 395.73	454 651.56	547 535.2	865 098.3	1 281 498	2 663 691
其中:股票累计成交额(亿元)	304 312.01	237 555.31	164 460.9	229 608.8	375 643	1 330 992
债券累计成交额(亿元)	74 914.42	210 714.87	379 818.9	625 839.4	866 849	1 228 885
基金累计成交额(亿元)	4 771.70	2 901.41	3 171.1	8 989.5	37 479	103 814
期货市场成交额(亿元)	1 234 794.76	869 068.71	891 953.7	1 208 335.5	1 264 707	635 553
金融衍生品市场成交额(亿元)	410 698.78	454 468.74	758 406.8	1 410 066.2	1 640 170	4 177 604
黄金市场成交额(亿元)	20 204.96	44 411.23	35 297.2	52 242.2	65 100	107 800
保费收入(亿元)	883.86	753.11	753.11	821.4	987	1 125
其中:财产险保费(亿元)	197.18	244.57	271.72	304.8	343	386
人身险保费(亿元)	686.68	508.54	548.92	516.6	643.6	739
沪市 A、B 股筹资额(亿元)	5 532.14	5 489.75	2 887.3	2 515.7	3 962.6	10 672

2015年上海金融管理部门和金融机构名录

序号	名　　称	地　　址	总　机
		金融管理部门	
1	中国人民银行上海总部	陆家嘴东路181号	58845000
2	上海银监局	合欢路35号	38650100
3	上海证监局	迎春路555号	50121111
4	上海保监局	合欢路39号	38656666
		金融市场	
1	中国外汇交易中心	张东路1387号30幢	63298988
2	上海黄金交易所	河南中路99号	33189588
3	上海清算所	北京东路2号	23198800
4	上海证券交易所	浦东南路528号	68808888
5	上海期货交易所	浦电路500号	68400000
6	中国金融期货交易所	世纪大道1600号10楼	50160666
7	中国银联股份有限公司	含笑路36号银联大厦	68401888
8	上海股权托管交易中心	松涛路560号张江大厦3楼	20287876
		银行业金融机构	
一、国有银行			
1	中国工商银行上海市分行	浦东大道9号	58885888
2	中国农业银行上海市分行	银城路9号	20688888
3	中国银行上海市分行	银城中路200号中银大厦	20375566
4	中国建设银行上海市分行	陆家嘴环路900号	58880000
5	中国交通银行上海市分行	中山南路99号	63111000
二、法人银行			
1	上海银行	银城中路168号	68476018
2	上海农村商业银行	银城中路8号15-20楼、22-27楼	38576666
3	上海华瑞银行	基隆路6号1、2楼D2室	33268800
4	上海崇明沪农商村镇银行	崇明县城桥镇朝阳门路17号	69695696
5	上海奉贤浦发村镇银行	奉贤区南桥镇环城东路692号	60973802
6	上海松江民生村镇银行	文诚路230号	67663013

（续表）

序号	名　称	地　址	总　机
7	上海浦东江南村镇银行	周浦镇沪南路3439弄63、65、67号	38230718
8	上海浦东建信村镇银行	川沙镇北市街26号	58385931
9	上海闵行上银村镇银行	鑫都路2531号	34795398
10	上海嘉定民生村镇银行	金沙路245号	69016339
11	上海宝山富民村镇银行	宝林路458号	66680798
12	上海金山惠民村镇银行	卫清东路3008-3018号	37213066
13	上海青浦刺桐红村镇银行	青浦镇浦仓路528号	39272818
14	上海嘉定洪都村镇银行	塔城路455号	61277899
三、股份制银行			
1	上海浦东发展银行上海分行	浦东南路588号34楼	68887000
2	华夏银行上海分行	浦东南路256号	38839666
3	中国民生银行上海分行	浦东南路100号	61877000
4	中信银行上海分行	富城路99号	58771111
5	中国光大银行上海分行	世纪大道1118号	63606360
6	招商银行上海分行	陆家嘴环路1088号2611室	58795555
7	兴业银行上海分行	江宁路168号	62677777
8	平安银行上海分行	陆家嘴环路1333号西6楼	58877777
9	广发银行上海分行	徐家汇路555号14楼	63901022/63901033
10	浙商银行上海分行	威海路567号24楼	61333333
11	渤海银行上海分行	银城中路68号25楼	50106666
12	宁波银行上海分行	世纪大道210号第20、21、22楼	31158021
13	北京银行上海分行	浦东南路1500号1028室	20612300
14	杭州银行上海分行	九江路660-686号1楼和11楼	63612712
15	南京银行上海分行	中山北路933号1、2、3楼	66069888
16	江苏银行上海分行	世纪大道1128号1楼、2楼	22258000
17	天津银行上海分行	汉口路110号	63296159
18	浙江泰隆商业银行上海分行	常德路425号	61713999
19	温州银行上海分行	九江路333号	63601116
20	大连银行上海分行	延安西路889号副楼1-5楼(无4楼)	62267216
21	浙江民泰商业银行上海分行	桂林路928号2号楼	33561991
22	盛京银行上海分行	虹桥路1452号102、103、202室	63605070
23	浙江稠州银行上海分行	中山西路1600号	33635555
24	宁波通商银行上海分行	杨高南路428号自由世纪广场2号楼1楼、25楼	60587888
25	厦门国际银行上海分行	浦东大道138号永华大厦4楼A室	61850888

(续表)

序号	名　　称	地　　址	总　机
26	恒丰银行上海分行	张杨路1353号1楼,源深路419号2、3、5、6、7、8楼	61182370
27	中国民生银行上海自贸试验区分行	业盛路188号1楼115室	61876887
28	平安银行上海自贸试验区分行	基隆路1号1楼商铺七及2217-2222室、2224室	20776333/20776277
29	渤海银行上海自贸试验区分行	日京路51号A幢1、2楼	31013000
30	上海浦东发展银行小企业金融服务中心	北京东路689号东银大厦26楼	61618000
31	中国民生银行中小企业金融事业部	浦东南路100号	61878087
四、外资法人银行			
1	富邦华一银行有限公司	世纪大道1168号东方金融广场A栋20楼	20619599
2	法国巴黎银行(中国)有限公司	世纪大道100号上海环球金融中心25楼	28962888
3	华美银行(中国)有限公司	世纪大道88号金茂大厦30楼	60966388
4	正信银行有限公司	中山东一路17号大楼底层大厅及1楼、2楼(实际楼层为1楼、2楼、3楼)	63352788
5	星明财务有限公司	世纪大道88号金茂大厦14楼1402室	50988862
6	花旗银行(中国)有限公司	花园石桥路33号花旗集团大厦28-35楼	28966000
7	瑞穗银行(中国)有限公司	世纪大道100号21-23楼	38558888
8	恒生银行(中国)有限公司	陆家嘴环路1000号36楼	38658881
9	星展银行(中国)有限公司	陆家嘴环路1318号1301,1801单元	38968888
10	三菱东京日联银行(中国)有限公司	陆家嘴环路1233号汇亚大厦22楼	68881666
11	苏格兰皇家银行(中国)有限公司	陆家嘴环路1233号汇亚大厦25楼	28930245
12	华侨银行(中国)有限公司	源深路1155号华侨银行大厦	58200200
13	南洋商业银行(中国)有限公司	世纪大道800号南洋商业银行大厦	38566660
14	大华银行(中国)有限公司	东园路111号2-3楼	60618888
15	三井住友银行(中国)有限公司	世纪大道100号11-13楼	38609000
16	东方汇理银行(中国)有限公司	南京西路1266号上海恒隆广场二座12楼	38566888
17	盘谷银行(中国)有限公司	中山东一路七号	23290259
18	澳大利亚和新西兰银行(中国)有限公司	陆家嘴环路166号未来资产大厦15楼,17楼和12楼B单元	61696016
19	浦发硅谷银行有限公司	大连路588号宝地广场21楼	35963088
20	汇丰银行(中国)有限公司上海分行	世纪大道8号国金中心汇丰银行大楼	38883888
21	渣打银行(中国)有限公司上海分行	世纪大道201号	38963000
22	东亚银行(中国)有限公司上海分行	花园石桥路66号东亚银行金融大厦27楼	38675033
五、外资银行分行			
1	澳大利亚西太平洋银行有限公司上海分行	世纪大道8号国金中心二期2709-2716室	61657688

（续表）

序号	名　　称	地　　址	总　机
2	澳大利亚澳洲联邦银行公众股份有限公司上海分行	陆家嘴环路1233号汇亚大厦1101-1103室	60585288
3	澳大利亚国民银行有限公司上海分行	银城中路68号时代金融中心42楼4201-4204室	20890280
4	德国商业银行股份有限公司上海分行	世纪大道100号37楼	38559666
5	法国外贸银行股份有限公司上海分行	陆家嘴环路1000号19032室	61633246
6	韩国产业银行上海分行	世纪大道100号上海环球金融中心38楼3810室	68775508
7	荷兰合作银行有限公司上海分行	世纪大道8号上海国金中心办公楼一期汇丰银行大楼10楼	28934615
8	荷兰安智银行股份有限公司上海分行	陆家嘴环路1000号恒生银行大厦37楼	20208050
9	马来西亚马来亚银行有限公司上海分行	浦东大道1号船舶大厦302室	60287688-8001
10	美国纽约梅隆银行有限公司上海分行	陆家嘴环路1000号41楼	38661000
11	美国富国银行有限公司上海分行	世纪大道100号 上海环球金融中心32楼30单元	28927606
12	美国银行有限公司上海分行	陆家嘴环路1233号汇亚大厦16楼1-6单元，17楼	61608726
13	西班牙桑坦德银行有限公司上海分行	世纪大道88号金茂大厦2001室	61686088
14	意大利裕信银行股份有限公司上海分行	世纪大道88号金茂大厦2401室	50470077-164
15	印度国家银行上海分行	淮海中路1010号嘉华中心4206室	54051021
16	第一商业银行股份有限公司上海分行	荣华东道86号竞衡古北八八大厦	22270688
17	国泰世华商业银行股份有限公司上海分行	花园石桥路66号1905室	68863785-1000
18	台湾土地银行股份有限公司上海分行	富城路99号震旦国际大厦	50372495-101
19	台湾银行股份有限公司上海分行	南京西路1788号30楼	32569900-101
20	台湾中小企业银行股份有限公司上海分行	凯旋路399号38楼3803-3806室	62627171-800
21	中国信托商业银行股份有限公司上海分行	世纪大道100号上海环球金融中心27楼	20805800
22	埃及国民银行股份公司上海分行	浦东大道1号船舶大厦12B07室	68861889-8000
23	巴西银行有限公司上海分行	南京西路1515号静安嘉里中心一座北楼2801-02，2806室	60103600
24	比利时联合银行股份有限公司上海分行	浦东大道1号船舶大厦15楼	68860271
25	德国北德意志州银行上海分行	陆家嘴东路166号第15楼01-02，11-12室	58888168-100
26	俄罗斯外贸银行公开股份公司上海分行	南京西路1266号恒隆广场一期1101室	61366288
27	韩国大邱银行股份有限公司上海分行	红宝石路500号东银中心B栋11楼03室	62369209-1701
28	荷兰银行有限公司上海分行	陆家嘴环路1233号汇亚大厦3107-3108单元	20532777
29	马来西亚联昌银行股份有限公司上海分行	陆家嘴环路1233号汇亚大厦1805-1807室	20261818
30	挪威银行公共有限公司上海分行	淮海中路381号中环广场9楼901室	61322800

(续表)

序号	名　称	地　址	总　机
31	日本横滨银行股份有限公司上海分行	世纪大道100号上海环球金融中心17楼70室	68776800
32	日本三井住友信托银行股份有限公司上海分行	世纪大道88号金茂大厦50楼01室	50476661-501
33	北欧银行瑞典有限公司上海分行	嘉里中心2期27楼	02163405111-118
34	瑞典北欧斯安银行有限公司上海分行	世纪大道8号上海国金中心办公楼二期33楼3301-05、15-16室	53966765
35	瑞典商业银行公共有限公司上海分行	天津路155号2005-06室	63298877-888
36	瑞典银行有限公司上海分行	花园石桥路33号花旗集团大厦601室	38612688
37	瑞士信贷银行股份有限公司上海分行	花园石桥路33号花旗集团大厦601室	38612688
38	西班牙对外银行有限公司上海分行	世纪大道88号金茂大厦45楼01，08单元	80233201
39	意大利联合圣保罗银行股份有限公司上海分行	陆家嘴东路161号招商局大厦10楼1001室	20822688
40	意大利西雅那银行股份有限公司上海分行	太仓路233号新茂大厦2501-2504室	53830417-108
41	印度卡纳拉银行上海分行	银城中路168号上海银行大厦2601室	68596017
42	印度同心银行上海分行	张杨路500号华润时代广场29楼D/E单元	20282848
43	印度爱西爱西爱银行有限公司上海分行	南京西路1717号2705室	80171588
44	印度尼西亚曼底利银行上海分行	银城中路168号上海银行大厦12楼01-04室	20332611
45	英国巴克莱银行有限公司上海分行	陆家嘴环路1233号汇亚大厦3101室	38966100
46	加拿大丰业银行有限公司上海分行	世纪大道88号金茂大厦2904室	60728900
47	永隆银行有限公司上海分行	世纪大道8号国际金融中心二期26楼2601-2609室	20351799
48	上海商业银行有限公司上海分行	陆家嘴东路161号上海招商局大厦913室	20891888
49	华南商业银行股份有限公司上海分行	南京西路1788号35楼03和04单元	60100855
50	德意志银行(中国)有限公司上海分行	世纪大道8号上海国金中心办公楼二期(B座)30楼3001-16室、38楼3804-11室、39楼3901-16室、40楼4001-16室	20802688
51	法国兴业银行(中国)有限公司上海分行	世纪大道88号金茂大厦45楼4501、4507-4509单元，48楼4801、4802、4806B、4807-4810、4812单元，裙房2C-01、2C-02、2C-03单元	38669888
52	瑞士银行(中国)有限公司上海分行	黄陂南路333号企业天地商业中心特色商店第2、3、5、6、7、8、9号商铺	23057007
53	首都银行(中国)有限公司上海分行	延安西路1152号101、102、103室，延安西路1160号301、302、303室，延安西路1168号305室	61910738
54	韩亚银行(中国)有限公司上海分行	银城中路200号中银大厦3301-3304室	50372121
55	国民银行(中国)有限公司上海分行	娄山关路523号金虹桥国际中心2楼02、03、04单元	52319101

（续表）

序号	名　称	地　址	总　机
56	新韩银行（中国）有限公司上海分行	陆家嘴环路958号华能联合大厦1楼	68865566
57	友利银行（中国）有限公司上海分行	浦电路480号陆家嘴广场1楼	50810707
58	加拿大蒙特利尔银行（中国）有限公司上海分行	世纪大道8号上海国金中心办公楼二期20楼	61363600
59	摩根大通银行（中国）有限公司上海分行	南京西路1601号越洋国际广场41楼、4201A室、4201B室、4202室、4203室、4205A室、4207A室，4901室和4902A室	52002288
60	大新银行（中国）有限公司上海分行	漕溪北路86号1楼	24113388
61	永亨银行（中国）有限公司上海分行	世纪大道210号21世纪中心大厦23楼	28983858
62	中信银行国际（中国）有限公司上海分行	银城中路200号中银大厦4404-6室	61006110
63	上海浦东江南村镇银行股份有限公司	浦东新区周浦镇沪南路3439弄	38230701
64	上海松江民生村镇银行股份有限公司	松江区文诚路230号	67663009
65	上海浦东建信村镇银行有限责任公司	浦东新区川沙镇北市街26号	58385876
66	上海青浦刺桐红村镇银行股份有限公司	青浦区青浦镇浦仓路528号	39272807
六、非银行金融机构			
1	上海国际信托有限公司	九江路111号	23131111
2	安信信托股份有限公司	广东路689号29楼	63410777
3	华澳国际信托有限公司	花园石桥路33号17楼	68883098
4	中泰信托有限责任公司	中华路1600号黄浦中心大厦18楼	63871888
5	中海信托股份有限公司	蒙自路763号36楼	23191688
6	华宝信托有限责任公司	世纪大道100号环球金融中心59楼	38506666
7	上海爱建信托有限责任公司	肇嘉浜路746号3-8楼	64396600
8	上海汽车集团财务有限责任公司	康定路1199号	62311010*1316
9	东航集团财务有限责任公司	吴中路686号D座15楼	18621999589
10	上海华谊集团财务有限责任公司	浦东南路1271号华融大厦15楼	23535368
11	上海上实集团财务有限公司	淮海中路金钟广场32楼	53850093
12	日立（中国）财务有限公司	茂名南路205号瑞金大厦1908室	64721002*1358
13	中海集团财务有限责任公司	虹口区东大名路670号5楼	65966508
14	中船财务有限责任公司	浦东新区浦东大道1号607室	13701377589
15	上海浦东发展集团财务有限责任公司	浦东南路256号华夏银行大厦34楼	58889728
16	锦江国际集团财务有限责任公司	黄浦区延安东路100号27楼	63264000-238
17	申能集团财务有限公司	陆家嘴环路958号华能联合大厦10楼	68864896
18	光明食品集团财务有限公司	南京西路1539号办公楼二座33楼	52437001
19	宝钢集团财务有限责任公司	浦电路370号9楼	68403600
20	上海电气集团财务有限责任公司	江宁路212号8楼	52895555*807

(续表)

序号	名　　称	地　　址	总　机
21	百联集团财务有限责任公司	中山南路315号8楼	63327711
22	上海复星高科技集团财务有限公司	江宁路1158号1602A、B、C室、1603A室	15902100976
23	松下电器(中国)财务有限公司	陆家嘴环路1000号7楼	14782938351
24	上海外高桥集团财务有限公司	杨高北路2001号管理楼1楼B部位及2楼B、C部位	51307802
25	中国电力财务有限公司华东分公司	广东路500号27楼、28楼	51168060
26	中国石化财务有限责任公司上海分公司	张杨路500号时代广场25楼	58368558
27	交银金融租赁有限责任公司	仙霞路18号	62788595
28	招银金融租赁有限公司	陆家嘴环路1088号招商银行上海大厦22-22楼	61059955
29	农银金融租赁有限公司	银城路9号农银大厦52楼	20686828
30	浦银金融租赁股份有限公司	龙腾大道2865号	33566697
31	太平石化金融租赁有限责任公司	富特北路211号	010-62846101
32	长江联合金融租赁有限公司	锦康路308号12楼	38575216
33	交银航空航运金融租赁有限责任公司	马吉路2号17楼1704室	62788595
34	招银航空航运金融租赁有限公司	陆家嘴东路161号7楼	61059955
35	华融航运金融租赁有限公司	浦东大道2123号3楼3E-246室	63265913
36	上汽通用汽车金融有限责任公司	浦明路160号财富广场F幢	28936000
37	福特汽车金融(中国)有限公司	芳甸路1155号浦东嘉里城办公楼19楼、20楼	20894666
38	东风日产汽车金融有限公司	福山路500号11楼	38576000
39	菲亚特克莱斯勒汽车金融有限责任公司	淮海中路300号31楼3101-3104室	23109000
40	上海东正汽车金融有限责任公司	陆家嘴环路166号未来资产大厦30楼ABC单元	20689999
41	华晨东亚汽车金融有限公司	杨高南路759号1904室	80237151
42	吉致汽车金融有限公司	锦康路308号9楼01、04单元	20535830
43	中银消费金融有限公司	银城中路200号14楼1409-1410室	63291680
44	上海国际货币经纪有限责任公司	陆家嘴环路1233号2601	38617901
45	上海国利货币经纪有限公司	陆家嘴环路1318号1001室	38789777
七、其他银行			
1	国家开发银行股份有限公司上海市分行	浦明路68号	58883560
2	中国进出口银行上海分行	东方路2号上海保利广场A座	20265288
3	中国农业发展银行上海市分行	延安东路45号	63366336
4	中国邮政储蓄银行股份有限公司上海分行	东大名路1080号	35965009
5	中国华融资产管理股份有限公司上海市分公司	中山东二路15号	68869601

（续表）

序号	名 称	地 址	总 机
6	中国长城资产管理公司上海办事处	浦东南路379号金穗大厦	68869601
7	中国东方资产管理公司上海办事处	茂名南路205号	64729268
8	中国信达资产管理股份有限公司上海市分公司	北京西路1399号	52000808
9	中国华融资产管理股份有限公司上海自贸区分公司	中山东二路15号7楼	63265959
10	中国长城资产管理公司上海自贸区分公司	陆家嘴环路1000号恒生大厦32楼	68688989
11	中国信达资产管理股份有限公司上海自贸区分公司	杨高南路759号2号楼12楼03、04单元	68581956
八、专营机构			
1	中国工商银行股份有限公司票据营业部	天潼路133号	61235588
2	中国工商银行股份有限公司贵金属业务部	中山东二路11号	63299299
3	中国工商银行股份有限公司私人银行部	中山东一路24号	23229500
4	中国农业银行股份有限公司票据营业部	银城路9号	20686900
5	中国农业银行股份有限公司信用卡中心	银城路9号农银大厦	20686000
6	中国农业银行股份有限公司私人银行部	中山东一路26号	53211761
7	中国银行股份有限公司上海人民币交易业务总部	银城中路200号	58774907
8	中国建设银行股份有限公司信用卡中心	银城路99号	60639000
9	中国交通银行股份有限公司太平洋信用卡中心	松涛路80号	38769888
10	中国交通银行股份有限公司私人银行部	仙霞路18号	32169999
11	招商银行股份有限公司信用卡中心	来安路686号	38834600
12	兴业银行股份有限公司资金营运中心	江宁路168号	32174699
13	兴业银行股份有限公司信用卡中心	来安路500号	20320999
14	平安银行股份有限公司资金营运中心	陆家嘴环路1333号	4008866338
15	上海浦东发展银行股份有限公司信用卡中心	浦东南路588号	51957997
16	宁波通商银行资金营运中心	杨高南路428号	60587888
17	中国民生银行信用卡中心华东分中心	浦东南路100号民生大厦	61875925
18	平安银行股份有限公司信用卡中心上海分中心	浦建路145号强生大厦	20283191
19	中信银行股份有限公司信用卡中心上海分中心	西藏南路518号	63313001
20	华夏银行股份有限公司信用卡中心上海分中心	天钥桥路1号煤科大厦	31275658

(续表)

序号	名　称	地　址	总　机
		证券业金融机构	
一、证券公司			
1	爱建证券有限责任公司	浦东新区世纪大道1600号32楼	32229888
2	长江证券承销保荐有限公司	世纪大道1589号长泰国际金融大厦21楼	38784899
3	德邦证券有限责任公司	福山路500号26楼	68761616
4	东方证券股份有限公司	中山南路318号2号楼21-23、25-29、32、36、39、40楼	63325888
5	光大证券股份有限公司	新闸路1508号	22169999
6	国泰君安证券股份有限公司	银城中路168号	38676666
7	海际证券有限责任公司	陆家嘴环路1000号恒生银行大厦45楼	38582000
8	海通证券股份有限公司	广东路689号	23219300
9	华金证券有限责任公司	浦东新区杨高南路759号30、31楼	20655588
10	华宝证券有限责任公司	世纪大道100号环球金融中心57楼	68777222
11	上海华信证券有限责任公司	世纪大道100号环球金融中心9楼	38784818
12	上海证券有限责任公司	西藏中路336号	53519888
13	申万宏源证券有限公司	长乐路989号世纪商贸广场45楼	33389888
14	中银国际证券有限责任公司	银城中路200号中银大厦39、40、41楼	20328000
15	摩根士丹利华鑫证券有限责任公司	世纪大道100号环球金融中心75楼	20336000
16	上海国泰君安证券资产管理有限公司	银城中路168号上海银行大厦24楼	38676666
17	上海东方证券资产管理有限公司	中山南路318号2号楼31楼	63325888
18	上海光大证券资产管理有限公司	新闸路1508号17楼	22169999
19	东方花旗证券有限公司	中山南路318号2号楼24楼	23153888
20	上海海通证券资产管理有限公司	广东路689号32楼	23219000
21	齐鲁证券(上海)资产管理有限公司	花园石桥路66号东亚银行大厦17楼	20315305
22	华泰证券(上海)资产管理有限公司	东方路18号保利广场E栋21楼	4008895597
23	长江证券(上海)资产管理有限公司	世纪大道1589号11楼10-11单元	95579
二、基金管理公司			
1	野村证券株式会社上海代表处	淮海中路381号中环广场35楼3501室	61937212
2	美国美林国际有限公司上海代表处	陆家嘴环路1233号汇亚大厦1607B-1608单元	61324896
3	中信里昂证券有限公司上海代表处	世纪大道100号环球金融中心9楼0910室	20205881
4	香港新鸿基投资服务有限公司上海代表处	南京西路338号天安中心1903室	63276850
5	高盛(中国)有限责任公司上海代表处	长乐路989号世纪商贸广场43楼	24018621
6	巴克莱证券有限公司上海代表处	陆家嘴环路1233号汇亚大厦3102A室	38966150
7	韩国农协投资证券公司上海代表处	浦东南路528号证券大厦北塔1205室	68826100

（续表）

序号	名　称	地　址	总　机
8	群益国际控股有限公司上海代表处	浦东南路360号新上海国际大厦18楼A座	58887188
9	韩国现代证券公司上海代表处	浦东南路528号证券大厦北塔1405室	68817007
10	永丰金证券(亚洲)有限公司上海代表处	世纪大道1528号1903A室	68865358
11	日盛嘉富证券国际有限公司上海代表处	天山路310号海益商务大厦9楼G座	62375055
12	花旗环球金融亚洲有限公司上海代表处	花园石桥路33号花旗集团大厦2807室和2911室	28963816
13	凯基证券亚洲有限公司上海代表处	红宝石路500号2号楼2203B、2204室	62350738
14	洛希尔中国控股有限公司上海代表处	南京西路1266号恒隆广场2期3207室	62881528
15	统一证券(香港)有限公司上海代表处	天山西路568号2幢A302室	58402533
16	香港上海汇丰银行有限公司(证券业务)上海代表处	世纪大道8号上海国金中心汇丰银行大楼20楼2013-2016单元	38882609
17	内藤证券公司上海代表处	茂名南路205号瑞金大厦1101室	64672900
18	香港摩根大通证券(亚太)有限公司上海代表处	南京西路1601号越洋广场50楼5001A、5001B、5002、5003A、5005B	52003900
19	法国巴黎资本(亚洲)有限公司上海代表处	世纪大道100号上海环球金融中心26楼2630室	60969006
20	法国兴业证券(香港)有限公司上海代表处	世纪大道88号金茂大厦4806A室	50470218
21	香港卓亚(企业融资)有限公司上海代表处	东方路710号汤臣金融大厦1504室	68763248
22	富达基金(香港)有限公司上海代表处	世纪大道8号上海国际金融中心办公楼二期(B座)33楼3312室	20305610
23	台湾元大证券股份有限公司上海代表处	陆家嘴环路1233号7楼705-708室	61873888
24	大和投资管理(香港)有限公司上海代表处	陆家嘴环路1000号汇丰大厦45楼012室	58401886
25	瑞士信贷(香港)有限公司上海代表处	世纪大道8号上海国金中心办公楼二期28楼2809-2812和29楼2915单元	38560319
26	日本瑞穗证券股份有限公司上海代表处	世纪大道100号环球金融中心17楼T10室	68778000
27	三井住友资产管理股份有限公司上海代表处	南京西路1168号中信泰富广场1002单元	52925960
28	富邦综合证券股份有限公司上海代表处	遵义路100号虹桥上海城A座2111-12室	62370935
29	德意志银行股份有限公司(证券业务)上海代表处	世纪大道8号上海国金中心办公楼二期38楼01-02和15-16室	20801630
30	冈三证券股份有限公司上海代表处	世纪大道100号上海环球金融中心1730室	68811001
31	马丁可利投资管理有限公司上海代表处	陆家嘴花园石桥路66号1547室	20803090
32	美国威廉-博莱有限责任公司上海代表处	湖滨路150号企业天地5号楼2319室	80135082
33	英国施罗德集团上海代表处	世纪大道8号国金中心11楼1101室	50120580
34	麦格理证券(澳大利亚)股份有限公司上海代表处	长乐路989号世纪商贸广场3楼309—311单元	24129003

(续表)

序号	名称	地址	总机
35	致富证券有限公司上海代表处	陆家嘴东路161号招商局大厦1309室	38870772
36	韩国未来资产环球投资有限公司上海代表处	陆家嘴环路166号未来资产大厦5楼B室	31352084
37	东洋证券股份有限公司上海代表处	南京西路1376号上海商城416室	62798112
38	韩国大信证券股份有限公司上海代表处	银城中路8号中融碧玉蓝天大厦809室200120	50105298
39	韩国新韩金融投资股份有限公司上海代表处	陆家嘴环路958号1楼104单元	68889135
40	新加坡东京海上国际资产管理有限公司上海代表处	陆家嘴环路1000号 汇丰大厦18楼122室	68410288
41	蓝泽证券股份有限公司上海代表处	南京西路1376号上海商城536室	62798906
42	韩国爱思开证券股份有限公司上海代表处	花园石桥路66号东亚银行金融大厦1518室	20803080
43	日本大和住银投信投资顾问株式会社上海代表处	陆家嘴环路1000号 汇丰大厦24楼011室	68410800
44	香港联昌证券有限公司上海代表处	陆家嘴环路1233号汇亚大厦803室	50471771
45	美国盈透证券有限公司上海代表处	陆家嘴环路1233号汇亚大厦1007	60868508
46	华南永昌综合证券股份有限公司上海代表处	漕溪北路18号19C座	34241158
47	韩国华宜资产运用株式会社上海代表处	陆家嘴东路161号3413室	68800218
48	韩国投资信托运用株式会社上海代表处	世纪大道100号上海环球金融中心64楼50室	68776880
49	韩国大宇证券股份有限公司上海代表处	陆家嘴环路1000号恒生银行大厦28楼013室	50136392
50	香港第一金和昇证券有限公司上海代表处	红宝石路500号2号楼11楼02室	32080311
51	野村投资管理香港有限公司上海代表处	淮海中路381号中环广场8楼825室	61937329
52	香港海通国际证券有限公司上海代表处	陆家嘴东路166号中国保险大厦2905室	68411902
53	新加坡星展唯高达香港有限公司上海代表处	陆家嘴环路1318号1306室	68883376
54	三星资产运用株式会社上海代表处	世纪大道88号金茂大厦3区24楼07单元	31205098
三、基金管理公司			
1	长信基金管理有限责任公司	银城中路68号时代金融中心9楼	61009999
2	东吴基金管理有限公司	源深路279号	50509888
3	富国基金管理有限公司	世纪大道8号上海国金中心二期16-17楼	20361818
4	光大保德信基金管理有限公司	延安东路222号外滩中心46-48楼	33074700
5	国海富兰克林基金管理有限公司	世纪大道8号上海国金中心二期9楼	38555555
6	国联安基金管理有限公司	陆家嘴环路1318号星展银行大厦9楼	38992888
7	国泰基金管理有限公司	公平路18号8号楼嘉昱大厦16-19楼	38561600
8	华安基金管理有限公司	世纪大道8号二期31-32楼	38969999

（续表）

序号	名　称	地　址	总　机
9	华宝兴业基金管理有限公司	世纪大道100号环球金融中心58楼	38505888
10	华富基金管理有限公司	陆家嘴环路1000号汇丰大厦31楼	68886996
11	汇丰晋信基金管理有限公司	世纪大道8号上海国金中心汇丰银行大楼17楼	20376868
12	海富通基金管理有限公司	陆家嘴花园石桥路66号东亚银行金融大厦36-37楼	38650999
13	汇添富基金管理股份有限公司	富城路99号震旦大厦21楼	28932888
14	金元惠理基金管理有限公司	陆家嘴花园石桥路33号花旗集团大厦3608室	68881801
15	交银施罗德基金管理有限公司	世纪大道8号国金中心二期21-22楼	61055050
16	诺德基金管理有限公司	陆家嘴环路1233号汇亚大厦12楼	68879999
17	农银汇理基金管理有限公司	世纪大道1600号陆家嘴广场7楼	61095588
18	浦银安盛基金管理有限公司	淮海中路381号中环广场38楼	23212888
19	上投摩根基金管理有限公司	富城路99号震旦国际大楼20楼	38794999
20	申万菱信基金管理有限公司	淮海中路300号香港新世界大厦40楼	23261188
21	泰信基金管理有限公司	浦东南路256号华夏银行大厦36、37楼	20899188
22	天治基金管理有限公司	复兴西路159号	64371155
23	万家基金管理有限公司	浦电路360号9楼	38619999
24	信诚基金管理有限公司	世纪大道8号上海国金中心汇丰银行大楼9楼	68649788
25	兴业全球基金管理有限公司	张杨路500号时代广场20楼	58368998
26	华泰柏瑞基金管理有限公司	民生路1199弄上海证大五道口广场1号17楼	38601777
27	银河基金管理有限公司	世纪大道1568号中建大厦15楼	38568888
28	中海基金管理有限公司	银城中路68号2905-2908室及30楼	38429808
29	中欧基金管理有限公司	花园石桥路66号东亚银行金融大厦8楼	68609600
30	中银基金管理有限公司	银城中路200号中银大厦45楼	38834999
31	纽银梅隆西部基金管理有限公司	世纪大道100号上海环球金融中心19楼	38572888
32	富安达基金管理有限公司	世纪大道1568号中建大厦29楼	61870999
33	财通基金管理有限公司	银城中路68号时代金融中心41楼	68886666
34	长安基金管理有限公司	芳甸路1088号紫竹国际大厦16楼	20329999
35	德邦基金管理有限公司	吴淞路218号宝矿国际大厦35楼	26010999
36	华宸未来基金管理有限公司	四川北路859号中信广场16楼	26066999
37	中原英石基金管理有限公司	花园石桥路33号花旗银行大厦17楼	38556666
38	东海基金管理有限责任公司	世纪大道1528号陆家嘴基金大厦15楼	60586300
39	兴业基金管理有限公司	浦明路198号财富广场7号楼	22211932
40	上银基金管理有限公司	世纪大道1528号陆家嘴基金大厦12楼	60232799
41	鑫元基金管理有限公司	富城路99号震旦大厦31楼	20892000

(续表)

序号	名　　称	地　　址	总　机
42	永赢基金管理有限公司	世纪大道 210 号 21 世纪大厦 27 楼	51690188
43	华福基金管理有限责任公司	东方路 3261 号振华企业广场 B 座 H3 楼	68639123
44	圆信永丰基金管理有限公司	世纪大道 1528 号陆家嘴基金大厦 19 楼	60366000
45	嘉合基金管理有限公司	秦皇岛路 32 号 A 楼 1-2 楼	60168300
四、期货公司			
1	东航期货有限责任公司	吴中路 686 弄 3 号 D 幢 16 楼	64068796
2	东吴期货有限公司	西藏南路 1208 号 6 楼	63123019
3	东兴期货有限责任公司	杨树浦路 248 号 22 楼	65456870
4	光大期货有限公司	福山路 458 号 303、601、602、1301-1303、1311-1312、1104-1106、1309A 室	22169060
5	国富期货有限公司	杨高南路 799 号 25 楼	20776198
6	国泰君安期货有限公司	延平路 121 号三和大厦 6 楼、10A、10F、26 楼、28 楼、31 楼	52138857
7	国投中谷期货有限公司	东大名路 638 号 5 楼	60560800
8	国信期货有限责任公司	东大名路 358 号 20 楼	68865815
9	海通期货有限公司	世纪大道 1589 号 17 楼、6 楼 01—04 单元、25 楼、2 楼 05 单元	61871688
10	海证期货有限公司	临平北路 19 号 3 楼	65218887
11	恒泰期货有限公司	峨山路 91 弄 120 号 2 楼 201 单元	68405178
12	华闻期货有限公司	浦东大道 720 号国际航运金融大厦 22 楼 A、B、C、D、M、N、I 室	50368918
13	华鑫期货有限公司	宁海东路 200 号申鑫大厦 27、28 楼	63558998
14	建信期货有限责任公司	银城路 99 号 502、503 室	60635518
15	瑞银期货有限责任公司	花园石桥路 33 号 1608 室	38668216
16	上海大陆期货有限公司	凯旋路 3131 号明申中心大厦 25 楼、26 楼	54071888
17	上海东方期货经纪有限责任公司	松林路 300 号 1603 室	68401477
18	上海东亚期货有限公司	松林路 300 号期货大厦 2202-2205 室	68400499
19	上海东证期货有限公司	松林路 300 号期货大厦 14 楼	68400610
20	通惠期货有限公司	陆家嘴西路 99 号 7 楼	68866986
21	上海浙石期货经纪有限公司	浦电路 438 号	50586902
22	上海中财期货有限公司	陆家嘴环路 958 号 23 楼	68866688
23	上海中期期货有限公司	世纪大道 1701 号 1301 单元	61090799
24	申银万国期货有限公司	东方路 800 号 7、8、10 楼	50588811
25	天鸿期货经纪有限公司	东大名路 1080 号 21 楼 01、02、03 室	60769640
26	同信久恒期货有限责任公司	世纪大道 1500 号 12 楼北座	68416966

（续表）

序号	名　称	地　址	总　机
27	铜冠金源期货有限公司	源深路273号(1、2、3楼)	68559999
28	新湖期货有限公司	裕通路100号36楼	22155599
29	中辉期货有限公司	新金桥路27号10号楼5楼A区	60281688
30	中融汇信期货有限公司	源深路1088号18层03单元、25楼01、02、03、06单元	51557589
31	中银国际期货有限责任公司	世纪大道1589号901室	021-61088088
五、独立基金销售机构			
1	诺亚正行(上海)基金销售投资顾问有限公司	秦皇岛路32号东码头园区C栋	38600676
2	上海天天基金销售有限公司	龙田路195号3C座九楼	54509998
3	上海好买基金销售有限公司	欧阳路196号26号楼2楼41号	4007009665
4	上海长量基金销售投资顾问有限公司	浦东大道555号裕景国际B座16楼	58788678
5	上海利得基金销售有限公司	东方路989号中达大厦2楼	50583533
6	上海通华财富资产管理有限公司	新金桥路28号新金桥大厦5楼	60877917
7	上海海银基金销售有限公司	东方路1217号16楼B单元	4008081016
8	上海久富财富管理有限公司	民生路1403号1215室	4000219898
9	上海大智慧财富管理有限公司	杨高南路428号1号楼10-11楼	20219931
10	日发资产管理(上海)有限公司	陆家嘴花园石桥路66号东亚银行大厦1307室	61600500-8007
11	上海联泰资产管理有限公司	金钟路658弄2号楼乙座6楼	51507139
12	上海钰茂投资管理有限公司	浦东南路379号金穗大厦14C	4000963866
13	上海汇付金融服务有限公司	中山南路100号19楼	33323806
14	上海凯石财富投资管理有限公司	延安东路1号4楼	4000178000
15	上海基煜投资管理有限公司	昆明路518号北美广场A1002-A1003	65370077
16	上海利和财富投资管理有限公司	四平路257号31楼A-D座	56686088-802
17	上海景谷资产管理有限公司	陆家嘴环路958号华能联合大厦402室	61621602
18	上海朝阳永续投资顾问有限公司	丰和路1号港务大厦南6楼	4009987172
19	上海中正达广投资管理有限公司	龙腾大道2815号302室	4006767523
20	上海陆金所资产管理有限公司	陆家嘴环路1333号14楼	38637845
21	上海爱建财富管理有限公司	零陵路599号1楼	4009206188
22	上海攀赢金融信息服务有限公司	陆家嘴银城中路488号太平金融大厦603室	68889082
六、证券投资咨询机构			
1	上海东方财富证券研究所有限公司	平福路188号1幢3楼	24099099
2	上海海能证券投资顾问有限公司	陆家嘴东路161号1509室	68905987
3	上海金汇信息系统有限公司	东方路989号(中达广场)7楼702-709室	50585723
4	上海凯石证券投资咨询有限公司	南京东路328号7楼701室	60203288

(续表)

序号	名　　称	地　　址	总　机
5	上海迈步投资管理有限公司	裕德路168号1111室	33634353
6	上海荣正投资咨询有限公司	新华路639号	52588686
7	上海森洋投资咨询有限公司	中山北路2911号701室	61491266
8	上海申银万国证券研究所有限公司	南京东路99号	23297818
9	上海世基投资顾问有限公司	东方路971号钱江大厦5楼A、G、H、I区	51348888
10	上海新兰德证券投资咨询顾问有限公司	国定路323号11楼1101室	55900526
11	上海新资源证券咨询有限公司	广中西路359、365号1107室	61434108
12	上海亚商投资顾问有限公司	延安西路2558号1号楼	62959001
13	上海益盟软件技术股份有限公司	宜山路926号17楼	61958888
14	上海涌金理财顾问有限公司	芳甸路1088号紫竹国际大厦1502室	50158777
15	上海证券通投资资讯科技有限公司	民生路1518号金鹰大厦B栋1301B室	34611107
16	上海证券之星综合研究有限公司	碧波路690号8号楼301-B室	50803180
17	北京中方信富投资管理咨询有限公司上海分公司	浦建路76号由由国际广场1108室	61659653
18	大连华讯投资咨询有限公司上海分公司	漕溪北路398号1602室	60522757
19	海南港澳资讯产业股份有限公司上海分公司	世纪大道100号环球金融中心14楼	60871171
20	黑龙江省容维投资顾问有限责任公司上海分公司	九江路333号1303-1305室	53016973
21	天相投资顾问有限公司上海分公司	花园石桥路33号花旗大厦602室	61631501
22	天一星辰(北京)科技有限公司上海分公司	王桥1027号102室	31391758
七、资信评级机构			
1	上海新世纪资信评估投资服务有限公司	汉口路398号华盛大厦14楼	63518799
2	中诚信证券评估有限公司	西藏南路760号安基大厦8楼	51019090-805
3	上海远东资信评估有限公司	杨树浦路248号瑞丰国际大厦202-203室	61428118
保险业金融机构			
一、寿险总公司			
1	中国太平洋人寿保险股份有限公司	银城中路190号	33965062/58776688
2	太平人寿保险有限公司	民生路1399号	50614888
3	国华人寿保险股份有限公司	世纪大道88号4楼	61058666
4	建信人寿保险有限公司	银城中路99号建行大厦29-33楼	38991666
5	平安养老保险股份有限公司	陆家嘴环路1333号20楼、21楼	38636134
6	太平养老保险股份有限公司	银城中路488号太平金融大厦25、26楼	61652352
7	长江养老保险股份有限公司	浦东南路588号浦发大厦7楼	38606836/38606823
8	平安健康保险股份有限公司	陆家嘴环路1333号中国平安金融大厦19楼	38635846

（续表）

序号	名　　称	地　　址	总　机
9	东方人寿保险股份有限公司	张杨路 500 号华润时代广场 12 楼	58367996
10	中宏人寿保险有限公司	世纪大道 88 号金茂大厦 6 楼	50492288
11	工银安盛人寿保险有限公司	陆家嘴环路 166 号未来资产大厦 19 楼	58792288
12	交银康联人寿保险有限公司	陆家嘴环路 333 号东方经济中心 22-23 楼	22192288
13	北大方正人寿保险有限公司	世纪大道 1168 号东方金融广场 A 栋 21 楼	38929911
14	同方全球人寿保险有限公司	张恒路 1000 弄 77 号	38784868
15	长生人寿保险有限公司	南京西路 688 号 501-505、509-510 室	38999888
16	陆家嘴国泰人寿保险有限责任公司	世纪大道 1168 号东方金融广场 B 座 19 楼	61006168
17	中美联泰大都会人寿保险有限公司	黄陂北路 227 号中区广场 15 楼 01-12 单元	23103695/23103636
18	汇丰人寿保险有限公司	世纪大道 8 号汇丰银行大楼 18 楼	38509200
19	中德安联人寿保险有限公司	浦东南路 360 号新上海国际大厦 2 楼 A 区、C 区及 37 楼 A 区、38 楼 A 区	61653688
20	复星保德信人寿保险有限公司	芳甸路 1155 号浦东嘉里城办公楼 36 楼 3601-3605 室	20692740/20692888
21	上海人寿保险股份有限公司	陆家嘴环路 333 号东方汇经中心 27 楼	60289888
22	太保安联健康保险股份有限公司	银城中路 190 号交银金融大厦南楼 27 楼	
23	友邦保险有限公司上海分公司	中山东一路 17 号友邦大厦 3-8 楼	53599988
24	正德人寿保险股份有限公司	锦康路 258 号陆家嘴世纪金融广场 5 号楼 11 楼	20579600
二、寿险分公司			
1	中国人寿保险股份有限公司上海市分公司	人民路 858 号、864 号	23221307
2	中国平安人寿保险股份有限公司上海分公司	常熟路 8 号静安广场	62078673/62078817/62078951
3	中国太平洋人寿保险股份有限公司上海分公司	吴淞路 400 号	66779900＊2400
4	泰康人寿保险股份有限公司上海分公司	世纪大道 1168 号东方金融广场 B 座 8 楼 801、802、803、804 及 9 楼 902、903、904 室	61939300
5	泰康养老保险股份有限公司上海分公司	世纪大道 1168 号东方金融广场 B 座 9 楼 901、10 楼 1003 室	61939522
6	新华人寿保险股份有限公司上海分公司	东大名路 558 号 6-10 楼、B1 楼 B1101、B1201-1205 室	60934263
7	太平人寿保险有限公司上海分公司	民生路 1399 号 10-12 楼，17 楼	62727777/62722800
8	富德生命人寿保险股份有限公司上海分公司	浦东新区张扬路 707 号生命人寿大厦 6 楼、36 楼、37 楼、901 室、902 室	58773333/28993009
9	东方人寿保险股份有限公司上海分公司	浦东新区张扬路 500 号华润时代广场 12 楼	58367321
10	民生人寿保险股份有限公司上海分公司	陆家嘴环路 958 号 7 楼	61355555＊5523
11	合众人寿保险股份有限公司上海分公司	东方路 69 号 12 楼 1201-1213 室	68634567

(续表)

序号	名　　称	地　　址	总　机
12	中国人民人寿保险股份有限公司上海市分公司	黄浦区福佑路8号1001、1002、401A室	63338686
13	君康人寿保险股份有限公司上海分公司	宁波路1号8楼	63238666＊6202
14	英大泰和人寿保险股份有限公司上海分公司	恒通路360号5B01室、5C01室	51160000/51160090
15	华泰人寿保险股份有限公司上海分公司	新东新区商城路506号新梅联合广场二期24楼、25楼AB单元	61870518
16	幸福人寿保险股份有限公司上海分公司	静安区北京西路1399号信达大厦23楼,16楼A1、A2、C、D室	61031155
17	国华人寿保险股份有限公司上海分公司	世纪大道88号金茂大厦办公楼1区4楼01-03、09单元	61098585
18	平安养老保险股份有限公司上海分公司	常熟路8号5楼	62078795
19	太平养老保险股份有限公司上海分公司	静安区南京西路1600号7楼	60456666
20	中国人寿养老保险股份有限公司上海市分公司	人民路858号7楼	63365221/23221612
21	中国人民健康保险股份有限公司上海分公司	制造局路130号1301-1306及1403室	61001166＊8618
22	和谐健康保险股份有限公司上海分公司	浦东南路1118号17楼1702室-1704室	68875856
23	平安健康保险股份有限公司上海分公司	静安区常熟路8号9楼	62078278
24	昆仑健康保险股份有限公司上海分公司	长宁区虹桥路1386号文广大厦3楼3E01	22198239/22198318
25	阳光人寿保险股份有限公司上海分公司	静安区南京西路819号20楼	62588313
26	光大永明人寿保险有限公司上海分公司	淮海中路200号淮海金融大厦29楼A区、30楼	61566156/6192/6167
27	安邦人寿保险股份有限公司上海分公司	浦东南路1118号鄂尔多斯大厦16楼1606室	61096956
28	中融人寿保险股份有限公司上海分公司	北京西路1465号(国立大厦)19楼	22301699
29	信泰人寿保险股份有限公司上海分公司	吴淞路469号2002、2003、2005、2006室	60650333＊76369/76365
30	天安人寿保险股份有限公司上海分公司	天目西路128号13楼1301-1305室	60750789
31	华夏人寿保险股份有限公司上海分公司	世纪大道1528号陆家嘴基金大厦601、604单元	029-88337100
32	中宏人寿保险有限公司上海分公司	西江湾路388号凯德龙之梦虹口广场B栋9楼-12楼、15楼-20楼	36692288/36691888
33	中德安联人寿保险有限公司上海分公司	浦东南路360号新上海国际大厦2楼B区	61653578
34	中意人寿保险有限公司上海分公司	世纪大道1200号13楼	61055588＊1901
35	瑞泰人寿保险有限公司上海分公司	淮海中路398号世纪巴士大厦19楼ABC1	61418800＊2711
36	招商信诺人寿保险有限公司上海分公司	杨高南路759号陆家嘴世纪金融广场2号楼8楼、9楼	61871288＊821

（续表）

序号	名　　称	地　　址	总　机
37	信诚人寿保险有限公司上海分公司	四川北路 859 号中信广场 25 楼 2501、2502、2503、2504 室	68644688
38	中荷人寿保险有限公司上海分公司	竹林路 101 号上海基金大厦 1704 室	60362977
39	前海人寿保险股份有限公司上海分公司	浦建路 76 号自由国际广场 16 楼	
40	农银人寿保险股份有限公司上海分公司	世纪大道 1168 号东方金融广场 A 座 16 楼 1602、1603 室	
41	建信人寿保险有限公司上海分公司	源深路 1088 号 8、9 楼。	
42	安邦养老保险股份有限公司上海分公司	浦东南路 1118 号 706-709 室	61601166-8879
43	中邮人寿保险股份有限公司上海分公司	恒丰路 601 号 3 幢 T 楼	
44	中英人寿保险股份有限公司上海分公司	张杨路 500 号 17 楼 A2BC 单元	
45	中美联泰人寿保险股份有限公司上海分公司	黄陂北路 227 号中区广场 11 楼 01-12 单元	
三、产险总公司			
1	中国太平洋财产保险股份有限公司	银城中路 190 号	33962106/33962309
2	天安财产保险股份有限公司	浦东大道 1 号	61017878
3	史带财产保险股份有限公司	福山路 500 号 25 楼 01-04 单元	23076617
4	中国大地财产保险股份有限公司	民生路 1199 弄 1 号证大五道口广场 8 楼	68577310
5	安信农业保险股份有限公司	共和新路 3651 号	66988000
6	永诚财产保险股份有限公司	陆家嘴环路 958 号华能联合大厦 37 楼	51105888
7	安盛天平财产保险股份有限公司	世纪大道 201 号渣打银行大厦 6 层 02、03 单元 10、11 楼	58401126
8	华泰财产保险有限公司	康桥镇秀浦路 68 号 1 号楼 5 楼 F、G 区	60963663/010-59371363
9	众安在线财产保险股份有限公司	圆明园路 169 号协进大楼 4-5 楼	60278666
10	三星财产保险(中国)有限公司	虹桥路 1438 号古北国际财富中心 20 楼 01-04 单元	22311841/22311888
11	三井住友海上火灾(中国)有限公司	世纪大道 100 号上海环球金融中心 34-T70	68777800
12	瑞再企商保险有限公司	芳甸路 1155 号浦东嘉里城办公楼 3201 室和 3205 室	60359188
13	丘博保险(中国)有限公司	芳甸路 1155 号浦东嘉里城 901-905 室	23256688
14	美亚财产保险有限公司	世纪大道 1589 号长泰国际金融大厦 5 楼 501B、503、504 单元及 3 楼 303B 单元	38578000
15	东京海上日动火灾保险(中国)有限公司	陆家嘴环路 1000 号恒生银行大厦 38 楼、41 楼	68414455
16	国泰财产保险有限责任公司	世纪大道 1168 号东方金融广场 A 座 15 楼	61032288
17	劳合社保险(中国)有限公司	陆家嘴环路 1233 号汇亚大厦 3301-3305 室	61628211/8235
18	信利保险(中国)有限公司	世纪大道 1568 号中建大厦 33 楼 3305B	60583909/60583911

(续表)

序号	名　　称	地　　址	总　机
19	汉诺威再保险股份公司上海分公司	杨高中路729号7楼01-03单元	50819585
20	德国通用再保险股份公司上海分公司	陆家嘴东路161号招商局大厦1803室	61006300
21	RGA美国再保险公司上海分公司	陆家嘴环路166号未来资产大厦10楼EF单元	
四、产险分公司			
1	中国人民财产保险股份有限公司上海市分公司	中山南路700号	63773000
2	中国人民财产保险股份有限公司航运保险运营中心	中山南路700号17楼	63671089/63671003
3	中国太平洋财产保险股份有限公司上海分公司	吴淞路400号	66779900
4	中国太平洋财产保险股份有限公司航运保险事业营运中心	吴淞路400号11-12楼	66779900
5	中国平安财产保险股份有限公司上海分公司	常熟路8号静安广场10楼	62494670
6	中国平安财产保险股份有限公司航运保险运营中心	浦东南路360号28楼	
7	天安财产保险股份有限公司上海分公司	浦东大道2000号7-8楼	58219955
8	天安财产保险股份有限公司航运保险中心	浦东大道1号船舶大厦702室	
9	史带财产保险股份有限公司上海分公司	岚皋路555号904、905、906、907、908室	23076648
10	华泰财产保险有限公司上海分公司	浦东大道720号26楼2601室、2605室、2607室、2609-2615室、3楼A室	51163578
11	华泰财产保险有限公司航运保险运营中心	浦东大道720号国际航运金融大厦26楼2616-2617室	
12	太平财产保险有限公司上海分公司	陆家嘴东路166号中国保险大厦13楼、2906室	58877888
13	中国出口信用保险公司上海分公司	杨高南路428号自由世纪广场4号楼	63306030
14	中华联合财产保险股份有限公司上海分公司	成都北路600号中华保险华盛大厦13-22楼	53554600
15	华安财产保险股份有限公司上海分公司	浦建路727号201室A单元	38570000
16	中国大地财产保险股份有限公司上海分公司	吴淞路130号13楼01-03单元、14楼	36128000
17	中国大地财产保险股份有限公司航运保险运营中心	民生路1199弄证大五道口广场1号楼601室、602室	
18	安邦财产保险股份有限公司上海分公司	浦东南路1118号16楼	61601166
19	永诚财产保险股份有限公司上海分公司	浦东大道900号9楼、801-802室	58525999
20	阳光财产保险股份有限公司上海市分公司	昆明路739号19楼、通北路739-1号	66316727

（续表）

序号	名　　称	地　　址	总　机
21	阳光财产保险股份有限公司上海市分公司航运保险运营中心	峨山路505号东方纯一大厦801A室	58301991
22	中国大地财产保险股份有限公司营业部	浦电路360号10楼A单元	58827966
23	安盛天平财产保险股份有限公司上海分公司	浦东南路500号国家开发银行大厦21楼	63555599
24	都邦财产保险股份有限公司上海分公司	天目西路218号嘉里不夜城1座34楼3401、3406-3410单元	61638888
25	中国人寿财产保险股份有限公司上海市分公司	天潼路133号12楼	61810000
26	中国人寿财产保险股份有限公司航运保险运营中心	基隆路1号626室	
27	亚太财产保险有限公司上海分公司	吴淞路218号宝矿国际大厦11楼1101、1102、1108-1110室	68877231
28	中银保险有限公司上海分公司	四川中路321号中央大厦9楼和11楼	63391396/63392880
29	安诚财产保险股份有限公司上海分公司	中山南路969号17楼	52588797
30	渤海财产保险股份有限公司上海分公司	浦东南路2240号201、507室	51325906
31	华泰财产保险有限公司营业部	浦东大道720号国际航运大厦26楼2602-2604，2606，2608室	38617101
32	英大泰和财产保险股份有限公司上海分公司	恒通路360号B501室	51168168
33	紫金财产保险股份有限公司上海分公司	淮海西路666号702、704室	20301211
34	中国财产再保险有限责任公司上海分公司	花园石桥路66号1203室	33830050
35	信达财产保险股份有限公司上海分公司	北京西路1399号信达大厦18楼	62792812/62792888
36	鼎和财产保险股份有限公司上海分公司	杨高中路2112号1号楼C座118、205室	61731988
37	中国人寿再保险股份有限责任公司上海分公司	陆家嘴环路1318号304室	58369788
38	长安责任保险股份有限公司上海市分公司	浦东大道1085号C座401室	51821395
39	浙商财产保险股份有限公司上海分公司	四川北路1717号嘉杰国际广场21楼	36531290
40	安联财产保险(中国)有限公司上海分公司	世纪大道100号环球金融中心28楼21-33，A21-A29，A12，A17&A18单元	20339622
41	永安财产保险股份有限公司上海分公司	峨山路91弄120号1幢7楼701单元	61815516
42	永安财产保险股份有限公司航运保险运营中心	峨山路91弄130号8楼	
43	东京海上日动火灾保险(中国)有限公司上海分公司	陆家嘴环路1000号恒生银行大厦38楼0214	68414455/62786680
44	中意财产保险有限公司上海分公司	世纪大道88号金茂大厦702室、福山路458号1710和1711室	60581925

(续表)

序号	名　　称	地　　址	总　机
45	日本财产保险(中国)有限公司上海分公司	陆家嘴环路1000号恒生银行大厦20楼021室	54075828
46	美亚财产保险有限公司上海分公司	世纪大道1589号长泰国际金融大厦5楼502室	38578000
47	众诚汽车保险股份有限公司上海分公司	四川北路859号中信广场2505、2506室	63071000
48	苏黎世财产保险(中国)有限公司上海分公司	世纪大道100号上海环球金融中心16楼T20室	
49	美亚财产保险有限公司航运保险运营中心	世纪大道1589号长泰国际金融大厦501A单元	
50	太平财产保险有限公司航运保险运营中心	卡园三路58号4楼A408室	
五、保险集团公司			
1	中国太平洋保险(集团)股份有限公司	银城中路190号	33961067/33961663
六、保险资产管理公司			
1	华泰资产管理有限公司	世纪大道88号金茂大厦4308室	61001668
2	平安资产管理有限责任公司	陆家嘴环路1333号中国平安金融大厦29-31楼	38638888
3	太平洋资产管理有限责任公司	西藏中路336号华旭国际大厦20楼	68659999
4	太平资产管理有限公司	银城中路488号42、43楼	61002999/61655387
5	民生通惠资产管理有限公司	松花江路2601号1幢B区3楼	60278666
6	建信保险资产管理有限公司	银城路99号建行大厦28楼	
7	中国人保资产管理有限公司	银城中路200号中银大厦10楼	38571800

后　记

在市领导的关心下，在市金融工作党委、市金融服务办公室领导的指导下，在中国人民银行上海总部、上海银监局、上海证监局、上海保监局以及在沪金融市场、金融机构、金融行业组织的大力支持下，《上海金融发展报告 2016》出版了。《上海金融发展报告 2016》较为全面地反映了 2015 年以来上海国际金融中心建设取得的进步，准确记载了 2015 年以来上海金融市场、金融业、金融环境等方面的发展变化，是一本关于上海国际金融中心建设的综合性发展报告。在此，谨向所有关心和支持金融发展报告编写的领导以及付出辛勤劳动的各位作者，表示衷心的感谢。

本书的初稿，按章节顺序由下列同志提供：第一章上海市金融服务办公室翁璇，第二章上海市金融服务办公室李茂菊，第三章中国人民银行上海总部李腾飞、雷宗怀、肖立伟，第四章、第五章中国外汇交易中心雷电发，第六章上海黄金交易所朱连波，第七章中国工商银行票据营业部汪办兴，第八章上海证券交易所张炜，上海市金融服务办公室闫彦明，第九章上海期货交易所黄伟、中国金融期货交易所常鑫鑫，第十章上海联合产权交易所游乔君，第十一章上海银监局王晓玉，第十二章、第十三章、第十四章上海证监局张波，第十五章上海保监局刘玉华，第十六章中国银联上海分公司何余，第十七章上海市金融服务办公室俞燕，第十八章上海证券交易所张炜、上海证监局张波，第十九章第一节上海银监局王晓玉，第二节上海证监局张波，第三节上海保监局刘玉华，第四节上海市银行同业公会、上海市证券同业公会、上海市期货同业公会、上海市基金同业公会、上海市保险同业公会、上海市互联网金融行业协会，第二十章第一节上海市金融服务办公室杨炯，第二节上海市金融工作党委傅斌梁，第三节浦东新区金融服务局周玉媛、黄浦区金融服务办公室李琼，第二十一章第一节中国人民银行上海总部钱国根，第二节上海清算所刘晓进，第三节中国人民银行上海总部董宝茹，第三节上海市金融服务办公室沈轶雯。专栏 1 上海市金融服务办公室唐明强，专栏 2 上海市金融服务办公室李茂菊，专栏 3、4 中国人民银行上海总部李腾飞、雷宗怀、肖立伟，专栏 5、6 中国外汇交易中心雷电发，专栏 7 上海黄金交易所朱连波，专栏 8 中国工商银行票据营业部汪办兴，专栏 9 上海证监局张波，专栏 10 上海市金融服务办公室闫彦明，专栏 11 上海银监局王晓玉，专栏 12、13、14 上海证监局张波，专栏 15 上海保监局刘玉华，专栏 16 上海证监局张波，专栏 17 上海市互联网金融行业协会黄婧，专栏 18 上海市金融服务办公室杨炯。附录由中国人民银行上海总部、上海银监局、上海证监局、上海保监局提供数据，上海市金融服务办公室翁璇整理。统稿：上海市金融服务办公室陶昌盛、石淇玮、翁璇、严晨、张建鹏、顾全。此外，上海市金融服务办公室毛晓姿为前言、目录作了翻译，在此表示衷心的感谢。

在编写过程中，尽管我们力求能准确、全面地反映上海金融业发展的特点和趋势，但由于水平有限，缺点和错误在所难免。我们真诚地欢迎广大读者批评、指正。

编　者

2016 年 7 月

图书在版编目(CIP)数据

上海金融发展报告.2016/郑杨主编.—上海：
上海人民出版社，2016
ISBN 978-7-208-14058-5

Ⅰ.①上… Ⅱ.①郑… Ⅲ.①地方金融事业-经济发展-研究报告-上海-2016 Ⅳ.①F832.751

中国版本图书馆 CIP 数据核字(2016)第 216974 号

责任编辑 马瑞瑞
封面设计 甘晓培

上海金融发展报告 2016
郑 杨 主编
世 纪 出 版 集 团
上海人民出版社出版
(200001 上海福建中路 193 号 www.ewen.co)
世纪出版集团发行中心发行 上海华业装璜印刷厂有限公司印刷
开本 889×1194 1/16 印张 16.5 插页 4 字数 372,000
2016 年 9 月第 1 版 2016 年 9 月第 1 次印刷
ISBN 978-7-208-14058-5/F·2407
定价 88.00 元

SHANGHAI

FINANCIAL

DEVELOPMENT REPORT